惠州卫生职业技术学院江海东副教授做项目开题工作报告

研讨项目总体方案

珠海卫生学校副校长郑少辉在珠海第三人民医院检验科调研

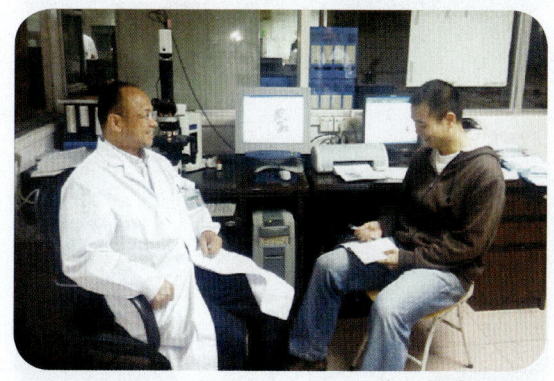

项目组在惠州中心人民医院调研

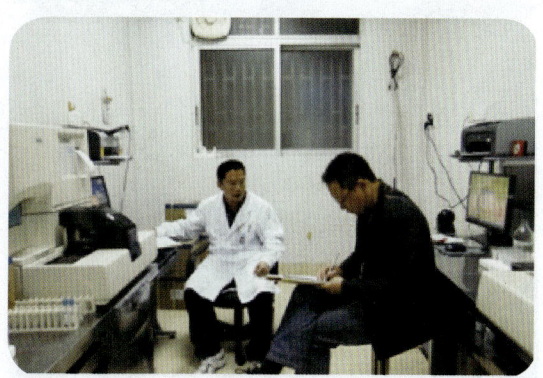

潮州卫生学校曾顺良高级讲师在潮州市人民医院调研

第一场职业能力分析行业专家研讨会

第二场职业能力分析行业专家研讨会

课程体系构建专家研讨会

课程体系构建专家研讨会现场

标准修订工作会议

标准修订工作会议现场

教学标准之实训条件研讨现场

课程标准分组研讨现场

现代职业教育标准体系建设系列丛书

中高职衔接专业教学标准和课程标准：

医学检验技术专业（中职）
医学检验技术专业（高职）

广东省教育厅　编
广东省教育研究院

丛书编委会

主　　　　任：邢　锋
副　主　　任：汤贞敏　吴艳玲
编委会成员（排名不分先后）：
　　　　　　王魏锋　张家俊　李海东　杜怡萍　邓文辉
　　　　　　黄文伟　万　达
本书执行主编：江海东　曾顺良　黄文伟
本书编委会成员（排名不分先后）：
　　　　　　刘集鸿　廖奔兵　郑少辉　巫远辉　方国强
　　　　　　杨　拓　叶振东　欧阳惠君　陈燕宜　李玮玮
　　　　　　王富英　谢君智　靖吉芳　蔡天舒　叶　薇
　　　　　　潘　虹　王林华　李莉玲　戴建民　吴　慧
　　　　　　陈彩贞　叶妙琴　姚志强　曾　涛　乔亚峰
　　　　　　朱　莹　陈少华　张　凯　朱亚虹　林　庆
　　　　　　伍绍航　范亚平　陈健忠　苏少雪　吴绍芬
　　　　　　洪湘辉　唐英辉　卢伟忠　林文萍　胡立成

广东高等教育出版社
Guangdong Higher Education Press
·广州·

图书在版编目（CIP）数据

中高职衔接专业教学标准和课程标准. 医学检验技术专业. 中职 医学检验技术专业. 高职/广东省教育厅，广东省教育研究院编. —广州：广东高等教育出版社，2020.6
（现代职业教育标准体系建设系列丛书）
ISBN 978-7-5361-6226-6

Ⅰ.①中… Ⅱ.①广… ②广… Ⅲ.①医学检验-职业教育-教学参考资料 Ⅳ.①G719.2

中国版本图书馆 CIP 数据核字（2018）第157447号

出版发行	广东高等教育出版社
	地址：广州市天河区林和西横路
	邮政编码：510500　电话：（020）87551597　87551163
	http://www.gdgjs.com.cn
印　刷	佛山市浩文彩色印刷有限公司
开　本	787毫米×1 092毫米　1/16
印　张	22.75
插　页	1
字　数	528千
版　次	2020年6月第1版
印　次	2020年6月第1次印刷
定　价	58.00元

序

2016年12月，教育部部长陈宝生在现代职业教育发展推进会上提出，职业教育要"香""亮""忙""强""活""特"起来，加快推进职业教育现代化。"亮不亮，看质量"，职业教育"亮"起来，更多体现在职业教育质量上，而标准是质量的基础、依据与保证，是确保和提升我国职业教育质量水平所必需的。科学建立现代职业教育系列标准是擦亮职业教育品牌的关键，也是广东实施教育发展"十三五"规划、创建现代职业教育综合改革试点省、加快建设现代职业教育体系的重点领域和关键环节，其中，中高职衔接的专业教学标准和课程标准研制更是重中之重。这是由于现代职业教育改革发展的突破口之一在于研制中高职衔接专业教学标准和课程标准，实现相关专业中职、高职、应用型本科在技术技能型、应用型人才培养的目标、课程体系、教材体系、教学安排、评价等方面的有机衔接。而标准研制是一项富有挑战性的工作，难度极大。值得欣慰的是，广东职业教育工作者通过长期的学习借鉴和创造实践，形成了"能力核心、系统培养"的理念，按照设计框架、构建标准、分级培养、衔接贯通的思路，找到了中职、高职、应用型本科衔接的可行路径与科学方法。专业教学标准和课程标准作为相关专业中职、高职、应用型本科衔接的教学基本文件，是明确各层次培养目标和规格、加强专业建设、构建课程体系、开发教材和学习资源、组织实施教学和规范教学管理的基本依据，也是评估教育教学质量的主要标尺，成为社会用人单位选用职业院校毕业生的重要参考。基于这样的认识和判断，广东省教育厅一直高度重视这项工作。

2013年至2015年，广东省教育厅分别启动三批74个中高职衔接、高职本科衔接以及现代学徒制的专业教学标准和课程标准研制。第一批9个专业的中高职衔接专业教学标准和课程标准研制项目已于2015年完成，成果已出版，产生了很好的效果。第二批33个项目，在广东省教育研究院的组织指导下，在中职学校、高职院校、应用型本科院校和行业企业的共同努力下，经过两年的研制，也取得了喜人的工作成绩和丰硕的研制成果，其中30个项目成果于2017

年3月通过了省级验收。现在展现在读者面前的是第二批30个项目组研制的系列中高职衔接、高职本科衔接专业教学标准和课程标准。我由衷地为研制标准而付出辛勤劳动、取得显著成绩的各有关方面，特别是直接参与研制的全体工作人员点赞。我期望，各职业院校和各行各业人员能认真学习领会、积极贯彻实施标准成果，在参照执行过程中多提建设性意见和建议，共同完善标准，为推进建立健全广东现代职业教育标准体系做出应有贡献，为创建现代职业教育综合改革试点省添砖加瓦！

是为序。

广东省教育研究院
院长、党委书记 汤贞敏

2017年3月

前　言

《国务院关于加快发展现代职业教育的决定》（国发〔2014〕19号）明确要求"推进中等和高等职业教育紧密衔接""到2020年，形成适应发展需求、产教深度融合、中职高职衔接、职业教育与普通教育相互沟通，体现终身教育理念，具有中国特色、世界水平的现代职业教育体系"。这些表明了随着社会经济的发展和国家对职业教育的重视，中高职衔接已经是势在必行。然而，目前在中高职衔接方面还存在诸多问题，特别是在课程衔接方面的问题尤为突出。

研制各专业中高职衔接专业教学标准和课程标准，将从根本上解决中高职课程教学衔接不畅的问题。本项目组自2015年1月接到广东省教育厅"第二批中高职衔接专业标准和课程标准研制立项名单通知"后，便由惠州卫生职业技术学院、潮州卫生学校、惠州市第一人民医院牵头，由来自惠州卫生职业技术学院、潮州卫生学校、惠州市第一人民医院、嘉应学院医学院、河源卫生学校、珠海卫生学校、湛江卫生学校等中高职院校的15位医学检验技术专业课程骨干教师和行业专家，组成了中高职衔接医学检验技术专业教学标准和课程标准研制项目组，着手研制医学检验技术专业中高职衔接专业教学标准和课程标准。项目组通过一年多的艰辛努力，经历了供需调研、职业能力分析、课程体系构建及教学标准和课程标准研制四个阶段。其中，供需调研阶段调研了广东省内的惠州、潮州、揭阳、汕头、河源、梅州、湛江、深圳、东莞、广州、珠海、清远等东西南北中区域的101家医疗机构检验部门，调研了广东省内开设医学检验技术专业的10所中职学校和5所高职院校，查阅及研究分析了中高职衔接和医学检验技术专业相关文献400多篇，完成了《中高职衔接医学检验技术专业建设调研报告》及9篇相关论文的撰写；职业能力分析阶段召开了两场行业专家职业能力分析会，总结出医学检验技术专业岗位工作的72个工作项目、212项工作任务和629条职业能力，另有职业素养（通用能力、核心技能、关键能力）10项，关键能力38条，完成了《医学检验技术专业职业能力分析表》《医学检验技术专业职业能力分析报告》及4篇相关论文的撰写；课程体系构建阶段召开了一场医学检验技术专业中高职衔接课程体系构建专家研讨会，实现专业课程与职业能力的对接，完成了医学检验技术专业中高职衔接课程体系构建；教学标准课程标准研制阶段组织了广东省内医学检验技术专业经验丰富的课程专家和行业专家30多人，经过多次修订，完成了"中高职衔接医学检验技术专业教学标准"和"中高职衔接医学检验技术专业核心课程和方向课程标准"的编写工作，并最终顺利通过了广东省教育厅组织的专家评审。本书正是本次研究成果的汇总和提炼，分为上篇和下篇，上篇是《中高职衔接医学检验技术专业教学标准》，下篇是《中高职衔接医学检验技术专业课程标准》。

  本项目的研制工作历时一年多，项目组每一位成员都为之付出了大量的时间、精力、汗水和心血。功夫不负有心人，这些努力终于换成了我们项目的最终成果——《中高职衔接专业教学标准和课程标准：医学检验技术专业》一书。惠州卫生职业技术学院江海东副教授主要负责本书的总体设计、教学标准编写和修订、高职课程标准统稿及修订工作，潮州卫生学校曾顺良高级讲师主要负责本书教学标准的编写和修订、中职课程标准统稿及修订工作，廖奔兵、方国强、欧阳惠君、李玮玮、叶振东、陈彩贞、陈少华、张凯、朱亚虹、林庆、伍绍航、范亚平、陈健忠、苏少雪、洪湘辉、唐英辉、卢伟忠、林文萍、郑少辉、潘虹、王林华、李莉玲、戴建民、吴慧、叶妙琴、姚志强、曾涛、乔亚峰、朱莹、叶薇等参与了本书教学标准和课程标准的撰写及修订工作。本书的编写同时也得到了惠州卫生职业技术学院、潮州卫生学校、惠州市第一人民医院、嘉应学院医学院、河源卫生学校、珠海卫生学校、湛江卫生学校及广东省内101家医疗机构的领导、医学检验课程专业和行业专家的鼎力支持，在此，对支持和帮助过本项目和本书完成的单位及个人致以崇高的敬意和诚挚的感谢。

中高职衔接医学检验技术专业教学标准
和课程标准研制项目组
2017年4月

目 录

上篇　中高职衔接医学检验技术专业教学标准

一、专业名称及代码 ……………………………………………………（1）
二、招生对象 ……………………………………………………………（1）
三、基本学制与学历 ……………………………………………………（1）
四、培养目标 ……………………………………………………………（1）
五、职业范围 ……………………………………………………………（2）
六、人才规格 ……………………………………………………………（5）
七、典型工作任务及职业能力分析 ……………………………………（6）
八、课程结构 ……………………………………………………………（6）
九、课程内容及要求 ……………………………………………………（9）
十、教学安排 ……………………………………………………………（27）
十一、教学基本条件 ……………………………………………………（31）
十二、教学实施建议 ……………………………………………………（40）
十三、开发团队 …………………………………………………………（41）

下篇　中高职衔接医学检验技术专业课程标准

中职学段：正常人体学基础课程标准 …………………………………（44）
中职学段：检验化学基础课程标准 ……………………………………（54）
中职学段：生物化学基础课程标准 ……………………………………（63）
中职学段：临床疾病概要课程标准 ……………………………………（70）
中职学段：寄生虫检验技术课程标准 …………………………………（78）
中职学段：免疫检验技术课程标准 ……………………………………（84）
中职学段：微生物检验技术课程标准 …………………………………（93）
中职学段：生物化学检验技术课程标准 ………………………………（105）
中职学段：临床检验课程标准 …………………………………………（114）
中职学段：预防医学课程标准 …………………………………………（126）

中职学段：卫生理化检验课程标准 …………………………………………………（132）
中职学段：卫生检疫技术课程标准 …………………………………………………（138）
中职学段：病理学基础课程标准 ……………………………………………………（145）
中职学段：病理技术课程标准 ………………………………………………………（153）
中职学段：免疫组织化学课程标准 …………………………………………………（161）
高职学段：检验应用化学课程标准 …………………………………………………（167）
高职学段：生物化学课程标准 ………………………………………………………（177）
高职学段：临床医学概论课程标准 …………………………………………………（185）
高职学段：免疫学检验技术课程标准 ………………………………………………（193）
高职学段：微生物检验技术课程标准 ………………………………………………（201）
高职学段：临床实验室质量管理与生物安全课程标准 ……………………………（210）
高职学段：检验仪器基础课程标准 …………………………………………………（221）
高职学段：医学统计学课程标准 ……………………………………………………（228）
高职学段：生物化学检验技术课程标准 ……………………………………………（235）
高职学段：临床检验基础课程标准 …………………………………………………（244）
高职学段：寄生虫检验技术课程标准 ………………………………………………（253）
高职学段：血液学检验课程标准 ……………………………………………………（259）
高职学段：输血技术课程标准 ………………………………………………………（266）
高职学段：输血管理课程标准 ………………………………………………………（276）
高职学段：病理学课程标准 …………………………………………………………（287）
高职学段：病理技术课程标准 ………………………………………………………（309）
高职学段：免疫组织化学课程标准 …………………………………………………（320）

附　录

1. 医学检验技术专业职业能力分析表……………………………………………（326）
2. 项目结题证书……………………………………………………………………（355）

上　　篇
中高职衔接医学检验技术专业教学标准

一、专业名称及代码

中职学段：医学检验技术（100700）。
高职学段：医学检验技术（620401）。

二、招生对象

中职学段：初中毕业生及同等学力者。
高职学段：转段考核合格的中职学校医学检验技术专业等相关专业的正式学籍学生。

三、基本学制与学历

（一）学制

中高职衔接（"3+2"学制）：中职学段3年，高职学段2年。

（二）学历

中职学段学习合格取得中职教育学历，高职学段学习合格取得专科学历。

四、培养目标

（一）中职学段培养目标

本专业培养与我国社会主义现代化建设要求相适应，德智体美劳全面发展，面向医院、疾病预防控制中心、血站、第三方检验等医疗卫生机构，从事临床检验、卫生检验、病理检验等岗位技术工作，具备良好的人际沟通能力、团队合作精神和服务意识及继续学习能力，在医学检验第一线的初级高素质劳动者和技能型人才。

（二）高职学段培养目标

本专业培养与我国社会主义现代化建设要求相适应，德智体美劳全面发展，面向医院、疾病预防控制中心、血站、第三方检验等医疗卫生机构，从事临床检验、病理检验、输血检验等岗位的技术及管理工作，具备良好的职业道德、诚信品质、人际沟通能力、团队精神和创新素质及自主学习能力，在医疗服务第一线的高端发展型、复合型和创新型的技术技能人才。

五、职业范围

（一）职业生涯发展路径

医学检验技术专业职业生涯发展路径如表1-1所示。

表1-1 医学检验技术专业职业生涯发展路径

发展阶段	技术岗位							学历层次	一般发展年限/年	
	医院 医学检验岗位				疾病预防控制中心 检验岗位		血站 检验岗位			
	临床检验岗位	生化及免疫检验岗位	微生物检验岗位	病理学检验岗位	卫生理化检验岗位	微生物检验岗位	输血检验岗位		中职	高职
V	临床检验主任技师	临床检验主任技师	微生物检验主任技师	病理学主任技师	卫生理化检验主任技师	微生物检验主任技师	临床检验主任技师	高职	—	21~25
IV	临床检验副主任技师	临床检验副主任技师	微生物检验副主任技师	病理学副主任技师	卫生理化检验副主任技师	微生物检验副主任技师	临床检验副主任技师	高职	—	15~20
III	临床检验主管技师	临床检验主管技师	微生物检验主管技师	病理学主管技师	卫生理化检验主管技师	微生物检验主管技师	临床检验主管技师	中职、高职	13~18	9~14
II	临床检验技师	临床检验技师	微生物检验技师	病理学技师	卫生理化检验技师	微生物检验技师	临床检验技师	中职、高职	7~12	4~8
I	临床检验技士	临床检验技士	微生物检验技士	病理学技士	卫生理化检验技士	微生物检验技士	临床检验技士	中职	1~6	—

注："学历层次"只是明确中职、高职对应的层次。

（二）中职学段面向职业范围

医学检验技术专业中职学段面向职业范围如表1-2所示。

表1-2 医学检验技术专业中职学段面向职业范围

序号	对应职业（岗位）	专业（技能）方向	职业资格证书举例
1	临床检验	临床检验	检验技士
2	病理检验	病理检验	病理学技士
3	卫生检验	卫生检验	检验技士
4	输血检验	输血检验	检验技士

1. 检验技士岗位

做好检验器材的清洗、消毒、灭菌工作，完成废弃污染物清理、科室卫生打扫工作；采集、运输和储存标本，并对标本进行核对、编号及信息录入；做好物品、药品、器材的申领和保管及各种登记、统计工作；传、送检验报告；在上级技师的指导下进行常规的检验工作；协助检验技师做好仪器设备的维护保养工作；定期参与专业进修、培训。

2. 检验技师岗位

在上级技师的指导下完成日常检验工作，同时指导检验技士进行日常工作；负责标本的前处理、登记、检验操作、核对检验结果等具体工作；承担仪器设备的日常维护保养及定期检查校准工作；负责毒株、菌种、剧毒药品、贵重器材的管理和检验材料的申领、报销工作；参与本专业科研和技术革新工作；指导学生完成实习任务；完成实验室质量控制工作。

3. 主管检验技师岗位

在主任技师（副主任技师）的指导下，负责落实各项检验、科研、教学工作的实施；负责指导检验技师、检验技士的日常工作；负责监督监管检验报告质量；参与科室日常检验工作，并负责保证检验结果的准确、及时；承担解决日常检验工作中试剂、仪器设备的疑难技术问题；负责指导实习生、进修生完成实习、进修任务；负责对下级检验技术人员进行专业知识技能的培训和考核工作；参与本专业科学研究工作；主动学习国内外新技术、新方法，不断改进本科室检验工作的技术和方法。

（三）高职学段面向职业范围

医学检验技术专业高职学段面向职业范围如表1-3所示。

表1-3 医学检验技术专业高职学段面向职业范围

序号	对应职业（岗位）	专业（技能）方向	职业资格证书举例
1	临床检验	临床检验	检验技士、检验技师
2	病理检验	病理检验	病理学技士、病理学技师
3	输血检验	采（供）血检验	检验技士、检验技师

1. 检验技士岗位

做好检验器材的清洗、消毒、灭菌工作，完成废弃污染物清理、科室卫生打扫工作；采集、运输和储存标本，并对标本进行核对、编号及信息录入；做好物品、药品、器材的申领和保管及各种登记、统计工作；传、送检验报告；在上级技师的指导下进行常规的检验工作；协助检验技师做好仪器设备的维护保养工作；定期参与专业进修、培训。

2. 检验技师岗位

在上级技师的指导下完成日常检验工作，同时指导检验技士进行日常工作；负责标本的前处理、登记、检验操作、核对检验结果等具体工作；承担仪器设备的日常维护保养及定期检查校准工作；负责毒株、菌种、剧毒药品、贵重器材的管理和检验材料的申领、报销工作；参与本专业科研和技术革新工作；指导学生完成实习任务；完成实验室质量控制工作。

3. 主管检验技师岗位

在主任技师（副主任技师）的指导下，负责落实各项检验、科研、教学工作的实施；负责指导检验技师、检验技士的日常工作；负责监督监管检验报告质量；参与科室日常检验工作，并负责保证检验结果的准确、及时；承担解决日常检验工作中试剂、仪器设备的疑难技术问题；负责指导实习生、进修生完成实习、进修任务；负责对下级检验技术人员进行专业知识技能的培训和考核工作；参与本专业科学研究工作；主动学习国内外新技术、新方法，不断改进本科室检验工作的技术和方法。

4. 副主任检验技师岗位

负责解决医学检验技术工作中的一些疑难问题；负责对临床检验结果做合理解释，为临床诊断、疾病预防提供正确信息，同时参与临床诊断、患者疗效观察以及疾病的预防工作；负责组织和进行科室质量控制，及时发现及纠正检验误差，督促检查下级检验技术人员的检验质量，全面保证日常检验质量；负责进行血液（骨髓）检验、临床免疫检查、分子生物学检查等技术水平要求较高的检验工作；参与本科室教学和科研工作，负责开展医学检验新技术、新方法、新项目的研究和应用工作；指导下级检验技术人员的日常检验工作。

5. 主任检验技师岗位

负责指导本科室检验、教学和科研的各项日常工作；负责参加部分日常检验工作，重点解决复杂疑难的技术问题，能为实验选择、结果解释提出指导意见，能向临床医师提供疑难、危重病例检查项目结果及分析判断意见；负责检查、督促科内的检验质量，指导并要求下级检验技术人员严格执行各项技术操作规范；负责下级检验技术人员的技术培训工作，培养并提高下级检验技术人员的工作能力，建立合理的人才梯队；负责本科室的科研工作，同时指导下级检验技术人员的科研工作；及时掌握国内外医学检验新技术、新方法，并指导下级检验技术人员革新技术，提高工作质量和效率。

六、人才规格

(一) 中职学段人才规格

1. 职业素养

(1) 热爱祖国,拥护中国共产党的领导,树立辩证唯物主义的世界观、人生观和价值观。

(2) 具有法律意识,能够自觉遵守法律法规,组织纪律性强。

(3) 具有良好的职业道德、敬业精神及责任、服务、安全意识。

(4) 具备较强的语言表达和良好的人际交往能力,能处理好医患关系,能主动与领导及同事沟通交流。

(5) 具有协作精神和意识,能协同完成工作任务并服从管理。

(6) 具备较强的自主学习意识及能力,善于通过各种方式了解医学检验发展的新技术、新知识。

(7) 具备较强的实际动手能力及独立工作能力。

(8) 具备实验质量控制意识及评判性思维能力。

(9) 具备收集、阅读专业技术资料和运用计算机进行信息处理的能力。

(10) 具有发展职业生涯的能力,有较好的学习规划。

2. 专业能力

(1) 具有医学检验技术专业必需的文化基础知识和相关医学基础知识。

(2) 能掌握专业核心课程的基本理论和知识。

(3) 具有采(收)集、处理、保存各种常规检测标本的基本技能。

(4) 具有良好的专业基本技能、综合技能,能规范、熟练地完成常规检验项目。

(5) 知道医学检验常用仪器的工作原理和维护保养方法,能熟练地操作常用检验仪器。

(6) 具备将常规检验项目与临床疾病联系的初步能力。

(7) 能初步学会基本业务的管理。

(8) 能在实践工作中较好地运用专业领域的新知识、新技术、新方法。

(9) 具备从事岗位技术工作所需的常用生物安全知识及技能。

(10) 具备考取本专业相关职业(技能)资格的能力。

(11) 具有升学所需的文化基础知识、专业知识及技能。

(二) 高职学段人才规格

1. 职业素养

(1) 热爱祖国,热爱社会主义,拥护中国共产党的领导,具有坚定正确的政治方向。

(2) 认真学习马克思主义、毛泽东思想、邓小平理论和习近平新时代中国特色社会主义思想的基本理论，树立辩证唯物主义的世界观、人生观和价值观。

（3）具有良好的职业道德和行为规范，遵纪守法，诚实守信，具有严谨、务实、认真的工作态度和作风。

（4）热爱医学检验技术工作，树立以人为本的理念和全心全意为人民健康服务的敬业精神。

（5）具有一定的人文素养、良好的心理素质、健全的人格、坚强的意志和乐观的情绪。

（6）具备较好的人际沟通能力、团队合作能力和创新精神。

（7）具有一定的英语基础知识，能借助词典阅读英文文献，具有较强的计算机应用能力。

（8）具备独立获取知识的能力，树立终身学习理念。

2．专业能力

（1）具有一定的人文社会科学和自然科学知识。

（2）掌握基础医学、临床医学的基本理论，基本知识和基本技能。

（3）能列出常用检验项目的检测方法，解释常用检验项目的检测原理，并对常用检验项目的检测方法进行方法学评价，能熟练、正确地操作常用检验项目，熟记常用检验项目的参考值，具备分析检验结果的初步能力。

（4）熟悉各种常用检验仪器设备的性能、原理、基本构造，掌握常用检验仪器设备的使用、维护保养和常见故障排除知识。

（5）熟悉国家卫生工作及临床实验室管理的有关方针、政策和法规，具备一定的临床实验室管理及质量控制能力，具有生物安全意识。

七、典型工作任务及职业能力分析

本书针对本专业中职、高职的临床检验、病理学检验及采（供）血等目标岗位，面向医院、疾病预防控制中心、血站、第三方检验等医疗卫生机构，运用头脑风暴、文献研究、咨询专家、企业调研等方法开展职业能力分析，获得72个工作项目、212项工作任务、629条职业能力点及10项职业素养（关键能力38条），详见附录1。

八、课程结构

（一）中职学段课程结构

医学检验技术专业中职学段课程结构具体内容如表1-4所示。

表1-4 中职学段课程结构

课程模块		课程名称	课程性质
公共基础课程		职业生涯规划	必修课
		职业道德与法律	必修课
		经济政治与社会	必修课
		哲学与人生	必修课
		语文	必修课
		数学	必修课
		英语	必修课
		计算机应用基础	必修课
		体育与健康	必修课
		公共艺术	必修课
		历史	必修课
专业课程	专业核心课程	正常人体学基础	必修课
		*检验化学基础	必修课
		*生物化学基础	必修课
		*临床疾病概要	必修课
		*寄生虫检验技术	必修课
		*免疫检验技术	必修课
		*微生物检验技术	必修课
		项目实习	必修课
	临床检验专业（技能）方向课程	*生物化学检验技术	限选课
		*临床检验	限选课
		……	……
	卫生检验专业（技能）方向课程	预防医学	限选课
		卫生理化检验	限选课
		卫生检疫技术	限选课
	病理检验专业（技能）方向课程	*病理学基础	限选课
		*病理技术	限选课
		*免疫组织化学	限选课

注："*"表示中高职衔接的课程。

（二）高职学段课程结构

医学检验技术专业高职学段课程结构具体内容如表1-5所示。

表1-5 高职学段课程结构

课程模块		课程名称	课程性质
公共基础课程		思想品德修养与法律基础	必修课
		毛泽东思想和中国特色社会主义理论体系概论	必修课
		形势与政策	必修课
		高等应用数学	必修课
		英语	必修课
		计算机应用基础	必修课
		体育	必修课
		就业指导与职业生涯设计	必修课
		创新创业基础	必修课
专业课程	专业核心课程	*检验应用化学	必修课
		*生物化学	必修课
		*临床医学概论	必修课
		*免疫学检验技术	必修课
		*微生物检验技术	必修课
		临床实验室质量管理与生物安全	必修课
		检验仪器基础	必修课
		医学统计学	必修课
		顶岗实习	必修课
	临床医学检验专业方向课程	*生物化学检验技术	限选课
		*临床检验基础	限选课
		*寄生虫检验技术	限选课
		血液学检验	限选课
	输血检验技术专业方向课程	输血技术	限选课
		输血管理	限选课
		……	……
	病理检验技术专业方向课程	*病理学	限选课
		*病理技术	限选课
		*免疫组织化学	限选课

注："*"表示中高职衔接的课程。

九、课程内容及要求

(一) 中职学段课程内容及要求

1. 公共基础课程

医学检验技术专业中职学段公共基础课程主要教学内容和要求如表1-6所示。

表1-6 中职学段公共基础课程主要教学内容和要求

序号	课程名称	主要教学内容和要求	参考学时
1	职业生涯规划	本课程依据《中等职业学校德育教学大纲》开设，旨在引导学生树立正确的职业理想和职业观念，学生能够根据社会需要和自身特点进行职业生涯规划。课程分成五大模块：职业生涯规划与职业理想；职业生涯发展条件与机遇；职业生涯发展目标与措施；职业生涯发展与就业、创业；职业生涯规划管理与调整。通过课堂体验、活动探索形成生涯规划能力，树立正确的职业观、择业观和成才观	36
2	职业道德与法律	本课程依据《中等职业学校德育教学大纲》开设，旨在从了解文明礼仪开始，循序渐进地陶冶学生的道德情操，增强职业道德意识和法治观念，指导学生掌握与日常生活和职业活动密切相关的法律常识。教学中注重引导学生合作探究和实践学习，坚持贴近学生、贴近职业、贴近社会，增强德育教育的针对性、主动性和时代感，做到理论与实际相结合，知、信、行相统一	36
3	经济政治与社会	本课程依据《中等职业学校德育教学大纲》开设，从商品的交换与消费切入，透视企业的生产与经营、个人的收入与理财相关的经济现象；学生能站在社会主义的基本经济制度和社会主义市场经济的立场上，坚持对外开放的基本国策，投身到小康社会的经济建设中；了解我国民主政治的发展道路，拥护社会主义政治制度；做到参与政治生活，依法行使民主权力，履行义务、承担责任，关注改善民生和国际社会、维护国家利益，明白建设和谐社会人人有责	36
4	哲学与人生	本课程依据《中等职业学校德育教学大纲》开设，旨在运用唯物论原理，鼓励学生坚持从客观实际发展，脚踏实地在人生路上自强不息地行动。学生能用普遍联系、发展变化和矛盾观点辩证地看问题，树立积极的人生态度；能坚持认识和实践的统一，懂得透过现象认识本质，提高明辨是非的人生发展能力；能做到顺应历史潮流，在掌握历史规律的基础上，明晰人的本质与利己利他的关系，凭着理想信念与意志责任，在社会劳动奉献中发展自我，创造人生价值，实现人的全面发展与个性自由	36

续上表

序号	课程名称	主要教学内容和要求	参考学时
5	语文	本课程依据《中等职业学校语文教学大纲》开设，旨在通过学习，使学生掌握语文基础知识，具有日常生活和职业岗位需要的现代文阅读能力、写作能力、口语交际能力，能欣赏文学作品和阅读浅易文言文。本课程设置语文综合实践活动，通过创设生活情境和职业情境，提高学生综合运用知识、技能、方法的能力。掌握基本的语文学习方法，养成自学和运用语文的良好习惯。加强阅读与鉴赏经典作品的欣赏能力与基础写作能力，为继续发展服务	162
6	数学	本课程依据《中等职业学校数学教学大纲》开设，旨在使学生掌握必要的数学基础知识，培养学生的观察能力、空间想象能力、分析与解决问题能力和数学思维能力，为学习专业知识、掌握职业技能、继续学习和终身发展奠定基础。教学内容由基础模块与拓展模块两个部分构成：基础模块包括集合、不等式、函数、指数函数与对数函数、三角函数、数列、平面向量、直线和圆的方程、立体几何（选学）、概率与统计初步（选学）；拓展模块包括三角公式及应用、平面解析几何（椭圆、双曲线、抛物线）、概率与统计	162
7	英语	本课程依据《中等职业学校英语教学大纲》开设，以满足各专业学生就业与升学需求为目标，以融合文化素养、职业技能、语言知识为原则，巩固与延续初中基础英语知识，培养学生听、说、读、写技能，并初步形成日常生活和职业场景的英语应用能力。能听懂和说出简单指令；能读懂简单的应用文及进行简单写作；能理解语法项目的形式与意义，并应用于交际任务；能在交流中做到语音、语调基本达意	162
8	计算机应用基础	本课程依据《中等职业学校计算机基础教学大纲》开设，旨在使学生学习计算机基础知识、Windows桌面操作系统的功能及使用、办公软件的使用、计算机网络的基础知识及使用。通过学习，使学生能掌握计算机操作的基本技能，具备常用的文字处理能力、常用的数据处理能力和一定的演示文稿处理能力，具有一定的信息获取、整理、加工能力和网上交互能力，为以后的学习和工作打下基础	90
9	体育与健康	本课程依据《中等职业学校体育与健康教学大纲》开设，以树立"健康第一"为指导思想，传授体育与健康的基本文化知识、体育技能和方法。学生掌握两项以上体育技能，通过参与集体性体育活动，培养良好的人际关系和合作精神。学习与职业生涯相关的体育运动项目，认识体育对提高就业和创业能力的价值，提高综合职业素质，养成终身从事体育锻炼的意识、能力与习惯，提高生活质量，为全面促进学生身体健康、心理健康和社会适应能力服务	144

续上表

序号	课程名称	主要教学内容和要求	参考学时
10	公共艺术	本课程依据《中等职业学校公共艺术课程教学大纲》开设，以审美教育为核心，通过艺术作品赏析和艺术实践活动，使学生了解或掌握各种艺术门类的基本知识、技能和原理，认识不同艺术类型的表现形式、审美特征，掌握欣赏艺术作品的方法、要领及规律，增强学生对艺术的理解与分析评判的能力，从而提高学生对艺术的鉴赏力，对美丑的分辨力，净化心灵，陶冶情操，丰富他们的人文素养和精神世界，拓展学生的审美视野，发展创新思维与合作意识，形成正确的人生观、世界观和价值观，对提升学生今后的生活品质和文化品位有积极的促进作用	36
11	历史	本课程是中等职业学校开设的一门公共基础课程，是在义务教育阶段历史课程的基础上，结合中职学校实际情况，坚持历史唯物主义为指导，引导学生对中国及世界历史进行更加深入的学习，促进学生进一步拓展历史视野、培养历史意识、发展历史思维、提高历史素养；使学生能够从历史发展的角度理解并认同中华优秀传统文化，自觉培育和践行社会主义核心价值观，树立正确的历史观、世界观和人生观，为学生未来的学习、工作与生活奠定基础	36

2. 专业核心课程

医学检验技术专业中职学段专业核心课程主要教学内容和要求如表 1-7 所示。

表 1-7 中职学段专业核心课程主要教学内容和要求

序号	课程名称	对接职业能力	主要教学内容和要求	参考学时
1	正常人体学基础	基础课程无须明确"对接职业能力"	主要教学内容包括细胞、组织、器官和系统的形态结构、基本功能及其功能调节等。通过本课程的学习，学生能掌握人体的组成和结构、主要器官的位置、形态结构与功能，理解结构与功能的关系，了解机体机能的调节，能在标本上指出重要组织器官的名称，学会血压测量、血型鉴定等基本操作，学会使用普通光学显微镜	90

续上表

序号	课程名称	对接职业能力	主要教学内容和要求	参考学时
2	*检验化学基础	基础课程无须明确"对接职业能力"	主要教学内容涵盖无机化学、有机化学、分析化学的知识和技能。通过本课程的学习，学生能具有医学检验专业初级人才所必需的化学基本知识、基础理论、基本操作技能及掌握部分分析仪器的使用方法，为后续专业课程奠定基础	126
3	*生物化学基础	基础课程无须明确"对接职业能力"	主要教学内容包括蛋白质与核酸化学、维生素、酶、生物氧化、物质代谢及其调节、基因信息的传递与表达、肝脏生化、水盐代谢和酸碱平衡等。通过本课程的学习，学生能知道物质代谢与机能活动的关系，能简述物质代谢和能量代谢的过程及生理意义，能阐述人体主要组成成分及结构、性质和功能，培养学生的科学思维方法和良好的学习习惯，使之具备运用生物化学知识分析问题、解决问题的能力，为学习后续的专业知识和技能奠定基础	54
4	*临床疾病概要	基础课程无须明确"对接职业能力"	主要教学内容包括诊断学基本知识和临床常见病、多发病的病因与发病机理、临床表现、实验室检查等要点。通过本课程的学习，学生能具备医学检验专业人才所必需的疾病基本知识和基本技能，理解实验室检查在临床诊断的重要作用，为学习专业知识和职业技能，培养良好的职业道德和增强继续学习的能力奠定基础	54

续上表

序号	课程名称	对接职业能力	主要教学内容和要求	参考学时
5	*寄生虫检验技术	01-01、01-02、01-03、02-01、02-02、02-03、04-01、04-02、04-03、06-01、06-02、22-01、22-02、22-03、22-04、34-01、34-02、35-01、35-02、35-03、36-01、36-02、37-01、37-02、73-01、73-04、73-05、73-07、73-08、73-09、73-10	主要教学内容包括医学蠕虫、医学原虫、医学节肢动物的基本知识及检验技术。通过本课程的学习，学生能熟知寄生虫检验岗位主要工作任务及其内容，具有规范采集及制备常见标本，正确选择常规检验方法，规范完成常规鉴定工作，熟练使用并维护保养显微镜等知识和技能，同时为其进一步学习打下基础	36
6	*免疫检验技术	01-01、01-02、01-03、02-01、02-02、02-03、04-01、04-02、04-03、29、30、31、34-01、34-02、35-01、35-02、35-03、36-01、36-02、37-01、37-02、73-01、73-04、73-05、73-07、73-08、73-09、73-10	主要教学内容包括免疫系统、抗原、免疫球蛋白、补体和免疫应答等基本知识及检验技术。通过本课程的学习，学生能解释免疫学的基本概念及原理，能规范操作常用免疫检验项目并学会解释实验现象，判断实验结果并学会解释常用检测项目的临床意义，学会免疫检验常用仪器的使用和维护并养成自觉爱护仪器设备的习惯，熟悉免疫检验岗位基本业务管理知识，了解免疫检验质量控制的方法，能根据标本类型和检测项目选择不同的处理和检验方法，养成爱岗敬业、规范化操作、严谨务实的工作态度	72
7	*微生物检验技术	01-01、01-02、01-03、02-01、02-02、02-03、04-01、04-02、04-03、32、33-01、33-02、33-03、34-01、34-02、35-01、35-02、35-03、36-01、36-02、37-01、37-02、73-01、73-04、73-05、73-07、73-08、73-09、73-10	主要教学内容包括细菌、病毒以及其他病原微生物的基本知识及检验技术。通过本课程的学习，学生能具有常见病原微生物的生物学性状、致病性及其检验的基本知识，学会配制常用染色液、培养基、试剂、消毒剂及常用消毒和灭菌方法，能熟练完成临床微生物常用检验项目的操作并学会结果报告，能正确使用微生物学检验的常用仪器和设备，具有无菌技术操作的观念和生物安全意识，了解微生物学检验质量控制的基本知识，养成良好的职业道德和素养	126

续上表

序号	课程名称	对接职业能力	主要教学内容和要求	参考学时
8	项目实习	01、02、03、04、05-01、05-06、06、07、10、11、12、13、14、15、16、17、18、21、22、24-01、25-01-01、26、27、28、29、30、31、32、33-01、34、35、36、37-01、37-02-01、38、39、40、42、43、44、45、46、47、48、49、50、51、52、53、54、55、56、57-01、57-02、57-03、58、59、60、61、62、63、64、65、66、67、73-01、73-04、73-05、73-07、73-08、73-09、73-10	项目实习是执行中等卫生职业学校专业教学计划和教学大纲的最后阶段和重要实践性教学环节，主要内容为相应专业方向（技能）实习计划与大纲。通过实习，学生能按照岗位工作任务及管理的实际要求，在真实的职业环境中，巩固、拓展专业知识及技能，养成良好的职业道德，获得就业所必需、够用的能力和经验，同时培养交流与沟通能力、团队合作精神、良好的服务意识、生物安全意识，达到专业培养目标的要求	1 080

注：(1)"对接职业能力"栏目的职业能力编码与附录1的医学检验技术专业职业能力分析表对应。(2)"*"表示中高职衔接的课程。

3. 临床检验专业（技能）方向课程

中职学段临床检验专业（技能）方向课程主要教学内容和要求如表1-8所示。

表1-8 中职学段临床检验专业（技能）方向课程主要教学内容和要求

序号	课程名称	对接职业能力	主要教学内容和要求	参考学时
1	*生物化学检验技术	01-01、01-02、01-03、02-01、02-02、02-03、04-01、04-02、04-03、27、28、34-01、34-02、35-01、35-02、35-03、36-01、36-02、37-01、37-02、73-01、73-04、73-05、73-07、73-08、73-09、73-10	主要教学内容包括生物化学检验的一般知识、常用生物化学检验项目的测定方法和质量控制等。通过本课程的学习，学生能具有生物化学检验技术的基本知识，能解释血糖、非蛋白质含氮类化合物、蛋白质、酶、脂类、电解质、肝功能等常用生物化学检验项目的测定原理、注意事项及主要临床意义，学会生物化学常用分析技术，能熟练完成生物化学常用检验项目并学会解释检验结果，初步学会使用自动分析仪器，了解生化检验质控知识，具备生物化学检验岗位所需的常用生物安全知识及技能，培养良好的职业素养	90

续上表

序号	课程名称	对接职业能力	主要教学内容和要求	参考学时
2	*临床检验	01-01、01-02、01-03、02-01、02-02、02-03、04-01、04-02、04-03、05、06、07、08、09、10、11、12、13、14、15、17、18、19、20、21、22、23、24、25、26、34-01、34-02、35-01、35-02、35-03、36-01、36-02、37-01、37-02、73-01、73-04、73-05、73-07、73-08、73-09、73-10	主要教学内容包括血液、尿液、粪便及其他体液检验、临床细胞学检验等。通过本课程的学习，学生能掌握临床常用检验项目的基本原理、注意事项与参考值，理解其主要临床意义，了解临床检验质量管理的方法；能熟练、规范完成临床常规检验标本的采集、制备、处理和保存；学会常用试剂的配制与保存；能规范完成常用检验项目的检验、计算和结果报告；会正确使用和维护常规仪器，能熟练操作血液、尿液等常用自动分析仪器；具备临床检验岗位所需的常用生物安全知识及技能	180

注：（1）"对接职业能力"栏目的职业能力编码与附录 1 的医学检验技术专业职业能力分析表对应。（2）"*"表示中高职衔接课程。

4. 卫生检验专业（技能）方向课程

中职学段卫生检验专业（技能）方向课程主要教学内容和要求如表 1-9 所示。

表 1-9　中职学段卫生检验专业（技能）方向课程主要教学内容和要求

序号	课程名称	对接职业能力	主要教学内容和要求	参考学时
1	预防医学	无	主要内容包括预防医学的基本概念和学习的意义、影响人群健康的各种环境因素、疾病的发生与预防、环境卫生、食品卫生、劳动卫生、卫生监督、公共卫生法规、卫生统计、流行病学调查分析、传染病防治、心脑血管疾病防治、突发公共卫生事件的防治等。通过学习，学生能具有预防医学的基本知识和预防工作的基本技能；学会预防医学的思维方法，初步具备运用卫生统计和流行病学方法来描述人群的健康状况的能力；能运用疾病三级预防的理念处理有关医疗、保健、康复、健康等相关问题；正确理解健康观，并学会运用健康观分析判断人群中的有关健康问题；能初步运用公共卫生的基本知识配合有关部门进行卫生监督与管理	72

续上表

序号	课程名称	对接职业能力	主要教学内容和要求	参考学时
2	卫生理化检验	42-01、42-02、42-03、42-04、43-01、43-02、44-01、44-02、42-03、45-01、45-02、45-03、45-04、46、47、48、49、50、51、55、56、57、73-01、73-04、73-05、73-07、73-08、73-09、73-10	主要教学内容包括应用于营养与食品卫生、环境卫生、劳动卫生领域的理化检验技术。通过本课程的学习，学生能解释卫生理化检验岗位的工作任务及其应用，叙述常用卫生理化检验项目的方法、原理及主要意义，规范完成卫生理化检验常用样本的采（收）集、制备、保存及常用检验项目的操作、计算和结果分析报告，了解常用仪器的原理并能叙述其操作流程，正确使用、维护和保养卫生理化检验相关分析仪器，并养成自觉爱护仪器设备的习惯，熟悉卫生理化检验岗位基本业务管理知识和质量控制的要求，培养良好的职业素养，具有卫生理化检验岗位所需的常用生物安全知识及技能	126
3	卫生检疫技术	42-01、42-02、42-03、42-04、43-01、43-02、44-01、44-02、42-03、45-01、45-02、45-03、45-04、51、52、53、54、55、56、57、73-01、73-04、73-05、73-07、73-08、73-09、73-10	主要教学内容包括人员卫生检疫，交通工具、货物、媒介生物、突发公共卫生事件检验检疫，我国国境卫生检疫及其他相关法律制度。通过学习，学生能熟知卫生检疫岗位的工作任务及其应用，能规范完成卫生检疫常用样本的采（收）集、制备、保存，学会初步运用常用卫生检疫项目的方法、原理，规范完成相应检疫项目的操作，会正确使用并维护和保养卫生检疫相关分析仪器，熟悉卫生检疫岗位基本业务管理知识和相关法律制度，培养学生自主学习、更新知识并运用新方法、新技术的能力，养成良好的职业素养，具有卫生检疫岗位所需的常用生物安全知识及技能	72

注："对接职业能力"栏目的职业能力编码与附录1的医学检验技术专业职业能力分析表对应。

5. 病理检验专业（技能）方向课程

中职学段病理检验专业（技能）方向课程主要教学内容和要求如表1-10所示。

表 1-10　中职学段病理检验专业（技能）方向课程主要教学内容和要求

序号	课程名称	对接职业能力	主要教学内容和要求	参考学时
1	*病理学基础	无	主要教学内容包括基本病理变化和各器官系统常见病的病理改变及其转归规律。通过本课程的学习，学生能初步掌握常见病的病因、发病机制和形态、功能、代谢三方面病理变化的基本知识，了解疾病发生、发展的基本规律，学会理解病理变化与临床表现之间的联系，学会观察常见病理大体标本和使用显微镜观察组织切片的基本技能，养成良好的职业素质	72
2	*病理技术	38-01、38-02、38-03、39-01、39-02、39-03、39-04、40-01、73-01、73-04、73-05、73-07、73-08、73-09、73-10	主要教学内容包括病理组织学标本收集及处理、病理组织切片制作、常用染色方法及其基本原理、病理陈列标本制作技术、病理资料管理等基本技能和基本知识。通过本课程的学习，学生能完成组织病理切片制作、常规染色和常用特殊染色方法，理解各种染色的基本原理，初步学会病理陈列标本的制作，能对各种病理资料信息进行存储、检索及管理等，养成良好的职业素质，具备病理检验岗位所需的常用生物安全知识及技能	144
3	*免疫组织化学	38-01、38-03、39-01、39-02、39-03、40-02、73-01、73-04、73-05、73-07、73-08、73-09、73-10	主要教学内容包括免疫组织化学的基本知识、各系统常见病病变组织（或细胞）的免疫组织化学染色方法。通过本课程的学习，学生能熟知免疫组织化学岗位的主要工作任务及其内容，具有免疫组织化学的基本知识，学会制备常用免疫组织化学染色标本及免疫组织化学染色的常用技术，能对常见免疫组织化学染色方法和结果进行初步评价，培养自主学习、更新知识并运用新方法、新技术的能力，养成良好的职业素养，具备免疫组织化学岗位所需的常用生物安全知识及技能	54

注：（1）"对接职业能力"栏目的职业能力编码与附录 1 的医学检验技术专业职业能力分析表对应。（2）"*"表示中高职衔接课程。

(二) 高职学段课程内容及要求

1. 公共基础课程

医学检验技术专业高职学段公共基础课程主要教学内容和要求如表 1-11 所示。

表 1-11　高职学段公共基础课程主要教学内容和要求

序号	课程名称	主要教学内容和要求	参考学时
1	思想品德修养与法律基础	本课程是大学生进行思想道德和法制观念教育的必修课，旨在通过该课程的理论学习和实践体验，帮助大学生形成正确的理想信念，弘扬爱国主义精神，确立正确的人生观和价值观，加强思想品德修养，增强学法守法用法的自觉性，全面提高思想道德素质和法律素质，使之成为品学兼优的社会主义现代化建设应用型人才	72
2	毛泽东思想和中国特色社会主义理论体系概论	本课程主要对大学生进行中国特色社会主义理论与实践教育，使学生能够正确地理解和掌握毛泽东思想、中国特色社会主义理论的科学体系、精神实质和立场、观点、方法，树立建设中国特色社会主义的坚定信念，培养运用马克思主义的立场、观点和方法分析和解决问题的能力，增强执行党的基本路线和基本纲领的自觉性和坚定性，积极投身全面建成小康社会的伟大实践	72
3	形势与政策	本课程通过了解国内、国际形势，使学生全面正确认识党和国家面临的形势和任务，正确认识世情、国情、党情，正确理解并拥护党的路线、方针和政策；增加学生的爱国主义责任感和使命感，不断提高学生的爱国主义和社会主义觉悟；增强实现改革开放和社会主义现代化建设宏伟目标的信心和社会责任感，提高当代大学生投身于国家经济建设事业的自觉性和态度，明确自身的人生定位和奋斗目标	36
4	高等应用数学	通过本课程各个环节的教学，使学生获得必需的数学知识，逐步培养学生的抽象思维能力、逻辑推理能力、空间想象能力和自学能力。主要内容包括函数、极限与连续，一元函数微分学，一元函数积分学，向量代数与空间解析几何学，多元函数微分学，多元函数积分学，无穷级数与常微分方程，等等。为学习后继课程和进一步获得数学知识奠定必要的数学基础	72

续上表

序号	课程名称	主要教学内容和要求	参考学时
5	英语	本课程以培养学生实际应用英语的能力为目标，侧重职场环境下语言交际能力的培养，使学生逐步提高用英语进行交流与沟通的能力。同时，使学生掌握有效的学习方法和策略，培养学生的学习兴趣和自主学习能力，提高学生的综合文化素养和跨文化交际意识，对提升学生的就业竞争力及为未来的可持续发展打下必要的基础	144
6	计算机应用基础	在中职计算机应用基础课程的基础上，进一步学习计算机、计算机网络、信息安全等方面的基础知识和办公软件高级应用，学习多媒体基础知识及使用、网页基础知识及使用。通过学习，学生能提高计算机应用综合素养，提高办公软件高级应用技能，具备简单处理图像、声音、视频等多媒体的能力，简单的静态网页制作与发布能力	72
7	体育	本课程以身体练习为主要手段，通过合理的体育与健康教育和科学的体育锻炼过程，以达到增强体质、增进健康和提高体育素养为主要目的。课程主要涉及体育与健康的基本理论、田径、球类、武术、运动保健等内容，通过学习，学生能掌握各专项运动的基本知识、技术和技能；加强身体全面训练，改善身体形态、机能，提高学生的身体素质和运动能力，增进健康；掌握科学锻炼身体的方法和保健养生及运动损伤预防常识	72
8	就业指导与职业生涯设计	本课程是关于职业启蒙、职业目标、职业意识、求职技巧和创业准备的应用型课程，教学目的是培养学生的社会能力和方法能力，提高其可雇用能力。让学生理解职业与成才的关系、理解职业生涯设计的意义和基本内容，让学生学会认识自己和社会，初步完成职业生涯设计；让学生初步形成职业意识，学会初到企业的通用的行为规范，学会处理企业中的人际关系；让学生初步学会求职申请和面试的基本技巧	36
9	创新创业基础	本课程是关于大学生创新和创业能力训练的应用型课程，教学目的是培养学生创新和创业的能力和技巧，通过本课程教学激发学生的创新创业意识、启发学生的创新创业思维、训练学生的创新创业技能，让学生建立创新创业的正确理念和意识、掌握创新创业的基本技能和方法，为学生打下坚实的创新创业理论基础和实践基础	36

2. 专业核心课程

医学检验技术专业高职学段专业核心课程主要教学内容和要求如表 1-12 所示。

表 1-12 高职学段专业核心课程主要教学内容和要求

序号	课程名称	对接职业能力	主要教学内容和要求	参考学时
1	*检验应用化学	基础课无须明确"对接职业能力"	主要教学内容包括溶液和溶液的渗透压、电解质溶液、缓冲溶液、胶体溶液、配位化合物、溶液稀释、缓冲溶液配置、有机物命名、烃、烃的含氧衍生物、含氮有机物、糖类、蛋白质、有机物的性质、分析数据的处理、分析结果表示方法、误差和分析数据的处理、滴定分析概述、酸碱滴定、氧化还原滴定、电位法及永停滴定法、紫外分光光度法原理、分光光度计、液相色谱仪的使用等。通过学习，学生能掌握医学检验的化学基本理论、基本知识和基本技能，为学习后续课程奠定基础，培养严谨的科学态度和解决实际问题的能力	108
2	*生物化学	基础课无须明确"对接职业能力"	主要教学内容包括蛋白分子的结构与功能、物质代谢与调节、组织器官的生物化学、遗传信息的传递等。通过学习，学生能够掌握人体的化学组成、生物大分子的结构与功能、物质代谢的基本规律等生物化学课程中的基本理论、基本知识和基本技能，使学生能够在后续的生物化学检验等课程中理解和应用这些知识	54
3	*临床医学概论	基础课无须明确"对接职业能力"	主要教学内容包括诊断学、内科学、外科学、妇产科学、儿科学等各科常见疾病、多发病诊治的基本知识与基本技能。通过学习，学生能掌握检体诊断的基本理论以及典型体征的发生机理与临床意义，能掌握临床各科常见病、多发病的概念、病因、发病机制、临床表现、诊断要点、实验室检查和辅助检查治疗原则、药物治疗要点以及预后，能进行病史问诊、检体诊断，具备对临床各科常见病、多发病的诊断、治疗和健康指导能力，能分析各科常见病的病因并掌握其预防措施，为学习专业课程奠定必要的基础	108

续上表

序号	课程名称	对接职业能力	主要教学内容和要求	参考学时
4	*免疫学检验技术	01–03、29、30、31、34、35、36、37、73	主要教学内容包括免疫学基础、免疫检验技术、临床免疫学、免疫学检验的质量控制。在巩固中职学段"免疫检验技术"课程基本知识和技能的基础上，通过学习，学生能阐述免疫学的基本概念，能独立、规范、熟练地完成免疫学常用检验项目并准确分析、判断和解释检验结果，熟练操作、维护保养免疫学检验的常用检验仪器，学会常用免疫学检验的方法学评价及质量控制，养成责任、敬业、质量、安全、协作、创新等的意识及严谨工作作风，具备自主学习能力	72
5	*微生物检验技术	01–03、19–03、20–03、21–03、33、33、34、35–01–01、35–02–01、35–03–01、36、37、68、69、70、71、72、73	主要教学内容包括微生物检验技术概述、细菌概述、细菌检验基本技术、临床常见致病菌检验、真菌检验、病毒检验、其他病原微生物检验、微生物学检验及质量控制等。在巩固中职学段"微生物检验技术"课程基本知识和技能的基础上，通过学习，学生能掌握微生物的种类、主要病原微生物的生物学特性、致病性与免疫原性、微生物学检验程序、检查方法、目标菌的鉴定、药敏试验操作、培养基的制备和消毒灭菌等基本知识和基本技能。熟练掌握临床常见微生物的检验技术，能对常见病原微生物做出正确鉴定。培养刻苦勤奋、严谨求实的学习态度，学会关心、爱护、尊重患者，养成良好的职业素质和细心严谨的工作作风	90

续上表

序号	课程名称	对接职业能力	主要教学内容和要求	参考学时
6	临床实验室质量管理与生物安全	05－02、05－04、05－05、07－01、08－02、09－02、10－02、11－01、11－02、12－01－03、12－02－02、13－01－02、13－02、14－01－03、15－01－02、15－02－02、16－01－02、16－02－02、17－02－02、18－01－03、18－02－03、19－01－04、19－02－02、19－02－04、19－03－02、20－01－04、20－02－03、20－02－04、20－03－02、21－02－01、21－03－02、22－02－02、22－03－02、22－04－02、23－03－02、23－03－04、24－01－02、24－03－02、27－01－03、29－03－01、29－04－02、30－01、34、35、36、37、56、61－04－02、62－01、63－02、66、68、69、70、71、72、73	主要教学内容包括临床实验室质量管理与生物安全概述、临床实验室人员管理、临床实验室技术管理、临床实验室安全管理、检验前质量保证、检验中质量保证、检验后质量保证、计量学溯源性和测量不确定度、临床检验方法评价、实验室认可、临床实验室信息系统等。通过学习，学生能掌握临床实验室的人员管理、技术管理、安全管理、质量管理及信息管理的基本原理和方法，为学习有关医学检验专业课程打下基础。同时培养学生良好的职业道德、爱岗敬业、诚实守信的品质，有较好的团队合作、沟通表达和协同创新能力	36
7	检验仪器基础	3－01－01、3－02－02、5、11－01－01、11－01－02、11－01－03、13、24－01－01、24－01－02、24－01－03、27－01、29－02－02、29－03－01、30－01、32－01－03、33－03－04、36、37、73	主要教学内容包括临床检验仪器概述、临床检验分离技术仪器、临床形态学检测仪器、临床生物化学分析仪器、临床血液流变分析仪器、临床免疫分析仪器、临床微生物检测仪器等。通过学习，学生能掌握临床常见检验仪器设备的原理、结构、仪器性能的评价方法、仪器的正确使用方法、仪器的保养维护及常见故障的排除方法，了解检验仪器的发展趋势和方向	36

续上表

序号	课程名称	对接职业能力	主要教学内容和要求	参考学时
8	医学统计学	基础课无须明确"对接职业能力"	主要教学内容包括医学统计学入门、数值变量资料的统计描述、数值变量资料的统计推断、分类变量资料的统计描述、分类变量资料的统计推断、直线相关与回归、秩和检验等。掌握医学统计学的基本原理、方法和技术，通过学习，学生能学会收集、整理与分析资料的基本知识与技能、学会常用统计指标与基本统计方法，同时培养学生科学的统计思维方法以及严肃、认真和实事求是的科学态度	36
9	顶岗实习	05、06、07、08、09、10、11、12、13、14、15、16、17、18、19、20、21、22、23、24、25、26、27、28、29、30、31、33-02、33-03、34、36、37、38-02、38-03-03、38-03-04、39-01-05、39-01-06、39-02、39-03、39-04、40、41、46、47、48、49、50-03、51、52、53、54、55、56、57、61、63、64、65、66、67、68、69、70、71、72、73	顶岗实习是执行高等卫生职业学校专业教学计划和教学大纲的最后阶段和重要实践性教学环节。通过实习，学生能按照岗位工作任务及管理的实际要求，在真实的职业环境中，养成良好的职业道德，获得就业所必需、够用的能力和经验，同时培养学生的交流与沟通能力、团队合作精神、良好的服务意识、生物安全意识，进而达到专业培养目标的要求	540

注：（1）"对接职业能力"栏目的职业能力编码与附录1的职业能力分析表对应。（2）"＊"表示中高职衔接的课程。

3. 临床医学检验专业方向课程

高职学段临床医学检验专业方向课程主要教学内容和要求如表1-13所示。

表1-13 高职学段临床医学检验专业方向课程主要教学内容和要求

序号	课程名称	对接职业能力	主要教学内容和要求	参考学时
1	*生物化学检验技术	4、27、28、34、35、37、36、73	主要教学内容包括生物化学概述、生物化学实验室基本知识、常用生物化学检验技术、体液蛋白质检测、糖类检测、脂类检测、酶类检测、电解质检测、肝功能检测、肾功能检测、心脏标志物检测、内分泌功能检测、肿瘤标志物检测。通过学习，学生能掌握生物化学检验的基本理论、基本知识和基本方法，能准确、熟练地完成临床生化项目的检测，并能对检测结果进行合理分析，能规范操作并维护生物化学检验的常用仪器设备，学会运用方法学评价，正确选择常用临床生化项目的检验方法，学会生物化学检验的常用质量控制及岗位基本业务管理方法，能牢记并准确应用临床生化检测项目检验结果复查的标准。同时培养学生爱岗敬业的职业道德、实事求是的工作态度、科学严谨的工作作风，进而为将来工作打下扎实的专业基础	72
2	*临床检验基础	04、05、06、07、08、09、10、11、12、13、14、17、24、34、36、37、73-03、73-04、73-05、73-06、73-07、73-08、73-09、73-10	主要教学内容包括血液、血型与输血、尿液、粪便、体液、脱落细胞学及细针吸取细胞、寄生虫、血细胞分析仪等检验。在巩固中职学段"临床检验"课程基本知识和技能的基础上，通过学习，学生能解释临床检验基础的基本原理，能独立、规范、熟练地完成血液、尿液、粪便及体液、各类寄生虫等的常用检验项目并正确判断其检验结果，会根据参考区间值，解释临床检验基础常用检验项目的临床意义，会运用方法学评价，正确选择常用临床检验项目的检验方法，能正确使用和维护临床检验的常用仪器、设备，学会临床检验的常用质量控制及岗位基本业务管理方法，同时养成爱岗敬业的职业道德、实事求是的工作态度、科学严谨的工作作风，进而为将来工作打下扎实的专业基础	90

续上表

序号	课程名称	对接职业能力	主要教学内容和要求	参考学时
3	*寄生虫检验技术	01、02、04、22、34、36、37、73	主要教学内容包括概述、医学蠕虫学、医学原虫学、医学节肢动物学等。通过本课程的学习，学生掌握寄生虫检验基础知识和常用的检验操作技能，能够熟练应用显微镜，对患者的粪便、血液等标本进行显微镜形态学等检查，为临床疾病的诊断、鉴别诊断、观察疗效、预后判断提供重要依据	36
4	血液学检验	23-01、23-02-01、23-02-02、23-02-03、23-02-04、23-03-01、23-03-02、23-03-03、23-03-04、24、25	主要教学内容包括造血细胞及骨髓细胞形态检验、红细胞疾病及其检验、白细胞疾病及其检验、血栓与止血及其检验等。通过学习，学生能掌握关于血液生理、红细胞及白细胞疾病、血栓与止血性疾病的基本知识，学会血液学检验的基本方法，能熟练完成常见血液病的常用检验项目并解释其临床意义，养成自主学习、团队协作、辩证思维的习惯及具备责任、质量、安全、创新的意识	54

注：(1)"对接职业能力"栏目的职业能力编码与附录1的职业能力分析表对应。(2)"*"表示中高职衔接的课程。

4. 输血检验技术专业方向课程

高职学段输血检验技术专业方向课程主要教学内容和要求如表1-14所示。

表1-14 高职学段输血检验技术专业方向课程主要教学内容和要求

序号	课程名称	对接职业能力	主要教学内容和要求	参考学时
1	输血技术	12-01、26、51-04-03、52、53、58、59、60、61、62、63、64、65、66、67、73-01、73-04、73-05、73-06、73-08	主要教学内容包括献血、血液的采集、血液成分血的制备、血液及其成分的保存运输和领发、免疫血液学基础、血型遗传学、红细胞血型、白细胞血型、血小板血型、血清型与红细胞酶型、输血相关疾病的检测、输血其他检测、塑料输血器材、输血技术质量控制等。通过学习，学生掌握输血技术的基本理论知识，能够熟练地进行血液的采集与成分血的制备和保存、运输和领发，应用常用的检测方法进行血型和血型抗原系统、交叉配血、血红蛋白、丙氨酸氨基转移酶及输血相关疾病的检测	162

续上表

序号	课程名称	对接职业能力	主要教学内容和要求	参考学时
2	输血管理	26、58、59、60、61、62、63、64、65、66、67、68、69、70、71-02、72、73-02-01、73-06、73-07-01、73-07-02、73-07-04、73-08、73-10	主要教学内容包括输血管理概述、输血服务体系的组织管理、献血服务管理、血液加工过程管理、血液库存管理、临床输血管理、血液检测实验室管理、输血服务体系的人力资源管理、输血服务体系的设备与物料管理、输血服务体系的经济与财务管理、输血信息管理与疫情报告管理、职业安全与卫生管理、医疗废物管理、应急管理、输血管理法规与标准体系等。通过本课程的学习，学生掌握输血管理的基本理论知识，能熟练运用输血管理方法完成各项日常输血管理工作任务	90

注："对接职业能力"栏目的职业能力编码与附录1的职业能力分析表对应。

5. 病理检验技术专业方向课程

高职学段病理检验技术专业方向课程主要教学内容和要求如表1-15所示。

表1-15 高职学段病理检验技术专业方向课程主要教学内容和要求

序号	课程名称	对接职业能力	主要教学内容和要求	参考学时
1	*病理学	基础课无须对接职业能力	主要教学内容包括疾病的一些共同性病理变化和各系统常见病的病理改变及其演变规律。通过本课程的学习，学生能掌握病理学的基本理论、基本知识和基本技能，掌握常见病的患病机体形态结构和机能代谢的改变及其发病机制；能应用病理学知识，分析、解释常见疾病的症状、体征。同时注意培养学生严谨、细致的工作态度和科学的观察、思维能力，培养学生勇于实践创新的科学精神和良好的职业道德	72
2	*病理技术	38、39、40、41、73	主要教学内容包括病理学技术概述、显微镜与显微摄影技术、病理尸体解剖检查和大体标本制作技术、组织病理学制片技术、组织病理学常规染色和特殊染色技术、免疫组织化学技术、细胞病理学技术、电子显微镜技术、分子病理技术等。通过学习，学生能掌握病理技术的基本理论知识，能够熟练应用各种病理技术，完成对病理标本的处理和制作，为临床病理诊断和治疗提供科学依据。同时培养学生养成良好的职业素质和细心严谨的工作作风	126

续上表

序号	课程名称	对接职业能力	主要教学内容和要求	参考学时
3	*免疫组织化学	38-03、39、40-02、73	主要教学内容包括抗原与抗体分析、免疫组织化学标本的制备、常用免疫组织化学技术等。通过本课程的学习，学生在进一步巩固中职学段"免疫组织化学"课程基本知识的基础上，学生能阐述免疫组织化学的基本概念，规范、独立地完成常见病理组织标本的处理，熟练操作并能自觉维护保养石蜡切片机、冰冻切片机等仪器设备，会解释常用免疫组织化学染色的方法、原理及主要意义，并运用抗原抗体知识，规范、独立地完成常用免疫组织化学染色操作，且能分析判断染色结果，能对常见免疫组织化学染色方法和结果进行评价，学会针对病理检验要求正确选择相应免疫组织化学染色方法，具备管理病理检验岗位基本业务和完成常规质量控制的能力	54

注：(1)"对接职业能力"栏目的职业能力编码与附录1的职业能力分析表对应。(2)"*"表示中高职衔接的课程。

十、教学安排

(一) 中职学段教学安排

中职学段课程教学安排如表1-16所示。

表1-16 中职学段课程教学安排

课程类别		课程名称	学分	总学时	各学期周数、学时分配					
					1	2	3	4	5	6
					18	18	18	18	18	18
公共基础课程	必修课	职业生涯规划	2	36	2					
		职业道德与法律	2	36		2				
		经济政治与社会	2	36			2			
		哲学与人生	2	36				2		
		语文	9	162	3	3	3			
		英语	9	162	3	3	3			
		数学	9	162	3	3	3			
		计算机应用基础	5	90	2	2	1			
		体育与健康	8	144	2	2	2	2		
		公共艺术	2	36	1	1				
		历史	2	36				2		
		已安排课程小计	52	936	16	16	16	4		
	任选课	……	…	…	…	…	…	…	…	…
		小计		1 100						

续上表

课程类别		课程名称	学分	总学时	各学期周数、学时分配					
					1	2	3	4	5	6
					18	18	18	18	18	18
专业课程	专业核心课程（必修课）	正常人体学基础	5	90	5					
		*检验化学基础	7	126	4	3				
		*生物化学基础	3	54		3				
		*临床疾病概要	3	54		3				
		*寄生虫检验技术	2	36				2		
		*免疫检验技术	4	72				4		
		*微生物检验技术	7	126				7		
		项目实习	60	1 080					30	30
		已安排课程小计	91	1 638	9	9	6	7	30	30
		……	…	…	…	…	…	…	…	…
		小计		1 700						
	临床检验专业（技能）方向课程	*生物化学检验技术	5	90				5		
		*临床检验	10	180			4	6		
		已安排课程小计	15	270			4	11		
		……	…	…	…	…	…	…	…	…
		小计		300						
	卫生检验专业（技能）方向课程	预防医学	4	72			4			
		卫生理化检验	7	126				7		
		卫生检疫技术	4	72				4		
		已安排课程小计	15	270			4	11		
		……	…	…	…	…	…	…	…	…
		小计		300						
	病理检验技术专业（技能）方向课程	*病理学基础	4	72			4			
		*病理技术	8	144				8		
		*免疫组织化学	3	54				3		
		已安排课程小计	15	270			4	11		
		……	…	…	…	…	…	…	…	…
		小计		300						
	任选课	……		200	…	…	…	…	…	…

续上表

课程类别	课程名称	学分	总学时	各学期周数、学时分配					
				1	2	3	4	5	6
				18	18	18	18	18	18
已安排课程合计		158	2 844	25	25	26	22	30	30
……		…	…	…	…	…	…	…	…
合计		183	3 300	28	28	28	28	30	30

注：各校在此基础上，结合学校实际情况，将课程体系设计完整后，（1）中职学段总学时数为 3 000~3 300 学时，公共基础课学时不少于 1/3，专业核心课程占 1 400~1 700 学时，专业（技能）方向课程占 300~400 学时。（2）"＊"表示中高职衔接课程。（3）"项目实习"由中高职对口院校共同商讨实习内容、形式和时间，包括项目工厂实习、工作室实习等多种形式，原则上安排在第六学期进行。（4）总学分不少于 170 学分。（5）"……"表示由各院校自行安排的必修课程、选修课程。（6）建议各校在学生实习前增加生物安全通识教育。

（二）高职学段教学安排

高职学段课程教学安排如表 1-17 所示。

表 1-17　高职学段课程教学安排

课程类别		课程名称	学分	总学时	各学期周数、学时分配			
					1	2	3	4
					18	18	18	18
公共基础课程	必修课	思想品德修养与法律基础	4	72	2	2		
		毛泽东思想和中国特色社会主义理论体系概论	4	72			4	
		形势与政策	2	36	1	1		
		高等应用数学	4	72	4			
		英语	8	144	4	4		
		计算机应用基础	4	72		4		
		体育	4	72	2	2		
		就业指导与职业生涯设计	2	36	1			1
		创新创业基础	2	36	2			
		已安排课程小计	34	612	16	13	5	
		……		…	…	…	…	…
		小计		650				

续上表

课程类别		课程名称	学分	总学时	各学期周数、学时分配			
					1	2	3	4
					18	18	18	18
专业课程	专业核心课程（必修课）	*检验应用化学	6	108	6			
		*生物化学	3	54	3			
		*临床医学概论	6	108	6			
		*免疫学检验技术	4	72		4		
		*微生物检验技术	5	90		5		
		临床实验室质量管理与生物安全	2	36			2	
		检验仪器基础	2	36			2	
		医学统计学	2	36		2		
		顶岗实习	28	540				28
		已安排课程小计	58	1 080	15	11	4	28
		……		…	…	…	…	…
		小计		1 100				
	临床医学检验技术专业方向课程	*生物化学检验技术	4	72			4	
		*临床检验基础	5	90			5	
		*寄生虫检验技术	2	36			2	
		血液学检验	3	54			3	
		已安排课程小计	14	252			14	
		……		…	…	…	…	…
		小计		300				
	输血检验技术专业方向课程	输血技术	9	162			9	
		输血管理	5	90			5	
		已安排课程小计	14	252			14	
		……		…	…	…	…	…
		小计		300				
	病理检验技术专业方向课程	*病理学	4	72			4	
		*病理技术	7	126			7	
		*免疫组织化学	3	54			3	
		已安排课程小计	14	252			14	
		……		…	…	…	…	…
		小计		300				

续上表

课程类别	课程名称	学分	总学时	各学期周数、学时分配			
				1	2	3	4
				18	18	18	18
已安排课程合计		106	1 944	31	24	23	28
任选课	……		150~200	…	…	…	…
合计		≥90	2 000~2 200	22~26	22~26	22~26	28

注：各校在此基础上，结合学校实际情况，将课程体系设计完整后，（1）高职学段总学时数为2 000学时，公共基础课程占 20%~30% 学时，专业核心课程占 1 000~1 100 学时，专业方向课程占 200~300 学时。（2）"﹡"表示中高职衔接课程。（3）"顶岗实习"包括毕业实习、毕业设计等多种形式，原则上安排在第六学期进行。（4）总学分不少于90学分，含军训及入学教育、社会实践、毕业教育等活动的学分。（5）"……"表示由各院校自行安排的必修课程、选修课程。

十一、教学基本条件

（一）师资条件

1. 中职学段

（1）本专业教师应具有中等职业学校以上教师任职资格（大学本科毕业学历并取得教师资格证书）。

（2）专业教师数量与在校生之比不少于 1∶30。

（3）专业课教师中，本校专、兼职教师不少于 80%，应有业务水平较高的"双师型"专业带头人。

（4）外聘专业教师应具有中级以上职称和丰富的岗位实践工作经验，有正式聘任手续，人员相对稳定。

（5）专业课教师中具有中级以上职称者不低于 50%，高级职称者不低于 15%。"双师型"专业教师占专业教师总数的 60% 以上。凡非医学检验专业毕业的教师任教医学检验技术专业课程，须有专业培训和专业实践的经历。

（6）专业课教师应到医疗机构相关职业岗位进行专业实践，累计时间每年不少于30 天。

（7）实习单位有专人负责实习工作，各实习科室均有带教教师。带教教师应具有 5 年以上的实践经验和中级及以上技术职称。

2. 高职学段

（1）本专业教师应具有高等学校教师任职资格。

（2）专业教师数量与在校生之比不少于 1∶16。

（3）具有研究生学位教师占专任教师的比例不低于 15%。

（4）具有高级职称教师占专任教师的比例不低于 20%，"双师型"素质的专业教师比例应达 50% 以上，具有临床一线工作经历达 20%。凡非医学检验专业毕业的教师任教医学检验技术专业课程，须有专业培训和专业实践的经历。

（5）兼职教师应具有中级以上职称和丰富的岗位实践工作经验，有正式聘任手续，人员相对稳定。兼职教师占专任教师比例应在 40% 以上，由行（企）业兼职教师承担专业核心课程学时数比例应达专业核心课程学时数的 50%（含实训指导）。

（6）专业课教师应到医疗机构相关职业岗位进行专业实践，累计时间每两年不少于 3 个月。

（7）实习单位有专人负责实习工作，各实习科室均有带教教师。带教教师应具有 5 年以上的实践经验和中级及以上技术职称。

（二）实训实习条件

本专业应配备校内实训室和校外实训基地。

1. 校内实训室

校内实训实习必须具备临床检验（含血液学检验）、寄生虫检验技术、生物化学检验技术、微生物检验技术、免疫学检验技术、卫生理化检验、病理技术、输血技术等实训室，主要设施设备及数量如表 1-18 所示。

表 1-18　校内实训室

序号	学段	实训室名称	主要工具和设施设备		数量（生均台套）
			名称	规格	
1	中职	寄生虫检验技术	实验台	带灯管支架	6 张
			实验凳	可调节高度	50~60 张
			寄生虫卵玻片标本	混合虫卵	200 片
			大体标本	常见寄生虫成虫等	各 1 份
			普通光学显微镜	总放大倍数：40~1 000 倍	50~60 台
			计算机多媒体投影仪		1 套

续上表

序号	学段	实训室名称	主要工具和设施设备		
			名称	规格	数量（生均台套）
2	中职	免疫检验技术	实验台	带灯管支架	6张
			实验凳	可调节高度	50～60张
			离心机	台式低速	4台
			荧光显微镜	双目，40×～1 600×物镜	1台
			电冰箱	≥200 L	2台
			电热恒温培养箱	可调10～60 ℃	2台
			电热恒温水浴箱		2台
			电泳仪	水平式	2台
			微量振荡器	微孔板用	4台
			电子天平	万分之一	2架
			可调微量加样器		6套
			酶标测定仪		1台
			电热恒温干燥箱		1台
			洗板机		1台
			计算机多媒体投影仪		1套
3	中职	微生物检验技术	实验台	带灯管支架	6张
			实验凳	可调节高度	50～60张
			显微镜	单目，10×、40×、100×物镜	50～60台
			暗视野显微镜	双目，40×～1 000×	1台
			电冰箱	≥200 L	2台
			高压蒸汽灭菌器		2台
			电热恒温干燥箱		1台
			电热恒温培养箱	可调10～60 ℃	2台
			厌氧培养箱		1台
			厌氧培养罐		2套
			离心机	台式低速	2台
			药物天平		6架
			放大镜		12个
			净化工作台		1台
			紫外线灭菌灯		2台
			计算机多媒体投影仪		1套

续上表

序号	学段	实训室名称	主要工具和设施设备		数量（生均台套）
			名称	规格	
4	中职	生物化学检验技术	实验台		6 张
			实验凳	可调节高度	50~60 张
			电子天平		2 架
			分光光度计		6 台
			精密酸度计		6 台
			电冰箱	≥200 L	2 台
			电热恒温水浴箱		2 台
			离心机	台式低速	2 台
			电泳仪		2 台
			电泳槽		2 台
			电热恒温干燥箱		2 台
			电炉	1 000 W	6 台
			可调微量加样器		12 套
			刻度吸管	各种规格	60 套
			半（或全）自动生化分析仪		1 台
			离子分析仪		1 台
			计算机多媒体投影仪		1 套
5	中职	临床检验	实验台	带灯管支架	6 张
			实验凳	可调节高度	50~60 张
			普通光学显微镜	总放大倍数：40~1 000 倍	50~60 台
			显微摄像系统		1 套
			电子天平		1 架
			药物天平		2 架
			血细胞计数板	改良牛鲍氏	120 片
			血沉架	10 管以上	6 架
			离心机	台式低速	6 台
			电冰箱	≥200 L	2 台
			电热恒温干燥箱		2 台
			电热恒温水浴箱		2 台
			分光光度计		2 台
			血细胞分析仪		1 台
			血液黏度计	锥板式或毛细管式	1 台
			血凝仪		1 台
			折射仪	手握式或台式	6 台
			计算机多媒体投影仪		1 套

续上表

序号	学段	实训室名称	主要工具和设施设备		
			名称	规格	数量（生均台套）
6	中职	卫生理化检验技术	实验台	带水槽、排气管	6张
			实验凳	可调节高度	50~60张
			大气采样仪	室内外用	4台
			粉尘采样仪	室内外用	4台
			水银式气压计		1个
			离心机	低速台式	2台
			电子天平	万分之一	2架
			电热干燥箱		1台
			恒温水浴箱		2台
			组织粉碎机		1台
			分光光度计		6台
			紫外-可见分光光度计		1台
			测汞仪		1台
			酸度计		6台
			普通冰箱	≥220 L	2台
			恒温培养箱	可调10~60 ℃	1台
			高压灭菌器		1台
			普通光学显微镜	总放大倍数：40~1 000倍	12台
			超净台		2个
			索氏提取器		6台
			凯氏定氮仪		1台
			乳比重计		12台
			电磁搅拌器		6台
			马福炉		1个
			计算机多媒体投影仪		1套

续上表

序号	学段	实训室名称	主要工具和设施设备		
			名称	规格	数量（生均台套）
7	中职	病理技术	实验台	带灯管支架	6张
			实验凳	可调节高度	50~60张
			取材台		6台
			染色台		6台
			自动脱水机		2台
			切片机		6台
			摊烤片机		6台
			包埋框	铜制	12个
			染色架		20个
			定时钟		6台
			恒温培养箱	0~60 ℃	2台
			冰箱	≥200 L	2台
			玻璃染色缸		60个
			离心机	台式低速	2台
			药物天平		2架
			普通光学显微镜	总放大倍数：40~1 000倍	60台
			微量加样器		16个
			免疫反应湿盒	避光和透明（10片/盒或20片/盒）	8盒
			计算机多媒体投影仪		1套

续上表

序号	学段	实训室名称	主要工具和设施设备		
			名称	规格	数量（生均台套）
8	高职	临床检验基础及血液学检验技术实训室	普通光学显微镜	总放大倍数：40~1 000倍	50台
			数码显微投影系统		1套
			染色架	染色架能用于瑞-吉染色和各种化学染色	20个
			电子天平		2架
			药物天平		6架
			血细胞计数板		50套
			离心机	台式低速	6台
			电冰箱		2台
			电热恒温干燥箱		1台
			电热恒温水浴箱		2台
			分光光度计		2台
			血细胞分析仪		1台
			血液黏度计（或血液流变分析仪）		1台
			尿液化学分析仪		1台
			折射仪		1台
			全自动手提式灭菌器		1台
			红细胞沉降率测定仪	全（半）自动	1台
			血凝仪	半（全）自动血凝仪	2台
9	高职	生物化学检验技术实训室	分析天平	万分之一	6架
			药物天平		6架
			分光光度计		6台
			紫外-可见分光光度计		1台
			离心机	台式低速	2台
			电解质分析仪		1台
			精密酸度计		1个
			电热恒温水浴箱		2台
			电泳仪		4台
			电泳槽		4个
			电热恒温干燥箱		1台
			定时钟		6台
			加样器		12套
			全自动生化分析仪		1台

续上表

序号	学段	实训室名称	主要工具和设施设备		
			名称	规格	数量（生均台套）
10	高职	微生物检验技术实训室	普通光学显微镜	总放大倍数：40~1 000倍	50台
			电冰箱		2台
			普通天平		6架
			染色架	染色架能用于革兰染色和抗酸染色	25个
			细菌恒温培养箱	可调10~60℃，用于细菌恒温培养	2台
			电热恒温干燥器		1台
			高压蒸汽灭菌器	用于消毒灭菌（电热，立式）	2台
			超净工作台（国产）或生物安全柜	用于无菌接种	1台
			细菌接种工具	接种细菌	50套
			微生物自动鉴定及药敏分析系统	全（半）自动	1台
			电炉	普通电炉	15个
11	高职	免疫检验技术实训室	离心机	台式低速	2台
			普通光学显微镜	总放大倍数：40~1 000倍	50台
			电热恒温培养箱		2台
			电热恒温水浴箱		1台
			电泳仪		2台
			微量振荡器		6台
			微量加样器		12套
			酶标测定仪	自动	2台
			发光免疫分析仪	自动	1台
			分光光度计		4台
			冰箱	储存标本，保存试剂	2台
			电热恒温干燥箱		1台
			洗板机		2台

续上表

序号	学段	实训室名称	主要工具和设施设备		
			名称	规格	数量（生均台套）
12	高职	病理技术实训室	实验台	带灯管支架	6张
			实验凳	可调节高度	50张
			取材台		6台
			染色台		6台
			染色架		20个
			定时钟		6台
			玻璃染色缸		60个
			离心机	台式低速	2台
			药物天平		2架
			普通光学显微镜	总放大倍数：40~1 000倍	50台
			微量加样器		12套
			脱水机	用于石蜡标本的制作	4台
			包埋机	用于石蜡标本的制作	4台
			石蜡切片机	用于石蜡切片的制作	4台
			摊片烤片机	用于石蜡切片的制作	4台
			染色机	用于HE染色	1台
			冰冻切片机	用于冰冻切片制作	2台
			全自动免疫组化染色系统	IHC	1套
			玻片架	放置玻片	10台
			玻片板	染色后玻片的放置	20片
			标本蜡块储藏箱	蜡块的储存	1套
			玻片标本储藏箱	玻片标本储藏	1套
			PCR仪	分子诊断	1台
			杂交箱	分子杂交	1台
			恒温箱	分子杂交	1台
			纯水仪		1台
			冰箱	用于抗体、试剂等储存	3台
			多媒体	课程教学及演示	1套
			精密天平	试剂称量	2台

续上表

序号	学段	实训室名称	主要工具和设施设备		数量（生均台套）
			名称	规格	
13	高职	输血技术实训室	血液生化检测仪	全自动（或半自动）	1台
			分光光度计		10台
			采血混合仪	用于采血	2台
			超净工作台（国产）或生物安全柜	用于分离血液	1台
			电热恒温水浴箱	恒温用	2台
			低速大容量冷冻离心机	用于离心分离血液成分	1台
			离心机	台式低速	10台
			PCR扩增仪	用于PCR	1台
			血细胞分离机		1台
			冰箱	保存血液用	1台

2. 校外实训基地

本专业中职、高职学段的校外实训基地均应为二级甲等以上综合性医院［卫生检验专业（技能）方向还应有区级以上疾病预防控制中心作为校外实训基地，输血技术专业方向还应有区级以上血站作为校外实训基地］，其中本专业校外实训区域的总面积不低于100 m²。校外实训基地须设有临床检验、微生物检验、生物化学检验、免疫检验、病理检验等科室（疾病预防控制中心实训基地须设有卫生理化检验、微生物检验等科室，血站实训基地须设有血液检验、血液质量控制等科室）。校外实训基地应拥有本专业技能培养的相关仪器设备，具有实习大纲中规定90%以上的实习项目，能满足学生完成毕业实习任务的要求。

十二、教学实施建议

（一）教学要求

1. 公共基础课

公共基础课程的教学首先要求符合教育部门教育教学的相关规定，同时也要体现医学检验技术专业的特点和中高职衔接的特点，注重学生科学文化素养和职业道德素养的培养，从而为学生将来的职业生涯发展奠定基础。

2. 专业核心课

专业核心课程的教学强调以工作任务为导向，将岗位职业能力、职业素养要求融入岗位工作任务中,在教学过程中充分体现学生的主体性,做到"教、学、做"一体化,把培养学生职业能力的理论与实践相结合,将基本知识的掌握与应用渗透到实践性教学环节中,淡化理论与实验课之间的界限,让教学更加贴近实际岗位工作,充分调动学生学习的主动性和积极性。在教学手段上尽量采用任务驱动教学法、案例教学法、角色扮演教学法、头脑风暴法、自主学习法等方法,从而培养学生独立分析问题、解决问题的能力以及自我学习、自我管理的能力。

(二)教学评价

教学评价实施过程性考核与终结性考核相结合、理论考核与技能考核相结合、学业考核与职业态度考核相结合三种方式。考核内容以职业岗位能力为导向,以专业岗位技能操作和分析问题、解决问题为重点,重点评价学生的职业能力。课程考核成绩由过程性考核成绩和课程终结性考核成绩构成,其中过程性考核成绩包括作业(含实验报告)成绩、学习过程考核(含理论考核与技能考核)成绩和职业态度考核(含学习态度)成绩,课程终结性考核成绩包括理论考核成绩和技能考核成绩。毕业实习考核实施出科考核,对学生在该科室实习期间的知识、技能的掌握及工作学习态度的表现进行全面考核。

(三)教学管理

(1)建立一套包括教学管理、教学督导和教学运行为一体的完整的教学管理体系,实行在主管院长领导下,学校(学院)、二级学院(系)两级管理的教学管理模式。

(2)制定一套规范的教学管理制度,对每门课程授课计划、教学进度、教案、考核评价都进行严格管理。

(3)制定一套严格的教学督导制度,通过院系两级教学督导、学生评教、教师评学等手段,对整个教学过程实施监控,及时反馈教学过程中存在的问题。

(4)建立完善的社会反馈体系,通过对实习单位、用人单位的不定期调研,及时了解人才培养中存在的问题。

十三、开发团队

(一)参与项目开发的行业技术专家团队

表1-19 参与项目开发的行业技术专家团队

序号	姓名	工作单位	职称、职务
1	刘集鸿	惠州市第一人民医院	主任技师、科主任
2	姚志强	惠州市中医院	副主任医师、科主任
3	叶妙琴	惠州市中医院	主任技师、科副主任
4	余进胜	惠东县人民医院	主任技师

续上表

序号	姓名	工作单位	职称、职务
5	江小明	中信惠州医院	副主任技师
6	曾涛	惠州市第一人民医院	主管技师
7	郑意	惠东县人民医院	检验技师
8	周潇	惠州市第一人民医院	主任技师
9	许丽霞	惠州市第一人民医院	副主任技师
10	吴学朕	惠州市中心人民医院	主管技师
11	陈海雁	惠州市第六人民医院	主任技师
12	蔡伟雄	博罗县人民医院	副主任技师
13	张育超	惠州市第一妇幼保健院	主管技师
14	罗浩元	惠州市第一人民医院	主管技师
15	徐伟帆	惠州市第六人民医院	副主任技师
16	李一凡	东莞市第七人民医院	副主任技师、科主任
17	罗保民	深圳市平湖人民医院	主管技师
18	何少雄	博罗县人民医院	主管技师
19	容莹	深圳市龙岗区中心血站	主任技师、副站长
20	钟展华	惠州市中心血站	副主任技师
21	严凤好	惠州市中心血站	主管技师
22	湛玉武	惠州市中心血站	检验技师
23	李雪群	惠州市中心血站	主管技师
24	甘莉萍	深圳市龙岗区疾病预防控制中心	主任技师
25	王雪红	深圳市坪山新区疾病预防控制中心	副主任技师、科主任
26	刘春平	深圳市坪山新区疾病预防控制中心	副主任技师
27	曾健君	惠州市疾病预防控制中心	副主任技师
28	何洁颖	惠州市疾病预防控制中心	副主任技师
29	王敏嘉	江门市疾病预防控制中心	副主任技师、科主任
30	段先兵	惠州市惠阳区疾病预防控制中心	主管技师
31	朱莹	东莞市人民医院	医师

（二）参与项目开发的学校教师团队

表1-20 参与项目开发的学校教师团队

序号	姓名	工作单位	职称、职务
1	江海东	惠州卫生职业技术学院	副教授、系副主任
2	曾顺良	潮州市卫生学校	高级讲师、专业科副主任
3	廖奔兵	惠州卫生职业技术学院	副教授、系主任
4	李玮玮	惠州卫生职业技术学院	讲师、教研室主任
5	欧阳惠君	惠州卫生职业技术学院	讲师、教研室主任
6	方国强	潮州市卫生学校	高级讲师、副科长
7	郑少辉	珠海市卫生学校	高级讲师、副校长
8	杨 拓	湛江市卫生学校	高级讲师、成教办副主任
9	叶振东	嘉应学院医学院	讲师、教研室主任
10	巫远辉	河源市卫生学校	副主任技师
11	陈少华	广州卫生职业技术学院	副教授、系主任
12	李笑平	广州卫生职业技术学院	高级实验师
13	徐 霞	广州医科大学金域检验学院	教授、副院长
14	张 凯	广州卫生职业技术学院	副教授
15	李家福	河源市卫生学校	高级讲师
16	乔亚峰	嘉应学院医学院	副教授
17	林文萍	潮州市卫生学校	高级讲师
18	陈一强	揭阳市卫生学校	高级讲师
19	梁惠冰	连州市卫生学校	高级实验师
20	唐英辉	连州市卫生学校	高级讲师
21	陈建中	江门中医药学校	副主任技师
22	陈彩贞	惠州卫生职业技术学院	副教授、成教科副主任
23	戴建民	惠州卫生职业技术学院	副教授
24	李莉玲	惠州卫生职业技术学院	讲师
25	吴 慧	惠州卫生职业技术学院	副教授
26	王富英	惠州卫生职业技术学院	讲师
27	靖吉芳	惠州卫生职业技术学院	讲师
28	陈燕宜	惠州卫生职业技术学院	助理讲师、系教学秘书
29	谢启智	惠州卫生职业技术学院	助理讲师、专业主任
30	江雪红	惠州卫生职业技术学院	助理讲师
31	胡立成	惠州卫生职业技术学院	助理讲师
32	吴梦晏	惠州卫生职业技术学院	助理讲师
33	蔡天舒	惠州卫生职业技术学院	助理讲师

下 篇
中高职衔接医学检验技术专业课程标准

中职学段：正常人体学基础课程标准

一、课程名称

正常人体学基础。

二、适用专业

既适用于中高职衔接的中职医学检验技术专业，又适用于中职医学检验技术专业。

三、课程性质

本课程为中高职衔接医学检验技术专业中职学段的一门专业核心课程。

四、课程设计

依据岗位需求调研、职业能力及课程分析，本课程设计为绪论、人体基本结构和功能、躯体结构与运动、物质摄取与废物排泄、物质转运、能量代谢与体温、人体生命活动的调控、生殖和人体衰老 9 个学习任务（详见课程结构表）。为学生学习后续专业核心课程及专业方向课程、进一步升学奠定重要的基础，是本课程设计的支点。在充分考虑学生文化基础、认知能力的基础上，从知识、技能、态度三个维度，列出了本课程每个学习任务的具体要求。

五、课程教学目标

1. 专业能力目标

（1）能叙述人体的组成和结构，位置、形态结构与功能，重要的生理常数及其变动的意义。

（2）能说出重要器官的结构与功能的关系，并在大体标本上指出重要组织、器官。

（3）能简述人体机能的调节方式。

（4）能熟练使用显微镜观察正常人体组织微细结构，熟练使用血压计等常用仪器。

2. **方法能力目标**

(1) 学会运用解剖生理学知识,对重要器官系统的生理实验进行观察和结果分析,初步描述常见病、多发病的临床检验项目。

(2) 具备自主学习、更新知识并运用新方法、新技术的能力。

(3) 能合理运用媒体资源,查找所需信息。

3. **社会能力目标**

(1) 通过正确认识人体的正常形态结构和功能,培养辩证唯物主义世界观。

(2) 通过对生命现象的认识,树立热爱生命、实事求是的科学态度。

(3) 树立救死扶伤、爱岗敬业、团结协作的良好职业道德观念。

六、参考学时与学分

参考学时:90 学时。

参考学分:5 学分。

七、课程结构

正常人体学基础课程结构如表 2-1 所示。

表 2-1 正常人体学基础课程结构

序号	学习任务(单元、模块)	职业能力	知识、技能、态度要求	教学活动设计	学时
1	绪论	无	①能阐述解剖生理学的概念;②能阐述人体的基本组成概况;③能解释解剖学姿势,能阐述常用的方位术语和切面;④能表演解剖学姿势,能识别方位和切面;⑤能解释生命的基本特征、新陈代谢和兴奋性的概念;⑥培育责任、质量、安全意识及团队合作精神,养成自觉爱护标本、模型的习惯	①分析解剖生理学的概念;②介绍人体的基本组成概况;③分析解剖学姿势、常用的方位术语和切面,指导摆解剖学姿势,分析识别方位和切面;④分析生命的基本特征、新陈代谢和兴奋性的概念	4

续上表

序号	学习任务（单元、模块）	职业能力	知识、技能、态度要求	教学活动设计	学时
2	人体基本结构和功能	无	①能解释细胞的基本结构和细胞膜、重要细胞器、细胞核的功能；②能简述静息电位、动作电位、极化、超极化、去极化及复极化的概念；③能解释静息电位、动作电位产生的原理和动作电位的传导特点；④能阐述受体和细胞周期的概念；⑤能说出上皮组织的结构特点和分类，描述被覆上皮的分类、分布和功能；⑥能说出结缔组织的结构特点和分类，描述疏松结缔组织的分布、成分和功能；⑦能说出心肌、平滑肌、骨骼肌的结构特点和分布；⑧能描述神经组织的构成，神经元的形态、结构、功能和分类；⑨能简述神经纤维的分类、结构及兴奋传导的原理与特征；⑩能简述突触和神经末梢的概念及分类，突触传递的原理和特征；⑪能观察、认识细胞，指认单层柱状上皮、复层扁平上皮、疏松结缔组织、平滑肌、示教假复层纤毛柱状上皮、骨骼肌、心肌、神经元和运动终板；⑫培育责任、质量、安全意识及团队合作精神，养成自觉爱护标本、模型的习惯	①分析细胞的基本结构和细胞膜、重要细胞器、细胞核的功能；②分析静息电位、动作电位、极化、超极化、去极化及复极化的概念；③分析静息电位、动作电位产生的原理和动作电位的传导特点；④分析受体和细胞周期的概念；⑤分析上皮组织的结构特点和分类，分析被覆上皮的分类、分布和功能；⑥分析结缔组织的结构特点和分类，分析疏松结缔组织的分布、成分和功能；⑦分析心肌、平滑肌、骨骼肌的结构特点和分布；⑧分析神经组织的构成，神经元的形态、结构、功能和分类；⑨分析神经纤维的分类、结构及兴奋传导的原理与特征；⑩分析突触和神经末梢的概念及分类，突触传递的原理和特征；⑪指导观察、认识细胞，指认单层柱状上皮、复层扁平上皮、疏松结缔组织、平滑肌、示教假复层纤毛柱状上皮、骨骼肌、心肌、神经元和运动终板	8

续上表

序号	学习任务（单元、模块）	职业能力	知识、技能、态度要求	教学活动设计	学时
3	躯体结构与运动	无	①能描述运动系统的组成和功能；②能说出骨的形态、构造、化学成分及其物理特性与年龄变化；③能说出骨连接的分类，能描述关节的构造和运动；④能描述脊柱、胸廓的位置、组成、形态和功能，上、下肢各骨的名称及位置；⑤能说出颅的位置、构成和主要结构，肩关节、肘关节、髋关节及膝关节的构成和运动，骨盆的构成形态和功能；⑥能认识骨的形态，骨和关节的构造，躯干骨、四肢骨、脊柱、胸廓、颅及骨盆的位置与形态，肩关节、肘关节、髋关节和膝关节的构造；⑦能说出肌的分类、构造、起止点和作用；⑧能描述各部肌的分群及作用，胸大肌、肋间肌、膈、腹肌、三角肌、臀大肌、股四头肌及小腿三头肌的位置和作用；⑨能指认主要肌群和肌的位置；⑩培育责任、质量、安全意识及团队合作精神，养成自觉爱护标本、模型的习惯；⑪具有良好的职业道德，重视医学理论，自觉尊重患者的人格，保护患者隐私	①分析运动系统的组成和功能；②分析骨的形态、构造、化学成分及其物理特性与年龄变化；③分析骨连接的分类，能描述关节的构造和运动；④分析脊柱、胸廓的位置、组成、形态和功能，上、下肢各骨的名称及位置；⑤分析颅的位置、构成和主要结构，肩关节、肘关节、髋关节及膝关节的构成和运动，骨盆的构成、形态和功能；⑥指导认识骨的形态，骨和关节的构造，躯干骨、四肢骨、脊柱、胸廓、颅及骨盆的位置与形态，肩关节、肘关节、髋关节和膝关节的构造；⑦分析肌的分类、构造、起止点和作用；⑧分析各部肌的分群及作用，胸大肌、肋间肌、膈、腹肌、三角肌、臀大肌、股四头肌及小腿三头肌的位置和作用；⑨指导指认主要肌群和肌的位置	6

续上表

序号	学习任务 （单元、模块）	职业能力	知识、技能、态度要求	教学活动	学时
4	物质摄取与废物排泄	无	①能解释消化系统的组成、功能及上、下消化管的概念，消化和吸收的概念与意义，消化的方式及其过程；②能说出消化管壁的一般结构，口腔各器官的名称、位置、形态和功能，咽和食管的位置、分部和形态特点，能描述胃的位置、形态、分部及黏膜结构特点，胃液的pH主要成分及作用，胃的运动与排空；③能描述肝的位置、形态、微细结构、功能及血液循环途径；④能说出胆囊和胰的位置、形态，输胆管道的组成，胰的微细结构及功能；⑤能描述小肠的分部、位置、黏膜结构特点，能解释小肠液的pH主要成分与作用，能描述小肠的运动方式及其在物质消化和吸收中的作用；⑥能描述大肠分部的位置、主要形态特点及大肠液的pH、主要成分与作用，能说出大肠内细菌对食物残渣的作用，大肠的运动、排便和粪便的组成；⑦能在标本上识别消化管、消化腺的位置与形态，能辨认胃、肝微细结构、小肠、大肠和胰的微细结构；⑧能解释呼吸系统的组成，上、下呼吸道的概念，呼吸的过程及其生理意义；⑨能简述鼻、喉、气管和主支气管的位置和形态结构；⑩能描述肺的位置和形态，肺导气部和呼吸部的组成、结构与功能；	①分析消化系统的组成、功能及上、下消化管的概念，消化和吸收的概念与意义，消化的方式及其过程；②分析消化管壁的一般结构，口腔各器官的名称、位置、形态和功能，咽和食管的位置、分部和形态特点，分析胃的位置、形态、分部及黏膜结构特点，胃液的pH主要成分及作用，胃的运动与排空；③分析肝的位置、形态、微细结构、功能及血液循环途径；④分析胆囊和胰的位置、形态，输胆管道的组成，胰的微细结构及功能；⑤分析小肠的分部、位置、黏膜结构特点，分析小肠液的pH主要成分与作用，分析小肠的运动方式及其在物质消化和吸收中的作用；⑥分析大肠分部的位置、主要形态特点及大肠液的pH、主要成分与作用，分析大肠内细菌对食物残渣的作用，大肠的运动、排便和粪便的组成；⑦指导在标本上识别消化管、消化腺的位置与形态，指导辨认胃、肝微细结构、小肠、大肠和胰的微细结构；⑧分析呼吸系统的组成，上、下呼吸道的概念，呼吸的过程及其生理意义；⑨分析鼻、喉、气管和主支气管的位置和形态结构；⑩分析肺的位置和形态，肺导气部和呼吸部的	20

续上表

序号	学习任务（单元、模块）	职业能力	知识、技能、态度要求	教学活动设计	学时
4	物质摄取与废物排泄	无	⑪能阐述肺通气的动力和肺容量、肺通气量、肺泡通气量的概念；⑫能阐述影响气体在肺泡交换的因素，氧和二氧化碳的运输方式；⑬能识别呼吸器官的位置与形态，能识别肺的微细结构、气管的微细结构；⑭能解释泌尿系统的组成，理解排泄的概念与途径；⑮能描述肾的形态、位置、剖面结构和肾单位的微细结构与功能；⑯能说出输尿管、膀胱的位置和形态，尿液的输送、贮存和排放；⑰能描述尿生成的基本过程和正常人尿量及尿的主要理化性质；⑱能识别肾的位置与形态、肾单位的微细结构；⑲培育责任、质量、安全意识及团队合作精神，养成自觉爱护标本、模型的习惯；⑳具有良好的职业道德，重视医学理论，自觉尊重患者的人格，保护患者隐私	组成、结构与功能；⑪分析肺通气的动力和肺容量、肺通气量、肺泡通气量的概念；⑫分析影响气体在肺泡交换的因素，氧和二氧化碳的运输方式；⑬指导识别呼吸器官的位置与形态，能识别肺的微细结构、气管的微细结构；⑭分析泌尿系统的组成，理解排泄的概念与途径；⑮分析肾的形态、位置、剖面结构和肾单位的微细结构与功能；⑯分析输尿管、膀胱的位置和形态，尿液的输送、贮存和排放；⑰分析尿生成的基本过程和正常人尿量及尿的主要理化性质；⑱指导识别肾的位置与形态、肾单位的微细结构	20
5	物质转运	无	①能描述体液与内环境的概念和组成；②能解释血液的组成及一般理化特性，血浆的理化性质、主要成分与生理作用，血清、红细胞比容、血浆渗透压的概念与生理作用，红细胞、各类白细胞和血小板的正常值、形态特点及主要功能，血凝与纤溶的基本过程，ABO血型的分型依据和输血原则；③能识别血涂片中各种血细胞的形态特点；④能完成ABO血型	①分析体液与内环境的概念和组成；②分析血液的组成及一般理化特性，血浆的理化性质、主要成分与生理作用，血清、红细胞比容、血浆渗透压的概念与生理作用，红细胞、各类白细胞和血小板的正常值、形态特点及主要功能，血凝与纤溶的基本过程，ABO血型的分型依据和输血原则；③指导观察识别血涂片中各种血细胞的形态特点；④指导完成	28

续上表

序号	学习任务（单元、模块）	职业能力	知识、技能、态度要求	教学活动设计	学时
5	物质转运	无	的鉴定；⑤能解释血液循环的概念，能简述体循环和肺循环的途径；⑥能描述心的位置、外形和心腔的形态结构，心传导系的组成和心的血液供应；⑦能叙述心肌细胞的生理特性及影响因素，心率的正常范围与生理差异；⑧能阐述心在射血与充盈过程中心腔压力、瓣膜、容积和血流方向的变化；⑨能简述心输出量的概念、影响因素和第一心音、第二心音的特点；⑩能识别心的位置、外形和各心腔的结构，能判断心音；⑪能简述血管的分类及其管壁的微细结构特点；⑫能描述主动脉的位置，主要动脉干的名称、行径及其主要分支分布；⑬能简述上、下腔静脉的合成、收集范围和汇入部位；⑭能叙述主要浅静脉的名称和位置；⑮能描述肝门静脉的合成、收集范围和汇入部位；⑯能说出动脉血压的概念、成因、影响因素和正常值；⑰能描述中心静脉压的概念及其生理意义；⑱能指认血管的行径与分布，能识别中动脉、中静脉的微细结构；⑲能完成动脉血压的测量；⑳能描述淋巴器官的组成和功能；㉑能说出脾和胸腺的位置、形态、微细结构及淋巴循环的意义，主要浅淋巴结群的名称及位置；㉒培育责任、质量、安全意识及团队合作精神，养成自觉爱护标本、模型的习惯	ABO血型的鉴定；⑤分析血液循环的概念，能简述体循环和肺循环的途径；⑥分析心的位置、外形和心腔的形态结构，心传导系的组成和心的血液供应；⑦分析心肌细胞的生理特性及影响因素，心率的正常范围与生理差异；⑧分析心在射血与充盈过程中心腔压力、瓣膜、容积和血流方向的变化；⑨分析心输出量的概念、影响因素和第一心音、第二心音的特点；⑩指导观察识别心的位置、外形和各心腔的结构，判断心音；⑪分析血管的分类及其管壁的微细结构特点；⑫分析主动脉的位置，主要动脉干的名称、行径及其主要分支分布；⑬分析上、下腔静脉的合成、收集范围和汇入部位；⑭分析主要浅静脉的名称和位置；⑮分析肝门静脉的合成、收集范围和汇入部位；⑯分析动脉血压的概念、成因、影响因素和正常值；⑰分析中心静脉压的概念及其生理意义；⑱指导观察指认血管的行径与分布，识别中动脉、中静脉的微细结构；⑲指导完成动脉血压的测量；⑳分析淋巴器官的组成和功能；㉑分析脾和胸腺的位置、形态、微细结构及淋巴循环的意义，主要浅淋巴结群的名称及位置	28

续上表

序号	学习任务（单元、模块）	职业能力	知识、技能、态度要求	教学活动设计	学时
6	能量代谢与体温	无	①能阐述能量代谢的概念及影响因素；②能解释基础代谢率的概念及相对正常值；③能解释体温的概念和正常值；④能简述体温生理变动及皮肤的散热方式；⑤能操作体温的测量	①分析能量代谢的概念及影响因素；②分析基础代谢率的概念及相对正常值；③分析体温的概念和正常值；④分析体温生理变动及皮肤的散热方式；⑤指导体温的测量	2
7	人体生命活动的调控	无	①能简述感觉器官的组成和功能，感受器的分类和一般生理特征；②能描述眼球的构造与功能，眼的调节与瞳孔对光反射；③能叙述耳的分部与功能，听觉和位置觉感受器的名称与位置；④能简述声波的主要传导途径，皮肤的结构和功能；⑤会进行视力测定、瞳孔对光反射、声波传导途径的检查；⑥能解释神经系统的组成、活动方式和主要功能；⑦能描述脊髓的位置、外形、内部结构与主要功能；⑧能描述脑干和小脑的位置、分部与主要功能；⑨能阐述端脑的位置和大脑半球的分叶、主要功能区及内囊的概念；⑩能简述脊神经的数目、组成及膈神经、正中神经、坐骨神经行径与分布；⑪能描述12对脑神经的名称，能说出其分布和功能；⑫能说出特异性和非特异性躯体感觉传导通路的构成，能解释其主要功能；⑬能阐述锥体系的构成，能解释其主要功能；⑭能阐述自主神经系统的概念和功能，交感、副交感神经	①分析感觉器官的组成和功能，感受器的分类和一般生理特征；②分析眼球的构造与功能，眼的调节与瞳孔对光反射；③分析耳的分部与功能，听觉和位置觉感受器的名称与位置；④分析声波的主要传导途径，皮肤的结构和功能；⑤指导进行视力测定、瞳孔对光反射、声波传导途径的检查；⑥分析神经系统的组成、活动方式和主要功能；⑦分析脊髓的位置、外形、内部结构与主要功能；⑧分析脑干和小脑的位置、分部与主要功能；⑨分析端脑的位置和大脑半球的分叶、主要功能区及内囊的概念；⑩分析脊神经的数目、组成及膈神经、正中神经、坐骨神经行径与分布；⑪分析12对脑神经的名称、分布和功能；⑫分析特异性和非特异性躯体感觉传导通路的构成、主要功能；⑬分析锥体系的构成、主要功能；⑭分析自主神经系统的概念和功能，交感、副交感神经的递质与受体；⑮分析条件反射、第二信号	14

续上表

序号	学习任务（单元、模块）	职业能力	知识、技能、态度要求	教学活动设计	学时
7	人体生命活动的调控	无	的递质与受体；⑮能简述条件反射、第二信号系统、大脑皮层的语言功能；⑯能简述神经系统对内脏和心血管活动的调节；⑰会观察脊髓的位置和形态，脑的位置与分部，主要脊神经和脑神经的分布，交感干的组成概况和主要传导通路的概况；⑱能解释内分泌系统的组成，简述激素的概念和作用特征；⑲能简述垂体、甲状腺和肾上腺的位置、形态及微细结构；⑳能阐述垂体、甲状腺和肾上腺分泌的激素及其生理作用；㉑培育责任、质量、安全意识及团队合作精神，养成自觉爱护标本、模型的习惯	系统、大脑皮层的语言功能；⑯分析神经系统对内脏和心血管活动的调节；⑰指导观察脊髓的位置和形态，脑的位置与分部，主要脊神经和脑神经的分布，交感干的组成概况和主要传导通路的概况；⑱分析内分泌系统的组成、激素的概念和作用特征；⑲分析垂体、甲状腺和肾上腺的位置、形态及微细结构；⑳分析垂体、甲状腺和肾上腺分泌的激素及其生理作用	14
8	生殖	无	①能叙述男、女生殖器官的位置、形态和功能，睾丸、卵巢和子宫的微细结构；②能阐述雄激素、雌激素和孕激素的生理作用，月经和月经周期的概念；③能在标本上识别男、女生殖器官的位置和形态；④能识别睾丸与卵巢和子宫的微细结构；⑤能简述受精、卵裂、植入和分娩的概念；⑥能在模型上认识人体胚胎早期发育的概况；⑦培育责任、质量、安全意识及团队合作精神，养成自觉爱护标本、模型的习惯；⑧具有良好的职业道德，重视医学理论，自觉尊重患者的人格，保护患者隐私	①分析男、女生殖器官的位置、形态和功能，睾丸、卵巢和子宫的微细结构；②分析雄激素、雌激素和孕激素的生理作用，月经和月经周期的概念；③指导在标本上识别男、女生殖器官的位置和形态；④能识别睾丸与卵巢和子宫的微细结构；⑤分析受精、卵裂、植入和分娩的概念；⑥指导在模型上认识人体胚胎早期发育的概况	6
9	人体衰老	无	能简述人体衰老的规律	分析人体衰老的规律	2
合计					90

注：基础课程无须与职业能力对接。

八、资源开发与利用

（一）教材编写与使用

可遵循职业教育特色，根据培养目标、教学内容和学生的学习特点及职业资格考核要求，编写适应理实一体化、项目化教学的教材及理实一体化实训指导、解剖视频等教辅材料。

（二）数字化资源开发与利用

结合学校实训环境，开发电子教学课件、教学任务单元视听教程、解剖实验视频、显微镜下形态动态视频、电子习题库，组建教学资源库。利用网络资源，加强精品课程、网络课程等数字化资源建设。

九、教学建议

（一）教学方法

本课程依据医学检验专业学生学习专业知识及技能的需求，在教学实践中开展理实一体化教学、项目化教学、案例教学、任务教学、角色扮演、情景教学等，突出"做中学、学中做"的职业教育特色。根据培养目标、教学内容和学生的学习特点及职业资格考核要求，利用校内实训室校外实训基地，将学生自主学习、合作学习和教师引导教学等教学组织形式有机结合。

（二）教学条件

按照课程结构表中的学习任务设计，本课程教学活动最好能全部在专用实验实训室完成，实验实训室应配备有多媒体教学系统、足够数量的标本模型；实验实训室应有规范的实验实训管理制度，以满足教、学、练的要求；构建包括教学课件、视听教程、实训指导、习题库等在内的教学资源库及加强精品课程、网络课程等校内网络资源建设。

十、教学评价

建议采用过程性评价与终结性评价、理论知识评价与实践技能评价相结合的综合评价方式。过程性评价与终结性评价各占总评的50%，均涵盖理论知识评价与实践技能评价。过程性评价应结合出勤、课堂提问、实训报告、技能训练环节及质量，注重方式的多样性，主要用于评价学生在完成学习任务过程中的学习态度、专业知识与技能学习情况以及团队协作精神、交流沟通与解决问题能力等综合素质；终结性评价主要用于考核学生知识技能的运用情况，可根据教学方法、模式运用的具体情况，采用专项、综合技能实操及理实一体化考核。此外，教学评价内容的制定，应有职业岗位技术人员的参与，尽可能多体现职业岗位的相关要求。

（撰稿人：广东省潮州卫生学校　卢伟忠）

中职学段：检验化学基础课程标准

一、课程名称

检验化学基础。

二、适用专业

既适用于中高职衔接的中职医学检验技术专业，又适用于中职医学检验技术专业。

三、课程性质

本课程是中高职衔接医学检验技术专业中职学段的一门专业核心课程，衔接高职学段"检验应用化学"课程。

四、课程设计

依据岗位需求调研、职业能力及课程分析，本课程设计为物质结构和元素周期表、溶液、化学反应速率和化学平衡、电解质溶液、氧化还原反应、配位反应、有机化学概论、烃、醇和酚、醛和酮、羧酸、酯和油脂、胺和酰胺、糖类、氨基酸和蛋白质、分析化学概论、滴定分析法概论、酸碱滴定法、氧化还原滴定法、分光光度法、色谱法 21 个学习任务。以便为学生学习后续专业核心课程及专业方向课程或进一步升学，提供必需的无机化学、有机化学、分析化学等知识和技能，是"检验化学基础"课程设计的支点。在充分考虑学生文化基础、认知能力的基础上，从知识、技能、态度三个维度，列出了本课程每个学习任务的具体要求。

五、课程教学目标

1. 专业能力目标

（1）具有基本的化学理论知识，会正确运用元素周期表及常用的化学术语。
（2）会进行有关物质的量、溶液组成、溶液 pH、定量分析等化学计算。
（3）辨认各类有机物的官能团，能规范书写有机物的结构并能正确命名。
（4）了解分析天平、分光光度计等精密仪器的一般结构和工作原理。
（5）会进行化学实验的基本知识及操作技能，能认真观察实验现象，实事求是记录实验结果。
（6）能进行综合分析，正确书写实验报告。
（7）养成自觉爱护仪器设备的习惯。

2. 方法能力目标

（1）能将所学知识与社会生活相结合。

（2）具备自主学习、更新知识并运用新方法、新技术的能力。

（3）能合理运用媒体资源，查找所需信息。

3．社会能力目标

（1）具有从事医学检验工作所应有的职业道德操守、科学的工作态度、严谨细致的专业学风。

（2）具有人际沟通能力和团队合作意识。

（3）具有规避职业风险的意识。

（4）有安全意识和环保意识。

六、参考学时与学分

参考学时：126 学时。

参考学分：7 学分。

七、课程结构

检验化学基础课程结构如表 2-2 所示。

表 2-2 检验化学基础课程结构

序号	学习任务（单元、模块）	职业能力	知识、技能、态度要求	教学活动设计	学时
1	物质结构和元素周期表	无	①能归纳组成原子的粒子间的关系，说出同位素的概念；②能画出 1~20 号元素的原子结构示意图；③能根据元素在周期表中的位置，初步描述该元素的一般性质；④懂得离子键、共价键、分子间作用力的形成条件，认识离子化合物和共价分子；⑤学会化学实验基本操作，能将粗食盐顺利进行提纯；⑥养成自觉爱护仪器的习惯	①介绍组成原子的粒子间的关系，通过记忆、练习加以巩固，通过举例介绍同位素；②讲授核外电子排布规律；③投影并讲解元素周期表的结构，分析元素性质与结构的关系；④利用动画讲解各种化学键的形成，教给学生利用物质的元素组成，判断离子化合物及共价分子；⑤通过粗食盐的提纯过程，教会学生化学实验的基本操作	8

续上表

序号	学习任务 （单元、模块）	职业能力	知识、技能、态度要求	教学活动设计	学时
2	溶液	无	①能说出三类分散系的不同之处；②懂得物质的量、摩尔、阿伏伽德罗常数、摩尔质量的概念及之间的关系，会进行有关计算；③会进行有关溶液浓度计算；④会配制及稀释溶液；⑤耐心、细致、有团队精神、安全意识	①通过观察三类分散系的制备过程，讲授分散系；②展示1 mol各种物质，讲授物质的量、摩尔概念；③列表溶液浓度的表示方法，讲授，练习计算；④示范、学生操作溶液的配制及稀释	8
3	化学反应速率和化学平衡	无	①能归纳浓度、压强、温度、催化剂对化学反应速率的影响；②能认识可逆反应，描述化学平衡的特征；③能判断化学平衡移动的方向；④会进行化学反应速率及化学平衡移动的验证实验；⑤耐心、细致、实事求是	①通过观看动画并结合实例，讲授影响化学反应速率的外因；②介绍可逆反应，展示化学平衡体系；③观看化学平衡移动的动画及课堂实验，要求学生记忆结论并学会运用；④通过学生实验，验证化学反应速率及化学平衡移动的相关理论	6
4	电解质溶液	无	①能识别强电解质和弱电解质，根据电离常数能判断弱酸弱碱的相对强弱；②能看懂离子方程式；③能理解水的离子积的意义，说出溶液的酸碱性，会测定溶液pH；④能判断盐溶液的酸碱性；⑤能判断缓冲对中的抗酸、抗碱成分，解释缓冲作用原理；⑥会进行电解质溶液及缓冲溶液的验证实验；⑦耐心、细致、实事求是，养成良好实验习惯	①投影NaCl电离，讲授强、弱电解质概念，举例；②介绍k_a、k_b表及其应用；③讲解离子方程式的书写方法及离子反应发生的条件；④强调水的离子积的意义，讲授溶液酸碱性与[H^+]及pH的关系，观看录像，讲授pH测定方法；⑤在实验的基础上，分析各类盐的水解情况，举例；⑥以实验为例，分析缓冲对组成上的共轭关系，讲解抗酸抗碱的原理；⑦学生进行电解质溶液及缓冲溶液的验证实验	8

续上表

序号	学习任务（单元、模块）	职业能力	知识、技能、态度要求	教学活动设计	学时
5	氧化还原反应	无	①能根据元素化合价的改变判断氧化还原反应及氧化剂、还原剂；②能配平简单的氧化还原反应方程式；③坚持不懈、锲而不舍	①通过复习"化合价"、讲解实例、总结、学生练习，教给学生判断氧化还原反应、氧化剂、还原剂的方法与技巧；②举例氧化还原反应方程式的配平	4
6	配位反应	无	①能说出配合物的概念及组成；②会命名配合物；③能判断配合物的稳定性；④坚持不懈、锲而不舍	①以血红素配离子的形成（示教）为例，讲授概念、组成及命名；②利用 lgK 稳值，教会学生判断配合物的稳定性的方法	2
7	有机化学概论	无	①能说出有机物及有机化学的定义；②能比较有机物与无机物的差异；③能认识有机物的结构，会书写结构简式；④能说出官能团的概念，认识各类有机物	①指导学生阅读，引出有机物及有机化学两个概念；②引导学生列出有机物与无机物对比表，举例讲解；③展示模型，举例讲授结构式等的书写；④举例官能团的概念，说明其重要性	2
8	烃	无	①能说出烃的概念，认识烷烃、烯烃、炔烃和芳香烃，记住烯烃、炔烃的官能团，知道π键；②会书写烷烃、烯烃和炔烃的同分异构体；③能运用系统命名法正确命名烷烃、烯烃、炔烃和芳香烃；④能结合各类烃的结构特点（官能团），归纳烷烃、烯烃、炔烃和芳香烃的化学性质；⑤能了解芳香族化合物的致癌作用；⑥能进行有机物的鉴别；⑦能通过蒸馏操作，将混合物进行分离；⑧能将所学知识运用到生产生活中	①通过模型、图片、实物等，讲解烷烃、烯烃、炔烃和芳香烃的定义及结构；②教给学生书写异构体的步骤，学生练习；③讲授系统命名法，学生练习；④分析官能团，通过示教讲授烷烃、烯烃、炔烃和芳香烃的化学性质及鉴别方法；⑤引导学生自学芳香族化合物的致癌作用；⑥学生进行蒸馏实验操作	10

续上表

序号	学习任务（单元、模块）	职业能力	知识、技能、态度要求	教学活动设计	学时
9	醇和酚	无	①能认识醇和酚的官能团，指出各类醇和酚并能命名；②能了解醇和酚的物理性质；③能归纳醇和酚的化学性质，会区分不同的醇和酚；④能进行醇、酚的主要化学性质的实验操作，会鉴别一元醇和多元醇及苯酚；⑤能熟练进行水浴的实验操作；⑥具有严肃、认真的科学态度，爱护公物，节省试剂	①通过模型、图片、实物等，讲解醇和酚的定义及结构；②教给学生书写异构体的步骤，学生练习；③讲授系统命名法，学生练习；④分析官能团，通过示教讲授醇和酚化学性质及鉴别方法；⑤学生进行醇和酚实验操作	6
10	醛和酮	无	①能认识醛和酮的官能团，指出各类醛和酮并能命名；②能了解醛和酮的物理性质；③能归纳醛和酮的化学性质，会区分醛和酮；④能进行醛和酮的主要化学性质的实验操作，会鉴别醛和酮；⑤养成耐心细致的作风，有良好的团结协作精神	①通过模型、实物等，讲解醛和酮的定义及结构；②讲授系统命名法，学生练习；③分析官能团，通过示教讲授醛和酮化学性质及鉴别方法；④学生进行醛和酮实验操作	6
11	羧酸	无	①能认识羧酸官能团，指出各类羧酸并能命名；②能了解羧酸的物理性质；③能归纳羧酸的化学性质，会区分羧酸；④能进行羧酸的主要化学性质的实验操作；⑤养成耐心细致的作风，有良好的团结协作精神	①通过模型、实物等，讲解羧酸的定义及结构；②讲授系统命名法，学生练习；③分析官能团，通过示教讲授羧酸化学性质及鉴别方法；⑤学生进行羧酸实验操作	4
12	酯和油脂	无	①能认识酯的官能团，能正确命名；②能说出酯的水解产物；③能看懂油脂的组成，叙述油脂的性质；④能通过实验，巩固酯及油脂的性质和皂化反应的条件等知识；⑤提高在工作中不断发现和解决问题的能力	①根据酯化反应，分析酯的结构，讲授其命名；②引导学生阅读酯的物理性质，讲授酯的水解产物；③介绍油脂的组成和结构；④结合酯的水解，讲授油脂的化学性质；⑤学生进行酯和油脂实验操作	4

续上表

序号	学习任务（单元、模块）	职业能力	知识、技能、态度要求	教学活动设计	学时
13	胺和酰胺	无	①能认识胺和酰胺的官能团，指出各类胺和酰胺并能命名；②能了解胺和酰胺的物理性质；③能归纳胺和酰胺的化学性质，会区分胺类；④能将所学知识运用到生产生活中	①列举生活中的胺及酰胺，分析结构，讲授命名；②引导学生阅读胺和酰胺的物理性质；③讲授胺的化学性质及鉴别方法；④介绍酰胺的水解	2
14	糖类	无	①能准确说出糖的定义，将糖进行分类；②能写出单糖的开链结构，认识氧环结构；③能归纳单糖的化学性质；④能认识双糖的结构；⑤学会区分还原糖和非还原糖；⑥能简述多糖的结构特点及鉴别方法；⑦能熟练进行糖类性质的实验操作，会鉴别还原糖和非还原糖；⑧节约试剂，有条不紊	①引导学生说出糖类化合物的定义、分类；②指导学生书写开链结构，介绍氧环结构；③复习银镜反应、缩醛反应、酯化反应，讲授单糖的性质；④自学、归纳颜色反应；⑤列表归纳三种双糖及多糖；⑥反复练习糖的鉴别；⑦学生进行糖类性质的实验操作	6
15	氨基酸和蛋白质	无	①能叙述氨基酸的分类，认识常见α-氨基酸；②能根据氨基酸的等电点判断氨基酸在各种环境中的带电情况；③能认识多肽的形成；④能叙述蛋白质与生命的关系，描述蛋白质的元素组成及结构；⑤能说出蛋白质的性质（两性电离、变性、盐析、水解等），会鉴别蛋白质；⑥能熟练进行氨基酸和蛋白质的性质实验操作，能鉴别氨基酸和蛋白质；⑦注意节约试剂，做到善始善终，养成良好的实验习惯	①投影α-氨基酸结构，结合氨基酸表讲授分类、命名，练习；②介绍必需氨基酸；③利用动画，讲授两性电离、等电点，教给学生判断氨基酸带电情况的技巧、举例、练习；④介绍肽；⑤学生阅读"蛋白质"，边做边学蛋白质的性质（两性电离、变性、盐析、水解等），提问、练习、矫正	6

续上表

序号	学习任务（单元、模块）	职业能力	知识、技能、态度要求	教学活动设计	学时
16	分析化学概论	无	①能说出分析化学的任务、分类，初步建立量的观念；②能懂得试样分析的一般程序；③会计算误差和相对平均偏差，说出准确度与精密度的关系；④会判断定量分析中产生误差的原因，提高分析结果的准确度；⑤能正确判断有效数字的位数，能在分析工作中正确运用有效数字；⑥能正确使用电子天平，学会直接称量法、固定质量称量法、减重称量法；⑦能将量的观念贯穿到分析化学的各个环节，精益求精，严肃认真	①以幼儿园发生食物中毒为例讲授分析化学的任务、分类；②指导学生阅读试样分析的一般程序；③以比喻、打靶等方式方法说明误差和偏差；④分析误差产生的原因；⑤讲授减小误差的方法；⑥讲授有效数字的概念，介绍位数判断方法；⑦介绍有效数字在分析工作中的正确运用；⑧布置称量任务让学生完成，检验任务完成情况	10
17	滴定分析法概论	无	①能说出滴定分析法的基本术语、分类；②能表示滴定液的浓度；③能用直接法及间接法配制出滴定液；④会进行滴定分析的计算；⑤能正确操作滴定分析仪器；⑥进一步强化量的观念，精益求精，严肃认真	①配合演示介绍滴定操作要诀，讲解术语，简单介绍条件和分类；②复习讲授物质的量浓度，简介滴定度；③讲授、示教直接法配制滴定液的操作过程；④讲授间接法配制滴定液的方法；⑤举例、分析滴定分析的计算；⑥示教，观看录像，学生操作酸碱滴定管	8
18	酸碱滴定法	无	①能说出酸碱滴定法的含义及适用范围；②能解释酸碱指示剂的变色原理，能查出常见酸碱指示剂的变色范围；③能看懂酸碱滴定曲线，合理选择指示剂；④会用间接法配制酸碱滴定液，并能进行标定；⑤能用间接法进行盐酸滴定液的配制与标定，能准确测定药用硼砂的含量；⑥进一步巩固电子天平和滴定仪器的操作；⑦培养认真、细致的工作作风	①结合滴定照片讲授酸碱滴定概述；②以酚酞为例分析变色原理，指导学生查出常见指示剂的变色范围，介绍混合指示剂；③根据板图介绍滴定曲线绘制，讲解突跃范围，强调指示剂的选择原则，举例，练习；④布置测定药用硼砂含量的实验任务，指导学生寻找盐酸滴定液的配制、标定方法及硼砂的测定方法	8

续上表

序号	学习任务（单元、模块）	职业能力	知识、技能、态度要求	教学活动设计	学时
19	氧化还原滴定法	无	①能说出氧化还原滴定法的含义及适用范围；②能说出高锰酸钾法的测定原理及特点，分析高锰酸钾滴定液配制、标定方法，举例说明高锰酸钾法的应用，会进行计算；③列表对比直接碘量法和间接碘量法原理，能说出两种方法的不同之处，会配制、标定滴定液；④能用间接法进行硫代硫酸钠滴定液的配制与标定；⑤培养认真、细致的工作作风	①结合板图讲授氧化还原滴定概述；②与学生共同归纳、讲授高锰酸钾法的测定原理及滴定液的配制方法，投影相关图片；③列表对比直接碘量法和间接碘量法原理，投影测定过程相关图片，讲解；④进行硫代硫酸钠滴定液的配制与标定的实验操作	6
20	分光光度法	无	①能叙述分光光度法的基本原理、特点；②能绘出颜色互补图，解释物质的显色原理；③能熟悉朗伯－比尔定律、吸光系数，看懂吸收光谱曲线，掌握定量测定方法及有关计算，能选择最佳的测量条件；④会使用分光光度计，能绘制 $KMnO_4$ 吸收光谱曲线及标准曲线并能测出其含量；⑤严谨细致，规范操作	①配合标准系列图片投影介绍原理；②讲授可见光及单色光等，板图光的互补示意图，分析物质显色原理；③以 $KMnO_4$ 为例，板图讲授 T 和 A，讲授朗伯－比尔定律，解释各符号的意义；④投影讲授吸光系数；⑤重点讲解标准曲线法（以学生实验数据为例）；⑥观看分光光度计构造，示教操作步骤，学生完成 $KMnO_4$ 含量测定的实验任务	10
21	色谱法	无	①能懂得色谱法的基本概念、术语，说出色谱法的原理和分类；②能懂得液－固吸附柱色谱、液－液分配纸色谱原理、液－固吸附薄层色谱的原理和操作方法；③知道气相色谱法、液相色谱法	①以柱色谱分离 Fe^{3+}、Cu^{2+}、Co^{2+} 实验为例介绍色谱法基本概念、术语、原理和分类；②观看视频介绍纸色谱、薄层色谱；③简介气相色谱及高效液相色谱	2
			合计		126

注：基础课程无须与职业能力对接。

八、资源开发与利用

（一）教材编写与使用

本课程可采用由全国卫生职业教育教学指导委员会审定的部颁统编规划教材完成教学任务。建议对其中部分内容进行理实一体化教学改造，组织相关人员编写对应的教材及学材。

（二）数字化资源开发与利用

加强精品课程、微课、网络课程建设，开发电子教学课件、电子题库，组建教学资源库，利用网络资源，丰富数字化资源建设。

九、教学建议

（一）教学方法

本课程依据医学检验岗位的工作任务、职业能力要求，在保证教学内容系统性的前提下，倡导理论、实践一体化，突出"做中学、学中做"的职业教育特色，根据培养目标、教学内容和学生的学习特点及执业资格考试要求，提倡项目教学、案例教学、任务教学、角色扮演、情境教学等方法，利用校内实训室、校外实训基地，将学生的自主学习、合作学习和教师引导教学等教学组织形式有机结合。

（二）教学条件

按照课程结构表中的学习任务设计，本课程应有配备多媒体教学系统的校内教室及理实一体化的专用实验实训室，仪器、设备、试剂、工位应能满足教学的需求，有规范的实验实训管理制度；师资应达到中职医学检验技术专业教学标准的要求；构建包括教学课件、视听教程、实训指导、习题库等在内的教学资源库及加强精品课程、网络课程等校内网络资源建设。

十、教学评价

教学过程中，可通过测验、观察记录、考勤、值日、实验报告、提问、技能考核和理论考试等多种形式对学生的职业素养、专业知识和技能进行综合考评。采用过程性评价与终结性评价、理论知识评价与实践技能评价相结合的综合评价方式。过程性评价与终结性评价各占总评的50%，均应涵盖理论知识评价与实践技能评价，应体现评价主体、评价过程、评价方式的多元化。评价内容不仅要关注学生对知识的理解和技能的掌握，更要关注知识在临床实践中运用与解决实际问题的能力水平，重视职业素质的形成。

（撰稿人：广东潮州卫生学校　朱亚虹）

中职学段：生物化学基础课程标准

一、课程名称

生物化学基础。

二、适用专业

既适用于中高职衔接的中职医学检验技术专业，又适用于中职医学检验技术专业。

三、课程性质

本课程是中高职衔接医学检验技术专业中职学段的一门专业核心课程，衔接高职学段"生物化学"课程。

四、课程设计

依据岗位需求调研、职业能力及课程分析，本课程设计为绪论、蛋白质化学、核酸化学、酶、维生素、生物氧化、糖代谢、脂类代谢、蛋白质分解代谢、核酸代谢和蛋白质的生物合成、肝脏生物化学、水与无机盐代谢和酸碱平衡 13 个学习任务。为学生学习后续专业核心课程及专业方向课程、进一步升学奠定重要的基础，是本课程设计的支点。在充分考虑到学生文化基础、认知能力的基础上，从知识、技能、态度三个维度，列出了本课程每个学习任务的具体要求。

五、课程教学目标

1. **专业能力目标**
（1）能解释人体主要化学物质的组成、结构、性质和功能。
（2）能简述人体内物质代谢的主要过程及生理意义。
（3）能说出物质代谢与机能活动的关系。
（4）会使用常用的生物化学实践仪器。
（5）能正确完成生物化学实践的基本操作。

2. **方法能力目标**
（1）学会运用生物化学知识分析和解释实验现象。
（2）具备自主学习、更新知识并运用新方法、新技术的能力。
（3）会运用网络资源，查找所需信息。

3. **社会能力目标**
（1）具有科学的思维方法和良好的学习习惯。
（2）具有良好的人际沟通能力、协助精神和服务意识。

(3) 具有良好的职业素质和职业道德。

六、参考学时与学分

参考学时：54 学时。
参考学分：3 学分。

七、课程结构

生物化学课程结构如表 2-3 所示。

表 2-3 生物化学课程结构

序号	学习任务（单元、模块）	职业能力	知识、技能、态度要求	教学活动设计	学时
1	绪论	基础课程无须明确职业能力	①能叙述生物化学研究的主要内容；②能说出生物化学发展过程；③能说出检验工作中与生物化学有关的方面；④培养责任、质量意识及人际沟通能力和团队合作精神	①讲授生物化学研究的主要内容；②讲授生物化学发展过程；③总结归纳生物化学与医学的关系	2
2	蛋白质化学	基础课程无须明确职业能力	①能叙述蛋白质的元素组成和组成单位；②能识别蛋白质的各级结构，并能说出蛋白质结构与其功能的关系；③能解释利用紫外线、高温、乙醇等杀菌消毒的原理；④能说出蛋白质类样品在生产、运输、保存中的注意事项；⑤会总结归纳蛋白质的理化性质；⑥能正确完成蛋白质的两性电离和等电点测定实验；⑦培养责任、质量意识及人际沟通能力和团队合作精神	①讲授蛋白质的分子组成；②讲授蛋白质的结构与功能；③图示蛋白质的基本结构和空间结构；④讲授蛋白质的理化性质；⑤分析蛋白质的原因、实质和结果；⑥指导完成蛋白质的两性电离等电点测定实验	6
3	核酸化学	基础课程无须明确职业能力	①能叙述核酸的元素组成和基本组成成分；②能说出核酸的分子结构；③能说出某些重要的核苷酸；④能说出核酸的理化性质；⑤培养责任、质量意识及人际沟通能力和团队合作精神	①讲授核酸的分子组成；②讲授核酸的分子结构；③图示核酸的分子结构；④列出几种重要的核苷酸；⑤讲授核酸的理化性质	2

续上表

序号	学习任务（单元、模块）	职业能力	知识、技能、态度要求	教学活动设计	学时
4	酶	基础课程无须明确职业能力	①能正确解释酶的概念，叙述酶促反应的特点；②能阐述酶的分子组成、酶的活性中心与必需基团、酶原及酶原激活；③能解释同工酶的概念；④能说出酶作用的基本原理；⑤能叙述影响酶促反应的因素；⑥能总结说出如何正确保存、有效使用酶制剂产品；⑦能说出在检验中如何使酶活性处于正常状态，确保检验的准确性；⑧能说出酶在医学上的应用；⑨能正确完成酶的特异性和影响酶催化作用的因素实验；⑩培养责任、质量意识及人际沟通能力和团队合作精神	①讲授酶的概念，酶促反应的特点；②讲授酶的分子组成、酶的活性中心与必需基团、酶原及酶原激活；③图解酶的活性中心与必需基团，酶原的激活过程；④图解同工酶的概念，举例同工酶图谱；⑤讲授影响酶促反应的因素；⑥总结归纳酶生物制剂的保存、应用；⑦讲授酶在医学上的应用；⑧指导完成酶的特异性和影响酶催化作用的因素实验	6
5	维生素	基础课程无须明确职业能力	①能说出各种脂溶性维生素和水溶性维生素的生理功能；②能根据案例分析患者缺乏何种维生素；③能总结出在日常饮食中应注意如何摄入何种维生素，如何合理科学搭配饮食；④培养责任、质量意识及人际沟通能力和团队合作精神	①讲授维生素的概念；②讲授维生素的需要量与缺乏症；③讲授脂溶性维生素、水溶性维生素的种类和功能	2
6	生物氧化	基础课程无须明确职业能力	①能说出呼吸链的概念及组成；②能说出呼吸链中氢和电子的传递过程；③能叙述ATP的生成与能量的利用和转移；④能理解CO、氰化物中毒的原因；⑤培养责任、质量意识及人际沟通能力和团队合作精神	①讲授呼吸链的概念；②图示呼吸链的组成；③图解呼吸链中氢和电子的传递过程；④讲授ATP的生成与能量的利用和转移；⑤讲授影响氧化磷酸化的因素	4

续上表

序号	学习任务（单元、模块）	职业能力	知识、技能、态度要求	教学活动设计	学时
7	糖代谢	基础课程无须明确职业能力	①能说出糖的生理功能,在日常生活中合理摄入糖类物质;②能根据所学糖代谢知识解释日常生活中的生理现象,如人在剧烈运动后为什么会感觉到酸痛;③能理解蚕豆病的发病机理及检测指标;④能说出糖原对人体的作用;⑤能说出糖异生作用的概念和生理意义;⑥能说出空腹血糖的浓度及低血糖、高血糖定义;⑦能明白糖尿病高血糖检测方法中各项指标的意义;⑧培养责任、质量意识及人际沟通能力和团队合作精神	①讲授糖的生理功能;②以剧烈运动肌肉酸痛引入糖酵解过程、特点及意义;③讲授糖的有氧氧化;④以蚕豆病引出磷酸戊糖途径;⑤图解糖酵解、糖的有氧氧化和磷酸戊糖途径;⑥先出示糖原累积病的患者图片,激发学生好奇心,再讲授糖原合成与分解的过程;⑦图解糖异生作用的过程;⑧以糖尿病导入血糖这部分内容,在阐明血糖的来源和去路的同时,复习糖代谢所有的内容	6
8	脂类代谢	基础课程无须明确职业能力	①能正确对待富含脂肪的食物的摄取,不过度排除脂肪类食品;②初步认识导致肥胖的生化机理,自主思考预防肥胖措施及如何科学合理的减肥;③能分析酮症酸中毒患者的案例中生化检验各项指标的意义;④能说出胆固醇、卵磷脂等常见类脂的功能;⑤能总结出如何正确对待食物中胆固醇、卵磷脂等的摄取;⑥能说出各类血浆脂蛋白的功能;⑦能正确完成肝中酮体生成实验,学会使用离心机;⑧养成自觉爱护仪器的习惯并做好离心机仪器的维护;⑨培养责任、质量意识及人际沟通能力和团队合作精神	①讲授脂类的分布与含量,脂类的生理功能;②图解脂肪代谢概况;③图解甘油三酯的分解代谢和合成代谢;④图解磷脂的代谢、胆固醇的代谢;⑤讲授血脂的组成与含量;⑥讲授血浆脂蛋白的分类和生理功能;⑦讲授高脂血症与高脂蛋白血症;⑧指导完成肝中酮体生成实验	8

续上表

序号	学习任务（单元、模块）	职业能力	知识、技能、态度要求	教学活动设计	学时
9	蛋白质分解代谢	基础课程无须明确职业能力	①能说出蛋白质的生理功能和蛋白质的需要量；②能合理指导蛋白质的日常饮食摄入，合理搭配食物，全面补充人体必需氨基酸；③能说出氨基酸在体内的一般代谢简要过程，分析肝昏迷的生化机制；④能说出氨基酸的脱氨基方式，明确转氨酶在临床检验中的应用；⑤能解释一碳单位的概念和说出一碳单位的代谢；⑥能分析巨幼红细胞性贫血、白化病的致病原因；⑦培养责任、质量意识及人际沟通能力和团队合作精神	①讲授蛋白质的生理功能和蛋白质的需要量；②图解氨基酸的代谢概况；③图解氨基酸的脱氨基作用；④分析肝昏迷的生化机制；⑤分析转氨酶临床意义；⑥讲授个别氨基酸代谢，分析巨幼红细胞性贫血、白化病的致病原因	4
10	核酸代谢和蛋白质的生物合成	基础课程无须明确职业能力	①能叙述核酸的分解代谢，能认识痛风病发生的生化机理；②能说出核苷酸的合成代谢；③能阐述DNA的生物合成；④能叙述RNA的生物合成；⑤能说出RNA在蛋白质合成中的作用及蛋白质生物合成过程；⑥培养责任、质量意识及人际沟通能力和团队合作精神	①痛风病导入新课，图解核酸的分解代谢；②图解核苷酸的合成代谢；③图解DNA的生物合成；④图解RNA的生物合成；⑤图解蛋白质生物合成	4
11	肝脏生物化学	基础课程无须明确职业能力	①能总结出各代谢中肝的作用；②能说出什么是生物转化，明白肝在人体中的重要生理功能；③能说出胆结石的形成原因，分析避免胆结石生成的良好生活习惯；④能分析黄疸发生的生化原因，理解各类黄疸的生化指标；⑤培养责任、质量意识及人际沟通能力和团队合作精神	①以黄疸病例导入新课；②讲授各代谢在肝中的作用；③讲授生物转化的概念和生物转化的反应类型；④图解胆汁酸代谢，胆色素代谢；⑤分析血清胆红素及黄疸的生化原因；⑥总结归纳常用肝功能试验及临床意义	4

续上表

序号	学习任务（单元、模块）	职业能力	知识、技能、态度要求	教学活动设计	学时
12	水与无机盐代谢	基础课程无须明确职业能力	①能说出体液的分布与组成；②能说出水和无机盐的生理功能、水的摄入和排出；③能分析钠、氯、钾的代谢；④能总结钙、磷的生理作用；⑤能解释血钙和血磷的概念；⑥能说出钙、磷代谢的调节；⑦培养责任、质量意识及人际沟通能力和团队合作精神	①讲授体液的分布与组成；②讲授水的生理功能，水的摄入和排出；③讲授无机盐的生理功能，钠、氯和钾的代谢；④讲授钙、磷的含量、分布和生理功能，钙、磷的吸收与排泄，血钙与血磷，钙、磷代谢的调节	4
13	酸碱平衡	基础课程无须明确职业能力	①能说出体内酸性和碱性物质的来源；②能分析血浆碳酸氢盐缓冲体系的缓冲作用与血浆 pH 的关系；③能分析肺在调节酸碱平衡的作用；④能分析肾在调节酸碱平衡中的作用；⑤能说出酸碱平衡中失常的基本类型及主要生化指标；⑥培养责任、质量意识及人际沟通能力和团队合作精神	①讲授体内酸性和碱性物质的来源；②讲授血液的缓冲功能；③图解肺在调节酸碱平衡中的作用；④图解肾在调节酸碱平衡中的作用；⑤讲授酸碱平衡失常的基本类型及主要生化指标；⑥分析判断酸碱平衡的生物化学指标	2
			合计		54

八、资源开发与利用

（一）教材编写与使用

按照够用、实用、适度的原则选取教学内容，及时将热点案例、新知识、新方法、新技术等引入课堂教学。

（二）数字化资源开发与利用

建立生物化学精品课程网站，提供全套多媒体课件、动画教学资源、教学录像、热点案例、生化小故事、习题库、虚拟实践等丰富教学资源。不断丰富和更新课程资源，如热点案例信息的即时更新等，激发学生的学习兴趣，培养学生自主学习能力。开通网络课堂,实现学生网上完成作业,教师网上批改作业,师生论坛实现网上互动,有利于学生自主学习和拓展性学习。充分利用校外实习基地,通过临床教学,为学生毕业后从事相关岗位工作打下扎实基础。

九、教学建议

(一)教学方法

在教学过程中,可采用案例教学、项目教学、讨论式教学、探究式教学、多媒体教学、现场教学、情景教学等教学方法,并灵活使用。因本专业对学生动手能力要求比较高,建议在教学中根据实训条件,开展更多、更合适的实践项目。

(二)教学条件

本课程教学应具有较强的师资力量、较完备的教学仪器及实训室。有与临床教学相适应的纸质、电子、网络资源一体的课程教学资源库,资源库内容包括本课程的课程标准、课程内容、教学指导及学习评价方案等。要求学生在学习化学、解剖学、生理学等课程后学习本课程。理论课安排在教室进行,配备多媒体设备,实训课在实训室进行。

十、教学评价

建议采用过程性评价与终结性评价、理论知识评价与实践技能评价相结合的综合评价方式。过程性评价与终结性评价各占总评的50%,均涵盖理论知识评价与实践技能评价。过程性评价应结合出勤、课堂提问、实训报告、技能训练环节及质量,注重方式的多样性,主要用于评价学生在完成学习任务过程中的学习态度、专业知识与技能学习情况及团队协作精神、沟通交流与解决问题的能力等综合素质;终结性评价主要用于考核学生知识技能的运用情况,可根据教学方法、模式运用的具体情况,采用专项、综合技能实操及理实一体化考核。此外,教学评价内容的制定,应有职业岗位技术人员的参与,尽可能多体现职业岗位的相关要求。

(撰稿人:广东省连州卫生学校　唐英辉)

中职学段：临床疾病概要课程标准

一、课程名称

临床疾病概要。

二、适用专业

既适用于中高职衔接的中职医学检验技术专业，又适用于中职医学检验技术专业。

三、课程性质

本课程是中高职衔接医学检验技术专业中职学段的一门专业核心课程，衔接高职学段"临床医学概论"课程。

四、课程设计

依据临床检验职业岗位需求调研、职业能力及课程分析，将临床各疾病转换为学习任务的主体内容，是该课程设计的支点。本课程内容设计成 10 个学习任务（单元模块）。每个学习单元均设计一个对应临床科室的工作任务，从知识、技能、态度三个维度，列出了学习诊断学基本知识及呼吸、心血管等系统常见疾病的具体要求，在课堂教学中重点突出常见临床疾病的诊治与临床检验的项目及结果的密切联系，以便学生为学好医学检验技术专业知识、技能打下坚实的基础。

五、课程教学目标

1. 专业能力目标

（1）简述临床疾病诊断的基础方法和内容。
（2）学会归纳常见病及多发病的主要病因和临床表现。
（3）学会解释常见病、多发病的临床检验结果及临床意义。
（4）简述常见传染病的流行病学特点。

2. 方法能力目标

（1）学会完成常见病、多发病的病例分析。
（2）具备自主学习、更新知识并运用新方法、新技术的能力。
（3）能合理运用媒体资源，查找并分析所需信息。

3. 社会能力目标

（1）具有良好的职业道德和伦理观念。
（2）具有认真负责的工作态度和敬业精神，能够严谨求实、一丝不苟地完成临床疾病诊断的实践活动。
（3）具有良好的人际沟通能力、团队意识、安全意识。

（4）具有规避职业风险的意识。

六、参考学时与学分

参考学时：54 学时。
参考学分：3 学分。

七、课程结构

临床疾病概要课程结构如表 2-4 所示。

表 2-4 临床疾病概要课程结构

序号	学习任务（单元、模块）	职业能力	知识、技能、态度要求	教学活动设计	学时
1	诊断学基本知识	基础课程无须明确职业能力	①能归纳常见症状的主要特点；②能进行与临床检验相关的病史采集；③能进行临床诊断所需基本体格检查；④能解释常用实验室检查结果及临床意义；⑤培育责任、质量、安全意识及人际沟通能力、团队合作精神；⑥能养成自觉爱护模拟人仪器的习惯并做好维护和保养；⑦具备医务人员基本的无菌操作技术、诊疗操作能力	①讲授、分析常见症状的主要特点；②演示、讨论临床检验相关的病史采集方法；③以模拟人示教临床诊断的基本检查方法；④结合临床病例讨论常用实验室检查及其临床意义	6
2	呼吸系统疾病	基础课程无须明确职业能力	①能归纳慢性阻塞性肺病、肺炎、肺结核、肺癌的主要病因及临床表现、预防措施；②能解释慢性阻塞性肺病、肺炎、肺结核、肺癌的实验室检查方法及临床意义；③能说出慢性阻塞性肺病、肺炎、肺结核、肺癌发病机理、病理改变及特殊检查手段；④培养人际沟通能力和团队合作精神；⑤具有良好的职业道德，重视医学理论，自觉尊重患者的人格，保护患者隐私；⑥具备对呼吸系统常见病初步诊断和处理的能力，具备分析典型病例的能力	①结合血气分析、电解质测定结果解释慢性阻塞性肺病、肺炎、肺结核、肺癌的主要病因及临床表现、预防措施；②结合病例讨论慢性阻塞性肺病、肺炎、肺结核、肺癌的实验室检查方法及临床意义；③讲授、分析慢性阻塞性肺病、肺炎、肺结核、肺癌的发病机理、病理改变及特殊检查手段	8

续上表

序号	学习任务（单元、模块）	职业能力	知识、技能、态度要求	教学活动设计	学时
3	心血管系统疾病	基础课程无须明确职业能力	①能归纳心瓣膜病、心肌疾病、心包疾病、高血压病、冠心病、慢性心功能不全的主要病因及临床表现、预防措施；②能解释心瓣膜病、心肌疾病、心包疾病、高血压病、冠心病、慢性心功能不全的实验室检查方法及临床意义；③能说出心瓣膜病、心肌疾病、心包疾病、高血压病、冠心病、慢性心功能不全发病机制、病理改变及特殊检查手段；④能培养人际沟通能力和团队合作精神；⑤具有良好的职业道德，重视医学理论，自觉尊重患者的人格，保护患者隐私；⑥具备对心血管系统疾病常见病初步诊断和处理的能力，具备分析典型病例的能力	①结合病例讲授、分析心瓣膜病、心肌疾病、心包疾病、高血压病、冠心病、慢性心功能不全的主要病因及临床表现、预防措施；②讲授、讨论心瓣膜病、心肌疾病、心包疾病、高血压病、冠心病、慢性心功能不全的实验室检查方法及临床意义；③讲授、分析心瓣膜病、心肌疾病、心包疾病、高血压病、冠心病、慢性心功能不全的发病机制、病理改变及特殊检查手段	8
4	消化系统疾病	基础课程无须明确职业能力	①能归纳慢性胃炎、消化性溃疡、肝硬化、急性胰腺炎、胆道感染与胆石症、急性阑尾炎、胃癌的主要病因及临床表现、预防措施；②能解释慢性胃炎、消化性溃疡、肝硬化、急性胰腺炎、胆道感染与胆石症、急性阑尾炎、胃癌的实验室检查方法及临床意义；③能说出慢性胃炎、消化性溃疡、肝硬化、急性胰腺炎、胆道感染与胆石症、急性阑尾炎、胃癌的发病机制、病理改变及特殊检查手段；④能培养人际沟通能力和团队合作精神；⑤具有良好的职业道德，重视医学理论，自觉尊重患者的人格，保护患者隐私；⑥具备对消化系统常见病初步诊断和处理的能力，具备分析典型病例的能力	①结合病例讲授、分析慢性胃炎、消化性溃疡、肝硬化、急性胰腺炎、胆道感染与胆石症、急性阑尾炎、胃癌的主要病因及临床表现、预防措施；②讲授、讨论慢性胃炎、消化性溃疡、肝硬化、急性胰腺炎、胆道感染与胆石症、急性阑尾炎、胃癌的实验室检查方法及临床意义；③讲授、分析慢性胃炎、消化性溃疡、肝硬化、急性胰腺炎、胆道感染与胆石症、急性阑尾炎、胃癌的发病机制、病理改变及特殊检查手段	7

续上表

序号	学习任务（单元、模块）	职业能力	知识、技能、态度要求	教学活动设计	学时
5	泌尿生殖系统疾病	基础课程无须明确职业能力	①能归纳急、慢性肾小球肾炎，尿路感染，急、慢性肾衰竭，阴道炎症，子宫颈癌的主要病因及临床表现、预防措施；②能解释急、慢性肾小球肾炎，尿路感染，急、慢性肾衰竭，阴道炎症，子宫颈癌的实验室检查方法及临床意义；③能说出急、慢性肾小球肾炎，尿路感染，急、慢性肾衰竭，阴道炎症，子宫颈癌发病机制、病理改变及特殊检查手段；④能培养人际沟通能力和团队合作精神；⑤具有良好的职业道德，重视医学理论，自觉尊重患者的人格，保护患者隐私；⑥具备对泌尿生殖系统常见病初步诊断和处理的能力，具备分析典型病例的能力	①结合病例讲授、分析急、慢性肾小球肾炎，尿路感染，急、慢性肾衰竭，阴道炎症、子宫颈癌的主要病因及临床表现、预防措施；②讲授、讨论急、慢性肾小球肾炎，尿路感染，急、慢性肾衰竭，阴道炎症，子宫颈癌的实验室检查方法及临床意义；③讲授、分析急、慢性肾小球肾炎，尿路感染，急、慢性肾衰竭，阴道炎症，子宫颈癌的发病机制、病理改变及特殊检查手段	7
6	血液造血系统疾病	基础课程无须明确职业能力	①能归纳缺铁、巨幼红细胞、再生障碍性贫血、白血病、过敏性紫癜、血小板减少性紫癜的主要病因及临床表现、预防措施；②能解释缺铁、巨幼红细胞、再生障碍性贫血、白血病、过敏性紫癜、血小板减少性紫癜的实验室检查方法及临床意义；③能说出缺铁、巨幼红细胞、再生障碍性贫血、白血病、过敏性紫癜、血小板减少性紫癜发病机制及特殊检查手段；④培养人际沟通能力和团队合作精神；⑤具有良好的职业道德，重视医学理论，自觉尊重患者的人格，保护患者隐私；⑥具备对血液造血系统常见病初步诊断和处理的能力，具备分析典型病例的能力	①结合病例讲授、分析缺铁、巨幼红细胞、再生障碍性贫血、白血病、过敏性紫癜、血小板减少性紫癜的主要病因及临床表现、预防措施；②讲授、讨论缺铁、巨幼红细胞、再生障碍性贫血、白血病、过敏性紫癜、血小板减少性紫癜的实验室检查方法及临床意义；③讲授、分析缺铁、巨幼红细胞、再生障碍性贫血、白血病、过敏性紫癜、血小板减少性紫癜的发病机制及特殊检查手段	6

续上表

序号	学习任务（单元、模块）	职业能力	知识、技能、态度要求	教学活动设计	学时
7	营养、代谢障碍与内分泌系统疾病	基础课程无须明确职业能力	①能归纳甲状腺功能亢进、糖尿病、维生素D缺乏性佝偻病、手足搐搦症的主要病因及临床表现、预防措施；②能解释甲状腺功能亢进、糖尿病、维生素D缺乏性佝偻病、手足搐搦症的实验室检查方法及临床意义；③能说出甲状腺功能亢进、糖尿病、维生素D缺乏性佝偻病、手足搐搦症发病机制、病理改变及特殊检查手段；④能培养人际沟通能力和团队合作精神；⑤具有良好的职业道德，重视医学理论，自觉尊重患者的人格，保护患者隐私；⑥具备对营养、代谢障碍与内分泌系统常见病初步诊断和处理的能力，具备分析典型病例的能力	①结合病例讲授、分析甲状腺功能亢进、糖尿病、维生素D缺乏性佝偻病、手足搐搦症的主要病因及临床表现、预防措施；②讲授、讨论甲状腺功能亢进、糖尿病、维生素D缺乏性佝偻病、手足搐搦症的实验室检查方法及临床意义；③讲授、分析甲状腺功能亢进、糖尿病、维生素D缺乏性佝偻病、手足搐搦症的发病机制、病理改变及特殊检查手段	3
8	结缔组织疾病和风湿病	基础课程无须明确职业能力	①能归纳系统性红斑狼疮、类风湿性关节炎的主要病因及临床表现、预防措施；②能解释系统性红斑狼疮、类风湿性关节炎的实验室检查方法及临床意义；③能说出系统性红斑狼疮、类风湿性关节炎发病机制及特殊检查手段；④能培养人际沟通能力和团队合作精神；⑤具有良好的职业道德，重视医学理论，自觉尊重患者的人格，保护患者隐私；⑥具备对系统性红斑狼疮、类风湿性关节炎初步诊断和处理的能力，具备分析典型病例的能力	①结合病例讲授、分析系统性红斑狼疮、类风湿性关节炎的主要病因及临床表现、预防措施；②讲授、讨论系统性红斑狼疮、类风湿性关节炎的实验室检查方法及临床意义；③讲授、分析系统性红斑狼疮、类风湿性关节炎的发病机制及特殊检查手段	2

续上表

序号	学习任务（单元、模块）	职业能力	知识、技能、态度要求	教学活动设计	学时
9	理化因素所致疾病	基础课程无须明确职业能力	①能归纳有机磷农药中毒、一氧化碳中毒的病因及临床表现、预防措施；②能解释有机磷农药中毒、一氧化碳中毒的实验室检查方法及临床意义；③能说出有机磷农药中毒、一氧化碳中毒病理改变及特殊检查手段；④能培养人际沟通能力和团队合作精神；⑤具有良好的职业道德，重视医学理论，自觉尊重患者的人格，保护患者隐私；⑥具备对有机磷农药中毒、一氧化碳中毒初步诊断和处理的能力，具备分析典型病例的能力	①结合病例讲授、分析有机磷农药中毒、一氧化碳中毒的病因及临床表现、预防措施；②讲授、讨论有机磷农药中毒、一氧化碳中毒的实验室检查方法及临床意义；③讲授、分析有机磷农药中毒、一氧化碳中毒的病理改变及特殊检查手段	2
10	传染病	基础课程无须明确职业能力	①能归纳流行性脑脊髓膜炎、病毒性肝炎、伤寒与副伤寒、细菌性痢疾、流行性乙型脑炎、常见性传播性疾病的流行病学、典型临床表现；②能解释流行性脑脊髓膜炎、病毒性肝炎、伤寒与副伤寒、细菌性痢疾、流行性乙型脑炎、常见性传播性疾病的病原学检查方法及临床意义；③能说出流行性脑脊髓膜炎、病毒性肝炎、伤寒与副伤寒、细菌性痢疾、流行性乙型脑炎、常见性传播性疾病的预防措施；④具有良好的医患沟通能力、团队意识、安全意识；⑤具有良好的职业道德，重视医学理论，尊重患者的人格，保护患者隐私；⑥具备对常见传染病能做出初步诊断的能力，并能进行流行病学的处理	①联系病例讲授、分析流行性脑脊髓膜炎、病毒性肝炎、伤寒与副伤寒、细菌性痢疾、流行性乙型脑炎、常见性传播性疾病的流行病学、典型临床表现；②讲授、讨论流行性脑脊髓膜炎、病毒性肝炎、伤寒与副伤寒、细菌性痢疾、流行性乙型脑炎、常见性传播性疾病的病原学检查方法及临床意义；③讲授、分析流行性脑脊髓膜炎、病毒性肝炎、伤寒与副伤寒、细菌性痢疾、流行性乙型脑炎、常见性传播性疾病的预防措施	5
			合计		54

八、资源开发与利用

（一）教材编写与使用

按教学方法建议，运用案例教学、项目化教学、任务驱动教学、角色扮演、情景教学等方法教学，利用校内外实训基地，将学生的自主学习、合作学习和教师引导教学等教学组织形式有机结合，编写适应临床教学的教材，编制体格检查工作视频、临床常见病与多发病防治工作视频等教辅材料。

（二）数字化资源开发与利用

结合真实的职业岗位工作环境，开发电子教学课件、教学任务单元视听教程、体格检查工作视频及其工作流程指引、临床诊治动态视频、电子习题库，组建教学资源库。利用网络资源，加强精品课程、网络课程等数字化资源建设。

九、教学建议

（一）教学方法

（1）教师在教学中应做到理论联系实际，激发学生学习兴趣，丰富学生的临床思维，利用校内外实训基地，突出"做中学、学中做"的职业教育特色，引导学生综合运用所学的知识，独立解决临床实际问题。

（2）教学过程中，教师要采用灵活多样的教学方法突出重点、突破难点，提倡案例教学、任务教学、角色扮演、情景教学等方法，并运用形象直观的多媒体教学手段，以引导学生创新思维，加深学生对教学内容的理解和把握。

（3）本课程重点强调对学生知识水平和能力水平的测试，根据培养目标，通过上课提问、病例讨论、阶段测验、技能考核和理论考试等多元化的方法，对学生的职业素养、专业知识和技能进行全面评价。

（二）教学条件

按照课程结构表中的学习任务设计，本课程应有工位充足、配备心肺腹触听模拟人的多媒体教学系统的校内专用实训室，有规范的实训管理制度；师资应达到临床执业专业教学标准的要求；构建包括教学课件、视听教程、实训指导、习题库等在内的教学资源库及加强精品课程、网络课程等校内网络资源建设。

校外实训基地应设置在与本专业长期合作的县区级以上综合医院，规范管理，可支持本课程设定内容的临床见习。

十、教学评价

建议采用过程性评价与终结性评价、理论知识评价与实践技能评价相结合的综合评价方式。过程性评价与终结性评价各占总评的50%，均涵盖理论知识评价与实践技能评价。过程性评价应结合出勤、课堂提问、病例讨论发言、实训报告、体格检查的基本方法等，注重方式的多样性，主要用于评价学生在完成学习任务过程中的学习态度、专业知识与技能学习情况及团队协作精神、交流沟通与解决问题的能力等综合素质的养成；终结性评价主要用于考核学生知识技能的运用情况，可根据教学方法、教学模式运用的具体情况，采用结合临床病例的理实一体化考核。此外，教学评价内容的制定，应有临床执业资格的医务人员的参与，尽可能多体现职业岗位的相关要求。

（撰稿人：广东潮州卫生学校　范亚平）

中职学段：寄生虫检验技术课程标准

一、课程名称

寄生虫检验技术。

二、适用专业

既适用于中高职衔接的中职医学检验技术专业，又适用于中职医学检验技术专业。

三、课程性质

本课程是中高职衔接医学检验技术专业中职学段的一门专业核心课程。

四、课程设计

寄生虫检验主要应用于协助临床进行疾病的诊断、治疗及预后判断，是中职及中高职衔接医学检验技术专业的临床检验专业学生毕业后的主要就业岗位之一。依据岗位需求调研、职业能力及课程分析，将该课程内容设计成寄生虫检验技术总论、医学蠕虫的检验、医学原虫的检验、医学节肢动物的检验4个学习任务（单元、模块）。将检验项目转换为学习任务的主体内容，是该课程设计的支点。从知识、技能、态度三个维度，列出了该课程每个学习任务的具体要求。

五、课程教学目标

1. 专业能力目标

（1）解释寄生虫检验岗位的工作任务及其应用。
（2）学会规范完成寄生虫病原学标本的采（收）集、制备、保存。
（3）叙述常用寄生虫检验项目的方法、原理及主要意义，并规范完成相应检验项目的操作和结果报告。
（4）能正确使用和保养显微镜。
（5）熟悉寄生虫检验岗位基本业务管理知识和质量控制的要求。
（6）具有寄生虫检验职业岗位所需的生物安全常用知识及技能。

2. 方法能力目标

（1）会针对常用检验项目选择相应检验方法。
（2）具备自主学习、更新知识并运用新方法、新技术的能力。
（3）能合理运用媒体资源，查找所需信息。

3. 社会能力目标

（1）能以"服务、质量和责任"为核心的职业道德观念为引导，规范操作，严谨求实地完成寄生虫检验的实践活动。

（2）具有人际沟通能力和团队合作意识。

（3）具有生物安全、规避职业风险的意识。

（4）养成自觉爱护仪器设备的习惯。

六、参考学时与学分

参考学时：36 学时。

参考学分：2 学分。

七、课程结构

寄生虫检验技术课程结构如表 2-5 所示。

表 2-5 寄生虫检验技术课程结构

序号	学习任务（单元、模块）	职业能力	知识、技能、态度要求	教学活动设计	学时
1	寄生虫检验技术总论	01、02、03、04、15-02、22、34、35、37、73	①能简述寄生虫检验技术的概念、范畴和任务；②能解释寄生、寄生虫、宿主、生活史等概念；③能叙述寄生虫和宿主的相互关系；④能阐述寄生虫病的实验诊断；⑤能说出寄生虫病的流行和防治原则；⑥能熟知寄生虫检验技术岗位的知识、技能及综合素质要求；⑦熟悉寄生虫检验职业岗位的生物安全常用知识	①介绍寄生虫检验技术的概念、范畴和主要任务及作用；②讲授寄生虫相关概念；③讲解寄生虫和宿主的相互关系；④讲授寄生虫病的实验诊断；⑤讲授寄生虫病的流行和防治原则；⑥讲授、概括寄生虫检验技术岗位的知识、技能、综合素质及生物安全要求	2

续上表

序号	学习任务（单元、模块）	职业能力	知识、技能、态度要求	教学活动设计	学时
2	医学蠕虫检验	01-01、01-02、01-03、02-01、02-02、02-03、03、04-01、04-02、15-02、22-01、22-02、22-03、34-01、35、73	①能辨析似蚓蛔线虫、毛首鞭形线虫、蠕形住肠线虫、十二指肠钩口线虫、美洲板口线虫、班氏吴策线虫、马来布鲁线虫、旋毛形线虫、华支睾吸虫、布氏姜片吸虫、卫氏并殖吸虫、日本血吸虫、链状带绦虫、肥胖带吻绦虫、细粒棘球绦虫的形态；②能叙述似蚓蛔线虫、毛首鞭形线虫、蠕形住肠线虫、十二指肠钩口线虫、美洲板口线虫、班氏吴策线虫、马来布鲁线虫、旋毛形线虫、华支睾吸虫、布氏姜片吸虫、卫氏并殖吸虫、日本血吸虫、链状带绦虫、肥胖带吻绦虫、细粒棘球绦虫的生活史；③能归纳似蚓蛔线虫、毛首鞭形线虫、蠕形住肠线虫、十二指肠钩口线虫、美洲板口线虫、班氏吴策线虫、马来布鲁线虫、旋毛形线虫、华支睾吸虫、布氏姜片吸虫、卫氏并殖吸虫、日本血吸虫、链状带绦虫、肥胖带吻绦虫、细粒棘球绦虫的致病性；④能正确采集粪便标本，规范完成直接涂片法、饱和盐水漂浮法、加藤厚涂片法、离心沉淀法、消化沉淀法、钩蚴培养法、毛蚴孵化法等实践操作；⑤能正确完成透明胶纸法的实践操作，叙述其注意事项；⑥能正确指认常见医学蠕虫成虫、幼虫、虫卵；⑦能说出常见医学蠕虫的流行情况和防治原则；⑧能规范使用显微镜，养成自觉爱护仪器的习惯，认真做好显微镜的维护和保养工作；⑨培育责任、质量、生物安全意识及人际沟通能力和团队合作精神	①讲授似蚓蛔线虫、毛首鞭形线虫、蠕形住肠线虫、十二指肠钩口线虫、美洲板口线虫、班氏吴策线虫、马来布鲁线虫、旋毛形线虫、华支睾吸虫、布氏姜片吸虫、卫氏并殖吸虫、日本血吸虫、链状带绦虫、肥胖带吻绦虫、细粒棘球绦虫的形态；②讲授似蚓蛔线虫、毛首鞭形线虫、蠕形住肠线虫、十二指肠钩口线虫、美洲板口线虫、班氏吴策线虫、马来布鲁线虫、旋毛形线虫、华支睾吸虫、布氏姜片吸虫、卫氏并殖吸虫、日本血吸虫、链状带绦虫、肥胖带吻绦虫、细粒棘球绦虫的生活史；③讲授似蚓蛔线虫、毛首鞭形线虫、蠕形住肠线虫、十二指肠钩口线虫、美洲板口线虫、班氏吴策线虫、马来布鲁线虫、旋毛形线虫、华支睾吸虫、布氏姜片吸虫、卫氏并殖吸虫、日本血吸虫、链状带绦虫、肥胖带吻绦虫、细粒棘球绦虫的致病性；④示范、指导完成直接涂片法、饱和盐水漂浮法、加藤厚涂片法、离心沉淀法、消化沉淀法、钩蚴培养法、毛蚴孵化法、透明胶纸法、厚血膜法等实践操作，讲授其注意事项，指导学习相应生物安全技能；⑤展示标本，指导常见医学蠕虫成虫、幼虫、虫卵的辨认；⑥讲授常见医学蠕虫的流行情况和防治原则	18

续上表

序号	学习任务（单元、模块）	职业能力	知识、技能、态度要求	教学活动设计	学时
3	医学原虫检验	01-01、01-02、01-03、02-01、02-02、02-03、03、04-01、04-02、22-02、34-01、35、73	①能辨析溶组织内阿米巴、阴道毛滴虫、蓝色贾第鞭毛虫、疟原虫、弓形虫的形态；②能叙述溶组织内阿米巴、阴道毛滴虫、蓝色贾第鞭毛虫、疟原虫、弓形虫的生活史；③能归纳溶组织内阿米巴、阴道毛滴虫、蓝色贾第鞭毛虫、疟原虫、弓形虫的致病性；④能正确完成厚、薄血膜涂片法的实践操作，叙述其注意事项；⑤能正确指认溶组织内阿米巴、结肠内阿米巴、阴道毛滴虫、蓝色贾第鞭毛虫、疟原虫、弓形虫；⑥说出常见医学原虫的流行情况和防治原则；⑦能规范使用显微镜油镜头，养成自觉爱护仪器的习惯，认真做好显微镜的维护和保养；⑧培育责任意识、质量意识及人际沟通能力和团队合作精神	①讲授溶组织内阿米巴、阴道毛滴虫、蓝色贾第鞭毛虫、疟原虫、弓形虫的形态；②讲授溶组织内阿米巴、阴道毛滴虫、蓝色贾第鞭毛虫、疟原虫、弓形虫的生活史；③讲授溶组织内阿米巴、阴道毛滴虫、蓝色贾第鞭毛虫、疟原虫、弓形虫的致病性；④示范、指导厚、薄血膜涂片法，讲授其注意事项，指导学生学习相应的生物安全技能；⑤展示标本，指导常见医学原虫的形态辨认；⑥讲授常见医学原虫的流行情况和防治原则	10
4	医学节肢动物检验	01-01、01-02、01-03、02-01、02-02、02-03、03、04-01、04-02、34-01、35、73	①能辨析蚊、蝇、蚤、虱、蜱、人疥螨、蠕形螨的形态；②能简述蚊、蝇、蚤、虱、蜱、人疥螨、蠕形螨的生活史、生活习性及与疾病的关系；③能正确指认蚊、蝇、蚤、虱、蜱、人疥螨、蠕形螨的形态；④能说出常见医学节肢动物的防治原则；⑤能规范使用显微镜，养成自觉爱护标本的习惯；⑥培育责任意识、质量意识及人际沟通能力和团队合作精神	①讲授蚊、蝇、蚤、虱、蜱、人疥螨、蠕形螨的形态；②讲授蚊、蝇、蚤、虱、蜱、人疥螨、蠕形螨的生活史、生活习性及与疾病的关系；③演示标本，指导辨认蚊、蝇、蚤、虱、蜱、人疥螨、蠕形螨；④讲授常见医学节肢动物的防治原则	6
			合计		36

注："职业能力"栏目的编码与本书附录1的职业能力分析表的编码对应。

八、资源开发与利用

（一）教材编写与使用

本课程可结合全国临床检验操作规程，完成教学实践。可按教学方法建议，开展理实一体化、项目化教学，也可遵循"检验项目驱动、项目流程导向、检验方法集成"的思路，编写适应一体化、项目化的教材及理实一体化实训指导、检验项目工作流程指引、工作视频等教辅材料。

（二）数字化资源开发与利用

结合真实的职业岗位工作环境，开发电子教学课件、教学任务单元视听教程、检验项目工作视频及其工作流程指引、显微镜下形态动态视频、电子习题库，组建教学资源库。利用网络资源，加强精品课程、网络课程等数字化资源建设。

九、教学建议

（一）教学方法

寄生虫检验岗位工作任务分析显示，每个工作任务即检验项目（含检验子项目）的工作流程均包括标本/样本的采/收集、编号处理、试剂/器材准备、检测/质控、检测结果登记录入、报告单发放等工作步骤。因此，以检验项目为主体内容的寄生虫检验课程，可按照"检验项目驱动、项目流程导向、检验方法集成"的思路，利用校内实训室、校外实训基地，以真实的检验项目为载体，按项目流程及检验方法，序化整合教学内容，打破理论、实践分段教学模式，将学生应具备的完成检验项目所需知识、技能及素养，融入"综合技能（检验项目）项目化、专项技能（检验方法）一体化"的教学实践中，开展理实一体化、项目化教学，突出"做中学、做中教"的职业教育教学特色。

（二）教学条件

按照课程结构表中的学习任务设计，本课程应有工位充足、配备多媒体教学系统的校内专用实验实训室，仪器设备配置能对接寄生虫检验岗位常用检验项目开展的需求，有规范的实验实训管理制度；师资应达到中职医学检验技术专业教学标准的要求；构建包括教学课件、视听教程、实训指导、习题库等在内的教学资源库及加强精品课程、网络课程等校内网络资源建设。校外实训基地应设置在与本专业长期合作的县区级以上综合医院，仪器设备先进、管理规范，可支持本课程设定内容见习。

十、教学评价

建议采用过程性评价与终结性评价、理论知识评价与实践技能评价相结合的综合评价方式。过程性评价与终结性评价各占总评的50%，均涵盖理论知识评价与实践技能评价。过程性评价应结合出勤、课堂提问、实训报告、技能训练环节及质量，注重方式的多样性，主要用于评价学生在完成学习任务过程中的学习态度、专业知识与技能学习情况及团队协作精神、沟通交流与解决问题的能力等综合素质；终结性评价主要用于考核学生知识技能的运用情况，可根据教学方法、模式运用的具体情况，采用专项、综合技能实操及理实一体化考核。此外，教学评价内容的制定，应有职业岗位技术人员的参与，尽可能多体现职业岗位的相关要求。

（撰稿人：广东省潮州卫生学校　林文萍）

中职学段：免疫检验技术课程标准

一、课程名称

免疫检验技术。

二、适用专业

既适用于中高职衔接的中职医学检验技术专业，又适用于中职医学检验技术专业。

三、课程性质

本课程是中高职衔接医学检验技术专业中职学段的一门专业核心课程，衔接高职学段"免疫学检验技术"课程。

四、课程设计

本课程按知识体系来设计课程结构，分为三大知识模块（免疫学基础、免疫检验技术和临床免疫学检验），共17个学习单元。其中，免疫学基础模块包括1~8学习单元，学习免疫学的基础内容，为学习后续两大模块做铺垫；免疫检验技术模块包括9~16学习单元，是本课程的主要内容，本模块既是基础模块知识的综合应用，更是临床免疫病的诊断工具，主要学习各种免疫检验技术的方法类型、原理、操作、结果分析及其临床意义，通过学习能学会各种检测技术及其应用；临床免疫学检验模块（17学习单元）主要学习临床常见免疫病的基本情况及其免疫诊断内容，通过学习能掌握选择诊断项目及对应的检测技术。

在教学中应以学生为主体、以教师为主导，将教学的重心由"教"转移到"学、做"上，并通过经典的免疫学实验（设计思想、实验思路、解答目标）激发学生的学习兴趣，提高学习的积极性，培养学生发现问题、思考问题、解决问题的能力，以促进学生的综合职业能力发展。

五、课程教学目标

1. 专业能力目标

（1）会解释免疫学的基本概念及原理。
（2）能简述免疫相关疾病的主要机理及常用免疫检验项目。
（3）会归纳常用免疫检验技术的方法类型，能规范操作常用免疫检验项目并学会解释实验现象、判断实验结果。
（4）学会解释常用检测项目的临床意义。
（5）学会免疫检验常用仪器的使用和维护。

（6）熟悉免疫检验岗位基本业务管理知识，了解免疫检验质量控制的方法。

（7）具有免疫检验职业岗位所需的常用生物安全知识及技能。

2．方法能力目标

（1）学会根据标本类型和检测项目选择不同的处理和检验方法。

（2）具备自主学习、更新知识并运用新方法、新技术的能力。

（3）能合理运用媒体资源，查找所需信息。

3．社会能力目标

（1）能以"服务、质量和责任"为核心的职业道德观念为引导，养成爱岗敬业、规范化操作、严谨务实的工作态度。

（2）具有人际沟通能力和团队合作意识。

（3）具有生物安全及规避职业风险的意识。

（4）养成自觉爱护仪器设备的习惯。

六、参考学时与学分

参考学时：72 学时。

参考学分：4 学分。

七、课程结构

免疫检验技术课程结构如表 2-6 所示。

表 2-6 免疫检验技术课程结构

序号	学习任务（单元、模块）	职业能力	知识、技能、态度要求	教学活动设计	学时
1	绪论	基础知识无明确对应的职业能力	①能叙述免疫的概念和功能；②了解免疫学的发展历史及免疫检验技术的临床应用；④明确本课程的学习任务和学习要求；⑤能简述免疫检验职业岗位的生物安全常用知识	①分析免疫概念及其功能；②简介免疫学的发展历史；③介绍免疫检验技术的特点及在临床的应用；④简要说明本课程的学习任务及要求；⑤讲授免疫检验职业岗位的生物安全常用知识	1
2	免疫系统	基础知识无明确对应的职业能力	①能说出免疫系统的组成；②能叙述免疫器官的组成和功能；③能叙述免疫细胞的种类、特点及功能；④能说出免疫分子的组成；⑤能叙述细胞因子的概念；⑥能说出细胞因子的种类、生物学功能及共同特点	①简介免疫系统的组成；②详述免疫器官的组成和功能；③详述免疫细胞的种类、特点及功能；④简介免疫分子的组成；⑤分析细胞因子的概念及共同特点；⑥阐述细胞因子的种类及生物学功能	4

续上表

序号	学习任务（单元、模块）	职业能力	知识、技能、态度要求	教学活动设计	学时
3	抗原	基础知识无明确对应的职业能力	①能叙述抗原的概念、特点；②能解释异物的概念；③能简述决定抗原免疫原性的因素；④能解释抗原的特异性及意义；⑤能叙述抗原决定簇、共同抗原和交叉反应的概念；⑥能说出共同抗原和交叉反应的应用；⑦能阐述抗原的分类方法；⑧能简述医学上重要的抗原物质；⑨能说出组织相溶性抗原和HLA的概念；⑩能说出HLA的分布、功能及其在医学上的意义	①解释抗原的概念、特点；②解释异物的概念；③分析决定抗原免疫原性的因素；④讲授、分析抗原的特异性及意义；⑤讲授、分析抗原决定簇、共同抗原和交叉反应的概念；⑥解释共同抗原和交叉反应的应用；⑦简介抗原的分类方法；⑧讲授、分析医学上重要的抗原物质；⑨介绍组织相容性抗原和HLA的概念；⑩讲授、分析HLA的分布、功能及其在医学上的意义	3
4	免疫球蛋白	基础知识无明确对应的职业能力	①能解释免疫球蛋白、抗体的概念及两者的关系；②能说出免疫球蛋白的理化性质；③能叙述免疫球蛋白的基本结构和分类；④能说出免疫球蛋白的功能区及水解片段；⑤能简述免疫球蛋白的血清型及抗体的二重性；⑥能简述五类免疫球蛋白的特性及其功能；⑦能说出免疫球蛋白的异常水平	①讲授、分析免疫球蛋白、抗体的概念及两者的关系；②介绍免疫球蛋白的理化性质；③讲授、分析免疫球蛋白的基本结构和分类；④分析免疫球蛋白的功能区及水解片段；⑤解释免疫球蛋白的血清型及抗体的二重性；⑥讲授、分析五类免疫球蛋白的特性及其功能；⑦简介免疫球蛋白的异常水平	3
5	补体系统	基础知识无明确对应的职业能力	①能叙述补体的概念、补体系统的组成及补体的理化性质；②了解补体系统的命名；③能解释补体系统的激活途径；④能说出补体的生物学活性；⑤了解补体的异常情况	①解释补体的概念、补体系统的组成及补体的理化性质；②简介补体系统的命名；③讲授、分析补体系统的激活途径；④介绍补体的生物学活性；⑤简介补体的异常情况	3

续上表

序号	学习任务（单元、模块）	职业能力	知识、技能、态度要求	教学活动设计	学时
6	免疫应答	基础知识无明确对应的职业能力	①能解释免疫应答、非特异性免疫和特异性免疫的概念；②了解非特异性免疫应答的构成因素；③能简述特异性免疫应答的基本过程；④熟悉抗体产生的基本规律；⑤能说出抗体的效应作用、免疫调节和免疫耐受的概念及免疫耐受的意义	①解释免疫应答、非特异性免疫和特异性免疫的概念；②讲授、分析非特异性免疫应答的构成因素；③讲授、分析特异性免疫应答的基本过程；④讲授、分析抗体产生的基本规律；⑤解释抗体的效应作用、免疫调节和免疫耐受的概念及免疫耐受的意义	4
7	超敏反应	基础知识无明确对应的职业能力	①能叙述超敏反应的概念和类型；②能说出四型超敏反应的发生机制；③能简述Ⅰ型超敏反应的特点、常见疾病和防治原则；④能简述Ⅱ型、Ⅲ型、Ⅳ型超敏反应的特点和常见疾病	①讲授、分析、讨论超敏反应的概念和类型；②解释Ⅰ型超敏反应的特点、发生机制和防治原则；③解释Ⅱ型、Ⅲ型、Ⅳ型超敏反应的特点、发生机制和防治原则；④阐述四型超敏反应的常见疾病	2
8	免疫防治	基础知识无明确对应的职业能力	①能简述免疫学防治和生物制品的概念；②能解释人工主动免疫和人工被动免疫的概念并能列举各自常用的制剂；③能说出我国的计划免疫程序；④能说出免疫治疗的概念及方法	①解释免疫学防治和生物制品的概念；②分析人工主动免疫和人工被动免疫的概念并解释各自常用的制剂；③介绍我国的计划免疫程序；④简介免疫治疗的概念及方法	2
9	抗原抗体的检测	01、02、03、04、29－01、29－02、29－03、30、31、34、35、36、37、73	①能说出抗原抗体反应的概念、原理；②能叙述抗原抗体反应的特点和影响因素；③能阐述抗原抗体反应的类型	①介绍抗原抗体反应的概念、原理；②讲授、分析抗原抗体反应的特点和影响因素；③简介抗原抗体反应的类型	2

续上表

序号	学习任务（单元、模块）	职业能力	知识、技能、态度要求	教学活动设计	学时
10	免疫原和抗血清的制备	基础知识无明确对应的职业能力	①能简述颗粒性抗原和可溶性抗原的制备；②能说出佐剂的概念和弗氏佐剂的组成及使用；③能说出抗血清的制备流程；④能解释单克隆抗体的概念和特点；⑤能说出单克隆抗体的制备及其应用	①介绍颗粒性抗原和可溶性抗原的制备；②解释佐剂的概念和弗氏佐剂的组成及使用；③介绍抗血清的制备流程；④解释单克隆抗体的概念和特点；⑤简介单克隆抗体的制备及其应用	4
11	凝集反应	01、02、03、04、31、34、35、36、37、73	①能解释凝集反应的概念、特点；②能叙述直接凝集反应的概念、特点、原理及其应用，并能按技术规范完成相关的实验操作，能正确判断实验结果；③能简述间接凝集反应、协同凝集反应，抗人球蛋白试验的概念、原理、应用，并能按技术规范完成相关的实验操作，能正确判断实验结果；④能说出自身红细胞凝集试验的原理、方法和应用；⑤培养责任、质量、生物安全意识及人际沟通能力和团队合作精神；⑥养成自觉爱护器材的习惯	①解释凝集反应的概念、特点和介绍其类型；②解释直接凝集反应、间接凝集反应的概念、特点；③分析直接凝集反应的主要方法类型的原理、结果及其应用，完成相关的实验操作；④分析正向间接凝集试验、反向间接凝集试验、间接凝集抑制试验、抗人球蛋白试验的原理、结果及其应用，完成相关的实验操作，指导学习相应生物安全技能；⑤介绍协同凝集试验、自身红细胞凝集试验	6
12	沉淀反应	01、02、03、04、29-01、29-02、29-03、30、31、34、35、36、37、73	①能叙述沉淀反应的概念及其特点；②能说出沉淀反应的主要类型；③能简述环状沉淀试验、絮状沉淀试验的原理；④能阐述免疫浊度法的方法类型及其原理；⑤能解释单向琼脂扩散试验的原理及其结果；⑥能简述双向琼脂扩散试验的原理及其结果；⑦能说出免疫电泳技术的方法类型及其原理。⑧能按技术规范完成以上相关的常用实验操作，并能正确判断实验结果；⑨培养责任、质量、生物安全意识及人际沟通能力和团队合作精神；⑩养成自觉爱护器材的习惯	①讲授、分析沉淀反应的概念及其特点；②介绍沉淀反应的主要类型；③分析环状沉淀试验、絮状沉淀试验的原理，完成相关实验操作；④讲授、分析、讨论免疫浊度法的方法类型及其原理，完成相关实验操作；⑤分析单向琼脂扩散试验和双向琼脂扩散试验的原理及其结果，完成相关实验操作，指导学习相应生物安全技能；⑥介绍免疫电泳技术的方法类型及其原理	6

续上表

序号	学习任务（单元、模块）	职业能力	知识、技能、态度要求	教学活动设计	学时
13	补体和免疫循环复合物的检测	01、02、03、04、29-01、29-02、29-03、30、31、34、35、36、37、73	①能叙述补体总活性测定的原理、方法及其意义；②能阐述补体成分测定的方法原理及其意义；③能说出补体结合试验的原理及其结果；④能说出循环免疫复合物的类型及其测定方法；⑤能按技术规范完成以上相关的常用实验操作，并能正确判断或计算实验结果；⑥培养责任、质量、生物安全意识及人际沟通能力和团队合作精神；⑦养成自觉爱护器材的习惯	①讲授、分析补体总活性测定的原理、方法及其意义；②分析补体成分测定的方法原理及其意义，完成相关的实验操作，指导学习相应生物安全技能；③分析补体结合试验的原理及其结果；④介绍循环免疫复合物的类型及其测定方法，完成相关的实验操作	6
14	免疫标记技术	01、02、03、04、29-01、29-02、29-03、30、31、34、35、36、37、73	①能说出免疫标记技术的概念、特点及主要的方法类型；②能简述放射免疫技术的原理、特点、常用放射性核素；③能说出放射免疫分析、免疫放射分析的原理及两者的区别；④能简述常用的荧光色素种类；⑤能说出荧光免疫技术的概念及荧光免疫显微技术、荧光免疫测定的原理及其主要方法类型；⑥能叙述酶免疫技术的概念、常用酶和底物及其主要方法类型；⑦能解释酶免疫吸附试验的基本过程及其主要方法类型的原理，能按技术规范完成酶免疫吸附试验的相关实验操作并能正确判断结果；⑧能简述膜载体的酶免疫测定方法类型；⑨能解释金免疫技术的主要方法类型的原理及结果；⑩能按技术规范完成金免疫测定的相关实验操作并能正确判断结果；⑪能说出化学发光免疫技术的概念、特点、常用的化学发光剂；⑫能说出生物素－亲和素免疫技术的特点及其应用；⑬培养责任、质量、生物安全意识及人际沟通能力和团队合作精神；⑭养成自觉爱护器材的习惯	①解释免疫标记技术的概念、特点及主要的方法类型；②讲授、分析放射免疫技术的概念及放射免疫分析、免疫放射分析的原理及操作过程；③介绍常用的荧光色素种类；④分析荧光免疫技术的概念及荧光免疫显微技术、荧光免疫测定的原理及其主要方法类型，完成相关的实验操作；⑤讲授、分析酶免疫技术的概念、常用酶和底物及其主要方法类型；⑥分析酶免疫吸附试验的基本过程及其主要方法类型的原理，完成相关的实验操作；⑦介绍膜载体的酶免疫测定方法类型；⑧分析金免疫技术的主要方法类型的原理及结果，完成相关的实验操作，指导学习相应生物安全技能；⑨分析化学发光免疫技术的概念、特点及主要的方法类型；⑩介绍常用的化学发光剂；⑪介绍生物素－亲和素免疫技术的特点及其应用	12

续上表

序号	学习任务（单元、模块）	职业能力	知识、技能、态度要求	教学活动设计	学时
15	免疫细胞及其功能的检测	基础知识无明确对应的职业能力	①能简述外周血单个核细胞的分离技术；②能简述淋巴细胞纯化及亚群分离技术；③能说出淋巴细胞数量检测、淋巴细胞功能检测、吞噬细胞功能检测及细胞因子检测的方法	①讲授、分析外周血单个核细胞的分离技术；②介绍淋巴细胞纯化及亚群分离技术；③介绍淋巴细胞数量检测、淋巴细胞功能检测、吞噬细胞功能检测及细胞因子检测的方法	6
16	免疫检验的质量控制	01、02、03、04、36、73	①能简述免疫检验质量控制的基本概念和基本方法；②能说出常用免疫学试验中的常见问题及其控制要点	①分析免疫检验质量控制的基本概念和基本方法；②介绍常用免疫学试验中的常见问题及其控制要点	2
17	临床免疫学检验	基础知识无明确对应的职业能力	①能简述细菌、病毒、真菌和寄生虫感染的免疫特征及感染性疾病的检验，能按技术规范完成常用的感染性疾病检验实验并能正确判断结果；②能叙述自身免疫病的概念、常见类型和自身抗体的检验，能按技术规范完成自身抗体检测的实验操作并能正确判断结果；③能简述免疫增殖病的概念、常见疾病及检验；④能简述免疫缺陷病的概念、分类及检验；⑤能叙述肿瘤抗原、肿瘤特异性抗原、肿瘤相关性抗原的概念及常见肿瘤抗原的检验；⑥能解释免疫移植的概念、类型，能说出移植免疫检测方法；⑦培养责任、质量、生物安全意识及人际沟通能力和团队合作精神	①讲授、分析细菌、病毒、真菌和寄生虫感染的免疫特征及感染性疾病的检验，完成相关的实验操作；②讲授、分析自身免疫病的概念、常见类型和自身抗体的检验，完成相关的实验操作；③讲授、分析免疫增殖病的概念、常见免疫增殖病及免疫学检验；④介绍免疫缺陷病的概念、分类及其免疫检验；⑤讲授、分析出肿瘤抗原、肿瘤特异性抗原、肿瘤相关性抗原的概念及检验；⑥阐述免疫移植的概念、移植的类型、移植排斥反应的概念和类型、移植排斥反应的免疫检验方法	6
			合计		72

注："职业能力"栏目的编码与本书附录1的职业能力分析表编码对应。

八、资源开发与利用

（一）教材编写与使用

（1）本课程可结合全国临床检验操作规程，完成教学实践。可按教学方法建议，开展理实一体化、项目化教学，遵循"实用、够用"的原则，编写适应一体化、项目化的教材及理实一体化实训指导、检验项目工作流程指引、工作视频等教辅材料。

（2）在实际使用中，应以职业能力的培养为宗旨，结合学校师资、学生情况、场地和设备等实际条件对教材进行相应的调整。

（二）数字化资源开发与利用

（1）结合职业岗位情况，利用现代信息技术开发电子教学课件、课程录像、检验项目工作视频、各类微课及试题库，组建教学资源库，为学生的自主学习创造条件。

（2）利用即时通信工具搭建师生互动交流平台，为学生在线答疑提供方便。充分利用校内实训室、校外实训基地，搭建工学平台，以满足学生参观、见习和实习的需要。

（3）积极利用各大网站的资源、电子图书馆等，使教学方式、教学内容多元化，拓展学生的知识和能力。

九、教学建议

（一）教学方法

（1）理论教学充分利用多媒体课件与板书有机结合。

（2）实践课充分利用校内外的实训基地，以见习和真实的临床项目为载体，按项目流程及检验方法，整合教学内容，打破理论、实践分段教学模式，将学生完成检验项目所需知识、技能及素养融入教学实践中，突出"做中学、做中教"的职业教育教学特色，提高学生的岗位适应能力。

（3）为保证实操的教学效果，建议配备 2 名以上的指导教师对学生进行分组指导。

（4）教学过程中应积极引导学生提升职业素养、职业道德和生物安全意识。

（二）教学条件

根据完成课程内容的不同，教学需用到配备多媒体教学系统的普通教室、工位充足的校内专用实验实训室和校外实训基地。实验实训室应配置有对接临床岗位常用检验项目开展的仪器设备，并有规范的实验实训管理制度；构建包括教学课件、视听教程、实训指导、习题库等在内的教学资源库及加强微课、网络课程等校内网络资源建设。

校外实训基地应设置在与本专业长期合作的县区级以上综合医院，仪器设备先进、管理规范，可支持本课程设定内容见习。

十、教学评价

建议采用过程性评价与终结性评价、理论知识评价与实践技能评价相结合的综合评价方式。过程性评价与终结性评价各占总评的50%，均应涵盖理论知识评价与实践技能评价。过程性评价应结合出勤、课堂提问、实训报告、技能训练环节及质量，注重方式的多样性，主要用于评价学生在完成学习任务过程中的学习态度、专业知识与技能学习情况以及团队协作精神、沟通交流与解决问题的能力等综合素质；终结性评价主要用于考核学生知识技能的运用情况，可根据教学方法、模式运用的具体情况，采用专项、综合技能实操及理实一体化考核。此外，教学评价内容的制定，应有职业岗位技术人员的参与，尽可能多体现职业岗位的相关要求。

（撰稿人：广东省江门中医药学校　陈建忠，广东省潮州卫生学校　洪湘辉）

中职学段：微生物检验技术课程标准

一、课程名称

微生物检验技术。

二、适用专业

既适用于中高职衔接的中职医学检验技术专业，又适用于中职医学检验技术专业。

三、课程性质

本课程是中高职衔接医学检验技术专业中职学段的一门专业核心课程，衔接高职学段的"微生物检验技术"课程。

四、课程设计

微生物检验技术主要应用于协助临床进行感染性疾病的诊断、治疗及预后判断，是医学检验专业的一门重要的检验技术，因此其应作为该专业的核心课程。依据岗位需求调研、职业能力及课程分析，将该课程内容设计为20个学习任务。为培养学生的职业岗位认知，除了情境1、5、6、7、15、17、20外，其余13个学习情境均设计为对应一个检验项目（有的含有若干检验子项目）即工作任务。将检验项目转换为学习任务的主体内容，是该课程设计的支点。从知识、技能、态度三个维度，列出了该课程每个学习任务的具体要求。

五、课程教学目标

1. 专业能力目标

（1）能解释临床微生物检验岗位的工作任务及其应用。
（2）能规范完成临床微生物检验常见标本的采（收）集、处理、保存。
（3）能归纳临床微生物常用检验项目的方法。
（4）能解释临床微生物常用检验项目的原理及主要意义。
（5）能按技术规范和生物安全要求，熟练完成临床微生物常用检验项目的操作并学会结果报告。
（6）学会使用、维护临床微生物常用检验仪器。
（7）简述临床微生物检验岗位基本业务管理和质量控制的要求。
（8）具有微生物检验职业岗位所需的常用生物安全知识及技能。

2. 方法能力目标

（1）会针对微生物检验常用项目选择相应的检验方法。

(2) 具备自主学习、更新知识并运用新方法、新技术的能力。

(3) 能合理运用媒体资源，查找所需信息。

3. 社会能力目标

(1) 能以"服务、质量和责任"为核心的职业道德观念为引导，严谨求实、一丝不苟地完成微生物检验的实践活动。

(2) 具有良好的人际沟通能力和团队合作意识。

(3) 具有无菌技术操作的观念和生物安全意识。

(4) 养成自觉维护仪器的习惯。

六、参考学时与学分

参考学时：126 学时。

参考学分：7 学分。

七、课程结构

课程结构如表 2-7 所示。

表 2-7　微生物检验技术课程结构

序号	学习任务（单元、模块）	职业能力	知识、技能、态度要求	教学活动设计	学时
1	绪论	01、04、33、73	①能说出微生物的概念、种类；②能说出微生物检验的发展；③能简述微生物检验在医学检验中的地位；④能简述微生物检验职业岗位生物安全的常用知识	①讲授、分析微生物的概念、种类；②介绍微生物检验的发展；③讲授、分析微生物检验在医学检验中的地位；④讲授有关生物安全的常用知识	1
2	细菌形态结构的检验	01、02、03、04、33-01、33-02、73	①能描述细菌的大小和形态；②能简述细菌的基本结构、特殊结构及其意义；③能简述 L 形细菌的概念；④能熟练使用普通光学显微镜并做好显微镜的维护和保养；⑤能正确进行革兰染色和抗酸染色的操作；⑥养成自觉爱护仪器的习惯；⑦培育责任、质量、安全意识，以及人际沟通能力和团队合作精神	①讲授、分析细菌的大小和形态、结构；②讲授、分析细菌的基本结构、特殊结构及意义；③介绍 L 形细菌的概念；④分析、讨论普通光学显微镜的使用；⑤讲授、分析革兰染色法和抗酸染色法的原理、器材、操作并完成革兰染色和抗酸染色操作的演示和练习，指导学习相应生物安全技能；⑥完成细菌的基本形态及特殊结构的辨认	12

续上表

序号	学习任务（单元、模块）	职业能力	知识、技能、态度要求	教学活动设计	学时
3	细菌的生理及检验	01、02、03、04、33-01、33-02、34、35、36、37、73	①能说出细菌的化学组成和物理性状；②能说出细菌生长繁殖的条件；③能简述细菌生长繁殖的方式和速度；④能说出细菌的分解代谢产物及主要生化反应原理和方法；⑤能简述细菌的合成代谢产物及意义；⑥能简述常用玻璃器材的准备、培养基的成分及作用；⑦能说出培养基的种类；⑧能按技术规范完成培养基的制备；⑨能按技术规范完成液体、固体、半固体培养基上细菌的接种技术和一般培养方法的操作；⑩能按技术规范完成细菌生化反应试验及结果判断	①细菌的生长繁殖与代谢的理论教学；②介绍培养基制备用玻璃器皿的准备，培养基的种类和制备；③分析细菌接种的工具及用途；④介绍细菌的一般接种法；⑤分析细菌生化反应试验的原理、操作、结果判断和意义；⑥示范、指导完成液体、半固体、固体培养基的制备；⑦示范、指导完成液体接种法、斜面接种法、平板分区画线接种法的操作；⑧示范、指导完成细菌生化反应微量管的接种及培养结果判断；⑨指导学习相应生物安全技能	15
4	细菌与环境	33	①能说出细菌在自然界的分布；②能简述细菌在正常人体的分布；③能解释消毒灭菌的基本概念；④能叙述物理因素对细菌的影响；⑤能叙述化学因素对细菌的影响；⑥能说出噬菌体的概念；⑦学会常用的消毒灭菌方法	①介绍细菌在自然界及在正常人体的分布情况；②讲授、分析消毒灭菌的基本概念；③讲授、分析物理与化学因素对细菌的影响；④简单介绍噬菌体；⑤示范、指导细菌的分布和消毒灭菌技能实践	4
5	细菌的遗传与变异	没有可明确对应的具体职业能力	①能说出细菌遗传与变异的概念；②能说出常见的细菌变异现象；③能说出细菌的遗传变异在医学上的应用	①介绍细菌遗传与变异的概念；②讲授、分析常见的细菌变异现象；③介绍细菌的遗传变异在医学上的应用	1

续上表

序号	学习任务（单元、模块）	职业能力	知识、技能、态度要求	教学活动设计	学时
6	细菌的致病性与感染	33-03-02	①能解释细菌的致病因素和医院感染的概念；②能说出感染的发生与发展；③能说出机体的抗菌免疫；④能说出医院感染的流行病学；⑤能简述医院感染的检测和微生物学检验	①讲授、分析细菌的致病性与免疫性；②讲授、分析、讨论医院感染的理论知识	2
7	动物实验与血清学试验	01、02、03、04、33-01、33-02、33-03、34、35、36、37、73	①能说出动物实验的接种方法及常用实验动物的采血方法；②能简述细菌的血清学鉴定；③能说出细菌性感染血清学诊断	①介绍动物实验的接种方法及常用实验动物的采血方法；②讲授、分析诊断血清的常见种类及鉴定方法；③讲授、分析血清学诊断	1
8	药敏试验	01、02、03、04、33-01、33-02、33-03、34、35、36、37、73	①能解释细菌药敏试验的基本概念；②能叙述K-B法的原理、试验用材料、操作方法及结果判断；③能说出药敏试验的其他方法和药敏试验的意义；④能简述细菌耐药性的检查方法；⑤能按技术规范及生物安全的要求完成药敏试验的操作及结果判断；⑥培育责任、质量、安全意识及人际沟通能力、团队合作精神	①讲授、分析细菌药敏试验的基本概念及临床意义；②讲授、分析药敏试验的方法及类型；③讲授、分析讨论K-B法药敏试验；④介绍药敏试验的其他方法；⑤介绍细菌耐药性的检查方法；⑥示范、指导学生完成药敏试验（K-B法）的操作、结果判断及实验报告；⑦指导学习相应生物安全技能	5

续上表

序号	学习任务（单元、模块）	职业能力	知识、技能、态度要求	教学活动设计	学时
9	病原性球菌及检验	01、02、03、04、33-01、33-02、33-03、34、35、36、37、73	①能阐述病原性球菌的分类；②能阐述病原性球菌的生物学特性；③能叙述病原性球菌检验基本流程；④能按技术规范及生物安全的要求进行常见病原性球菌检验；⑤培育责任、质量、生物安全意识及人际沟通能力与团队合作精神；⑥养成自觉爱护仪器的习惯并做好显微镜的维护和保养	①介绍病原性球菌的分类；②讲授、分析葡萄球菌属的形态与染色、培养特性、抗原构造、分类和临床意义；③讲授、分析葡萄球菌的检验程序、检验方法与鉴定依据；④介绍链球菌属的形态与染色、培养特性、生化反应、分类和临床意义；⑤讲授、分析链球菌的检验程序、检验方法与鉴定依据；⑥讲授、分析肠球菌属的形态与染色、培养特性、生化反应和临床意义；⑦分析肠球菌的检验程序、检验方法及鉴定依据；⑧讲授、分析脑膜炎奈瑟菌和淋病奈瑟菌的形态与染色、培养特性、抵抗力和临床意义；⑨分析脑膜炎奈瑟菌和淋病奈瑟菌的检验程序、检验方法及鉴定依据；⑩示范、指导完成G+球菌标本的涂片与染色、分离培养、鉴定，并完成实验报告；⑪指导学习相应生物安全技能	15

续上表

序号	学习任务（单元、模块）	职业能力	知识、技能、态度要求	教学活动设计	学时
10	肠杆菌科细菌的检验	01、02、03、04、33-01、33-02、33-03、34、35、36、37、73	①能阐述肠杆菌科的共同特点及与弧菌科和非发酵菌的主要区别，肠杆菌科细菌的临床意义；②能解释V-W变异、相位变异、肥达试验、迁徙生长现象、IMViC等概念；③能解释埃希菌属、沙门菌属、志贺菌属、克雷伯菌属、变形杆菌属、肠杆菌属的分类与特征和微生物学常规检验；④能按技术规范及生物安全的要求进行埃希菌属、沙门菌属、志贺菌属、克雷伯菌属、变形杆菌属、肠杆菌属的微生物学常规检验；⑤培育责任、质量、安全意识及人际沟通能力、团队合作精神；⑥养成自觉爱护仪器的习惯并做好显微镜的维护和保养	①讲授、分析肠杆菌科的共同特性及常见菌属；②讲授、分析、讨论大肠埃希菌的培养特性、生化反应、抗原构造、临床意义和标本采集、检验程序、检验方法及鉴定依据；③讲授、分析沙门菌属、志贺菌属、克雷伯菌属、肠杆菌属、变形杆菌属的主要生物学性状及微生物学检验；④介绍沙门菌属、志贺菌属、克雷伯菌属、肠杆菌属、变形杆菌属的致病性及防治原则；⑤简单介绍临床标本中其他常见肠杆菌科细菌；⑥示范、指导完成埃希菌属、克雷伯菌属、变形杆菌属的微生物学常规检验；⑦示范、指导完成沙门菌、志贺菌的微生物学常规检验（包括血清学鉴定）；⑧指导学习相应生物安全技能	19
11	弧菌科细菌的检验	01、02、03、04、33-01、33-02、33-03、34、35、36、37、73	①能阐述霍乱弧菌的主要生物学性状及微生物学常规检验；②能简述霍乱弧菌的临床意义；③能简述副溶血性弧菌的主要特征；④能说出气单胞菌属和邻单胞菌属的特点；⑤能按技术规范及生物安全的要求进行弧菌科细菌的微生物学常规检验；⑥培育责任、质量、安全意识及人际沟通能力、团队合作精神；⑦养成自觉爱护仪器的习惯并做好显微镜的维护和保养	①讲授、分析霍乱弧菌的形态染色、培养特性、生化反应、抗原结构与分型和临床意义；②讲授、分析霍乱弧菌微生物学常规检验的标本采集与运送、检验程序、检验方法和鉴定依据；③分析副溶血性弧菌的特点；④讲授、分析气单胞菌属和邻单胞菌属的生物学性状、临床意义和微生物学检验；⑤示范、指导完成常见弧菌的分离培养，进行镜下形态和运动特点观察；⑥指导学习相应生物安全技能	4

续上表

序号	学习任务（单元、模块）	职业能力	知识、技能、态度要求	教学活动设计	学时
12	非发酵菌的检验	01、02、03、04、33-01、33-02、33-03、34、35、36、37、73	①能阐述非发酵菌的概念和特点；②能叙述假单胞菌属、不动杆菌属、产碱杆菌属的主要特征、临床意义和微生物学检验的方法；③能按技术规范及生物安全的要求进行非发酵菌的微生物学常规检验；④培育责任、质量、安全意识及人际沟通能力、团队合作精神；⑤养成自觉爱护仪器的习惯并做好显微镜的维护和保养	①分析非发酵革兰阴性杆菌的共同特性；②讲授、分析铜绿假单胞菌的培养与生化特性、抗原构造及分型、变异、临床意义、标本的采集、检验程序、检验方法、鉴定与分型；③介绍其他假单胞菌的形态与染色、培养特性、鉴别；④讲授、分析不动杆菌属、产碱杆菌属及其他非发酵菌的主要特征、临床意义和微生物学检验的方法；⑤示范、指导学生完成铜绿假单胞菌的微生物学检验	5
13	分枝杆菌的检验	01、02、03、04、33-01、33-02、33-03、34、35、36、37、73	①能阐述结核分枝杆菌的主要特性，微生物学常规检验方法；②能简述结核分枝杆菌的致病性及防治原则；③能简述非典型分枝杆菌主要特性；④能按技术规范及生物安全的要求进行分枝杆菌的微生物学常规检验；⑤培育责任、质量、安全意识及人际沟通能力、团队合作精神；⑥养成自觉爱护仪器的习惯并做好显微镜的维护和保养	①讲授分枝杆菌属的主要特点；②分析结核分枝杆菌的形态与染色、培养特性、菌体成分与抗原性、变异、抵抗力、临床意义；③分析结核分枝杆菌微生物学常规检验的标本采集要求、检验程序、检验方法；④分析结核分枝杆菌痰直接涂片的报告标准；⑤分析非典型分枝杆菌与结核分枝杆菌的区别；⑥分析非典型分枝杆菌与结核分枝杆菌的常规鉴定；⑦示范、指导完成痰涂片查找抗酸杆菌，并完成实验报告；⑧指导学习相应生物安全技能	4

续上表

序号	学习任务（单元、模块）	职业能力	知识、技能、态度要求	教学活动设计	学时
14	厌氧菌及检验	01、02、03、04、33-01、33-02、33-03、34、35、36、37、73	①能简述厌氧菌的种类、致病性、培养方法；②能说出梭菌属常见种类的生物学性状和微生物学常规检验；③能说出无芽孢厌氧菌常见种类的生物学性状和微生物学常规检验	①介绍厌氧菌的概念和种类；②分析常用的厌氧菌培养法和厌氧菌的微生物学检验；③分析破伤风梭菌、产气荚膜梭菌的特性、临床意义和微生物学常规检验；④介绍肉毒梭菌、艰难梭菌的生物学性状和临床意义；⑤介绍其他厌氧菌的生物学性状与临床意义；⑥示范、指导完成破伤风梭菌生物学性状观察、厌氧菌培养	4
15	其他常见革兰阴性杆菌及检验	01、02、03、04、33-01、33-02、33-03、34、35、36、37、73	①能简述嗜血杆菌属、军团菌属、布鲁菌属、鲍特菌属、弯曲菌属、幽门螺杆菌的主要特性；②能说出嗜血杆菌属、军团菌属、布鲁菌属、鲍特菌属、弯曲菌属、幽门螺杆菌的微生物学常规检验及所致疾病	①解释X因子、V因子、卫星现象；②讲授、分析嗜血杆菌属、军团菌属、布鲁菌属、鲍特菌属、弯曲菌属、幽门螺杆菌的特点及微生物学常规检验	2
16	常见革兰阳性需氧菌/兼性厌氧杆菌及检验	01、02、03、04、33-01、33-02、33-03、34、35、36、37、73	①能简述棒白喉状杆菌属、炭疽芽孢杆菌属细菌的特征、临床意义及微生物学常规检验；②能说出产单核李斯特菌的特点	①讲授、分析白喉棒状杆菌和炭疽芽孢杆菌的分类与特征及微生物学常规检验；②分析白喉棒状杆菌和炭疽芽孢杆菌的临床意义；③介绍产单核李斯特菌的分类特征及临床意义；④示范、指导学生观察棒状杆菌的镜下形态	2

续上表

序号	学习任务（单元、模块）	职业能力	知识、技能、态度要求	教学活动设计	学时
17	病毒及检验	01、02、03、04、33-01、33-02、34、35、36、37、73	①能解释病毒的概念和特点；②能叙述病毒的大小、形态、结构和化学组成；③能简述病毒的增殖与宿主细胞的改变、病毒的干扰现象、病毒的抵抗力及病毒的实验室检查；④能说出病毒的感染与免疫、防治原则；⑤能解释肝炎病毒、人类免疫缺陷病毒的生物学特征、微生物学检验、所致疾病及防治原则；⑥能简述呼吸道病毒、肠道病毒、虫媒病毒、疱疹病毒、狂犬病病毒和人乳头瘤病毒的生物学特征、微生物学检验、所致疾病及防治原则	①讲授、分析病毒的概念、特征；②讲授、分析病毒的感染与免疫和防治原则；③介绍病毒的实验室检验；④讲授、分析肝炎病毒和人类免疫缺陷病毒的生物学特征、微生物学检验、所致疾病及防治原则；⑤介绍呼吸道病毒、肠道病毒、虫媒病毒、疱疹病毒、狂犬病病毒和人乳头瘤病毒的生物学特征、微生物学检验、所致疾病及防治原则	8
18	其他微生物（包括衣原体、支原体、立克次体、螺旋体、真菌）及检验	01、02、03、04、33-01、33-02、34、35、36、37、73	①能简述支原体、衣原体、立克次体、螺旋体、真菌的概念；②能解释支原体、螺旋体、真菌的主要特征、微生物学常规检验及主要致病种类的特点；③能简述常见支原体、立克次体的主要特征和微生物学常规检验方法；④能按技术规范及生物安全的要求进行常见支原体的微生物学常规检验	①讲授、分析支原体、衣原体、立克次体、螺旋体、真菌的概念；②讲授、分析支原体、螺旋体、衣原体、立克次体的形态与染色、培养特性、临床意义和微生物学常规检验；③分析真菌的生物学性状、临床意义和微生物学常规检验的标本采集、检验方法；④示范、指导完成支原体的培养与药敏，并完成实验报告；⑤示范、指导完成常见真菌的涂片及镜下形态观察；⑥示范、指导完成出芽试验的操作及观察、结果判断并完成实验报告；⑦示范、指导完成墨汁染色法的操作及观察并描述镜下所见；⑧指导学习相应生物安全技能	10

续上表

序号	学习任务（单元、模块）	职业能力	知识、技能、态度要求	教学活动设计	学时
19	临床常见标本的细菌学检验	01、02、03、04、33-01、33-02、33-03、34、35、36、37、73	①能解释临床常见标本的采集、运送和检验程序、报告方式；②能解释血液标本、脓标本、粪便标本、尿液标本、痰标本和脑脊液标本的细菌学检验；③能按技术规范及生物安全的要求进行血液标本、脓液标本、粪便标本、尿液标本、痰标本和脑脊液标本的常规微生物学检验；④培育责任、质量、生物安全意识及人际沟通能力、团队合作精神；⑤养成自觉爱护仪器的习惯并做好显微镜的维护和保养	①讲授、分析、讨论临床细菌室常见标本的采集和运送；②分析临床采集标本细菌学检验的一般程序和结果报告方式；③讲授、分析血液标本采集和增菌培养的特点；④分析粪便培养初次接种培养基选用原则；⑤讲授、分析、讨论尿液培养标本采集的主要方法和一般接种培养、尿液细菌计数培养；⑥分析、讨论痰标本直接涂片检查的目的；⑦讲授脓液标本、痰标本和脑脊液标本在采集、培养中常见的病原体和细菌学检验；⑧指导完成血液标本、脓液标本、粪便标本、尿液标本、痰标本的微生物学常规检验并完成实验报告；⑨指导学习相应生物安全技能	10
20	微生物检验的微型化、自动化和质量控制	01、02、03、04、33-01、33-02、33-03、36、37、73	①能说出微生物检验的微型化、自动化；②能简述微生物检验的质量控制	①讲授、分析微生物检验的微型化、自动化；②分析、讨论微生物检验的室内质量控制、室间质量评价和实验室安全防护	2
			合计		111

注："职业能力"栏目的编码与本书附录1职业能力分析表中的编码对应。

八、资源开发与利用

（一）教材编写与使用

本课程可结合全国临床检验操作规程，完成教学实践。可按教学方法建议，开展理实一体化、项目化教学。可遵循"检验项目驱动、项目流程导向、检验方法集成"的思路，编写适应一体化、项目化的教材及理实一体化实训指导、检验项目工作流程指引、工作视频等教辅材料。

（二）数字化资源开发与利用

结合真实的职业岗位工作环境，开发电子教学课件、教学任务单元视听教程、检验项目工作视频及其工作流程指引、显微镜下形态动态视频、电子习题库，组建教学资源库。利用网络资源，加强精品课程、网络课程等数字化资源建设。

九、教学建议

（一）教学方法

微生物检验岗位工作任务分析显示，每个工作任务即检验项目（含检验子项目）的工作流程均包括标本/样本的采/收集、编号处理、试剂/器材/培养基准备、检测/质控、检测结果登记录入、报告单发放等工作步骤。因此，以检验项目为主体内容的微生物检验课程，可按照"检验项目驱动、项目流程导向、检验方法集成"的思路，利用校内外实训基地，以真实的微生物（主要是细菌）检验项目为载体，按项目流程及检验方法，序化整合教学内容，打破理论、实践分段教学模式，将学生应具备的完成检验项目所需知识、技能及素养，融入"综合技能（检验项目）项目化、专项技能（检验方法）一体化"的教学实践中，以便开展理实一体化、项目化教学，从而突出"做中学、做中教"的职业教育教学特色。

（二）教学条件

按照课程结构表中的学习任务设计，本课程应有工位充足、配备多媒体教学系统的校内专用实验实训室，仪器设备配置能对接微生物检验岗位常用检验项目开展的需求，有规范的实验实训管理制度；师资应达到中职医学检验技术专业教学标准的要求；构建包括教学课件、视听教程、实训指导、习题库等在内的教学资源库，以及加强精品课程、网络课程等校内网络资源建设。

校外实训基地应设置在与本专业长期合作的县区级以上综合医院，仪器设备先进、管理规范，可支持本课程设定内容见习。

十、教学评价

　　本课程建议采用过程性评价与终结性评价、理论知识评价与实践技能评价相结合的综合评价方式。过程性评价与终结性评价各占总评的50%，均应涵盖理论知识评价与实践技能评价。过程性评价应结合出勤、课堂提问、实训报告、技能训练环节及质量，注重方式的多样性，主要用于评价学生在完成学习任务过程中的学习态度、专业知识与技能学习情况及团队协作精神、交流沟通与解决问题的能力等综合素质；终结性评价主要用于考核学生知识技能的运用情况，可根据教学方法、模式运用的具体情况，采用专项、综合技能实操及理实一体化考核。此外，教学评价内容的制定，应有职业岗位技术人员的参与，尽可能多体现职业岗位的相关要求。

（撰稿人：广东省潮州卫生学校　洪湘辉）

中职学段：生物化学检验技术课程标准

一、课程名称

生物化学检验技术。

二、适用专业

既适用于中高职衔接的中职医学检验技术专业，又适用于中职医学检验技术专业。

三、课程性质

本课程是中高职衔接医学检验技术专业中职学段临床检验专业（技能）的方向课程，衔接高职学段临床医学检验技术专业方向的"生物化学检验技术"课程。

四、课程设计

本课程根据医学检验技术专业的特点，按照岗位需求调研、职业能力及课程分析的结果，以检验科临床生化实验室实际工作任务及检测项目作为载体设计学习任务，将整门课程分解为绪论、生物化学检验技术基础知识、常用生物化学检验技术、酶学分析技术、自动生化分析技术、体液葡萄糖检测项目、体液蛋白检测项目、血清酶检测项目、血脂检测项目、体液电解质检测项目、肾功能试验项目、肝功能试验项目、血气酸碱分析项目、心脏生化及其检测项目、临床生化实验室的质量控制 15 个学习单元。将检验项目转换为学习任务的主体内容，是本课程设计的支点，旨在调动学生学习的积极性和主动性，突出专业技能、职业素养的培养，使人才培养质量能满足行业的用人需求。

五、课程教学目标

1. 专业能力目标

（1）能说出生物化学检验技术的基本知识，熟练进行生物化学检验的基本操作，熟练操作临床生化实验室常规仪器。

（2）能陈述常用生化项目的测定原理、试剂配制、注意事项与主要临床意义，熟练地对常用生化项目进行测定，并能及时发现和解决测定中出现的问题，并正确解释生化检验结果。

（3）能简述生化检验的质控措施，并对临床生化实验室进行初步的管理。

（4）具有生物化学检验职业岗位所需的常用生物安全知识及技能。

2. 方法能力目标

（1）学会用科学的思维方式思考、解决问题。

（2）具备自主学习、更新知识并运用新方法、新技术的能力，能合理运用媒体资源，查找所需信息。

3. 社会能力目标

（1）具有诚信意识和高度的责任心，热爱本职工作。

(2) 具有良好的人际沟通能力和团队合作意识。
(3) 具有生物安全及防范职业风险的意识。

六、参考学时与学分

参考学时：90 学时。
参考学分：7 学分。

七、课程结构

课程结构如表 2-8 所示。

表 2-8 生物化学检验技术课程结构

序号	学习任务（单元、模块）	职业能力	知识、技能、态度要求	教学活动设计	学时
1	绪论	无具体的职业能力可对应	①能陈述生物化学检验技术的概念和任务；②能简述生物化学检验技术的发展和应用；③能陈述临床生化检验岗位的素质要求及生物安全要求	①讲授、分析生物化学检验技术的概念和任务；②讲授生物化学检验技术的发展和应用；③讲授、分析、讨论临床生化检验岗位的素质要求及职业岗位的生物安全常用知识	1
2	生物化学检验技术基础知识	01、02、03、04、37、73	①能简述生化实验室的规则、安全及意外事故处理；②能叙述常用玻璃仪器的规格，并能正确进行清洗和使用；③能说出化学试剂的等级标准及保管原则，能正确配置、使用常用的化学试剂、生物试剂和试剂盒；④能正确使用离心机、电热恒温水浴箱、电热恒温干燥箱、电热搅拌仪等临床生化检验实验室常规仪器；⑤能正确采集和处理血液、尿液、脑脊液等生化检验标本，学会分析标本采集过程中影响检验结果的因素；⑥养成自觉爱护仪器的习惯；⑦培育责任、质量、安全意识，以及人际沟通能力和团队合作精神	①讲授、讨论生化实验室的规则、安全及意外事故处理；②讲授常用玻璃仪器的规格，并对其清洗和使用进行演示和练习；③讲授化学试剂的等级标准、保管原则及配置方法，并对常用化学试剂、生物试剂和试剂盒的配置和使用进行演示和练习；④对临床生化检验实验室常规仪器的使用方法进行讲授、演示和练习；⑤对生化检验标本的采集、处理进行讲授，分析标本采集过程中影响检验结果的因素，并对标本的采集和处理进行演示、练习及临床见习；⑥指导学习相应生物安全技能	7

续上表

序号	学习任务（单元、模块）	职业能力	知识、技能、态度要求	教学活动设计	学时
3	常用生物化学检验技术	01、02、03、04、27、28	①能陈述分光光度技术的基本原理及定量测定方法，简述分光光度计的基本结构，能正确使用分光光度计，简述火焰光度分析法、比浊分析法、原子吸收分光光度法、荧光光度分析法等其他光谱分析的原理；②能说出电化学分析技术的基本原理，陈述离子选择电极的分类和保养，说出离子选择电极的分析方法；③能陈述电泳基本原理，说出影响电泳速度与分辨率的因素，简述电泳技术的分类及常用的电泳技术，能正确进行醋酸纤维素薄膜电泳及聚丙烯酰胺凝胶电泳的操作；④养成自觉爱护仪器的习惯；⑤培育责任、质量、安全意识及人际沟通能力、团队合作精神	①讲授、分析分光光度技术的基本原理及定量测定方法，对分光光度计的基本结构及使用方法进行描述、演示、练习，简述火焰光度分析法、比浊分析法、原子吸收分光光度法、荧光光度分析法等其他光谱分析的原理并开展临床见习；②讲授电化学分析技术的基本原理、离子选择电极的分类、保养和分析方法，对其使用进行演示并开展临床见习；③讲授、分析电泳基本原理、影响电泳速度与分辨率的因素、电泳技术的分类及常用的电泳技术，对醋酸纤维素薄膜电泳及聚丙烯酰胺凝胶电泳的操作进行演示、练习并开展临床见习；④指导学习相应生物安全技能	10
4	酶学分析技术	01、02、03、04、27、28、34、35、37	①能说出酶活性的概念，陈述酶活性单位的定义及其计算，陈述酶促反应动力学，陈述酶活性测定的方法及影响酶活性测定的因素；②能陈述工具酶的概念及其在生化检验中的应用	①讲授、讨论、演示酶活性的概念、酶活性单位的定义及其计算、酶促反应动力学、酶活性测定的方法及影响酶活性测定的因素；②讲授、讨论、分析工具酶的概念及其在生化检验中的应用	4
5	自动生化分析技术	01、02、03、04、27、34、35、36、37、73	①能说出自动生化分析仪的分类；②能陈述自动生化分析仪的基本构造及工作原理；③能简述自动生化分析仪的一般操作程序、注意事项及仪器保养；④养成自觉爱护仪器的习惯及安全防范意识	①讲授自动生化分析仪的分类；②讲授、分析自动生化分析仪的基本构造及工作原理；③讲授、演示自动生化分析仪的一般操作程序、注意事项及仪器保养，并开展临床见习；④指导学习相应生物安全技能	4

续上表

序号	学习任务（单元、模块）	职业能力	知识、技能、态度要求	教学活动设计	学时
6	体液葡萄糖检测项目	01、02、03、04、27、28、34、35、36、37、73	①能陈述血糖及糖代谢紊乱；②能说出血糖的测定方法及评价；③能陈述葡萄糖氧化酶偶联法测定血糖的原理、注意事项及主要临床意义，能熟练采用标准对照法及标准曲线法对血糖标本进行检测并准确计算结果；④能说出葡萄糖耐量试验及糖化血红蛋白测定；⑤能简述血清糖化清蛋白测定及其他体液蛋白质的测定；⑥培养责任、质量、生物安全意识及人际沟通能力和团队合作精神	①讲授血糖及糖代谢紊乱；②讲授、分析血糖的测定方法及评价；③讲授、分析葡萄糖氧化酶偶联法测定血糖的原理、注意事项及主要临床意义，指导完成标准对照法、标准曲线法对血糖标本的检测；④讲授葡萄糖耐量试验、糖化血红蛋白测定；⑤讲授血清糖化清蛋白测定及其他体液蛋白质的测定；⑥指导学习相应生物安全技能	6
7	体液蛋白检测项目	01、02、03、04、27、28、34、35、36、37、73	①能简述血浆蛋白质的生理功能，说出血浆蛋白质的测定方法及评价；②能陈述双缩脲比色法测定血清总蛋白、溴甲酚绿法测定血清清蛋白、血清蛋白醋酸纤维薄膜电泳分析的原理、结果计算、注意事项及主要临床意义并能熟练地进行检测；③能说出复钙双缩脲法测定血浆纤维蛋白原理、酚试剂法测定血清粘蛋白的原理、结果计算、注意事项及主要临床意义并能正确地进行检测；④能简述热沉淀比浊法测定粘蛋白及其他体液蛋白质的测定；⑤培养责任、质量、生物安全意识及人际沟通能力和团队合作精神	①讲授血浆蛋白质的生理功能，讲授、分析血浆蛋白质的测定方法及评价；②讲授、分析双缩脲比色法测定血清总蛋白、溴甲酚绿法测定血清清蛋白、血清蛋白醋酸纤维薄膜电泳分析的原理、结果计算、注意事项及主要临床意义，指导完成相关检测、学习相应生物安全技能；③讲授、分析复钙双缩脲法测定血浆纤维蛋白原理、酚试剂法测定血清粘蛋白的原理、结果计算、注意事项及主要临床意义，指导完成相关检测；④讲授热沉淀比浊法测定粘蛋白及其他体液蛋白质的测定	12

续上表

序号	学习任务（单元、模块）	职业能力	知识、技能、态度要求	教学活动设计	学时
8	血清酶检测项目	01、02、03、04、27、28、34、35、36、37、73	①能说出血清酶的来源及血清酶测定在临床诊断中的应用；②能陈述丙氨酸氨基转移酶、血（尿）淀粉酶、碱性磷酸酶、乳酸脱氢酶、肌酸激酶的测定原理、结果计算、注意事项及主要临床意义，并能熟练地进行检测；③能说出天门冬氨酸氨基转移酶、肌酸激酶同工酶、乳酸脱氢酶同工酶、L-谷氨酰转肽酶的测定原理、结果计算、注意事项及主要临床意义并能正确地进行检测；④能简述天门冬氨酸氨基转移酶同工酶、单胺氧化酶、5′-核苷酸酶、胆碱酯酶、α-羟丁酸酶的测定；⑤培养责任、质量、生物安全意识及人际沟通能力和团队合作精神	①讲授、分析血清酶的来源及血清酶测定在临床诊断中的应用；②讲授、分析丙氨酸氨基转移酶、血（尿）淀粉酶、碱性磷酸酶、乳酸脱氢酶、肌酸激酶的测定原理、结果计算、注意事项及主要临床意义，指导完成相关检测、学习相应生物安全技能；③讲授、分析天门冬氨酸氨基转移酶、肌酸激酶同工酶、乳酸脱氢酶同工酶、L-谷氨酰转肽酶的测定原理、结果计算、注意事项及主要临床意义，指导完成相关检测；④讲授天门冬氨酸氨基转移酶同工酶、单胺氧化酶、5′-核苷酸酶、胆碱酯酶、α-羟丁酸酶的测定	10
9	血脂检测项目	01、02、03、04、27、28、34、35、36、37、73	①能陈述血脂、血浆脂蛋白，简述脂蛋白代谢紊乱，说出血脂的测定方法及评价；②能陈述酶法测定血清总胆固醇、酶法或乙酰丙酮法测定血清甘油三酯、磷钨酸-镁法测定血清高密度脂蛋白胆固醇、血清脂蛋白电泳分析的原理、结果计算、注意事项及主要临床意义并能熟练地进行检测；③能说出血清低密度脂蛋白胆固醇、血清载脂蛋白AⅠ、载脂蛋白B的测定；④能简述血清脂蛋白（α）的测定；⑤培养责任、质量、生物安全意识及人际沟通能力和团队合作精神	①讲授、分析、讨论血脂、血浆脂蛋白、脂蛋白代谢紊乱、血脂的测定方法及评价；②讲授、分析酶法测定血清总胆固醇、酶法或乙酰丙酮法测定血清甘油三酯、磷钨酸-镁法测定血清高密度脂蛋白胆固醇、血清脂蛋白电泳分析的原理、结果计算、注意事项及主要临床意义，指导完成相关检测、学习相应生物安全技能；③讲授血清低密度脂蛋白胆固醇、血清载脂蛋白AⅠ及血清载脂蛋白B的测定；④讲授血清脂蛋白（α）的测定	8

续上表

序号	学习任务（单元、模块）	职业能力	知识、技能、态度要求	教学活动设计	学时
10	体液电解质检测项目	01、02、03、04、27、28、34、35、36、37、73	①能说出电解质的生理功能、电解质的测定方法及评价；②能陈述火焰光度法或离子选择电极法测定血清（尿液）钾、钠，硫氰酸汞比色法或硝酸汞滴定法测定血清氯化物，甲基麝香草酚蓝比色法或 EDTA－Na_2 滴定法测定血清钙的原理、结果计算、注意事项及主要临床意义，并能熟练地进行检测；③能说出硫酸亚铁－磷钼酸比色法测定血清无机磷的原理、结果计算、注意事项及主要临床意义，并能正确地进行检测；④能简述血清铁及总铁结合力的测定；⑤培养责任、质量、安全意识及人际沟通能力和团队合作精神	①讲授、分析电解质的生理功能、电解质的测定方法及评价；②讲授、分析火焰光度法或离子选择电极法测定血清（尿液）钾、钠，硫氰酸汞比色法或硝酸汞滴定法测定血清氯化物，甲基麝香草酚蓝比色法或 EDTA－Na_2 滴定法测定血清钙的原理、结果计算、注意事项及主要临床意义，并能指导完成相关检测，指导学习相应生物安全技能；③讲授、分析硫酸亚铁－磷钼酸比色法测定血清无机磷的原理、结果计算、注意事项及主要临床意义，指导完成相关检测；④了解血清铁及总铁结合力的测定	6
11	肾功能试验项目	01、02、03、04、27、28、34、35、36、37、73	①能简述肾功能，说出肾脏的排泄功能试验，陈述肾功能试验的选择与评价；②能陈述酶法或二乙酰一肟法测定尿素、碱性苦味酸法测定血清（尿液）肌酐的原理、结果计算、注意事项及主要临床意义，并能熟练地进行检测；③能说出磷钨酸还原法或酶法测定血清尿酸的原理、结果计算、注意事项及主要临床意义，并能正确地进行检测；④能简述内生肌酐清除试验；⑤培养责任、质量意识及人际沟通能力和团队合作精神	①讲授、分析肾功能、肾脏的排泄功能试验、肾功能试验的选择与评价；②讲授、分析酶法或二乙酰一肟法测定尿素、碱性苦味酸法测定血清（尿液）肌酐的原理、结果计算、注意事项及主要临床意义，指导完成相关检测，指导学习相应生物安全技能；③讲授、分析磷钨酸还原法或酶法测定血清尿酸的原理、结果计算、注意事项及主要临床意义，指导完成相关检测；④讲授内生肌酐清除试验	6

续上表

序号	学习任务（单元、模块）	职业能力	知识、技能、态度要求	教学活动设计	学时
12	肝功能试验项目	01、02、03、04、27、28、34、35、36、37、73	①能说出肝脏的主要功能及相关试验，陈述肝功能试验的意义，说出肝功能生化检验方法的评价；②能陈述酶法或改良J-G法测定血清胆红素的原理、结果计算、注意事项及主要临床意义并能熟练地进行检测；③能说出比色法或酶法测定血氨、酶法测定血清总胆汁酸的原理、结果计算、注意事项及主要临床意义并能正确地进行检测；④培养责任、质量意识及人际沟通能力和团队合作精神	①讲授、分析、讨论肝脏的主要功能及相关试验、肝功能试验的意义、肝功能生化检验方法的评价；②讲授、分析酶法或改良J-G法测定血清胆红素的原理、结果计算、注意事项及主要临床意义，指导完成相关检测，学习相应生物安全技能；③讲授、分析比色法或酶法测定血氨、酶法测定血清总胆汁酸的原理、结果计算、注意事项及主要临床意义，指导完成相关检测	6
13	血气酸碱分析项目	01、02、03、04、27、28、34、35、36、37、73	①能陈述血气分析常用参数及其临床意义，说出酸碱平衡紊乱的分类及判断；②能陈述血气分析的标本采集和保存，简述血气酸碱分析的基本原理，学会全自动血气分析仪的使用；③能陈述酶法或滴定法测定血浆（清）碳酸氢根浓度的原理、结果计算、注意事项及主要临床意义并能熟练地进行检测；说出磷的原理、结果计算、注意事项及主要临床意义并能正确地进行检测；④培养责任、质量、安全意识及人际沟通能力和团队合作精神	①讲授、分析、讨论血气分析常用参数及其临床意义、酸碱平衡紊乱的分类及判断；②讲授、演示血气分析的标本采集和保存、血气酸碱分析的基本原理及全自动血气分析仪的使用并开展临床见习；③讲授、分析酶法或滴定法测定血浆（清）碳酸氢根浓度的原理、结果计算、注意事项及主要临床意义，指导完成相关检测；④指导学习相应生物安全技能	4

续上表

序号	学习任务（单元、模块）	职业能力	知识、技能、态度要求	教学活动设计	学时
14	心脏生化及其检测项目	01、02、03、04、27、28、34、35、36、37、73	①能简述心脏的结构、功能与其生化标志物，说出心脏疾病的实验诊断；②能陈述乳酸脱氢酶及其同工酶、肌酸激酶及其同工酶、天门冬氨酸氨基转移酶等心脏酶类标志物的检验；③能陈述肌红蛋白、肌钙蛋白Ⅰ等心脏蛋白类标志物的检验；④培养责任、质量意识及人际沟通能力和团队合作精神	①讲授心脏的结构、功能与其生化标志物，讲授、分析心脏疾病的实验诊断；②讲授、分析乳酸脱氢酶及其同工酶、肌酸激酶及其同工酶、天门冬氨酸氨基转移酶等心脏酶类标志物的检验；③讲授、分析肌红蛋白、肌钙蛋白Ⅰ等心脏蛋白类标志物的检验	2
15	临床生化实验室的质量控制	01、02、03、04、27、28、36、73	①能说出临床医学检验质量控制的相关概念，陈述其意义和内容；②能陈述生物化学检验实验方法的评价流程及方法，说出实验方法的选择原则；③能陈述质量控制物的种类及其使用、室内质量控制的主要措施，说出室间质量评价；④能简述实验室的一般管理措施；⑤培养责任、质量、安全意识及人际沟通能力和团队合作精神	①讲授、分析临床医学检验质量控制的相关概念及其意义和内容；②讲授、分析生物化学检验实验方法的评价流程、方法及选择原则；③讲授、分析、讨论质量控制物的种类及其使用、室内质量控制及室间质量评价的主要措施；④讲授实验室的一般管理措施	4
合计					90

注："职业能力"栏目的编码与本书附录1的职业能力分析表的编码对应。

八、资源开发与利用

（一）教材编写与使用

本课程可结合全国临床检验操作规程，完成教学实践。可按教学方法建议，开展理实一体化、项目化教学。可遵循"检验项目驱动、项目流程导向、检验方法集成"的思路，编写适应理实一体化、项目化的教材及理实一体化实训指导、检验项目工作流程指引、工作视频等教辅材料。

（二）数字化资源开发与利用

结合真实的职业岗位工作环境，开发电子教学课件、教学任务单元视听教程、检验项目工作视频及其工作流程指引、电子习题库，组建教学资源库。利用网络资源，加强精品课程、网络课程等数字化资源建设。

九、教学建议

（一）教学方法

临床生化检验岗位工作任务分析显示，每个工作任务即检验项目的工作流程，均包括标本/样本的采/收集、编号处理、试剂/器材/准备、检测/质控、检测结果登记录入、报告单发放等步骤。因此，以检验项目为主体内容的生化检验技术课程，可按照"检验项目驱动、项目流程导向、检验方法集成"的思路，利用校内外实训基地，以真实的临床生化检验项目为载体，按项目流程及检验方法，序化整合教学内容，打破理论、实践分段教学模式，将学生应具备的完成检验项目所需知识、技能及素养，融入"综合技能（检验项目）项目化、专项技能（检验方法）一体化"的教学实践中，开展理实一体化、项目化教学，突出"做中学、做中教"的职业教育教学特色。

（二）教学条件

按照课程结构表中的学习任务设计，本课程应有工位充足、配备多媒体教学系统的校内专用实验实训室，仪器设备配置能对接临床检验岗位常用检验项目开展的需求，有规范的实验实训管理制度；师资应达到中职医学检验技术专业教学标准的要求；构建包括教学课件、视听教程、实训指导、习题库等在内的教学资源库及加强精品课程、网络课程等校内网络资源建设。

校外实训基地应设置在与本专业长期合作的县区级以上综合医院，仪器设备先进、管理规范，可支持本课程设定内容见习。

十、教学评价

建议采用过程性评价与终结性评价、理论知识评价与实践技能评价相结合的综合评价方式。过程性评价与终结性评价各占总评的50%，均涵盖理论知识评价与实践技能评价。过程性评价应结合出勤、课堂提问、实训报告、技能训练环节及质量，注重方式的多样性，主要用于评价学生在完成学习任务过程中的学习态度、专业知识与技能学习情况及团队协作精神、交流沟通与解决问题的能力等综合素质；终结性评价主要用于考核学生知识技能的运用情况，可根据教学方法、模式运用的具体情况，采用专项、综合技能实操及理实一体化考核。此外，教学评价内容的制定，应有职业岗位技术人员的参与，尽可能多体现职业岗位的相关要求。

（撰稿人：广东省潮州卫生学校　方国强）

中职学段：临床检验课程标准

一、课程名称

临床检验。

二、适用专业

既适用于中高职衔接的中职医学检验技术专业，又适用于中职医学检验技术专业。

三、课程性质

本课程是中高职衔接医学检验技术专业中职学段临床检验专业的一门方向（技能）课程，衔接高职学段临床医学检验技术专业方向的"临床检验基础"课程。

四、课程设计

临床检验主要应用于协助临床进行疾病的诊断、治疗及预后判断，是中高职衔接中职医学检验技术专业的临床检验专业学生毕业后的主要就业岗位。依据岗位需求调研、职业能力及课程分析，将该课程内容设计成 17 个学习任务（单元、模块）。序号 1 为绪论部分；其余 16 个学习任务均对应一个检验项目即工作任务。序号 2 及序号 3 学习任务分别对应血液标本采集与抗凝、血涂片制备与染色，虽不是完整的检验项目，但作为完成序号 4 至序号 9 分别对应的血液检验项目工作中所需的专项技能，应用频度非常高且是完整的工作内容，为强化学生专项技能训练及避免序号 4 至序号 9 学习任务的重复设计，仍将其按学习任务对应检验项目的模式单独进行设计。由于序号 4 至序号 17 对应的检验项目均有若干检验子项目，因此，在知识、技能要求的内容中对其进行了相应区分。

将检验项目转换为学习任务的主体内容，是该课程设计的支点。从知识、技能、态度三个维度，列出了该课程每个学习任务的具体要求。

五、课程教学目标

1. 专业能力目标

（1）能说出临床检验岗位工作任务及其主要应用。
（2）能规范完成临床检验常见标本的采（收）集、制备、保存。
（3）能叙述常用临床检验项目的方法及其流程，解释其原理及主要意义。
（4）规范完成相应检验项目的操作、计算和结果报告。
（5）学会指认各类标本中的细胞和有形成分，并能描述其形态主要特点。

（6）能说出血液、尿液检验等常用自动分析仪器的原理，并会使用、维护和保养。

（7）能简单地说出临床检验岗位基本业务管理和质量控制的要求。

（8）具有临床检验职业岗位所需的常用生物安全知识及技能。

2．方法能力目标

（1）会针对常用临床检验项目选择相应检验方法。

（2）具备自主学习、更新知识并运用新方法、新技术的能力。

（3）能合理运用媒体资源，查找所需信息。

3．社会能力目标

（1）树立"服务、质量和责任"为核心的职业道德观念。

（2）具备团队合作意识、人际沟通能力。

（3）养成防范生物安全、职业风险的意识。

（4）养成自觉爱护仪器设备的习惯。

六、参考学时与学分

参考学时：180学时。

参考学分：10学分。

七、课程结构

课程结构如表2-9所示。

表2-9 临床检验课程结构

序号	学习任务（单元、模块）	职业能力	知识、技能、态度要求	教学活动设计	学时
1	绪论	05、06、07、08、09、10、11、12、13、14、15、16、17、18、19、20、21、24、25、73	①能解释临床检验的概念并说出其主要任务及作用；②能正确描述临床检验的常用方法；③能熟知临床检验岗位的知识、技能及综合素质要求；④能简述临床检验职业岗位的生物安全常用知识	①讲授分析临床检验的概念、主要任务及作用；②讲授介绍临床检验的常用方法；③讲授、概括临床检验岗位的知识、技能及综合素质要求；④讲授临床检验职业岗位的生物安全常用知识	1

续上表

序号	学习任务（单元、模块）	职业能力	知识、技能、态度要求	教学活动设计	学时
2	血液标本采集与抗凝	01-01、01-02、02、03	①能叙述血液标本采集的部位、器材、方法及流程；②列出常用抗凝剂并叙述抗凝方法；③能按技术规范及生物安全的要求，正确选择使用采血器材及抗凝剂，完成血液标本的采集与抗凝；④能简单列举血液标本采集及抗凝的常见影响因素；⑤培育责任、质量、安全意识及人际沟通能力和团队合作精神	①分析讲授血液标本采集的部位、方法、器材及影响因素；②示范、指导采集血液标本、学习相应生物安全技能；③列出常用抗凝剂并分析抗凝方法；④示范指导制备常用抗凝血	8
3	血涂片制备与染色	01、02、03、04、06、73	①能叙述血涂片制备流程、良好血涂片外观特征并列举主要影响因素；②能解释血涂片染色原理、叙述方法流程及主要影响因素；③能按技术规范及生物安全的要求，使用推片、载玻片、全血标本、瑞特染色液，完成血涂片制备及染色；④学会处理染色异常的血涂片；⑤培育责任、质量、安全意识及人际沟通能力、团队合作精神	①讲授分析血涂片制备方法；②图例讲授分析良好血涂片外观特征及影响血涂片制备的因素；③示范、指导制备血涂片，指导学习相应生物安全技能；④讲授分析血涂片染色原理、方法；⑤指导完成血涂片染色；⑥图示分析判断染色效果；⑦讲授分析染色的影响因素及处理方法	5
4	白细胞检验	01、02、03、04、05、06、07、08、09、34、35、36、37、73	①能正确区分外周血白细胞类型及其功能；②能列举白细胞检验的常用参数并会解释显微镜法白细胞计数、嗜酸性粒细胞计数、白细胞分类计数及 LEC 细胞检测的原理；③能叙述显微镜法白细胞与嗜酸性粒细胞计数、白细胞分类计数的流程；④能按技术规范及生物安全的要求，使用显微镜、计数板、玻片、白细胞及嗜酸性粒细胞稀释液、瑞特染色液、抗凝血标本，完成白细胞计数与分类、嗜酸性粒细胞计数；⑤学会 LEC 细胞检验方法并能说出主要意义；⑥会计算、报告显微镜法白细胞计数及分类的结果，能解释白细胞计数与分类参考值和主要临床意义；⑦培养责任、质量、生物安全意识及人际沟通能力和团队合作精神；⑧养成自觉爱护仪器的习惯并做好显微镜的维护和保养	①讲授分析外周血白细胞种类及功能；②分析白细胞、嗜酸性粒细胞显微镜计数法原理、器材、试剂、操作、计算和注意事项；③示范、指导完成显微镜法计数白细胞、嗜酸性粒细胞，指导学习相应生物安全技能；④讲授分析显微镜法白细胞分类计数的原理、方法、结果计算、报告方法；⑤示范、指导完成显微镜法白细胞计数；⑥解释白细胞计数及分类的主要临床意义；⑦介绍 LEC 细胞检验的方法及意义	28

续上表

序号	学习任务（单元、模块）	职业能力	知识、技能、态度要求	教学活动设计	学时
5	红细胞检验	01、02、03、04、05、06、11、34、35、36、37、73	①会准确描述红细胞的形态，能说出红细胞生理功能、血红蛋白的结构与吸收光谱；②能解释红细胞显微镜计数法原理，叙述其器材、试剂、操作、计算和注意事项；③能解释氰化高铁血红蛋白测定法的原理及HiCN转化液的作用及主要注意事项；④能准确叙述红细胞计数和血红蛋白测定流程并解释其主要临床意义；⑤能解释红细胞比积测定的原理、叙述方法和测定的临床意义；⑥能解释红细胞平均值的计算方法及主要临床意义；⑦能准确描述网织红细胞的形态结构并叙述计数方法、注意事项及临床意义；⑧能说出红细胞的常见异常形态及主要临床意义；⑨能说出点彩红细胞的形态结构及其计数的临床意义；⑩会解释红细胞沉降率的定义并说出影响血沉的因素、叙述测定方法、注意事项和临床意义；⑪能按技术规范和生物安全要求完成显微镜法红细胞计数、HiCN法血红蛋白测定、网织红细胞计数（试管法）、红细胞比积、血沉测定（魏氏法）等检验项目；⑫会计算、报告显微镜法红细胞计数、HiCN法血红蛋白测定、网织红细胞计数等检验项目的结果；⑬学会在显微镜下观察指认点彩红细胞；⑭培养责任、质量、生物安全意识及人际沟通能力和团队合作精神；⑮养成自觉爱护仪器的习惯并做好显微镜的维护和保养	①讲授分析红细胞的形态特点及生理功能、血红蛋白的结构与吸收光谱；②讲授红细胞显微镜计数法原理，介绍其器材、试剂、操作、计算和注意事项；③分析讲授氰化高铁血红蛋白测定法的原理及HiCN转化液的作用、测定方法及注意事项；④分析红细胞计数和血红蛋白测定的主要临床意义；⑤分析网织红细胞的形态结构、计数方法和注意事项、临床意义；⑥分析红细胞的异常形态及主要临床意义；⑦介绍点彩红细胞的形态结构、点彩红细胞计数的临床意义；⑧示范、指导完成红细胞计数（显微镜计数法）、血红蛋白测定（HiCN法）、网织红细胞计数（试管法）、测定血沉（魏氏法），指导学习相应生物安全技能；⑨图片、显微镜示教指认点彩红细胞	20

续上表

序号	学习任务（单元、模块）	职业能力	知识、技能、态度要求	教学活动设计	学时
6	血细胞分析仪的使用	01、02、03、04、05、34、35、36、37、73	①能说出血细胞分析仪的常用类型；②会解释电阻型血细胞分析仪的基本原理及主要参数的临床意义；③能叙述电阻型血细胞分析仪的使用方法；④学会操作、保养维护电阻型血细胞分析仪；⑤培养责任、质量意识及人际沟通能力和团队合作精神；⑥养成自觉爱护仪器的习惯，并学会血细胞分析仪的维护和保养	①介绍血细胞分析仪的常用类型；②讲授、分析电阻型血细胞分析仪的基本原理及主要参数的临床意义；③图示、视频分解演示电阻型血细胞分析仪使用方法；④示范并指导操作、保养维护电阻型血细胞分析仪	6
7	血栓与止血检验	01、02、03、04、24、34、35、36、37、73	①能说出正常止血、凝血机制及凝血因子主要特征；②说出血小板主要生理功能，能准确描述不染色标本和瑞特染色的血小板主要特征；③能解释显微镜法血小板计数的原理，叙述计数的器材、试剂、流程、计算方法及主要注意事项、主要临床意义；④能按技术规范及生物安全要求，完成显微镜法血小板计数、计算及报告结果；⑤能说出血液抗凝、纤维蛋白溶解系统的组成及主要作用；⑥能说出血块收缩实验的原理、检测方法和临床意义；⑦能解释出血时间测定、凝血酶原时间测定、活化部分凝血酶时间测定的概念及其测定原理、主要注意事项和临床意义；⑧能叙述出血时间测定、凝血酶原时间测定、活化部分凝血酶时间测定的方法流程；⑨能说出血浆纤维蛋白原测定的原理、临床意义；⑩能说出3P试验、D-二聚体测定试验的原理、试验方法及注意事项；⑪能按技术规范生物安全要求，手工法完成凝血时间测定、血浆凝血酶原时间测定、活化部分凝血酶时间测定、3P试验及D-二聚体试验；⑫能说出血凝分析仪的类型、工作原理、使用方法；⑬培养责任、质量、生物安全意识及人际沟通能力和团队合作精神；⑭养成自觉爱护仪器的习惯并做好常用分析仪的维护和保养	①讲授分析解释正常止血、凝血机制及凝血因子的特征；②讲解分析血小板的生理功能，图示介绍不染色标本和瑞特染色后血小板的形态；③讲授分析显微镜法血小板计数的原理、注意事项和临床意义并介绍计数的器材、试剂、流程、计算方法；④示范并指导完成显微镜法血小板计数、计算及报告结果；⑤讲授分析血液抗凝、纤维蛋白溶解系统的组成及主要作用；⑥讲授分析血块收缩实验的原理、检测方法和临床意义；⑦讲授出血时间测定、凝血酶原时间测定、活化部分凝血酶时间测定的概念及其测定原理、注意事项和临床意义；⑧图示讲授分解血时间测定、凝血酶原时间测定、活化部分凝血酶时间测定的方法流程；⑨讲授分析血浆纤维蛋白原测定的原理、临床意义，3P试验、D-二聚体测定试验的原理、试验方法及注意事项；⑩示范并指导完成凝血时间测定、血浆凝血酶原时间测定、活化部分凝血酶时间测定、3P试验及D-二聚体试验，指导学习相应生物安全技能；⑪简单介绍血凝分析仪的类型、工作原理、使用方法	14

续上表

序号	学习任务（单元、模块）	职业能力	知识、技能、态度要求	教学活动设计	学时
8	血型与输血检验	01、02、03、04、12、26、34、35、36、37、73	①会解释血型定义并说出血型研究的主要用途；②能解释ABO血型的分型原则及其各型血红细胞、血清中ABO血型抗原抗体的分布；③能说出白细胞血型、血小板血型、ABO血型亚型的分布及其临床意义、ABO血型的遗传和ABO血型异常；④能叙述血型鉴定的标本采集、红细胞悬液配制方法、标准血清要求、操作方法、结果判断和注意事项；⑤能按技术规范和生物安全要求，完成ABO血型正反定型操作及结果判断；⑥能简单说出Rh血型的抗原和抗体性质、命名、临床意义；⑦能学会鉴定、判断Rh阳性与阴性血型；⑧能解释交叉配血试验的概念和目的、配血方法的选择及盐水配血法；⑨能说出酶介质、抗人球蛋白配血法；⑩能学会盐水法交叉配血；⑪能列举血型鉴定、交叉配血中的错误、假阴性、假阳性原因及其处理方法；⑫能简述献血员的标准和献血的组织管理；⑬能叙述血液保养液的组成成分和作用、血液的贮存和质量鉴定、发血规定；⑭能列举常见的输血反应、成分输血及主要血液成分制品；⑮培养责任、质量、生物安全意识及人际沟通能力和团队合作精神；⑯养成自觉爱护仪器的习惯并做好常用仪器的维护和保养	①讲授分析血型定义并概述血型研究的用途；②图示讲授分析ABO血型的分型原则及其各型血红细胞、血清中ABO血型抗原抗体的分布；③讲授介绍白细胞血型、血小板血型、ABO血型亚型的分布及其临床意义、ABO血型的遗传和ABO血型异常；④示范并指导完成ABO血型鉴定，指导学习相应生物安全技能；⑤分析Rh血型的抗原和抗体性质、命名、临床意义；⑥示范并指导鉴定、判断Rh阳性与阴性血型；⑦解释交叉配血试验的概念和目的、配血方法的选择、盐水配血法；⑧介绍酶介质、抗人球蛋白配血法；⑨示范并指导完成盐水法交叉配血；⑩分析血型鉴定、交叉配血中的错误、假阴性、假阳性原因及其处理方法；⑪介绍献血员的标准和献血的组织管理；⑫解释血液保养液的组成成分和作用、血液的贮存和质量鉴定、发血规定；⑬图表列出常见的输血反应、成分输血及主要血液成分制品	14

续上表

序号	学习任务（单元、模块）	职业能力	知识、技能、态度要求	教学活动设计	学时
9	尿液检验	01、02、03、04、13、14、17、34、35、36、37、73	①能说出尿液检验的方法及意义、尿液标本的采集和保存、检验后尿标本的处理；②能列举尿液理学检验的主要内容；③会解释多尿、少尿、无尿的概念；④会观察常见的尿色改变、鉴别混浊尿及尿比重的测定方法；⑤能列举尿常见沉淀物的种类及其形态主要特点；⑥会尿沉渣标本的制备、镜检方法、指认尿沉淀物（细胞、管型、结晶）、报告镜检结果；⑦能说出尿液化学检验的主要内容；⑧会解释蛋白尿的概念，能说出尿蛋白、尿糖及其他化学成分检查的主要意义；⑨能叙述尿蛋白定性和糖定性检验的原理、试剂、注意事项；⑩能按技术规范和生物安全要求，完成手工法尿蛋白和尿糖定性检验，会结果判断及报告检验结果；⑪能说出尿酮体、胆色素、微量白蛋白、尿本-周蛋白、乳糜尿及含铁血黄素检验的原理及意义；⑫能说出尿液干化学分析仪的工作原理；⑬能解释尿液试带反应的原理及主要注意事项；⑭能按技术规范和生物安全要求，使用干化学分析仪检测尿液；⑮学会尿妊娠试验的免疫胶体金试纸法及结果判断；⑯能列举常见泌尿系统疾病的尿液改变；⑰培养责任、质量意识及人际沟通能力和团队合作精神；⑱养成自觉爱护仪器的习惯并做好尿液分析仪的维护和保养	①分析讲授尿液检验的方法及意义、尿液标本的采集和保存、检验后尿标本的处理；②归纳尿液理学检验的主要内容；③讲授分析多尿、少尿、无尿的含义；④使用图片及标本，示范指导观察常见的尿色改变、鉴别混浊尿及尿比重的测定；⑤图示分析讲授尿沉淀物的种类及其形态主要特点；⑥示范并指导尿沉渣标本的制备、镜检方法、指认尿沉淀物（细胞、管型、结晶）、报告镜检结果；⑦列出尿液化学检验的主要内容，分析生理性蛋白尿、病理性蛋白尿的意义、尿糖检验的意义；⑧分析尿蛋白定性和糖定性检验的原理、试剂、注意事项；⑨示范并指导操作蛋白定性和糖定性检验、结果判断及报告检验结果；⑩分析尿酮体、胆色素、微量白蛋白、尿本-周蛋白、乳糜尿及含铁血黄素检验的原理及意义；⑪分析讲授尿液干化学分析仪的工作原理；⑫解释分析尿液试带反应的原理、注意事项；⑬示范并指导使用干化学分析仪检测尿液；⑭指导学习相应生物安全技能；⑮示范并指导尿妊娠试验的免疫胶体金试纸法及结果判断；⑯图表列出常见泌尿系统疾病的尿液改变	28

续上表

序号	学习任务（单元、模块）	职业能力	知识、技能、态度要求	教学活动设计	学时
10	粪便检验	01、02、03、04、15、16、34、35、36、37、73	①能简单说出粪便的形成及其组成成分；②能叙述粪便标本的收集和处理方法；③学会观察常见的粪便性状、颜色变化及解释其意义；④学会粪便镜检制片方法、指认细胞、寄生虫卵的形态、结果报告方式；⑤能解释粪便隐血的概念及主要临床意义；⑥能按技术规范和生物安全要求，完成隐血试验（化学法、单克隆抗体法）并判断、报告结果；⑦能列举细菌性痢疾、肠阿米巴病、细菌性食物中毒、肠道菌群失调等的粪便主要变化特点；⑧培养责任、质量意识及人际沟通能力和团队合作精神	①概括讲解粪便的形成及其组成成分；②讲授粪便标本的收集和处理方法；③图示鉴别常见的粪便性状、颜色变化并解释其主要意义；④示范并指导镜检制片及指认细胞、寄生虫卵的形态与结果报告方式；⑤分析讲授粪便隐血的概念及临床意义；⑥示范并指导完成隐血试验（化学法、单克隆抗体法）并判断、报告结果；⑦指导学习相应生物安全技能；⑧归纳讲授细菌性痢疾、肠阿米巴病、细菌性食物中毒、消化不良、肠道菌群失调的粪便主要变化特点	4
11	脑脊液检验	01、02、03、04、20、34、35、36、37、73	①能简单说出脑脊液的采集及临床应用；②学会鉴别脑脊液颜色、透明度、凝块的变化；③能叙述蛋白质定性和糖半定量试验的原理、方法及主要临床意义；④能列举脑脊液氯化物测定的临床意义；⑤能列举脑脊液细胞计数和分类计数方法并解释临床意义；⑥能按技术规范和生物安全要求，完成脑脊液理学检验、蛋白定性、五管糖测定、细胞计数及细胞分类计数等常规检验；⑦能列举化脓性脑膜炎、结核性脑膜炎、真菌性脑膜炎、病毒性脑炎和脑膜炎、脑肿瘤、脑室或蛛网膜下腔出血等常见中枢神经系统疾病的脑脊液变化特征；⑧培养责任、质量意识及人际沟通能力和团队合作精神	①解析脑脊液的采集及临床应用；②鉴别脑脊液颜色、透明度、凝块的变化；③分析蛋白质定性和糖半定量试验的原理、方法及临床意义；④分析氯化物测定的临床意义；⑤分析脑脊液细胞计数和分类计数方法并解释临床意义；⑥示范并指导完成脑脊液理学检验、蛋白定性、五管糖测定、细胞计数及细胞分类计数等常规检验；⑦分析归纳化脓性脑膜炎、结核性脑膜炎、真菌性脑膜炎、病毒性脑炎和脑膜炎、脑室或蛛网膜下腔出血等常见中枢神经系统疾病的脑脊液变化特征	4

续上表

序号	学习任务（单元、模块）	职业能力	知识、技能、态度要求	教学活动设计	学时
12	浆膜腔积液检验	01、02、03、04、19、34、35、36、37、73	①能解释漏出液、渗出液的定义及形成的原因；②能列举积液理学检查的内容及主要意义；③能解释李凡他试验的原理并叙述方法及结果判断；④能叙述细胞计数和分类的方法及主要意义；⑤能列出渗出液与漏出液的鉴别要点；⑥能按技术规范和生物安全要求，完成胸、腹水的理学检验、黏蛋白反应、细胞计数和分类等常规检验；⑦培养责任、质量意识及人际沟通能力和团队合作精神	①讲授分析漏出液、渗出液的定义及其形成的原因；②归纳讲解积液理学检查的内容及主要意义；③分析讲授李凡他试验的原理、方法及结果判断；④讲授分析细胞计数和分类的方法及主要意义；⑤图示概括渗出液与漏出液的鉴别要点；⑥示范并指导完成胸、腹水的理学检验、黏蛋白反应、细胞计数和分类等常规检验	4
13	阴道分泌物检验	01、02、03、04、21、34、35、36、37、73	①学会鉴别阴道分泌物常见异常外观；②能叙述阴道分泌物检验的涂片方法和清洁度的判断标准；③能叙述滴虫性阴道炎、细菌性阴道炎、霉菌性阴道炎的常用检验方法；④能按技术规范和生物安全要求，完成阴道分泌物常规检验（清洁度检验、滴虫检验、霉菌检验、阴道菌群与线索细胞检验）；⑤培养责任、质量意识及人际沟通能力和团队合作精神	①图示讲授分析阴道分泌物常见异常外观及其原因；②讲授阴道分泌物检验的涂片方法和清洁度的判断标准；③介绍滴虫性阴道炎、细菌性阴道炎、霉菌性阴道炎的常用检验方法；④利用图示、视频，示范并指导完成阴道分泌物常规检验（清洁度检验、滴虫检验、阴道菌群与线索细胞真菌检验等），指导学习相应生物安全技能	4
14	精液与前列腺液检验	01、02、03、04、18、34、35、36、37、73	①能叙述精液常规检验内容；②能按技术规范和生物安全要求，学会精液常规检验（感官检验、pH测定、精子活动力观察、精子计数、精子形态观察及精液细胞学检验）；③能说出前列腺液中卵磷脂小体、前列腺颗粒细胞等有形物形态特征，前列腺液检验的临床应用；④培养责任、质量意识及人际沟通能力和团队合作精神	①分析精液常规检验内容；②按技术规范和生物安全要求，指导完成精液常规检验（感官检验、pH测定、精子活动力观察、精子计数、精子形态观察及精液细胞学检验）；③概述前列腺液中卵磷脂小体、前列腺颗粒细胞、淀粉样体等有形物形态特征，前列腺液检验的临床应用	2

续上表

序号	学习任务（单元、模块）	职业能力	知识、技能、态度要求	教学活动设计	学时
15	骨髓检验	01、02、03、04、23、34、35、36、73	①能说出血细胞的发育过程和形态演变规律；②学会骨髓片显微镜观察方法，能识别红细胞系、粒细胞系、巨核细胞系各阶段细胞的正常形态及常见非造血细胞形态；③能解释粒红比例、有核细胞增生程度的概念；④能说出过氧化酶染色、中性粒细胞碱性磷酸酶染色、铁粒染色、糖原染色原理及主要临床应用；⑤能列举成人正常骨髓象的主要特征，说出骨髓象观察方法和骨髓细胞分类方法；⑥培养责任、质量意识及人际沟通能力和团队合作精神	①图示分析讲授血细胞的发育过程和形态演变规律；②讲授骨髓片显微镜观察方法，指导识别红细胞系、粒细胞系、巨核细胞系各阶段细胞的正常形态及常见非造血细胞形态；③分析讲授粒红比例、有核细胞增生程度的概念；④分析讲解过氧化酶、中性粒细胞碱性磷酸酶、铁粒、糖原及酯酶等染色的原理及主要临床应用；⑤归纳成人正常骨髓象的主要特征、骨髓象观察方法和骨髓细胞分类方法	20
16	常见血液病检验	01、02、03、04、23、24、25、34、35、36、73	①能解释贫血的定义和说出分类；②能说出缺铁性贫血、巨幼红细胞性贫血、再生障碍性贫血的血象和骨髓象主要特征；③能说出溶血、溶血性贫血的概念及列举其常用实验室检查方法；④能解释白血病的定义及叙述分类；⑤能说出急性白血病骨髓象与血象一般特征；⑥能说出急性淋巴细胞白血病（L1、L2、L3）、急性非淋巴细胞白血病（M1~M7）、慢性粒细胞白血病等的血象和骨髓象主要细胞学特征；⑦能说出类白血病反应的概念、常见病因及其与慢性粒细胞白血病的鉴别要点；⑧能说出传染性单核细胞增多症、传染性淋巴细胞增多症的血液学主要特征及实验室检查方法；⑨能说出多发性骨髓瘤、恶性组织细胞病的血象特征；⑩能按技术规范和生物安全要求，学会观察常见血液病的血象、骨髓象，学会红细胞渗透脆性实验等检验项目；⑪培养责任、质量意识及人际沟通能力和团队合作精神	①分析讲授贫血的定义和分类；②归纳讲解缺铁性贫血、巨幼红细胞性贫血、再生障碍性贫血的血象和骨髓象主要特征；③讲授溶血、溶血性贫血的概念及其常用实验室检查方法；④分析讲授白血病的定义及分类；⑤分析归纳急性白血病骨髓象与血象一般特征；⑥分析讲授急性淋巴细胞白血病（L1、L2、L3）、急性非淋巴细胞白血病（M1~M7）、慢性粒细胞白血病等的血象和骨髓象主要细胞学特征；⑦分析讲授类白血病反应的概念、常见病因及其与慢性粒细胞白血病的鉴别要点；⑧分析讲授传染性单核细胞增多症、传染性淋巴细胞增多症的血液学主要特征及实验室检查方法；⑨概述多发性骨髓瘤、恶性组织细胞病的血象主要特征；⑩示范并指导观察常见血液病的血象、骨髓象，指导完成红细胞渗透脆性实验等检验项目；⑪指导学习相应生物安全技能	12

续上表

序号	学习任务（单元、模块）	职业能力	知识、技能、态度要求	教学活动设计	学时
17	脱落细胞检验	01、02、03、04、38、34、35、36、73	①能辨认常见上皮细胞形态；②能说出常见肿瘤的命名、恶性肿瘤细胞的一般形态特征及癌细胞的分类；③学会常见脱落细胞涂片制备及固定；④能按技术规范和生物安全要求，完成HE染色；⑤培养责任、质量意识及人际沟通能力和团队合作精神	①图示介绍常见上皮细胞及其形态；②讲授分析常见肿瘤的命名，分析恶性肿瘤细胞的一般形态特征；③示范指导制备常见脱落细胞涂片、固定；④示范并指导完成HE染色	6
合计					180

注："职业能力"栏目的编码与本书附录1的职业能力分析表的编码对应。

八、资源开发与利用

（一）教材编写与使用

本课程可结合全国临床检验操作规程，完成教学实践。如按教学方法建议，开展理实一体化、项目化教学。可遵循"检验项目驱动、项目流程导向、检验方法集成"的思路，编写适应一体化、项目化的教材及理实一体化实训指导、检验项目工作流程指引、工作视频等教辅材料。

（二）数字化资源开发与利用

结合真实的职业岗位工作环境，开发电子教学课件、教学任务单元视听教程、检验项目工作视频及其工作流程指引、显微镜下形态动态视频、电子习题库，组建教学资源库。利用网络资源，加强精品课程、网络课程等数字化资源建设。

九、教学建议

（一）教学方法

临床检验岗位工作任务分析显示，每个工作任务即检验项目（含检验子项目）的工作流程均包括标本/样本的采/收集、编号处理、试剂/器材/培养基准备、检测/质控、检测结果登记录入、报告单发放等工作步骤。因此，以检验项目为主体内容的临床检验课程，可按照"检验项目驱动、项目流程导向、检验方法集成"的思路，利用校内外实训基地，以真实的临床检验项目为载体，按项目流程及检验方法，序化整合教学内容，打破理论、实践分段教学模式，将学生应具备的完成检验项目所需知识、技能及素养，融入"综合技能（检验项目）项目化、专项技能（检验方法）一体化"的教学实践中，开展理实一体化、项目化教学，突出"做中学、做中教"的职业教育教学特色。

（二）教学条件

按照课程结构表中的学习任务设计，本课程应有工位充足、配备多媒体教学系统的校内专用实验实训室，仪器设备配置能对接临床检验岗位常用检验项目开展的需求，有规范的实验实训管理制度；师资应达到中职医学检验技术专业教学标准的要求；构建包括教学课件、视听教程、实训指导、习题库等在内的教学资源库及加强精品课程、网络课程等校内网络资源建设。

校外实训基地应设置在与本专业长期合作的县区级以上综合医院，仪器设备先进、管理规范，可支持本课程设定内容的见习。

十、教学评价

建议采用过程性评价与终结性评价、理论知识评价与实践技能评价相结合的综合评价方式。过程性评价与终结性评价各占总评的50%，均涵盖理论知识评价与实践技能评价。过程性评价应结合出勤、课堂提问、实训报告、技能训练环节及质量，注重方式的多样性，主要用于评价学生在完成学习任务过程中的学习态度、专业知识与技能学习情况以及团队协作精神、交流沟通与解决问题能力等综合素质；终结性评价主要用于考核学生知识技能的运用情况，可根据教学方法、模式运用的具体情况，采用专项、综合技能实操及理实一体化考核。此外，教学评价内容的制定，应有职业岗位技术人员的参与，尽可能多体现职业岗位的相关要求。

（撰稿人：广东省潮州卫生学校　曾顺良、洪湘辉）

中职学段：预防医学课程标准

一、课程名称

预防医学。

二、适用专业

既适用于中高职衔接的中职医学检验技术专业，又适用于中职医学检验技术专业。

三、课程性质

本课程是中高职衔接医学检验技术专业中职学段卫生检验专业的一门方向课程。

四、课程设计

依据岗位需求调研、职业能力及课程分析，将本课程设计为绪论、环境与健康、环境卫生、食品卫生、劳动卫生、卫生监督、公共卫生法规、卫生统计、流行病学调查分析、传染病防治、心脑血管疾病防治、突发公共卫生事件的防治12个学习任务。其为学生学习后续的专业方向课程、进一步升学奠定重要的基础，是"预防医学"课程设计的支点。在充分考虑学生文化基础、认知能力的基础上，从知识、技能、态度三个维度，列出了本课程每个学习任务的具体要求。

五、课程教学目标

通过对本课程的学习，学生掌握预防医学的基本理论、基本知识和基本技能，为学习医学检验技术核心课程奠定基础，同时也为更好地完成医学检验实际岗位工作奠定基础。

1. 专业能力目标

（1）能解释人和环境、健康与疾病的关系。
（2）能叙述医学模式和健康观的转变。
（3）能正确说出影响健康的主要因素。
（4）能绘制常用的统计表与统计图。
（5）能说出正态分布的概念、特征及应用。

2. 方法能力目标

（1）学会预防医学的思维方法，初步具备运用卫生统计和流行病学方法来描述人群的健康状况。
（2）能运用疾病三级预防的理念处理有关医疗、保健、康复、健康等有关问题。
（3）正确理解健康观，并学会运用健康观分析判断人群中的有关健康问题。
（4）初步运用公共卫生的基本知识，配合有关部门进行卫生监督与管理。

3. 社会能力目标

（1）树立预防为主、防治结合的思想，为岗位工作奠定基础。

（2）具有强烈的责任意识和吃苦耐劳的精神，能爱岗敬业、兢兢业业地做好本职工作。

（3）具有良好的人际沟通能力和团队合作意识，能说出现代医学模式的定义和内涵。

（4）学会用数据揭示规律，树立坚持真理、实事求是的科学态度和价值观。

六、参考学时与学分

参考学时：72 学时。

参考学分：4 学分。

七、课程结构

课程结构如表 2-10 所示。

表 2-10　预防医学课程结构

序号	学习任务（单元、模块）	职业能力	知识、技能、态度要求	教学活动设计	学时
1	绪论	无可明确对应的职业能力	①能叙述预防医学的性质、研究对象和任务；②能说出我国卫生工作方针；③能解释现代医学模式和健康新概念；④能说出学习预防医学的目的和意义	①概述预防医学的概念、内容；②分析医学模式的转变历程；③分析学习预防医学的意义	2
2	环境与健康	无可明确对应的职业能力	①能说出环境、生态系统与生态平衡的概念；②能叙述生态系统的结构和功能；③能解释人和环境的关系；④能说出环境污染物的种类和来源；⑤能叙述环境污染的概念和当今主要环境问题；⑥能说出环境保护的基本措施；⑦能叙述社会制度、经济、文化教育、家庭人口等社会因素对人体健康的影响；⑧能解释情绪、性格特征、个性心理特征等社会因素与健康的关系；⑨能说出不良生活行为方式对健康的危害	①概述环境的概念、人和环境的关系；②分析环境污染的来源和主要环境问题；③分析归纳影响健康的主要社会因素	6

续上表

序号	学习任务（单元、模块）	职业能力	知识、技能、态度要求	教学活动设计	学时
3	环境卫生	无可明确对应的职业能力	①能叙述大气污染对健康的危害及防治措施；②能说出粪便、垃圾的无害化处理方法及要求；③能解释饮用水的基本卫生要求；④能叙述室内空气污染的危害及防治措施；⑤能说出公共场所的概念、特征及主要卫生要求	①概述大气污染的危害及防治措施；②分析饮用水的净化和消毒的原理；③分析归纳室内空气污染的来源、危害及防治措施	8
4	食品卫生	无可明确对应的职业能力	①能叙述食品污染和腐败变质的原因及其防治措施；②能说出食品添加剂、奶及奶制品的卫生要求；③能叙述食物中毒的调查和现场处理；④公共饮食行业的卫生要求和餐具消毒的方法	①概述食品污染和腐败变质的原因；②列出食品污染和腐败变质的主要防治措施；③归纳分析食物中毒的概念、特点、分类及预防措施	10
5	劳动卫生	无可明确对应的职业能力	①能说出职业性危害因素的种类；②能解释职业病的定义、范围、种类、特点、诊断要求和防治原则；③能叙述职业卫生服务的内容；④能说出铅中毒、苯中毒的毒性作用和防治措施；⑤能说出矽肺的定义、影响发病的因素和主要防治措施	①概述职业性危害因素的分类；②列出职业病的范围、种类、特点；③分析归纳职业病的诊断要求和防治原则	6
6	卫生监督	无可明确对应的职业能力	①能说出卫生监督的概念；②能叙述卫生监督的特点和原则；③能说出预防性卫生监督的定义；④能解释卫生监督的一般方法和程序	①概述卫生监督、一般性卫生监督的定义；②列出卫生监督的特点和原则；③分析归纳卫生监督的一般方法和基本程序	4
7	公共卫生法规	无可明确对应的职业能力	①能说出《传染病防治法》《职业病防治法》《食品卫生法》的法律规定；②能叙述违反公共卫生法律法规的法律责任；③能说出卫生管理条例、卫生标准的主要内容	①概述公共卫生法律法规的内涵；②分析违反公共卫生法律法规的法律责任	4

续上表

序号	学习任务（单元、模块）	职业能力	知识、技能、态度要求	教学活动设计	学时
8	卫生统计	无可明确对应的职业能力	①能说出卫生统计中的几个基本概念和基本步骤；②能列出统计表和统计图的基本格式和绘制要求；③能叙述假设检验的基本步骤；④能说出常用相对数的种类及应用时的注意事项；⑤能叙述常用的 t 检验方法及应用	①概述卫生统计中的几个基本概念；②演示统计表、统计图的绘制格式和绘制要求；③指导学生应用统计软件进行计算机实训	10
9	流行病学调查分析	无可明确对应的职业能力	①能说出流行病学的研究方法有哪些；②能叙述流行病学调查分析的基本步骤；③能解释个案调查的基本内容和方法	①概述流行病学的定义和研究方法；②分析流行病学调查分析的基本步骤；③归纳分析个案调查和暴发调查的基本内容和方法	6
10	传染病防治	无可明确对应的职业能力	①能说出传染病流行过程的三个基本环节；②能叙述疫源地及传染病的流行过程；③能说出传染病的防治措施；④能解释预防接种和计划免疫的内容；⑤能叙述消毒、杀虫、灭鼠的主要措施	①概述传染病的流行过程的三个基本环节；②分析疫源地及传染病的流行过程；③分析归纳传染病的防治措施；④分析归纳预防接种和计划免疫的内容	4
11	心脑血管疾病防治	无可明确对应的职业能力	①能说出心脑血管疾病的流行特征；②能叙述心脑血管疾病的主要危险因素；③能解释心脑血管疾病的三级预防	①概述心脑血管疾病的流行特征；②分析心脑血管疾病的主要危险因素；③分析归纳心脑血管疾病的三级预防	6
12	突发公共卫生事件的防治	无可明确对应的职业能力	①能说出突发公共卫生事件的概念和特征；②能叙述突发公共卫生事件的分类和危害；③能解释突发公共卫生事件的预防控制策略、原则和措施	①概述突发公共卫生事件的定义和特征；②列出突发公共卫生事件的分类和危害；③分析归纳突发公共卫生事件的预防控制策略和措施	6
合计					72

八、资源开发与利用

（一）教材编写与使用

本课程教材的编写以中等职业教育卫生部规划教材为基础，结合医学检验技术岗位工作需要，以岗位职业能力培养为本位、以学生为主体。在教材的编写过程中，尽量结合医学检验技术岗位工作需要，将医学检验技术专业有关的预防医学知识点编入教材中，让教材更贴近实际医学检验技术实际工作的需要，使教材不但成为学生学习医学检验技术专业知识的必备工具，也成为医学检验技术专业进行数据统计工作的理论指导工具。

（二）数字化资源开发与利用

为了更好地利用院校资源实现以职业能力培养为本位，以学生为主体的"预防医学"课程教学，参考当今教育教学领域应用广泛、技术成熟的多媒体教学、网络教学、计算机实操教学等先进的教学手段，积极开发电子教学课件、教学任务单元视听教程、电子习题库等组建教学资源库，积极开展"教、学、做"为一体的情景教学，充分利用网络教学，加强网络课程、精品课程等数字化资源建设。

九、教学建议

（一）教学方法

本课程的教学建议采用"教、学、做"一体化的教学模式，即结合预防医学需要，将预防医学理论教学与实验教学在单元教学时间里融为一体，通过将教师的教、学生的学与模拟实际案例实训一体化，让学生直接感受参与实际预防医学工作的氛围，让学生在任务教学中学习知识技能，使学生专业理论知识与实践技能的学习有效地融为一体，实现在实践中学习理论，在运用中学习技术。

（二）教学条件

按照课程结构表中的学习任务设计，本课程最好能全部在专用实验实训室完成教学活动，实验实训室应配备多媒体教学系统、足够数量标本模型；实验实训室应有规范的实验实训管理制度，以满足教、学、练的要求；构建包括教学课件、视听教程、实训指导、习题库等在内的教学资源库及加强精品课程、网络课程等校内网络资源建设。

十、教学评价

本课程的评价建议采用实施过程性评价与终结性评价、理论知识评价与实践技能评价相结合的综合性评价。过程性评价应结合学生考勤、课堂提问、实训报告、技能训练等环节，注重过程质量评价，主要用于评价学生的学习态度、专业知识与技能学习情况以及团队协作精神、交流沟通与解决问题能力等综合素质；终结性评价主要用于评价学生知识技能的运用情况,可根据教学方法、教学模式运用的具体情况,采用专项、综合技能实操及理论实操一体化考核。此外,教学评价内容的制定,应有职业岗位技术人员的参与,尽可能多体现职业岗位的相关要求。核心内容以职业岗位能力为导向,以专业岗位技能操作和分析问题、解决问题为重点,重点评价学生的职业能力。

(撰稿人:广东省珠海市卫生学校 郑少辉、潘虹)

中职学段：卫生理化检验课程标准

一、课程名称

卫生理化检验。

二、适用专业

既适用于中高职衔接的中职医学检验技术专业，又适用于中职医学检验技术专业。

三、课程性质

本课程是中高职衔接医学检验技术专业中职学段的卫生检验专业方向（技能）课程。

四、课程设计

卫生理化检验主要应用于协助疾病控制和卫生监督部门进行疾病的预防控制，对环境、水、空气、土壤、食品等质量控制和卫生监督，是中职及中高职衔接医学检验技术专业的卫生检验专业学生毕业后的主要就业岗位。依据岗位需求调研、职业能力及课程分析，将本课程内容设计成6个学习任务（单元、模块）。为培养学生的职业岗位认知，将序号1学习任务设计为绪论；其余5个学习任务（单元、模块）均设计为对应一个检验模块即工作任务。序号2至序号6学习任务（单元、模块）分别对应为水质检验、营养与食品卫生检验、大气与车间空气检验、其他形态样品的卫生理化检验和卫生理化检验实验室的管理及质量控制。为强化学生专项技能训练及避免学习任务的重复设计，仍将其按学习任务对应检验项目的模式单独进行设计。由于序号2至序号6对应的检验项目均有若干检验子项目，因此，在知识、技能要求的内容中对其进行了相应区分。

将检验项目转换为学习任务的主体内容，是本课程设计的支点。从知识、技能、态度三个维度，列出了该课程每个学习任务的具体要求。

五、课程教学目标

1. 专业能力目标

（1）能解释卫生理化检验岗位的工作任务及其应用。

（2）能规范完成卫生理化检验常用样本的采（收）集、制备、保存。

（3）能叙述常用卫生理化检验项目的方法、原理及主要意义，并规范地完成相应检验项目的操作、计算和结果分析报告。

（4）能了解常用仪器的原理，并能叙述其操作流程，能正确使用并维护和保养卫生理化检验相关分析仪器。

（5）熟悉卫生理化检验岗位基本业务管理知识和质量控制的要求。

（6）具有卫生检验职业岗位所需的生物安全常用知识及技能。

2．方法能力目标

（1）会针对常用卫生理化检验项目选择相应检验方法。

（2）具备自主学习、更新知识并运用新方法、新技术的能力。

（3）能合理运用媒体资源，查找所需信息。

3．社会能力目标

（1）能以"服务、质量和责任"为核心的职业道德观念为引导，规范操作，爱岗敬业，严谨求实、一丝不苟地完成卫生理化检验的实践活动。

（2）具有人际沟通能力和团队合作精神。

（3）具有防护生物安全、规避职业风险的意识。

（4）养成自觉爱护仪器设备的习惯。

六、参考学时与学分

参考学时：126 学时。

参考学分：7 学分。

七、课程结构

课程结构如表 2-11 所示。

表 2-11 卫生理化检验课程结构

序号	学习任务（单元、模块）	职业能力	知识、技能、态度要求	教学活动设计	学时
1	绪论	42、43、44、45、46、47、48、49、50、55、56、57、73	①能解释卫生理化检验的概念并叙述其主要任务及作用；②能正确描述卫生理化检验的常用方法；③能熟知卫生理化检验岗位的知识、技能及综合素质要求；④能熟悉卫生检验职业岗位的生物安全常用知识	①讲授、分析卫生理化检验的概念、主要任务及作用；②讲授、分析卫生理化检验的常用方法；③讲授、分析卫生理化检验岗位的知识、技能及综合素质要求；④熟悉卫生检验职业岗位的生物安全常用知识	2

续上表

序号	学习任务（单元、模块）	职业能力	知识、技能、态度要求	教学活动设计	学时
2	水质检验	42、43、44、45、49-01、49-02、49-03、49-04、55-01、55-02、55-03、56-01、56-02、56-03、57-01、57-02、57-03、73	①能叙述水质样本采集的部位、器材、方法及流程；②能进行水样的采集与保存；③能叙述水的物理性质指标检验；④能列出水中有机污染项目的检验、水中非金属成分的检验、水中金属成分的检验、水中有机成分的检验等检验方法；⑤能按技术规范要求，正确选择水中有机污染项目的检验、水中非金属成分的检验、水中金属成分的检验、水中有机成分的检验等，并完成各项水质检验，做出水质检验报告；⑥会分析水样的采集与保存及各项水质检验的影响因素；⑦学习中培养责任、质量、安全意识及人际沟通能力和团队合作精神	①讲授、分析水样采集的部位、方法、器材及影响因素；②讲授采集水样并保存；③讲授、分析、讨论常用水质检验项目及其检验方法；④对各项水质检验进行讲授、演示和练习；⑤讲授水质检验报告的书写	32
3	营养与食品卫生检验	42、43、44、45、47-01、47-02、47-03、47-04、48-01、48-02、48-03、48-04、55-01、55-02、55-03、56-01、56-02、56-03、57-01、57-02、57-03、73、73	①能叙述食品卫生检验的概念、任务和常用方法；②能叙述食品样本采集的部位、器材、方法及流程；③能进行食品样本的采集与保存；④能分析食品营养成分；⑤能列出食品添加剂检验、食品中有害污染成分的检验、几类食品卫生指标的检验、食品掺伪检验、食品容器、食具和包装材料的检验等检验方法及常见化学性食物中毒的快速鉴定；⑥能按技术规范要求，正确选择食品添加剂检验、食品中有害污染成分的检验、几类食品卫生指标的检验、食品掺伪检验、食品容器、食具和包装材料的检验及常见化学性食物中毒的快速鉴定等各项食品检验方法，并完成各项食品检验，做出食品检验报告；⑦会分析食品样本的采集与保存及各项食品检验的影响因素；⑧学习中培养责任、质量、安全意识及人际沟通能力和团队合作精神	①讲授、分析食品样本采集的部位、方法、器材及影响因素；②讲授食品营养成分；③讲授、分析采集食品样本并保存；④讲授、分析、讨论常用食品检验项目及其检验方法；⑤对各项食品检验进行讲授、演示和练习；⑥讲授食品检验报告的书写；⑦指导学习相应生物安全技能	44

续上表

序号	学习任务（单元、模块）	职业能力	知识、技能、态度要求	教学活动设计	学时
4	大气与车间空气检验	42、43、44、45、46-01、46-02、46-03、46-04、46-05、46-06、55-01、55-02、55-03、56-01、56-02、56-03、57-01、57-02、57-03、73	①能叙述空气中有害物质采集的部位、器材、方法及流程；②能进行空气中有害物质的采集与保存；③列出车间空气中生产性粉尘的测定、空气中有害物质的测定、车间空气中有害物质的快速检验等方法；④能按技术规范要求，正确选择车间空气中生产性粉尘的测定、空气中有害物质的测定、车间空气中有害物质的快速检验等各项大气及车间空气测定检验方法，并完成各项大气及车间空气测定检验，做出大气及车间空气检验报告；⑤会分析大气及车间空气样本的采集与保存及各项大气及车间空气检验的影响因素；⑥学习中培养责任、质量、安全意识及人际沟通能力和团队合作精神	①讲授、分析空气中有害物质采集的部位、方法、器材及影响因素；②讲授、分析、讨论空气中有害物质的采集并保存；③讲授、分析、讨论常用大气及车间空气检验项目及其检验方法；④对各项大气及车间空气中有害物质的检验进行讲授、演示和练习；⑤讲授大气及车间空气中有害物质检验报告的书写；⑥指导学习相应生物安全技能	24
5	其他形态样品的卫生理化检验	42、43、44、45、50-01、50-02、50-03、55-01、55-02、55-03、56-01、56-02、56-03、57-01、57-02、57-03、73	①能叙述土壤（底质）检验、化妆品检验、生物样品检验的概念及任务和常用方法；②能叙述土壤（底质）、化妆品、生物样品等样本采集的部位、器材、方法及流程；③能进行土壤（底质）、化妆品、生物样品等样本的采集与保存；④能列出土壤（底质）检验、化妆品检验、生物样品检验等方法；⑤能按技术规范要求，正确选择土壤（底质）检验、化妆品检验、生物样品检验等检验方法，并完成各项报告；⑥会分析各项土壤（底质）、化妆品、生物样品等检验的影响因素；⑦学习中养成责任、质量、安全意识及人际沟通能力和团队合作精神	①讲授、分析土壤（底质）检验、化妆品检验、生物样品检验的概念及任务和常用方法；②讲授、分析、讨论土壤（底质）、化妆品、生物样品中有害物质采集的部位、方法、器材及影响因素；③讲授土壤（底质）、化妆品、生物样品中有害物质的采集并保存；④讲授、分析、讨论常用土壤（底质）、化妆品、生物样品中有害物质检验项目及其检验方法；⑤对各项土壤（底质）、化妆品、生物样品中有害物质的检验进行讲授、演示和练习；⑥讲授土壤（底质）、化妆品、生物样品中有害物质检验报告的书写	14

续上表

序号	学习任务（单元、模块）	职业能力	知识、技能、态度要求	教学活动设计	学时
6	卫生理化检验实验室的管理及质量控制	42；43；44；45；56-01；56-02；56-03；73	①能叙述气相色谱仪、原子吸收分光光度计、荧光分光光度计等精密分析仪器的工作原理、主要结构与操作流程、电位法、离子选择性电极法的应用，分析质量控制的意义和一般程序、分析质量控制的一般方法，实验室管理的程序和制度、有关实验报告审核制度的概念；②能进行气相色谱仪、原子吸收分光光度计、荧光分光光度计等精密分析仪器的操作和管理维护及电位法及离子选择性电极法的应用；③能列出分析质量控制的一般程序和一般方法；④能列出实验室管理的程序和制度、有关实验报告审核制度；⑤学习中养成责任、质量、安全意识及人际沟通能力和团队合作精神	①讲授、分析精密分析仪器的工作原理、主要结构与操作流程、电位法及离子选择性电极法的应用；②讲授、分析质量控制的意义和一般程序、分析质量控制的一般方法；③讲授、分析实验室管理的程序和制度、有关实验报告审核制度的概念；④对精密分析仪器的操作和管理维护及电位法和离子选择性电极法的应用进行讲授、演示和练习	10
合计					126

注："职业能力"栏目的编码与本书附录1职业能力分析表中的编码对应。

八、资源开发与利用

（一）教材编写与使用

本课程可结合全国卫生理化检验操作规程，完成教学实践。可按教学方法建议，开展理实一体化、项目化教学。可遵循"检验项目驱动、项目流程导向、检验方法集成"的思路，编写适应理实一体化、项目化的教材及理实一体化实训指导、检验项目工作流程指引、工作视频等教辅材料。

（二）数字化资源开发与利用

结合真实的职业岗位工作环境，开发电子教学课件、教学任务单元视听教程、检验项目工作视频及其工作流程指引、电子习题库，组建教学资源库。利用网络资源，加强精品课程、网络课程等数字化资源建设。

九、教学建议

（一）教学方法

卫生理化检验岗位工作任务分析显示，每个工作任务即检验项目（含检验子项目）的工作流程均包括标本/样本的采/收集、编号处理、试剂/器材/培养基准备、检测/质控、检测结果登记录入、报告单发放等工作步骤。因此，以检验项目为主体内容的卫生理化检验课程，可按照"检验项目驱动、项目流程导向、检验方法集成"的思路，利用校内外实训基地，以真实的卫生理化检验项目为载体，按项目流程及检验方法，序化整合教学内容，打破理论、实践分段教学模式，将学生应具备的完成检验项目所需知识、技能及素养，融入"综合技能（检验项目）项目化、专项技能（检验方法）一体化"的教学实践中，开展理实一体化、项目化教学，突出"做中学、做中教"的职业教育教学特色。

（二）教学条件

按照课程结构表中的学习任务设计，本课程应有工位充足、配备多媒体教学系统的校内专用实验实训室，仪器设备配置能对接卫生理化检验岗位常用检验项目开展的需求，有规范的实验实训管理制度；师资应达到中职医学检验技术专业教学标准的要求；构建包括教学课件、视听教程、实训指导、习题库等在内的教学资源库及加强精品课程、网络课程等校内网络资源建设。

校外实训基地应设置在与本专业长期合作的县区级以上疾病控制中心及食品药品检验机构，仪器设备先进、管理规范，可支持本课程设定内容见习。

十、教学评价

本课程建议采用过程性评价与终结性评价、理论知识评价与实践技能评价相结合的综合评价方式。过程性评价与终结性评价各占总评的50%，均应涵盖理论知识评价与实践技能评价。过程性评价应结合出勤、课堂提问、实训报告、技能训练环节及质量，注重方式的多样性，主要用于评价学生在完成学习任务过程中的学习态度、专业知识与技能学习情况以及团队协作精神、交流沟通与解决问题能力等综合素质；终结性评价主要用于考核学生知识技能的运用情况，可根据教学方法、模式运用的具体情况，采用专项、综合技能实操及理实一体化考核。此外，教学评价内容的制定，应有职业岗位技术人员的参与，尽可能多体现职业岗位的相关要求。

（撰稿人：广东省潮州卫生学校　林庆）

中职学段：卫生检疫技术课程标准

一、课程名称

卫生检疫技术。

二、适用专业

既适用于中高职衔接的中职医学检验技术专业，又适用于中职医学检验技术专业。

三、课程性质

本课程是中高职衔接医学检验技术专业中职学段的卫生检验专业方向（技能）课程。

四、课程设计

卫生检疫技术主要应用于协助疾病控制和卫生监督部门及海关防疫部门进行疾病的预防控制，对国内人群及出入境的人群、商品、货物等进行检疫检测，是中职及中高职衔接医学检验技术专业的卫生检验专业学生毕业后的主要就业岗位。依据岗位需求调研、职业能力及课程分析，将该课程内容设计成7个学习任务（单元、模块）。为培养学生的职业岗位认知，将序号1和序号7学习任务设计为卫生检验岗位工作任务分析；其余5个学习任务（单元、模块）均设计为对应一个卫生检疫模块即工作任务。序号2至序号6学习任务（单元、模块）分别对应为人员卫生检疫、交通工具检验检疫、货物检验检疫、媒介生物检验检疫和突发公共卫生事件检验检疫。为强化学生专项技能训练及避免学习任务的重复设计，本课程仍将其按学习任务对应卫生检疫项目的模式单独进行设计。由于序号2至序号6对应的卫生检疫项目均有若干检验子项目，因此，在知识、技能要求的内容中对其进行了相应区分。

将卫生检疫项目转换为学习任务的主体内容，是该课程设计的支点。从知识、技能、态度三个维度，列出了该课程每个学习任务的具体要求。

五、课程教学目标

1. 专业能力目标

（1）能解释卫生检疫岗位工作任务及其应用。
（2）能规范完成卫生检疫常用样本的采（收）集、制备、保存工作。
（3）能初步运用常用卫生检疫项目的方法、原理，规范地完成相应检疫项目的操作。
（4）能正确使用、维护和保养卫生检疫相关分析仪器。

（5）熟悉卫生检疫岗位基本业务管理知识和相关法律制度。

（6）具有卫生检疫职业岗位所需的生物安全常用知识及技能。

2．方法能力目标

（1）会针对常用卫生检疫项目选择相应检验方法。

（2）具备自主学习、更新知识并运用新方法、新技术的能力。

（3）能合理运用媒体资源，查找所需信息。

3．社会能力目标

（1）能以"服务、质量和责任"为核心的职业道德观念为引导，严谨求实、一丝不苟地完成卫生检疫的实践活动。

（2）具有人际沟通能力和团队合作意识。

（3）具有防护生物安全、规避职业风险的意识。

（4）养成自觉爱护仪器设备的习惯。

六、参考学时与学分

参考学时：72 学时。

参考学分：4 学分。

七、课程结构

课程结构如表 2-12 所示。

表 2-12　卫生检疫技术课程结构

序号	学习任务（单元、模块）	职业能力	知识、技能、态度要求	教学活动设计	学时
1	绪论	42、43、44、45、51、52、53、54、55、56、57、73	①能简单叙述国际、国内卫生检疫的产生与发展；②能解释卫生检疫的概念；③能列出卫生检疫的内容、分类及方法；④能说出卫生检疫的主要环节；⑤了解卫生检疫的学习方法；⑥熟悉卫生检疫职业岗位的生物安全常用知识	①讲授国际、国内卫生检疫的产生与发展；②讲授卫生检疫的概念；③讲授、分析、讨论卫生检疫的内容、分类及方法；④讲授、分析卫生检疫的主要环节及生物安全常用知识；⑤讲授、讨论卫生检疫的学习方法	2

续上表

序号	学习任务（单元、模块）	职业能力	知识、技能、态度要求	教学活动设计	学时
2	人员卫生检疫	42、43、44、45、51、52、53、54、55、56、57、73	①能说出人员卫生检疫的对象及内容；②能叙述人员卫生检疫的基本程序及主要意义；③能列出出入境人员及交通员工卫生检疫查验的内容及步骤；④能说出疫区人员卫生检疫的内容及处理方法；⑤能简单叙述尸体卫生检疫的内容及方法；⑥能解释预防接种的概念、分类、途径；⑦会出入境人员及交通员工的卫生检疫步骤；⑧学习中养成责任、质量、安全意识及人际沟通能力和团队合作精神	①讲授、分析人员卫生检疫的对象及内容；②讲授、讨论人员卫生检疫的基本程序及主要意义；③讲授、分析、讨论出入境人员及交通员工卫生检疫查验的内容及步骤；④讲授、分析、讨论疫区人员卫生检疫的内容及处理方法；⑤讲授、讨论尸体卫生检疫的内容及方法；⑥讲授、讨论预防接种的概念、分类、途径；⑦指导训练对出入境人员及交通员工的卫生检疫步骤，指导学习相应生物安全技能	12
3	交通工具检验检疫	42、43、44、45、51、54-01、54-02、55、56、57、73	①能叙述交通工具检验检疫的意义和主要内容；②能叙述船舶、航空器、车辆等交通工具的检验检疫；③能列出船舶、航空器、车辆等交通工具检验检疫的基本程序；④能按技术规范要求，正确选择船舶、航空器、车辆等交通工具各项检验检疫方法，并完成各项检验检疫，做出交通工具卫生检疫报告；⑤学习中养成责任、质量、安全意识及人际沟通能力和团队合作精神	①讲授、分析交通工具检验检疫的意义和主要内容；②讲授、分析交通工具的检验检疫，指导学习相应生物安全技能；③讲授、讨论交通工具检验检疫的基本程序；④对交通工具各项检验检疫进行讲授、演示和练习；⑤讲授交通工具卫生检疫报告的书写	14

续上表

序号	学习任务（单元、模块）	职业能力	知识、技能、态度要求	教学活动设计	学时
4	货物检验检疫	42、43、44、45、54-01、54-02、51、55、56、57、73	①能叙述货物检验检疫的意义和主要卫生学问题；②能叙述健康相关产品、传染性物品、集装箱、废旧物品的检验检疫；③能列出健康相关产品、传染性物品、集装箱、废旧物品等货物检验检疫的基本方法和基本程序；④能按技术规范要求，正确选择健康相关产品、传染性物品、集装箱、废旧物品等货物各项检验检疫方法，并完成各项检验检疫，做出货物卫生检疫报告；⑤学习中养成责任、质量、安全意识及人际沟通能力和团队合作精神	①讲授、分析、讨论货物检验检疫的意义和主要卫生学问题；②讲授、分析健康相关产品、传染性物品、集装箱、废旧物品的检验检疫；③讲授、分析、讨论货物检验检疫的基本方法和基本程序；④对货物各项检验检疫进行讲授、演示和练习，指导学习相应生物安全技能；⑤讲授货物卫生检疫报告的书写	16
5	媒介生物检验检疫	42、43、44、45、51、54-01、54-02、55、56、57、73	①能叙述媒介生物的概念、种类、特点及媒介生物检验检疫的意义；②能叙述鼠、蚊、蝇及其他媒介生物的检验检疫规范；③能列出鼠、蚊、蝇及其他媒介生物等媒介生物检验检疫的基本方法和基本规范；④能按技术规范要求，正确选择鼠、蚊、蝇及其他媒介生物的各项检验检疫方法，并完成各项检验检疫，做出媒介生物卫生检疫报告；⑤学习中养成责任、质量、安全意识及人际沟通能力和团队合作精神	①讲授、分析媒介生物的概念、种类、特点及媒介生物检验检疫的意义；②讲授、分析、讨论鼠、蚊、蝇及其他媒介生物的检验检疫规范；③讲授、分析、讨论媒介生物检验检疫的基本方法和基本规范；④对媒介生物各项检验检疫进行讲授、演示和练习，指导学习相应生物安全技能；⑤讲授媒介生物卫生检疫报告的书写	16

续上表

序号	学习任务（单元、模块）	职业能力	知识、技能、态度要求	教学活动设计	学时
6	突发公共卫生事件检验检疫	42、43、44、45、51、54–01、54–02、55、56、57、73	①能叙述突发公共卫生事件的概念、种类、特点及突发事件中的公共卫生问题；②能叙述自然灾害性突发事件、事故性突发事件、恐怖性突发事件等突发公共卫生事件检验检疫；③能列出自然灾害性突发事件、事故性突发事件、恐怖性突发事件等突发公共卫生事件检验检疫的方法技术；④能按技术规范要求，正确选择自然灾害性突发事件、事故性突发事件、恐怖性突发事件等突发公共卫生事件检验检疫方法技术，并完成各项检验检疫，做出突发公共卫生事件卫生检疫报告；⑤学习中养成责任、质量、安全意识及人际沟通能力和团队合作精神	①讲授、分析突发公共卫生事件的概念、种类、特点及突发事件中的公共卫生问题；②讲授、分析、讨论突发公共卫生事件检验检疫的方法技术；③对突发公共卫生事件各项检验检疫进行讲授、演示和练习，指导学习相应生物安全技能；④讲授突发公共卫生事件卫生检疫报告的书写	10
7	我国国境卫生检疫法及其他相关法律制度	无可明确对应的职业能力	①能叙述我国国境卫生检疫法、国内交通卫生检疫条例、食品安全法、公共场所卫生管理条例；②能列出国境卫生检疫法的主要内容；③学习中养成法律意识及人际沟通能力和团队合作精神	①讲授、分析我国国境卫生检疫法、国内交通卫生检疫条例、食品安全法、公共场所卫生管理条例；②讲授、分析、讨论国境卫生检疫法的主要内容	2
合计					72

注："职业能力"栏目的编码与本书附录1职业能力分析表中的编码对应。

八、资源开发与利用

(一) 教材编写与使用

本课程可结合全国卫生理化检验操作规程,完成教学实践。可按教学方法建议,开展理实一体化、项目化教学。可遵循"检验项目驱动、项目流程导向、检验方法集成"的思路,编写适应理实一体化、项目化的教材及理实一体化实训指导、检验项目工作流程指引、工作视频等教辅材料。

(二) 数字化资源开发与利用

结合真实的职业岗位工作环境,开发电子教学课件、教学任务单元视听教程、检验项目工作视频及其工作流程指引、电子习题库,组建教学资源库。利用网络资源,加强精品课程、网络课程等数字化资源建设。

九、教学建议

(一) 教学方法

卫生检疫岗位工作任务分析显示,每个工作任务即卫生检疫项目(含检验子项目)的工作流程均包括标本/样本的采/收集、编号处理、试剂/器材准备、检测/质控、检测结果登记录入、报告单发放等工作步骤。因此,以卫生检疫项目为主体内容的卫生检疫课程,可按照"检验项目驱动、项目流程导向、检验方法集成"的思路,利用校内外实训基地,以真实的卫生检疫项目为载体,按项目流程及检疫方法,序化整合教学内容,打破理论、实践分段教学模式,将学生应具备的完成卫生检疫项目所需知识、技能及素养,融入"综合技能(检疫项目)项目化、专项技能(检疫方法)一体化"的教学实践中,开展理实一体化、项目化教学,突出"做中学、做中教"的职业教育教学特色。

(二) 教学条件

按照课程结构表中的学习任务设计,本课程应有工位充足、配备多媒体教学系统的校内专用实验实训室,仪器设备配置能对接卫生检疫岗位常用卫生检疫项目开展的需求,有规范的实验实训管理制度;师资应达到中职医学检验技术专业教学标准的要求;构建包括教学课件、视听教程、实训指导、习题库等在内的教学资源库及加强精品课程、网络课程等校内网络资源建设。

校外实训基地应设置在与本专业长期合作的县区级以上疾病控制中心、食品药品检验机构及海关检疫机构,仪器设备先进、管理规范,可支持本课程设定内容见习。

十、教学评价

建议采用过程性评价与终结性评价、理论知识评价与实践技能评价相结合的综合评价方式。过程性评价与终结性评价各占总评的50%，均应涵盖理论知识评价与实践技能评价。过程性评价应结合出勤、课堂提问、实训报告、技能训练环节及质量，注重方式的多样性，主要用于评价学生在完成学习任务过程中的学习态度、专业知识与技能学习情况以及团队协作精神、交流沟通与解决问题的能力等综合素质；终结性评价主要用于考核学生知识技能的运用情况，可根据教学方法、模式运用的具体情况，采用专项、综合技能实操及理实一体化考核。此外，教学评价内容的制定，应有职业岗位技术人员的参与，尽可能多体现职业岗位的相关要求。

（撰稿人：广东省潮州卫生学校　林庆）

中职学段：病理学基础课程标准

一、课程名称

病理学基础。

二、适用专业

既适用于中高职衔接的中职医学检验技术专业，又适用于中职医学检验技术专业。

三、课程性质

本课程是中高职衔接医学检验技术专业中职学段病理检验技术方向（技能）课程，衔接高职学段病理检验技术方向的"病理学"课程。

四、课程设计

围绕医学检验专业培养目标，以岗位实际工作任务所需要为依据，选择与职业相关的教学内容，对授课内容进行模块组合，在遵照课程教学学时规定的前提下，将该课程内容设计成15个学习任务（单元、模块）。序号1～9为总论部分（基础模块），序号10～15为各论部分（系统疾病模块），课程的设置遵循先基础后专业、先生理（正常）后病理（异常）、先形态学后机能学的原则，从知识、技能、态度三个维度，列出了该课程每个学习任务的具体要求，达到循序渐进、由面到点、逐步深入。

五、课程教学目标

1. **专业能力目标**

（1）说出病理学基础课程的性质、范畴及医学中的位置。

（2）能准确表述病理学基础的基本概念。

（3）能初步运用病理学基础的基本理论、基本知识、基本技能，分析典型标本及病例的病因、发病机制、病理变化。

（4）学会正确观察描述常见大体标本。

（5）能正确使用显微镜辨认镜下组织的典型病变特点，会维护保养显微镜。

2. **方法能力目标**

（1）培养和建立生物—心理—社会医学模式的思维方式，学会辩证地理解疾病的共性和个性、具体与一般、普遍和特殊、局部和整体的关系。

（2）具备自主学习、辨识及筛选补充新知识、新进展的能力。

（3）能合理运用网络资源，查找及整合所需信息。

3．社会能力目标

（1）能以"服务、质量和责任"为核心的职业道德观念为引导，严谨求实、精益求精、一丝不苟地完成本课程的理论和实践学习。

（2）具备团队合作意识和人际沟通能力。

（3）养成规避职业风险的意识。

（4）养成自觉爱护标本仪器设备的习惯。

六、参考学时与学分

参考学时：72 学时。

参考学分：4 学分。

七、课程结构

课程结构如表 2–13 所示。

表 2–13 病理学基础课程结构

序号	学习任务（单元、模块）	职业能力	知识、技能、态度要求	教学活动设计	学时
1	绪论与疾病概论	无可明确对应的职业能力	①了解病理学的任务和内容及其常见的研究方法；②学会理解病理学在医学及医学检验中的地位和作用；③能解释疾病的概念、经过、结局；④能说出病因的常见分类；⑤学会分析病例的病因、发病条件及疾病经过的阶段；⑥学会理解疾病发展的共同规律	①介绍病理学的任务和内容及其常见的研究方法；②运用病例分析解释疾病的概念，分析疾病的经过、结局；③归纳讲授疾病的分类；④运用病例，分析疾病发展的共同规律；⑤指导培养学生病理学学习的思维方法	4

续上表

序号	学习任务（单元、模块）	职业能力	知识、技能、态度要求	教学活动设计	学时
2	组织和细胞的适应、损伤与修复	无可明确对应的职业能力	①能说出适应的类型；②能解释萎缩、肥大、增生、化生；③了解萎缩、肥大、增生、化生对人体的影响；④能说出损伤的常见类型；⑤能解释变性的概念，学会理解变性的特点及对人体的影响；⑥能解释坏死的概念，说出坏死的常见原因及结局，叙述坏死的病理变化及类型；⑦熟悉修复、再生的概念及各组织的再生能力及过程；⑧会解释肉芽组织的概念，能说出其主要形态特征及功能；⑨了解创伤愈合的过程及影响再生修复的因素；⑩学会观察组织与细胞的适应、损伤、修复的大体标本和镜下组织切片；⑪在学习知识、技能的过程中，养成协作交流的习惯，培养团队合作精神	①结合典型病例，运用标本的图片、视频片段，分析讲解适应、损伤及修复的概念、原因、分类、结局；②指导完成标本的观察实验操作；③指导开展小组讨论，培养学生的协作交流习惯和能力	8
3	局部血液循环障碍	无可明确对应的职业能力	①能解释充血、瘀血的概念，说出其原因、病理变化及对人体的影响；②能解释血栓的概念，说出其形成条件、过程、类型及对人体的影响；③学会初步运用血栓形成的病理学知识，理解出血时间测定、凝血酶原时间测定、活化部分凝血酶时间血浆纤维蛋白原、3P试验、D-二聚体测定等的必要性；④能解释栓塞的概念，说出其主要类型及后果；⑤能解释梗死，说出其主要原因、类型，学会区别梗死；⑥学会识别、观察和描述局部血液循环障碍的大体标本和镜下组织切片；⑦养成协作交流的习惯，培养团队合作精神	①运用图片、视频等资料，分析讲解瘀血、血栓、栓塞、梗死的概念、形成过程、特点和相互关系；②指导开展血栓、栓塞、梗死等病例讨论；③组织、指导学生讨论、观察标本；④培养学生具备相互之间沟通和协作的能力	6

续上表

序号	学习任务（单元、模块）	职业能力	知识、技能、态度要求	教学活动设计	学时
4	炎症	无可明确对应的职业能力	①能解释炎症的概念；②能说出炎症的基本病理变化及渗出的机制，渗出液的积极意义；③学会区分渗出液和漏出液；④能解释核左移及白细胞检验的意义；⑤了解常见炎症类型的病理特点及与临床病理的联系；⑥学会区分脓肿、蜂窝织炎；⑦能区分肉芽肿性炎和肉芽组织；⑧学会举例说明炎症的结局；⑨能根据所学机制和病理变化，说出炎症的临床特点；⑩能解释炎症、渗出菌血症、毒血症、败血症、脓毒血症等概念；⑪了解炎症介质的类型和作用；⑫学会识别、观察和描述炎症标本；⑬团队合作，完成炎症病例、标本的讨论	①运用图片、病理案例、视频等资料，分析讲解基本炎症、渗出、败血症等概念；②推理演绎炎症的病因、发病机制、病理变化、临床病理联系、结局；③组织、指导学生小组讨论观察炎症大体标本和镜下组织切片；④组织、指导学生小组讨论炎症病例；⑤培养学生间沟通和协作的能力	8
5	肿瘤	无可明确对应的职业能力	①学会解释肿瘤的概念及区分肿瘤、癌症、癌、肉瘤；②学会识别肿瘤的常见大体形态；③能说出肿瘤的生长方式及常见恶性肿瘤的扩散途径；④学会区分良、恶性肿瘤，能列举常见肿瘤的标志物；⑤了解常见肿瘤的主要临床表现及诊断肿瘤的常用方法；⑥了解肿瘤的命名原则和分类及各类系统常见肿瘤、肿瘤的病因；⑦学会识别、观察和描述常见肿瘤的大体标本和镜下组织切片	①运用病例、图片、视频等资料，分析解释肿瘤、癌症、癌、肉瘤的概念及主要特征；②分析常见肿瘤的主要特征、临床表现、标志物、诊断的常用方法及其进展；③介绍肿瘤的分类、病因；④组织、指导学生小组讨论肿瘤病例；⑤组织、指导学生小组讨论观察常见肿瘤的大体标本和镜下组织切片	10

续上表

序号	学习任务（单元、模块）	职业能力	知识、技能、态度要求	教学活动设计	学时
6	水、电解质代谢紊乱	无可明确对应的职业能力	①能解释脱水、高渗脱水、低渗脱水、等渗脱水等概念并学会区分各型脱水；②能说出各型脱水的主要原因，了解各型脱水对人体的影响；③能解释低钾血症、高钾血症的概念；④了解低钾血症、高钾血症的原因及对人体的影响；⑤团队合作，完成各型脱水及高、低血钾的病例讨论	①分析讲解脱水、高渗脱水、低渗脱水、等渗脱水等概念及各型脱水的区分要点；②分析讲解各型脱水的主要原因及对人体的影响；③分析讲解低钾血症、高钾血症的概念；④介绍低钾血症、高钾血症的原因及对人体的影响；⑤指导学生小组讨论各型脱水及高血钾、低血钾的病例	4
7	发热	无可明确对应的职业能力	①能解释发热的概念；②能简单叙述发热的主要原因及机制；③了解发热的过程与分期；④学会理解发热时人体的功能、代谢变化；⑤团队合作，完成发热病例的讨论	①分析讲解发热的概念、主要原因及机制；②介绍发热的过程与分期；③归纳讲解发热时人体的功能、代谢变化；④组织指导学生小组讨论发热病理	2
8	缺氧	无可明确对应的职业能力	①能解释缺氧的概念、列举常用的血氧指标；②熟悉乏氧性、血液性、循环性、组织性等各种缺氧的概念、原因及血氧指标的变化；③了解缺氧对人体机能、代谢的影响；④团队合作，讨论缺氧病例	①分析讲解缺氧的概念及常用的血氧指标；②分析讲解乏氧性、血液性、循环性、组织性等各种缺氧的概念、原因及血氧指标的变化；③介绍缺氧对人体机能、代谢的影响；④组织、指导学生小组讨论缺氧病例	2
9	休克	无可明确对应的职业能力	①能说出休克的概念、原因、分类；②学会描述休克发展过程的微循环变化；③了解休克时人体功能、代谢变化；④团队合作，观察、讨论休克病例	①分析讲解休克的概念、原因、分类；②运用图片、视频等资料，分析讲授休克发展过程的微循环变化；③介绍休克时人体功能、代谢变化；④组织、指导学生小组观察、讨论休克病例	4

续上表

序号	学习任务（单元、模块）	职业能力	知识、技能、态度要求	教学活动设计	学时
10	心血管系统疾病	无可明确对应的职业能力	①能解释动脉粥样硬化、高血压病的概念；②学会描述动脉粥样硬化、高血压病的病理变化主要特点；③熟悉动脉粥样硬化的继发性改变、心绞痛、心肌梗死、高血压病的临床病理联系；④了解心血管系统常见疾病的医学检验项目；⑤团队合作，观察、讨论心血管系统病例	①运用图片、视频等资料，分析讲解动脉粥样硬化、高血压病的概念及病理变化的主要特征；②介绍动脉粥样硬化的继发性改变、心绞痛、心肌梗死、高血压病的临床病理特点；③介绍心血管系统疾病的医学检验项目；④组织、指导学生小组观察、讨论心血管系统病例	4
11	呼吸系统疾病	无可明确对应的职业能力	①学会描述大（小）叶性肺炎、肺癌的病理变化主要特点；②学会区分大叶性肺炎与小叶性肺炎；③能说出肺癌、鼻咽癌的主要临床病理表现及诊断方法；④学会识别、观察和描述大（小）叶性肺炎及肺癌、鼻咽癌的大体标本和镜下组织切片	①运用图片、视频等资料，分析讲解大（小）叶性肺炎、肺癌、鼻咽癌的病理变化主要特点；②引导学生区分大叶性肺炎与小叶性肺炎；③介绍肺癌、鼻咽癌的主要临床病理表现及诊断方法；④组织、指导学生小组观察、讨论大（小）叶性肺炎及肺癌、鼻咽癌的大体标本和镜下组织切片	4
12	消化系统疾病	无可明确对应的职业能力	①能解释肝硬化的概念；②学会区分胃及十二指肠溃疡、病毒性肝炎、肝硬化的病理变化特点；③能说出幽门螺旋杆菌与胃溃疡和胃癌的联系；④熟悉消化道常见疾病的临床诊断方法；⑤团队合作，学会识别、观察和描述胃及十二指肠溃疡、病毒性肝炎、肝硬化的大体标本和镜下组织切片	①分析讲解肝硬化的概念；②运用图片、视频等资料，分析讲授胃及十二指肠溃疡、病毒性肝炎、肝硬化的病理变化特点；③介绍幽门螺旋杆菌与胃溃疡和胃癌的联系；④介绍消化道常见疾病的临床诊断方法；⑤组织、指导学生小组识别、观察和描述胃及十二指肠溃疡、病毒性肝炎、肝硬化的大体标本和镜下组织切片	4

续上表

序号	学习任务（单元、模块）	职业能力	知识、技能、态度要求	教学活动设计	学时
13	泌尿系统疾病	无可明确对应的职业能力	①能解释肾炎的概念并列举常见病因；②学会区分急性肾小球肾炎、慢性肾小球肾炎的主要病理变化；③熟悉肾炎的血液、尿液检验指标；④团队合作，学会识别、观察和描述急性肾小球肾炎、慢性肾小球肾炎的大体标本和镜下组织切片	①分析讲解肾炎的概念及常见病因；②归纳分析急性肾小球肾炎、慢性肾小球肾炎的主要病理变化；③介绍肾炎的血液、尿液检验指标；④组织、指导学生小组识别、观察和描述急性肾小球肾炎、慢性肾小球肾炎的大体标本和镜下组织切片	4
14	女性生殖系统和乳腺疾病	无可明确对应的职业能力	①能说出慢性子宫颈炎症、子宫颈癌、葡萄胎、侵蚀性葡萄胎、绒毛膜、乳腺癌等疾病的主要病变特征；②熟悉侵蚀性葡萄胎、绒毛膜、乳腺癌的常见扩散途径；③能说出慢性子宫颈炎和子宫颈癌的联系；④团队合作，学会识别、观察和描述慢性子宫颈炎症、子宫颈癌、葡萄胎、侵蚀性葡萄胎、绒毛膜、乳腺癌等的镜下组织切片	①运用图片、视频，分析讲授慢性子宫颈炎症、子宫颈癌、葡萄胎、侵蚀性葡萄胎、绒毛膜、乳腺癌等疾病的主要病变特征；②介绍侵蚀性葡萄胎、绒毛膜、乳腺癌的常见扩散途径；③运用病例，分析讲解慢性子宫颈炎和子宫颈癌的联系；④组织、指导学生小组识别、观察和描述慢性子宫颈炎症、子宫颈癌、葡萄胎、侵蚀性葡萄胎、绒毛膜、乳腺癌等的镜下组织切片	4
15	传染病	无可明确对应的职业能力	①能说出结核病的病因及传染途径；②学会归纳原发性、继发性肺结核病的病理特点及继发性肺结核病各型之间的联系；③了解肺外器官结核的传染途径和典型特点；④熟悉伤寒、细菌性痢疾的病因、传染途径、病理特点、临床病理联系、结局；⑤熟悉流脑、乙脑的病因、传染途径、病理特点、临床病理联系、结局；⑥团队合作，学会识别、观察和描述结核病、伤寒等疾病的大体标本和镜下组织切片	①运用图片、视频资料，分析讲授结核病的病因及传染途径；②分析原发性、继发性肺结核病的病理特点及继发性肺结核病各型之间的联系；③介绍肺外器官结核的传染途径和典型特点；④归纳讲授伤寒、细菌性痢疾的病因、传染途径、病理特点、临床病理联系、结局；⑤介绍流脑、乙脑的病因、传染途径、病理特点、临床病理联系、结局；⑥组织、指导学生小组识别、观察和描述结核病、伤寒等疾病的大体标本和镜下组织切片	4
	合计				72

八、资源开发与利用

（一）教材编写与使用

根据课程标准选用教材。可采用由全国卫生职业教育教学指导委员会审定的部颁统编规划教材，需与医学检验专业培养目标相适应，基本理论简明扼要，各模块相关病变及各系统疾病注重病理知识与医学检验工作的联系，依据教学内容对教材内容进行取舍和重组、整合和优化，完成教学实践。

（二）数字化资源开发与利用

开发电子教学课件、教学任务单元视听教程、微课堂、微信平台专业知识的推送、显微镜下形态动态视频、电子习题库，组建教学资源库。利用网络资源，加强精品课程、网络课程等数字化资源建设。

九、教学建议

（一）教学方法

根据教学内容灵活使用多种教学方法，可采用理论讲授、实验展示及操作、病例分析讨论、课后延伸阅读、电教影视课程等形式设计授课内容，依据教学内容需要充分将各种教学法整合到课堂教学中。

（二）教学条件

按照课程结构表中的学习任务设计，本课程应有配备多媒体教学系统的校内专用教室及病理学形态、机能实验室，师资应达到中职医学专业教学标准的要求；构建包括教学课件、视听教程、实训指导、习题库等在内的教学资源库及加强精品课程、网络课程等校内网络资源建设。

十、教学评价

建议采用过程性评价与终结性评价、理论知识评价与实践技能评价相结合的综合评价方式。过程性评价与终结性评价各占总评的50%，均涵盖理论知识评价与实践技能评价。过程性评价应结合出勤、课堂提问、实训报告、技能训练环节及质量，注重方式的多样性，主要用于评价学生在完成学习任务过程中的学习态度、专业知识与技能学习情况以及团队协作精神、交流沟通与解决问题的能力等综合素质；终结性评价主要用于考核学生知识技能的运用情况，可根据教学方法、模式运用的具体情况，采用专项、综合技能实操及理实一体化考核。此外，教学评价内容的制定，应有职业岗位技术人员的参与，尽可能多体现职业岗位的相关要求。

（撰稿人：广东省潮州卫生学校　吴绍芬）

中职学段：病理技术课程标准

一、课程名称

病理技术。

二、适用专业

既适用于中高职衔接的中职医学检验技术专业，又适用于中职医学检验技术专业。

三、课程性质

本课程为中高职衔接医学检验技术专业中职学段病理检验技术专业方向（技能）课程，衔接高职学段病理检验技术方向的"病理技术"课程。

四、课程设计

依据岗位需求调研、职业能力及课程分析，本课程内容设计为 12 个学习任务（单元、模块），其中 9 个模块命名为"技术"，每一个模块又是一项任务，突出岗位需求人才的层次，体现了培养学生的目标。

序号 1 为绪论部分，作为认识病理科工作的前提，单独设计；序号 2 学习任务对应的是实验室的建设，虽不是病理项目（工作职责和检验方法），但其为病理工作中诊断结果的质量保证，为完成后续序号 3 至序号 12 学习任务创设了情景，同时也是培养学生的质量意识和安全意识的前提，因此将其单独进行设计；序号 12 病历档案管理是病理技术员的日常工作的职责，也单独设计；其余 9 个学习任务均对应一种病理技术（项目或方法）。课程内容设计从常规技术到特殊技术，从一般技术到高新技术，两方面结合，使课程得到优化。

以完成工作任务的方式，指导学生完成课程，一方面利于教师合理运用各种资源灵活教学；另一方面利于学生熟悉岗位工作，学与做相结合，使学生在实践中学会职业技能、专业知识、工作方法和社会素养，进而达到教学目标，构建学生的知识体系，增强就业的竞争能力和自身优势。

五、课程教学目标

1. 专业能力目标

（1）简述病理技术的任务与应用。
（2）说出尸体解剖的重要意义及操作步骤和要求。
（3）学会器官组织的固定、检查与取材方法。

（4）学会病理石蜡切片、冰冻切片及细胞学检查的制片方法，了解电镜切片的制片方法。

（5）能配制常用试剂和染液。

（6）学会病理陈列标本的制作方法。

（7）学会病理资料信息存储、检索和管理。

（8）具备病理检验职业岗位所需的生物安全常用知识及技能。

2．方法能力目标

（1）会合理选择病理检验项目的技术方法。

（2）具备自主学习、更新知识并运用新方法、新技术的能力。

（3）能合理运用媒体资源，查找所需信息。

3．社会能力目标

（1）养成科学严谨、辩证求实的学习态度，严谨求实、一丝不苟地规范操作，完成病理技术的实践活动。

（2）能对人、遗体给予充分的尊重，建立医学的"洁净"观，爱岗敬业。

（3）养成自觉爱护设备的观念及防护生物安全意识。

（4）有创新意识，能尝试病理技术的新方法。

六、参考学时与学分

参考学时：144 学时。

参考学分：8 学分。

七、课程结构

课程结构如表 2-14 所示。

表 2-14 病理技术课程结构

序号	学习任务（单元、模块）	职业能力	知识、技能、态度要求	教学活动设计	学时
1	绪论	01、02、37、38、39	①能说出病理检验工作对临床诊断和实验病理研究的意义；②能解释病理检验与病理检验技术的概念；③熟悉病理检验技术员常规工作的基本要求；④熟悉病理检验职业岗位的生物安全常用知识	①讲解病理检验工作对临床诊断和实验病理研究的意义；②讲解病理学、病理检验和病理检验技术的概念，引导学生区别并能解释；③归纳总结病理检验技术员的常规工作，同时培养学生形成"服务、责任"的职业意识；④讲授病理检验职业岗位的生物安全常用知识	2

续上表

序号	学习任务（单元、模块）	职业能力	知识、技能、态度要求	教学活动设计	学时
2	病理检验室的建设和管理	01、02、37、39	①能说出病理检验室的设置要求；②能指认病理检验室的基本仪器设备并能列举其应用；③能规范完成病理检验室试剂的保存；④能说出病理检验室特殊设备及其应用；⑤能解释质量控制的概念并能列举病理检验室质量控制的内容；⑥能列举病理检验室安全管理的内容	①参观医疗单位病理检验室，讲解病理检验室的设置要求；②介绍病理检验室的基本仪器设备和特殊设备及其应用；③列出各种常用的试剂，并介绍其保存方法；④介绍质量控制及其内容；⑤介绍安全管理的法规依据、安全管理的内容及其处理方法	6
3	尸体剖检技术	无	①能解释尸体剖检的医学意义和尸体解剖的申请程序；②能说出尸体剖检室的布局和设施；③简述尸体解剖的操作程序、方法与要求；④能规范配合完成病理医师尸体解剖时的具体协作内容	①参观医疗单位尸体剖检室，介绍布局和设施；②引导学生树立"尊重"尸体的职业道德和消除"恐惧"的心理；③介绍尸体剖检的概念、医学意义和尸体解剖的申请程序；④介绍尸体解剖的操作程序、方法与要求；⑤讲解病理技术员配合病理医师尸体解剖时的具体协作内容	4
4	标本固定技术	38-01、38-02、38-03、39-01、73	①能说出病理器官、组织标本的来源；②能规范完成病理器官、组织标本的检查、取材与固定方法；③能规范完成配制常用的固定液，能解释常用固定液的应用、特点及其注意事项；④能规范完成配制常用的脱水剂，并能解释其特点；⑤学习中养成责任、质量、安全意识及人际沟通能力和团队合作精神	①介绍病理器官、组织标本的来源；②介绍病理器官、组织标本的检查、取材与固定方法；③介绍常用的固定液，讲解和归纳常用固定液的应用、特点及其注意事项；④指导学生学会配制常用的固定液，学习相应生物安全技能；⑤抽查学生，让其解释常用固定液的应用、特点及其注意事项；⑥介绍常用的脱水剂，讲解其特点	22

续上表

序号	学习任务（单元、模块）	职业能力	知识、技能、态度要求	教学活动设计	学时
5	大体标本制作技术	38-01、39-01、73	①能说出大体标本制作的意义；②能规范完成制作有机玻璃标本缸；③能规范完成制作大体标本	①陈列大体标本（病理标本），引导学生通过观察总结标本对医学的意义；②介绍特殊病理标本的裱装、恢复颜色和保色技术；③介绍有机玻璃标本缸的制作方法；④指导学生使其学会制作有机玻璃标本缸和大体标本	6
6	显微镜技术与显微摄影技术	38-03、39-04-07、40-01-05、41-02-07	①能指认普通光学显微镜的结构和简述其功能，能规范使用和保护显微镜；②能说出其他特殊光学显微镜的功能和特点；③能说出电镜类型、基本结构及成像原理；④能简述透射电镜和扫描电镜生物样品制备技术、电镜低温制样技术、电镜细胞化学的基本方法及免疫电镜胶体金标记技术；⑤能说出电子显微镜组织切片制作过程与方法；⑥能说出显微摄影的装置和技术；⑦能说出数码显微摄影系统的构成和数码照相机的特点；⑧学习中养成责任、质量、安全意识及人际沟通能力和团队合作精神，养成爱护仪器的习惯	①介绍普通光学显微镜的结构和功能，讲解保护显微镜的要点；②介绍其他特殊光学显微镜的功能和特点；③介绍电镜类型、基本结构以及成像原理；④介绍透射电镜和扫描电镜生物样品制备技术、电镜低温制样技术、电镜细胞化学的基本方法以及免疫电镜胶体金标记技术；⑤介绍电子显微镜组织切片制作过程与方法；⑥介绍显微摄影的装置和技术；⑦介绍数码显微摄影系统的构成和数码照相机的特点；⑧指导学生，使其学会使用和保护普通光学显微镜	8

续上表

序号	学习任务（单元、模块）	职业能力	知识、技能、态度要求	教学活动设计	学时
7	活体组织制片技术	08-01、38-02、38-03、39-01、39-02、39-03、39-04、40-01、73	①能说出常用活体组织制片的方法；②能说出组织石蜡切片的临床应用；③能解释脱水、洗涤、透明和浸蜡的目的及方法；④能规范完成石蜡包埋法；⑤能规范完成石蜡切片的切片操作并辨析其要点，能解释其注意事项；⑥能规范完成洗涤、脱水、透明、浸蜡、包埋、切片、封片等操作；⑦能说出快速石蜡包埋切片制作技术与石蜡切片制作技术的异同；⑧能简述病理组织冰冻切片技术原理和操作方法；⑨能简述火棉胶切片制作技术的原理和操作方法；⑩能规范完成脱钙技术的操作	①介绍常用活体组织制片的方法；②介绍组织石蜡切片的临床应用；③介绍脱水、洗涤、透明和浸蜡的目的及方法；④介绍石蜡包埋法；⑤介绍石蜡切片的切片操作方法，讲解其操作要点和注意事项；⑥介绍快速石蜡包埋切片制作技术；⑦介绍病理组织冰冻切片技术；⑧介绍火棉胶切片制作技术的原理和操作方法；⑨介绍脱钙技术的操作方法；⑩指导学生学会洗涤、脱水、透明、浸蜡、包埋、切片、封片等操作，学习相应生物安全技能；⑪指导学生，使其学会石蜡包埋法；⑫指导学生使其学会石蜡切片的切片操作要点，学生能解释其注意事项	26
8	常规染色技术	08-01、38-02、38-03、39-01、39-02、39-03、39-04、73	①能叙述染色的概念及目的；②能说出染色剂的概念及分类；③能辨析常用染色术语；④能简述染色的分类；⑤学会染色前后组织切片的处理；⑥能规范完成切片的封固方法；⑦简述苏木素-伊红染色法和苏木素-伊红染色的基本原理；⑧能规范完成配制苏木素-伊红染色液；⑨能规范完成苏木素-伊红染色步骤；⑩能解释苏木素-伊红染色的结果及注意事项；⑪学习中养成责任、质量、安全意识及人际沟通能力和团队合作精神	①介绍染色的概念及目的；②介绍染色剂的概念及分类；③介绍常用的染色术语；④介绍染色的分类；⑤介绍苏木素-伊红染色法和基本原理；⑥介绍苏木素-伊红染色步骤；⑦讲解苏木素-伊红染色的结果及注意事项；⑧指导学生使其学会配制苏木素-伊红染色液；⑨指导学生使其学会苏木素-伊红染色步骤；⑩让学生指出苏木素-伊红染色的结果及解释其注意事项	30

续上表

序号	学习任务（单元、模块）	职业能力	知识、技能、态度要求	教学活动设计	学时
9	特殊染色和化学染色技术	08-01、38-02、38-03、39-01、39-02、39-03、40-01、73	①能列举各种特殊染色和解释各种特殊染色的应用；②能正确解释（判断）常用特殊染色的结果；③简述特殊染色中的注意事项；④能规范完成特殊染色的实验方法与步骤；⑤能说出特殊染色常用染色液的配制；⑥能说出细胞和组织化学方法的范围和种类、酶的种类；⑦能简述细胞和组织化学染色技术的基本技术和注意事项、光镜酶组织化学技术的基本程序、酶组织化学技术的染色方法；⑧能简述核酸的显示技术和碱性磷酸酶、酸性磷酸酶、葡萄糖-6-磷酸酶、γ-谷酰胺转肽酶、非特异性酯酶、琥珀酸脱氢酶的显示技术	①介绍各种特殊染色和能解释各种特殊染色的应用；②介绍常用特殊染色的结果；③介绍特殊染色中需要注意的事项；④介绍特殊染色的实验方法与步骤；⑤介绍特殊染色常用染色液的配制方法；⑥介绍细胞和组织化学方法的范围和种类、酶的种类；⑦介绍细胞和组织化学染色技术的基本技术和注意事项、光镜酶组织化学技术的基本程序、酶组织化学技术的染色方法；⑧介绍核酸的显示技术和碱性磷酸酶、酸性磷酸酶、葡萄糖-6-磷酸酶、γ-谷酰胺转肽酶、非特异性酯酶、琥珀酸脱氢酶的显示技术	18
10	细胞学检验技术	08-01、38-02、38-03、39-01、39-04、73	①能叙述细胞学检验的概念、应用范围及注意事项；②能规范完成细胞学标本的采集固定及制片方法；③能规范完成细胞学检验中染液的配制及简述其染色过程；④学习中养成责任、质量、安全意识及人际沟通能力和团队合作精神	①介绍细胞学检验的概念、应用范围及注意事项；②介绍细胞学标本的采集固定及制片方法；③介绍细胞学检验中染液的配制及染色过程；④指导学生学会细胞学标本的采集固定及制片方法，学习相应生物安全技能；⑤指导学生，使其学会细胞学检验中染液的配制及染色过程	16

续上表

序号	学习任务（单元、模块）	职业能力	知识、技能、态度要求	教学活动设计	学时
11	现代病理检验技术	08-01、38-02、38-03、39-01-01、39-01-02、39-01-03、39-01-04、73	①能说出远程病理诊断的意义；②能简述计算机远程病理诊断系统的基本设备；③能说出远程病理诊断中图像的采集、处理和传送；④能说出计算机图像讲解技术、流逝细胞讲解技术、激光扫描共聚焦显微镜、扫描探针显微镜、分子病理学技术的基本原理及应用；⑤能叙述原位杂交和原位PCR技术的技术流程	①介绍远程病理诊断的意义；②介绍计算机远程病理诊断系统的基本设备；③介绍远程病理诊断中图像的采集、处理和传送；④介绍计算机图像讲解技术、流逝细胞讲解技术、激光扫描共聚焦显微镜、扫描探针显微镜、分子病理学技术的基本原理及应用；⑤介绍原位杂交和原位PCR技术的技术流程	2
12	病理档案管理	39-01、39-02-08、40-01-09	①能叙述病理档案材料的分类方法；②能规范完成病理资料（病理报告申请单、蜡块、切片）整理及收藏方法；③能说出病理档案的计算机管理	①介绍病理档案材料的分类方法；②介绍病理资料整理及收藏方法；③介绍病理档案的计算机管理	4
合计					144

注："职业能力"栏目的编码与本书附录 1 职业能力分析表中的编码对应。

八、资源开发与利用

（一）教材编写与使用

本课程可采用教材及临床相关病理检查操作手册，指导或辅助完成教学。

（二）数字化资源开发与利用

数字化资源素材可以来源于各级医院病理科、医学检验中心和法医鉴定企业等，开发电子教学课件、项目工作视频和网络习题练习库，体现"学、看、做"三位一体。

九、教学建议

（一）教学方法

建议用以病理岗位工作为导向的职责和项目相结合的教学方法。

临床病理岗位工作分析显示，病理检验技术员的工作职责建议包括标本的采集或收集、标本的编号和处理、试剂的准备、器材或设备的清洁和维护、制片和质量控制、切片的归档和保存、报告单的保存和派送等。

临床病理岗位工作分析显示，病理检验项目建议包括活体组织病理、冰冻组织病理、细胞学病理、免疫组织化学病理、分子病理和远程病理等。

以病理检验任务和项目为中心的病理技术课程的课程设计思路，是利用校内外实训基地为基础，以真实的病理岗位工作为导向，一方面建议将理论的教学内容抽丝剥茧和层层剖析，整合到病理检验任务和项目之中。另一方面建议将学生应具备的完成任务和项目所需理论知识和职业素养，融入"综合技能和专项技能"的实践教学中。

综上所述，建议开展以"理实化、项目化、任务化"的"教、学、做"一体化教学，突出"做中学、做中教"的职业教育教学特色。

（二）教学条件

（1）病理检验专用实验室，配备基础的设施和仪器，标本取材室、冷冻台、染色操作台、脱水系统、干燥箱、石蜡包埋机、病理切片机等。

（2）储备有病理检验技术相关的师资力量，最好是"双师型"教师，同时聘请医院病理科的医师或工作人员开展第二课堂或指导实践教学。

（3）数字化资源等。

（4）校外实训基地，如各级医院病理科、第三方检验机构等，提供教学资源和实训环境。

十、教学评价

建议采用过程性评价与终结性评价、理论知识评价与实践技能评价相结合的综合评价方式。过程性评价与终结性评价各占总评的50%，均涵盖理论知识评价与实践技能评价。过程性评价应结合出勤、课堂提问、实训报告、技能训练环节及质量，注重方式的多样性，主要用于评价学生在完成学习任务过程中的学习态度、专业知识与技能学习情况以及团队协作精神、交流沟通与解决问题的能力等综合素质；终结性评价主要用于考核学生知识技能的运用情况，可根据教学方法、模式运用的具体情况，采用专项、综合技能实操及理实一体化考核。此外，教学评价内容的制定，应有职业岗位技术人员的参与，尽可能多体现职业岗位的相关要求。

（撰稿人：广东省珠海卫生学校　伍绍航）

中职学段：免疫组织化学课程标准

一、课程名称

免疫组织化学。

二、适用专业

既适用于中高职衔接的中职医学检验技术专业，又适用于中职医学检验技术专业。

三、课程性质

本课程是中高职衔接医学检验技术专业中职学段病理检验技术专业（技能）方向课程，衔接高职学段病理检验技术专业方向的"免疫组织化学"课程。

四、课程设计

病理技术岗位的免疫组织化学技术主要应用于协助临床进行疾病的诊断、治疗及预后判断，是中职及中高职衔接医学检验技术专业的病理检验技术专业技能方向课程之一。依据岗位需求调研、职业能力及课程分析，本课程内容设计为4个学习任务（单元、模块）。序号1为绪论，序号2学习任务（常用抗原抗体）是序号4学习任务（常用免疫组织化学技术）的基础，序号3学习任务（免疫组织化学标本的制备）是完成序号4学习任务对应的岗位工作中所需的专项技能，应用频度非常高且是完整的工作内容，为强化学生专项技能训练及避免在序号4学习任务（常用免疫组织化学技术）中不同免疫标记技术的重复设计，仍将其按学习任务对工作任务的模式单独进行设计。将常用免疫组织化学技术转换为学习任务的主体内容，是该课程设计的支点。从知识、技能、态度三个维度，列出了该课程每个学习任务的具体要求。

五、课程教学目标

1. 专业能力目标

（1）能说出免疫组织化学技术岗位工作任务及其应用。
（2）学会常用免疫组织化学染色技术的标本制备。
（3）能说出石蜡切片机、恒冷箱切片机等常用切片机的原理及操作流程。
（4）学会使用及维护石蜡切片机、恒冷箱切片机。
（5）能说出常用免疫组织化学技术的方法、原理及解释其主要意义。
（6）学会常用免疫组织化学染色操作并能判断染色结果。

（7）熟悉免疫组织化学岗位基本业务管理知识和质量控制的要求。

（8）具有免疫组织化学职业岗位所需的生物安全常用知识及技能。

2. 方法能力目标

（1）会针对病理检验要求选择相应免疫组织化学染色方法。

（2）能通过自主学习更新知识，并学会运用新方法、新技术。

（3）能合理运用媒体资源，查找所需信息。

3. 社会能力目标

（1）能以"服务、质量和责任"为核心的职业道德观念为引导，严谨求实、一丝不苟地完成免疫组织化学染色的实践活动。

（2）具有人际沟通能力和团队合作意识。

（3）具有防护生物安全、规避职业风险的意识。

（4）养成自觉爱护仪器设备的习惯。

六、参考学时与学分

参考学时：54 学时。

参考学分：3 学分。

七、课程结构

课程结构如表 2-15 所示。

表 2-15 免疫组织化学课程结构

序号	学习任务（单元、模块）	职业能力	知识、技能、态度要求	教学活动设计	学时
1	绪论	38、39、40-02、73	①能说出组织化学及免疫组织化学的概念；②能简述免疫组织化学与组织化学、免疫化学与生物化学的关系及免疫组织化学技术的发展；③能说出免疫组织化学的基本原理及要求；④熟悉免疫组织化学职业岗位的生物安全常用知识	①分析讲授组织化学及免疫组织化学的概念；②归纳概述免疫组织化学与组织化学、免疫化学与生物化学的关系及免疫组织化学技术的发展；③分析解释免疫组织化学的基本原理及要求；④讲授免疫组织化学职业岗位的生物安全常用知识	2

续上表

序号	学习任务（单元、模块）	职业能力	知识、技能、态度要求	教学活动设计	学时
2	常用抗原抗体	03、04、29、31	①能说出抗原的概念；②能区分完全抗原与半抗原；③能举例说明抗原的特异性、决定簇及异物性；④能列出免疫组织化学抗原制备的常用方法；⑤能说出抗体的概念；⑥能说出抗体分子结构的主要特点；⑦能解释抗体的免疫活性；⑧能简述免疫组织化学常用抗体的制备方法	①分析讲授抗原的概念；②归纳完全抗原与半抗原；③分析抗原的特异性、决定簇及异物性；④归纳介绍免疫组织化学抗原制备的常用方法；⑤分析抗体概念及分子结构的主要特点；⑥分析抗体的免疫活性；⑦介绍免疫组织化学常用抗体的制备方法	6
3	免疫组织化学标本的制备	38-01、38-02、38-03、39-01、39-02、39-03、73	①能叙述组织标本固定的目的、常用固定剂及固定液的成分及固定原理；②会简单评价常用固定剂及固定液；③能叙述固定组织标本的流程；④学会固定组织标本；⑤能说出石蜡切片机、恒冷箱切片机工作原理及操作方法；⑥能按生物安全及技术规范要求，操作石蜡切片机、恒冷箱切片机，制备免疫组织化学标本切片；⑦培养责任、质量、生物安全意识及人际沟通能力和团队合作精神；⑧养成自觉爱护仪器的习惯并做好切片机的维护和保养	①分析组织标本固定的目的，解释常用固定剂及固定液的成分及固定原理；②归纳评价常用固定剂及固定液；③分析解释固定组织标本的流程；④指导固定组织标本，学习相应生物安全技能；⑤分析石蜡切片机、恒冷箱切片机、振动切片机工作原理及操作方法；⑥指导操作石蜡切片机、恒冷箱切片机、振动切片机，制备免疫组织化学标本切片；⑦指导做好切片机的维护和保养	16

续上表

序号	学习任务（单元、模块）	职业能力	知识、技能、态度要求	教学活动设计	学时
4	常用免疫组织化学技术	29-01、42-01、73	①能列举常用免疫组织化学方法；②能说出抗原直接与间接定位法、抗体直接与间接定位法、免疫荧光双标记等免疫荧光技术的原理；③能列出抗原直接与间接定位法、抗体直接与间接定位法、免疫荧光双标记等方法的主要操作流程；④能按生物安全及技术规范要求，学会抗原直接与间接定位法、抗体直接与间接定位法、免疫荧光双标记等方法的操作并判断结果；⑤能说出抗原间接定位法、酶桥法、PAP法、免疫酶双标记等免疫酶技术的原理；⑥会列出抗原间接定位法、酶桥法、PAP法、免疫酶双标记等的主要流程；⑦能按生物安全及技术规范要求，学会抗原间接定位法、酶桥法、PAP法、免疫酶双标记等方法的操作并判断结果；⑧能说出LAB、BAB、ABC、SABC等亲和素-生物素法的原理；⑨能列出LAB、BAB、ABC、SABC等方法的主要流程；⑩能按生物安全及技术规范要求，学会LAB、BAB、ABC、SABC等方法的操作并判断结果；⑪能说出免疫胶体金、蛋白A胶体金、胶体金双标法等免疫胶体金技术的原理；⑫能列出免疫胶体金、蛋白A胶体金、胶体金双标法等方法的主要流程；⑬能按生物安全及技术规范要求，学会免疫胶体金、蛋白A胶体金、胶体金双标法等方法的操作并判断结果；⑭学会评价荧光免疫技术、免疫酶技术、亲和素-生物素法、免疫胶体金技术等常用免疫组织化学技术的优缺点；⑮培养责任意识、质量意识及人际沟通能力和团队合作精神	①分析讲授常用免疫组织化学方法；②分析抗原直接与间接定位法、抗体直接与间接定位法、免疫荧光双标记等免疫荧光技术的原理；③分析抗原直接与间接定位法、抗体直接与间接定位法、免疫荧光双标记等方法的主要操作流程；④指导完成抗原直接与间接定位法、抗体直接与间接定位法、免疫荧光双标记等方法的操作并判断结果；⑤分析解释抗原间接定位法、酶桥法、PAP法、免疫酶双标记等免疫酶技术的原理；⑥分析抗原间接定位法、酶桥法、PAP法、免疫酶双标记等的主要流程；⑦指导完成抗原间接定位法、酶桥法、PAP法、免疫酶双标记等方法的操作并判断结果；⑧分析讲授LAB、BAB、ABC、SABC等亲和素-生物素法的原理；⑨分解讲授LAB、BAB、ABC、SABC等方法的主要流程；⑩指导完成LAB、BAB、ABC、SABC等方法的操作并判断结果；⑪分析讲授免疫胶体金、蛋白A胶体金、胶体金双标法等免疫胶体金技术的原理；⑫分解免疫胶体金、蛋白A胶体金、胶体金双标法等方法的主要流程；⑬指导完成免疫胶体金、蛋白A胶体金、胶体金双标法等方法的操作并判断结果，学习相应生物安全技能；⑭分析评价荧光免疫技术、免疫酶技术、亲和素-生物素法、免疫胶体金技术等常用免疫组织化学技术的优缺点	30
合计					54

注："职业能力"栏目的编码与本书附录1职业能力分析表中的编码对应。

八、资源开发与利用

（一）教材编写与使用

本课程可采用规划教材，也可根据课程结构表中的教学任务单元，编写教材及教辅材料。

（二）数字化资源开发与利用

结合真实的职业岗位工作环境，开发电子教学课件、教学任务单元视听教程、免疫组织化学技术工作视频及其工作流程指引、各类免疫组织化学染色电子图谱、电子习题库，组建教学资源库。利用网络资源，加强精品课程、网络课程等数字化资源建设。

九、教学建议

（一）教学方法

免疫组织化学技术岗位工作任务分析显示，荧光免疫技术、免疫酶技术、亲和素－生物素法、免疫胶体金技术等常用免疫组织化学技术的工作流程均包括病理组织标本的制备、编号处理、试剂/器材/仪器准备、染色标记及结果判断等工作步骤。因此，以常用免疫组织化学技术为主体内容的免疫组织化学，建议按照"检验项目驱动、项目流程导向、检验方法集成"的思路，利用校内外实训基地，以真实的免疫组织化学方法为载体，按工作流程，序化整合教学内容，打破理论、实践分段教学模式，将职业岗位应具备的常用免疫组织化学技术所需知识、技能及素养，融入"综合技能（检疫项目）项目化、专项技能（检疫方法）一体化"的教学实践中，开展理实一体化、项目化教学，突出"做中学、做中教"的职业教育教学特色。

（二）教学条件

本课程应有工位充足、配备多媒体教学系统的校内专用实验实训室，仪器设备配置能对接病理技术岗位开展常用免疫组织化学技术的需求，有规范的实验实训管理制度；师资应达到中职医学检验技术专业教学标准的要求；构建包括教学课件、视听教程、实训指导、习题库等在内的教学资源库及加强精品课程、网络课程等校内网络资源建设。

校外实训基地应设置在与该专业长期合作的县区级以上综合医院，仪器设备先进、管理规范，可支持本课程设定内容见习。

十、教学评价

建议采用过程性评价与终结性评价、理论知识评价与实践技能评价相结合的综合评价方式。过程性评价与终结性评价各占总评的50%，均涵盖理论知识评价与实践技能评价。过程性评价应结合出勤、课堂提问、实训报告、技能训练环节及质量，注重方式的多样性，主要用于评价学生在完成学习任务过程中的学习态度、专业知识与技能学习情况以及团队协作精神、交流沟通与解决问题的能力等综合素质；终结性评价主要用于考核学生知识技能的运用情况，可根据教学方法、模式运用的具体情况，采用专项、综合技能实操及理实一体化考核。此外，教学评价内容的制定，应有职业岗位技术人员的参与，尽可能多体现职业岗位的相关要求。

（撰稿人：广东省潮州卫生学校　洪湘辉，广东省潮州市中心医院　苏少雪）

高职学段：检验应用化学课程标准

一、课程名称

检验应用化学。

二、适用专业

既适用于中高职衔接的高职医学检验技术专业，也适用于高职医学检验技术专业。

三、课程性质

本课程为中高职衔接医学检验技术专业高职学段专业核心课程，衔接中职学段"检验化学基础"课程。

四、课程设计

"检验应用化学"是中高职衔接医学检验技术专业高职学段专业核心课程，掌握检验应用化学的知识和方法为进一步学习医学检验技术专业核心课程奠定了基础，同时也为更好地完成医学检验实际岗位工作奠定基础。因此，在设计高职医学检验技术专业检验应用化学课程时，一要结合岗位职业能力要求来设计课程结构，将岗位职业能力、职业素养要求融入课程设计中；二要结合医学检验技术专业核心课程（如临床医学概论、生物化学、免疫学检验技术等）的课程内容来设计课程结构，为进一步学习这些医学检验技术核心课程奠定基础；三要在教学理念上坚持以学生为主体，以教师为主导，尽量做到"教、学、做"一体化，把培养学生职业能力的理论与实践相结合，将基本知识的掌握与应用渗透到实践性教学环节中去，充分调动学生学习的主动性和积极性，培养学生自我管理能力，以及独立分析问题、解决问题的能力；四要在教学方法上突出启发式教学模式，尽量使用问题式、讨论式、案例式等启发式教学方法，同时结合多媒体教学手段，充分激发学生学习兴趣，培养学生科学的思维方式。

依据以上的设计理念和思路，本课程学习任务可包括无机化学应用、有机化学应用、分析化学应用等方面（见表 2-16）。

表 2-16 检验应用化学课程学习任务

序号	学习任务	任务单元	教学地点
1	无机化学应用	①溶液浓度和渗透压	多媒体教室
		②电解质溶液	
		③缓冲溶液	
		④胶体溶液	
		⑤配位化合物	
		⑥溶液稀释，缓冲溶液配置	无机化学实验室
2	有机化学应用	①有机化合物命名	多媒体教室
		②烃	
		③烃的含氧衍生物	
		④含氮有机物	
		⑤糖类	
		⑥蛋白质	
		⑦有机化合物的性质	有机化学实验室
3	分析化学应用	①分析数据的处理、分析结果表示方法	多媒体教室
		②误差和分析数据的处理	
		③滴定分析概论	
		④酸碱滴定法	
		⑤氧化还原滴定法	
		⑥电位法及永停滴定法	
		⑦紫外分光光度法原理、分光光度计	
		⑧液相色谱法	
		⑨分析实验操作	分析化学实验室

五、课程教学目标

通过对本课程的学习，学生掌握医学检验的化学基本理论、基本知识和基本技能，为学习医学检验技术核心课程奠定基础，同时也为更好地完成医学检验实际岗位工作奠定基础。

1. 认知目标

（1）能说出配合物、形成体、内界、外界等基本概念。

（2）能说出有机化合物的定义、特性、结构特点并命名。

（3）能说出饱和链烃、不饱和链烃和芳香烃的结构特点，并写出主要化学性质的反应方程式。

（4）能分辨烃的含氧衍生物的结构，写出主要化学性质的方程式。

（5）能分辨胺和酰胺的结构特征（官能团）、命名和主要化学性质。说出杂环化合物的分类，常见杂环化合物的命名及主要性质。

（6）能说出糖类化合物的概念、结构，掌握糖的主要化学性质。

（7）阐述蛋白质的组成、基本结构和主要化学性质。

（8）掌握偏差的各种表示方法及其计算方法，能运用有效数字的表示方法及其运算法则。

（9）能说出滴定分析法及其有关术语、滴定分析法对化学反应的要求，掌握滴定分析法的有关计算方法。

（10）能说出紫外-可见分光光度计的主要部件、光学性能与光路类型。

（11）能说出吸附薄层色谱法固定相和流动相及其选择，说出纸色谱法的基本原理；说出液固吸附色谱法、液-液分配色谱法、离子交换色谱法、空间排阻色谱法的分离机理。

2. 能力目标

（1）能完成有关溶液的浓度、渗透压的计算；会比较溶液渗透压的大小，判断渗透方向。

（2）能完成溶液的酸碱性及一元弱酸、弱碱溶液 pH 的计算。

（3）会计算缓冲溶液的 pH，了解影响缓冲容量的因素和血液中的主要缓冲系。

（4）能进行各种溶液浓度配制和稀释，会缓冲溶液的配制和缓冲容量的实验。

（5）能说出后续检验课程和检验工作中出现的化学物质的分类和名称，并分析可能的化学性质。

（6）能进行各种有机物性质实验，并分析现象及写出反应方程式。

（7）能够进行各种滴定的操作，并正确进行数据分析和数据处理。

（8）会使用 pH 计。

（9）会使用分光光度计进行定性鉴别与纯度检测。

3. 情感目标

（1）具有强烈的责任意识和敬业精神，具有优良的品德和吃苦耐劳的精神，能爱岗敬业、兢兢业业地做好本职工作。

（2）树立坚持真理、实事求是、一丝不苟、敢说真话的科学态度和价值观。

（3）具备较强的自主学习能力，善于通过各种方式更新知识和技能。

（4）具有创新意识，善于改良创新工作方法，能积极发现问题，主动解决问题。

六、参考学时与学分

参考学时：108 学时。

参考学分：6 学分。

七、课程结构

课程结构如表 2-17 所示。

表 2-17 检验应用化学课程结构

序号	学习任务（单元、模块）	职业能力	知识、技能、态度要求	教学活动设计	学时
1	溶液和溶液的渗透压	无	①能说出物质的量浓度、质量浓度、质量分数、体积分数、溶液的渗透现象、渗透压等名词含义；②能熟练地进行有关溶液的浓度计算，掌握溶液配制和稀释的方法；③能阐述渗透现象的产生条件，溶液的渗透压与溶液浓度、温度之间的关系；④能熟练地进行渗透压的计算，会比较溶液渗透压的大小，判断渗透方向；⑤能阐述渗透压在医学上的意义	①讲述溶液的配制：物质的量、溶液浓度的表示方法、溶液的配制与稀释；②进行溶液配制和稀释操作；③讲述溶液的渗透压、渗透现象，讲述渗透压与溶液的浓度、温度的关系；④讲述渗透压在医学上的意义；⑤指导学生练习稀释计算、渗透压计算	8
2	电解质溶液	无	①能从酸碱质子理论角度，进一步认识酸和碱及酸碱反应的实质；②能熟练计算溶液的酸碱性及一元弱酸、弱碱溶液 pH；③理解电离平衡、电离常数、电离度的含义，理解同离子效应对弱电解质解离平衡的影响，理解弱电解质浓度、电离常数、电离度三者之间的关系	①讲述酸碱质子理论，指导学生判断酸碱质子；②讲述水溶液的酸碱性，指导学生计算溶液酸碱值；③讲述弱电解质溶液、弱电解质在水溶液中的解离，进行一元弱酸、弱碱溶液 pH 的计算	6
3	缓冲溶液	无	①能记住缓冲溶液的 pH 计算公式，并能利用公式进行相关计算；②能说出缓冲溶液的缓冲原理和配制方法；③理解影响缓冲容量的因素和血液中的主要缓冲系	①讲述缓冲溶液的组成及其作用，讲述缓冲作用原理；②进行缓冲溶液 pH 的计算；③指导学生进行缓冲容量与缓冲溶液的配制计算和实验；④介绍缓冲溶液在医学上的意义	4

续上表

序号	学习任务（单元、模块）	职业能力	知识、技能、态度要求	教学活动设计	学时
4	胶体溶液	无	①能说出分散系的概念和分类；②清楚胶体的基本概念、溶胶的基本性质；③了解高分子溶液的基本特性、对溶胶的保护作用	①讲述分散系概念、分类；②展示溶胶的性质：光学特性、动力学特性、电学特性；③展示溶胶的稳定性和聚沉；④讲述高分子溶液：高分子化合物的概念、高分子溶液的特性；⑤讲述高分子溶液对溶胶的保护作用	4
5	配位化合物	无	①能说出配合物、形成体、内界、外界等基本概念；②能对一些简单配合物进行命名；③能说出配位平衡、稳定常数及配位平衡的移动；④清楚配合物在医学上的意义	①阐述配合物的基本概念：配合物的定义、组成、命名；②阐述螯合物；③讲述配位平衡及稳定常数；④讲述配位平衡的影响因素；⑤探讨配合物在医学上的意义	4
6	有机化合物概述和烃	无	①能说出有机化合物的定义、特性、结构特点及分类；②能辨别同系物、同分异构现象和官能团的概念；③可以分析饱和链烃、不饱和链烃和芳香烃的结构特点、系统命名法和主要的化学性质	①阐述有机化合物的概念、特点、分类；②讲述烃。饱和链烃：同系物、同分异构现象、命名（重点：系统命名法）、性质（重点：化学性质），不饱和链烃：烯烃、炔烃（重点：系统命名法及化学性质），芳香烃：命名及化学性质；③练习有机物命名和烃的化学方程式书写；④实验验证烃的化学性质	8
7	烃的含氧衍生物	无	①能写出醇、酚、醚、醛、酮、羧酸、取代羧酸的主要化学性质；②可以对醇、酚、醚、醛、酮、羧酸、取代羧酸进行结构书写和命名；③说出常见的醇、酚、醚、醛、酮、羧酸、取代羧酸	①引导学生把烃的知识运用到烃的含氧衍生物分类和命名（重点：系统命名法）；②阐述烃的含氧衍生物的理化性质；③讲述烃的含氧衍生物的性质（重点：醇、酚、醛、羧酸的化学性质），观看性质视频；④介绍重要的烃的含氧衍生物；⑤介绍取代羧酸——羟基酸、羰基酸；⑥实验验证烃的含氧衍生物性质	8

续上表

序号	学习任务（单元、模块）	职业能力	知识、技能、态度要求	教学活动设计	学时
8	含氮有机物	无	①能说出胺和酰胺的结构特征（官能团）、命名和主要化学性质；②能阐述杂环化合物的分类、常见杂环化合物的命名及主要性质；③能说出生物碱的概念及主要化学性质	①学生自学胺的分类和命名，自学重要的胺并做练习，老师讲述胺的化学性质；②讲述酰胺的结构和命名、化学性质、重要的酰胺及其衍生物；③介绍含氮杂环化合物的分类和命名、重要的含氮杂环化合物及其衍生物；④介绍生物碱的一般性质及重要的生物碱	4
9	酯和油脂	无	①能写出酯类的结构、命名及主要的化学性质；②能书写油脂、磷脂、甾族化合物的基本结构，说出重要的甘油磷脂在生理上的作用，说出医学上常见的甾族化合物；③运用油脂的性质	①讲述酯的结构、命名及主要化学性质；②用以前知识分析油脂的结构、性质及生理作用；③介绍磷脂、甾族化合物的基本结构及重要的甾族化合物	4
10	糖类	无	①能阐述糖类化合物的概念、分类；②了解单糖的主要化学性质；③能辨别单糖的结构，熟悉二糖的结构和化学性质的异同点；④能阐述多糖的性质和用途	①讲述并演示单糖：葡萄糖、果糖、核糖、脱氧核糖的结构（包括开链结构、环状结构及哈沃斯式），视频演示单糖化学性质；②讲述并画出二糖（双糖）：麦芽糖、乳糖、蔗糖的结构及性质；③分析多糖：淀粉、糖原、纤维素的性质及生理作用；④实验验证糖的性质	6
11	氨基酸和蛋白质	无	①能写出α-氨基酸的结构通式和主要化学性质；②能阐述蛋白质的组成、基本结构和主要化学性质	①介绍氨基酸的分类和命名；②分析氨基酸的性质（两性电离和等电点），分析成肽反应、茚三酮反应；③组织学生讨论蛋白质的组成和结构；④视频讲解蛋白质的性质：两性电离和等电点，蛋白质的沉淀、变性、水解及颜色反应；⑤实验验证蛋白质性质	4

续上表

序号	学习任务（单元、模块）	职业能力	知识、技能、态度要求	教学活动设计	学时
12	误差和分析数据的处理	无	①能说出误差产生的原因及减免方法；②明白准确度和精密度的表示方法及两者之间的关系；③能进行偏差的各种表示方法及其计算；④能说出有效数字的表示方法及其运算法则，进行可疑数据取舍	①讲述误差及其类型、表示方法，讲述提高分析结果准确度的方法；②讲述有效数字的定义；③练习有效数字的记录、修约及运算规则；④在定量分析中运用有效数字	6
13	滴定分析概论	无	①能说出滴定、终点、等当点、标准溶液、指示剂、滴定误差、物质的量、物质的浓度、滴定度等基本概念；②能阐述滴定分析法的分类、滴定的反应条件；③能进行标准溶液的配制，标定方法、基准物；④能进行滴定分析的计算	①讲述滴定分析法的分类与滴定反应的条件；②讲述标准溶液浓度表示法和滴定度；③练习滴定分析结果的计算；④进行标准溶液和基准物的配置	4
14	酸碱滴定法	无	①能阐明酸碱滴定法的基本原理、指示剂的变色原理；②能说出分布系数、分布曲线、质子条件、滴定误差等基本概念，正确书写各种溶液的质子条件，并由质子条件正确计算 pH；③能画出一元酸碱滴定的滴定曲线、pH 突跃影响因素，说出指示剂的选择原理，熟练计算滴定误差；④能看懂多元酸、混合酸和多元碱的滴定曲线、滴定误差，掌握多元酸、碱、混合酸的分步滴定条件和指示剂的选择原则；⑤能进行酸碱滴定法结果计算	①讲述酸碱质子理论：酸碱离解平衡，共轭酸碱对的 Ka 和 Kb 的关系；②绘制分布曲线，说出分布系数；③进行酸碱溶液 pH 的计算；④练习酸碱滴定终点指示方法：指示剂法；⑤讲述一元酸碱滴定：强碱滴强酸的滴定曲线和 pH 突跃范围、Ka（Kb）和浓度对突跃范围的影响、弱酸（碱）被滴定的条件、指示剂的选择；⑥练习多元酸、混合酸和多元碱的滴定	8

续上表

序号	学习任务（单元、模块）	职业能力	知识、技能、态度要求	教学活动设计	学时
15	氧化还原滴定法	无	①能说出条件电极电位的基本概念并能正确计算；②能对氧化还原反应进行程度的判断，滴定曲线、终点检测方法、氧化还原指示剂、作用原理及典型氧化还原滴定法示例：高锰酸钾法、重铬酸钾法、碘法；③能说出影响氧化还原反应速度的因素（自动催化和诱导反应）；④能正确进行氧化还原滴定结果的计算	①讲述氧化还原反应平衡：条件电极电位，外界条件对电极电位的影响；②分析氧化还原反应进行程度的判断；③学习氧化还原滴定法中的预处理；④进行常见氧化还原滴定操作并计算	8
16	电位分析法及永停滴定法	无	①能说出电位分析法的基本原理；②能说明参比电极和指示电极；③能进行电位分析法的应用；④能说出离子选择性电极的选择参数	①讲述电位分析法及分类；②运用能斯特方程，计算电池电动势；③讲述电极的种类：参比电极、指示电极，讲述离子选择电极的分类及响应机理；④分析 pH 测量原理与方法；⑤练习 pH 计使用	6
17	紫外－可见分光光度法	无	①能说出光的吸收定律、显色反应及显色条件的选择、吸光度测量范围的选择；②能看懂有机化合物的紫外吸收光谱；③讲述分光光度法的应用；④能说出分光光度计的基本组成部分及结构原理	①讲述紫外与可见吸光光度法的分类及特点；②分析紫外－可见吸收光谱；③运用光的吸收定律进行计算；④讲述显色反应和测量条件的选择；⑤操作紫外－可见分光计光度	8
18	液相色谱法	无	①能说出色谱法的基本原理（色谱过程、分配系数与保留行为的关系）；②能进行吸附薄层色谱法的操作及定性分析；③能阐述液固吸附色谱法、液－液分配色谱法、离子交换色谱法、空间排阻色谱法的分离机理	①讲述液相色谱的特点；②展示并介绍液相色谱仪及其组件；③阐述液相色谱法的类型及其分离原理，分析影响色谱峰扩展及色谱分离的因素；④指导学生开展色谱实验	8
合计					108

八、资源开发与利用

（一）教材编写与使用

本课程教材的编写应结合医学检验岗位工作需要，以职业能力培养为本位，以学生为主体。在教材的编写过程中，要紧扣课程标准，适应职业教育的特点，尽量结合医学检验岗位工作需要，将检验应用化学有关的知识点编入教材中，让教材更贴近医学检验实际工作，使教材不但成为学生学习检验应用化学知识的必备工具，也成为医学检验工作的理论指导工具。另外，教材的编写应反映本学科的发展和教学改革成果，适当介绍本学科及相关学科的新进展，有利于培养学生的发散思维和实践能力。

（二）数字化资源开发与利用

为了更好地利用院校资源实现以职业能力培养为本位，以学生为主体的检验应用化学课程教学，可充分利用当今教育教学领域应用广泛、技术成熟的多媒体教学、计算机仿真教学等先进的教学手段，积极开展"教、学、做"为一体的情景教学，以及开展检验应用化学理论实训一体化教学。同时也可充分利用网络教学手段，开发授课录像带、视听光盘、多媒体课件、电子教案、习题集、试题库、测试软件等立体化教学资源包，并将教学资源包通过校园网络，为学生自主学习、自我测验提供条件；并利用学习论坛、即时通信工具、电子邮箱等建立起师生互动交流的网络平台，为学生在线答疑提供方便。积极利用电子书籍、电子期刊、数字图书馆、各大网站等网络资源，使教学内容从单一化向多元化转变，使学生知识得到充分拓展、能力得到提高。

九、教学建议

（一）教学方法

本课程的教学建议采用"教、学、做"一体化的教学模式，即结合检验应用化学需要，将化学理论教学与实训教学在单元教学时间里融为一体，通过将教师的教、学生的学及模拟实际案例进行一体化，使学生专业理论知识与实践技能的学习有效地融为一体，实现在实践中学习理论，在运用中学习技术。

（二）教学条件

课程教学根据教学内容不同分别在多媒体教室、实验室进行。辅以多媒体设备（电脑、投影仪）、黑板、实训仪器设备等基本教学设施（见表2-18）。

表2-18 检验应用化学课程主要仪器设备

名称	规格	数量
电子天平	万分之一	2架
托盘天平	百分之一	8台
pH计	0~14pH	8台
分光光度计	380~780 nm的可见光区	8台
烘箱		1台
电炉	1 000 W	8台
纯水器		1台
恒温水浴箱		2台
真空泵		1台
多媒体		1套

十、教学评价

本课程实施过程性考核与终结性考核相结合、理论考核与技能考核相结合、学业考核与职业态度考核相结合的三种评价方式。考核内容以职业岗位能力为导向，注重学生综合能力与水平的考核，引导学生改变学习方式，充分激发学生学习的主动性和创造力。具体实施：过程性考核以考勤、课堂纪律、学习态度为主；终结性考核以技能操作和分析问题、解决问题为重点，评价学生的职业能力。

（撰稿人：惠州卫生职业技术学院 李莉玲）

高职学段：生物化学课程标准

一、课程名称

生物化学。

二、适用专业

既适用于中高职衔接的高职医学检验技术专业，又适用于高职医学检验技术专业。

三、课程性质

本课程为中高职衔接医学检验检验技术专业高职学段的专业核心课程，衔接中职学段的"生物化学基础"课程。

四、课程设计

生物化学是医学检验技术专业核心课程中的一个重要支柱，掌握生物化学的知识和方法为进一步学习生物化学检验等课程及更好地完成医学检验实际岗位工作奠定基础。因此，在设计高职医学检验技术专业生物化学课程时，一要结合岗位职业能力要求设计课程结构，将岗位职业能力、职业素养要求融入课程设计中；二要结合医学检验技术专业核心课程的课程内容设计课程结构，为进一步学习这些医学检验技术专业核心课程奠定基础；三要在教学理念上坚持以学生为主体，以教师为主导，尽量做到"教、学、做"一体化，把培养学生的职业能力的理论与实践相结合，将基本知识的掌握与应用渗透到实践性教学环节中，充分调动学生学习的主动性和积极性，培养学生自我管理能力，以及独立分析问题、解决问题的能力；四要在教学方法上突出启发式教学模式，尽量使用问题式、讨论式、案例式等启发式教学方法，同时结合多媒体教学手段，充分激发学生的学习兴趣，培养学生科学的思维方式。

依据以上的设计理念和思路，本课程学习任务分为五部分：绪论、蛋白分子的结构与功能、物质代谢与调节、组织器官的生物化学、遗传信息的传递（见表2-19）。

表 2-19 生物化学课程学习任务

序号	学习任务	任务单元	教学地点
1	绪论	绪论	多媒体教室
2	蛋白分子的结构与功能	蛋白质分子结构与功能	多媒体教室、实验室
		酶与其他生物催化剂	

续上表

序号	学习任务	任务单元	教学地点
3	物质代谢与调节	生物氧化	多媒体教室
		糖代谢	多媒体教室、实验室
		脂类代谢	
		氨基酸代谢	
		核苷酸代谢	多媒体教室
		物质代谢的联系与调节	
4	组织器官的生物化学	肝的生物化学	多媒体教室
5	遗传信息的传递	基因信息的传递	多媒体教室

五、课程教学目标

通过本课程的学习，学生能够掌握人体的化学组成、生物大分子的结构与功能、物质代谢的基本规律等生物化学课程中的基本理论、基本知识和基本技能，为学习医学检验技术核心课程奠定基础，使学生能够在后续的生物化学检验技术等课程中理解和应用这些知识，加深对医学问题的理解。

1. 认知目标

（1）能解释人体生物化学的基本概念，阐述其基本原理。
（2）能解释人体主要化学物质的组成、结构、性质和功能。
（3）能归纳酶及维生素在人体物质代谢的主要作用。
（4）能叙述人体内物质代谢的基本过程及其特点。
（5）能解释人体内物质代谢的生理意义。
（6）能简述三大物质代谢的联系及调节方式。

2. 能力目标

（1）能熟练操作并学会维护生物化学常用仪器。
（2）能按照技术规范要求，熟练完成生物化学实验。
（3）具备运用生物化学知识分析、解释实验现象及结果的能力。
（4）具备较强的自主学习能力。
（5）具备良好的人际沟通能力。

3. 情感目标

（1）具有良好的职业素质和职业道德。
（2）具有良好的协作精神和服务意识。
（3）具有科学的思维习惯和良好的学习习惯，善于发现、分析和解决问题。

六、参考学时与学分

参考学时：54 学时。
参考学分：3 学分。

七、课程结构

课程结构如表 2-20 所示。

表 2-20 生物化学课程结构

序号	学习任务（单元、模块）	职业能力	知识、技能、态度要求	教学活动设计	学时
1	绪论	无	①能说出生物化学的发展历史；②能说出生物化学在生命科学中的地位和意义；③能叙述生物化学研究的主要内容、常用方法与应用	①讲述生物化学发展的历史、重要的科学事件和科学家的重要贡献；②讲述研究背景及众多科学家前期的研究工作是 DNA 双螺旋结构模型发现的必要基础	2
2	蛋白质分子结构与功能	无	①能够说出 20 种氨基酸的结构特征、理化性质和分类；②能解释蛋白质的一级结构、空间结构的基本概念、特点及与功能的关系；③能解释蛋白质的变性、沉淀和凝固之间的关系；④能阐述蛋白质分离、纯化的基本原则	①利用口诀联想记忆法强化对氨基酸种类的记忆；②讲述氨基酸的结构特征、理化性质，列表归纳氨基酸的分类；③利用立体示意图详细解释肽键的形成；④通过形象的示意图显示蛋白质一级、二级、三级、四级结构的类型及其与蛋白质生物学功能之间的关系；⑤联系临床病例，如：镰刀状贫血中血红蛋白一级结构的变化对其功能的影响，疯牛病与朊蛋白的构象改变，从而激发学生的学习兴趣，提高学生的自学主动性，举一反三地理解其他蛋白质构象改变与疾病的关系；⑥对比氨基酸的理化性质，引导学生总结归纳蛋白质的理化性质；⑦指导学生完成血清蛋白电泳分离实验	6

续上表

序号	学习任务（单元、模块）	职业能力	知识、技能、态度要求	教学活动设计	学时
3	酶与维生素	无	①能够阐述酶的分子组成，概括酶促反应的特点；②能自己探究各种因素对酶促反应速度的影响；③能解释米氏方程及其意义，能比较各种抑制剂对酶促反应的影响；④能够描述变构调节的概念和意义、共价修饰调节的概念和方式；⑤能够说出维生素的种类、食物来源、生理功能及其缺乏症，酶在医学中的应用	①讲述酶的分子组成，概括酶促反应的特点；②通过演示实验探究各种因素对酶促反应速度的影响，比较各种抑制剂对酶促反应的影响；③分析米氏方程及其意义，归纳并总结 Km 和 Vm 在酶促动力学中的改变规律；④阐述变构调节的概念和意义、共价修饰调节的概念和方式；⑤举例列出维生素的种类、食物来源、生理功能及其缺乏症	10
4	生物氧化	无	①能说出生物氧化的概念、特点；②能说出呼吸链的概念、组成、排列顺序，氧化磷酸化的概念、偶联部位，能量的储存和利用方式；③能描述生物氧化的方式，影响氧化磷酸化的因素种类、作用机理；④能简述胞液中 NADH 的氧化磷酸化方式；⑤能总结生物氧化知识在临床上的应用	①通过与体外燃烧比较，引导学生归纳生物氧化的概念及方式特点；②联系煤气中毒，分析其中毒的生物氧化机制，讲授生物氧化的意义，呼吸链的概念，ATP 的产生方式等；③向学生列举生物氧化知识在临床中的应用	2
5	糖代谢	无	①能运用糖的无氧分解和有氧氧化的理论解释人体能量利用相关的生命活动；②能描述乳酸循环的概念分析与能量调节相关的生理现象；③能应用血糖调节理论解释葡萄糖能源的有效利用；④能叙述磷酸戊糖途径、糖异生的关键酶和生理意义；⑤能描述糖代谢的概况	①联系生活常识（如日常摄食、短肠综合征等），讲述糖代谢的概况，并将有氧氧化与无氧氧化联系起来进行分析比较；②引导学生思考磷酸戊糖途径的生理意义，与蚕豆病等病理过程的关系；③引导学生思考葡萄糖储存的意义，列表对比式学习糖异生与糖酵解之间的联系；④引导学生思考血糖调节的意义、与临床疾病间的关系	6

续上表

序号	学习任务（单元、模块）	职业能力	知识、技能、态度要求	教学活动设计	学时
6	脂类代谢	无	①能通过脂肪动员、脂酸分解和酮体利用的概念解释脂肪如何供能；②能叙述脂肪合成的内源性与外源性途径；③能比较脂酸合成与分解的异同，④能说明血浆脂蛋白的分类与功能；⑤能说出磷脂和胆固醇在体内的合成来源与去路	①引导学生自主学习，探讨肥胖问题；②系统讲述脂肪代谢的框架线索，通过提问引发学生思考脂类能源与葡萄糖能源如何协调利用；③列表归纳脂酸合成与分解的异同；讲述血浆脂蛋白的分类与功能；④分析血浆脂蛋白在脂类代谢中的纽带地位，鼓励学生列举相关的脂类代谢疾病；⑤利用图表归类总结要点，帮助学生记忆，与生活实际相联系，使学生加深认识；⑥指导血浆总胆固醇测定实验	6
7	氨基酸代谢	无	①能够归纳氨基酸的四种脱氨基方式和α-酮酸的代谢去路；②能分析氨的来源、转运和去路及尿素合成的基本过程及意义；③能阐述必需氨基酸的概念、种类并解释其意义；④能说出个别氨基酸代谢与生物活性物质的关系	①详细讲解氨基酸的四种脱氨基方式和α-酮酸的代谢去路；②结合实际，分析氨的来源、转运和去路并图解尿素合成的基本过程及意义；③提问重要概念，通过课堂回答问题强化学生对一碳单位等概念的理解；④联系白化病等临床疾病的发病机理介绍芳香族氨基酸的代谢过程；⑤指导学生完成对尿素合成的探究实验	6
8	核苷酸代谢	无	①能够归纳嘌呤核苷酸、嘧啶核苷酸的合成原料的异同；②能说出嘌呤核苷酸、嘧啶核苷酸从头合成途径及嘌呤核苷酸的分解代谢途径；③能描述嘌呤核苷酸的最终分解产物；④能说出核苷酸合成抗代谢药物的作用机理及临床意义	①课堂提问的形式，布置思考题，引导学生自主学习；②讲述并列表分析嘌呤核苷酸、嘧啶核苷酸的合成原料的异同；③图解嘌呤核苷酸、嘧啶核苷酸从头合成途径及嘌呤核苷酸的分解代谢途径；④案例探讨核苷酸合成抗代谢药物的作用机理及临床意义	4

续上表

序号	学习任务（单元、模块）	职业能力	知识、技能、态度要求	教学活动设计	学时
9	物质代谢的联系与调节	无	①能通过酶的变构调节和化学修饰调节的概念解释生物的代谢适应性；②能分析饥饿状态下的整体代谢调节；③能阐述物质代谢的相互联系；④能概括重要组织、器官的代谢特点；⑤能说出物质代谢的特点	①融入哲学思想的思维观念，使学生体会到物质代谢和生物学功能之间的有机联系；②归纳复习三大营养物代谢的基本脉络和关键步骤，引导学生找出代谢网络的关键节点物质；③提问引发学生思考各组织、器官的结构特点和生理功能，通过复习前面所学知识分析与之相适应的代谢特点；④引导学生关注关键酶的代谢调节方式，比较酶活性调节和酶含量调节的特点，帮助学生从整体上把握物质代谢网络的动态调节，体会整体水平的代谢联系	4
10	肝的生物化学	无	①能够分析肝在糖、脂类和蛋白质代谢中的作用；②能说明肝在多种维生素和激素代谢中的作用；③能理解生物转化的概念、类型和特点；④能说明胆汁酸的来源、种类及生理意义；⑤能叙述胆红素代谢的主要过程；⑥归纳3种类型黄疸的发病原因及实验室检查特点	①系统讲述、结合动画解释肝在糖、脂类、蛋白质、多种维生素和激素代谢中的作用；②课堂提问，明确生物转化的基本概念及意义；③配合形象动画，描述胆汁酸的功能、代谢及肠循环，布置思考题，引导学生自主学习；④联系临床疾病（如黄疸型肝炎的黄疸）成因，激发学生学习兴趣，课堂讨论胆红素的代谢，强化对知识点的掌握	4

续上表

序号	学习任务（单元、模块）	职业能力	知识、技能、态度要求	教学活动设计	学时
11	基因信息的传递	无	①能叙述 DNA 半保留复制的概念、过程和意义；②能说出 DNA 损伤的原因和种类；③能列举 DNA 修复的方式和意义；④能说出反转录的概念及肿瘤发生中的意义；⑤能叙述转录的过程与特点、mRNA 转录后加工特点和意义；⑥能理解遗传密码方向性、简并性、连续性、通用性、摆动性及其意义；⑦能描述蛋白质生物合成过程；⑧能解释抗生素、生物活性物质（干扰素、白喉毒素）干扰和抑制蛋白质合成的机理	①以导学案例克隆羊的诞生引入遗传物质的相关报道引入 DNA、遗传物质的复制、蛋白质的合成进而决定人类的各种性状这一中心法则的讲授；②叙述转录的过程与特点、mRNA 转录后加工特点和意义及结合肿瘤发生描述反转入的概念；③结合蛋白质的合成过程讲授密码子的概念，归纳其特点；④联系临床当中抗生素的应用，描述其抗菌机制	4
合计					54

八、资源开发与利用

（一）教材编写与使用

本课程教材的编写应结合医学检验岗位工作需要，以职业能力培养为本位，以学生为主体。在教材的编写过程中，尽量结合医学检验岗位工作需要，使理论学习真正做到实用，与实训、实践和未来岗位技能要求紧密联系。使教材不但成为学生学习生物化学知识的必备工具，也成为医学检验工作的理论指导工具。

（二）数字化资源开发与利用

为了更好地利用院校资源实现以职业能力培养为本位、以学生为主体的生物化学课程教学，可充分利用当今教育教学领域应用广泛、技术成熟的多媒体教学、网络教学、计算机实操教学等先进的教学手段，积极开展"教、学、做"为一体的教学。

九、教学建议

（一）教学方法

本课程的教学建议采用"教、学、做"一体化的教学模式，即结合医学检验生物化学需要，将理论教学与实训教学在单元教学时间里融为一体，使学生专业理论知识与实践技能的学习有效地融为一体，实现在实践中学习理论，在运用中学习技术。

（二）教学条件

课程教学根据教学内容不同分别在多媒体教室、实验室进行。辅以多媒体设备（电脑、投影仪）、黑板、实验仪器设备等基本教学设施（见表2-21）。

表2-21 生物化学课程主要仪器设备

名称	数量
721或722分光光度计	8台
电热恒温水浴箱	1台
电泳仪	4台
冰箱	1台
多媒体	1套

十、教学评价

本课程的评价实施过程性考核与终结性考核相结合、理论考核与技能考核相结合、学业考核与职业态度考核相结合的三结合评价方式。考核内容以职业岗位能力为导向，注重学生综合能力与水平的考核，引导学生改变学习方式，充分激发学生学习的主动性和创造力。具体实施：过程性考核以考勤、课堂纪律、学习态度为主；终结性考核以技能操作和分析问题、解决问题为重点，评价学生的职业能力。

（撰稿人：华中师范大学　胡原，惠州卫生职业技术学院　王林华）

高职学段：临床医学概论课程标准

一、课程名称

临床医学概论。

二、适用专业

既适用于中高职衔接的高职医学检验技术专业，又适用于高职医学检验技术专业。

三、课程性质

本课程为中高职衔接医学检验技术专业的高职学段专业核心课程，衔接中职学段"临床疾病概要"课程。

四、课程设计

"临床医学概论"是高职医学检验技术专业的专业核心课程，重点讲授医学检验技术学科领域已涉及的临床病种的诊断和治疗方法。通过本课程学习，为后续课程的学习奠定扎实的临床疾病知识基础，以及为学生在医院、企业工作中提供必要的临床知识拓展，提升学生的可持续发展能力。本课程综合了诊断学、内科学、外科学、妇产科学、儿科学等各科常见疾病、多发病的基础理论与基本技能。通过本课程学习，使学生获得常见临床疾病诊治的基本理论、基础知识和基本技能，培养学生分析和解决实际临床问题的能力。为学好医学检验技术专业课程打下良好的基础。并培养学生具备一定的从事科学实验的能力，为今后从事医学检验工作和科学研究打下良好的基础。

依据以上的设计理念和思路，本课程学习任务可包括诊断学、内科学、外科学、妇产科学、儿科学5个方面（见表2-22）。

表2-22 临床医学概论课程学习任务

序号	学习任务	任务单元	教学地点
1	诊断学	①绪论	多媒体教室
		②症状学	
		③问诊	
		④体格检查	多媒体教室/实训室
		⑤实验室检查	多媒体教室
		⑥医学影像学检查	

续上表

序号	学习任务	任务单元	教学地点
2	内科学	①呼吸系统疾病 ②循环系统疾病 ③消化系统疾病 ④泌尿系统疾病 ⑤血液系统疾病 ⑥内分泌代谢疾病 ⑦结缔组织与风湿病 ⑧神经系统疾病 ⑨理化因素所致疾病 ⑩传染性疾病	多媒体教室
3	外科学	①外科休克	多媒体教室
		②心肺脑复苏 ③骨折	多媒体教室/实训室
4	妇产科学	①异常妊娠 ②妊娠特有疾病 ③女性生殖系统炎症 ④子宫肿瘤	多媒体教室
5	儿科学	①新生儿疾病 ②呼吸系统疾病 ③消化系统疾病	多媒体教室

五、课程教学目标

1. 认知目标

（1）能叙述常见症状的发生机理，解释临床意义。
（2）能叙述检体诊断的基本理论以及典型体征的发生机理与临床意义。
（3）能叙述各科常见病、多发病的概念、临床表现、诊断要点、治疗原则及药物治疗要点。
（4）能叙述各科常见病、多发病的病因、实验室检查及辅助检查。
（5）能说出各科常见病多发病的发病机制及预后。

2. 能力目标

（1）能进行病史问诊、检体诊断。
（2）具备对内科、外科、妇产科、儿科常见病、多发病的诊断、治疗和健康指导能力。

(3) 能分析各科常见病的病因并能掌握其预防措施。

3. 情感目标

(1) 养成严谨的科学态度，实事求是的工作作风，全心全意地为患者服务、尊重患者、关爱生命的思想和高尚的医德修养。
(2) 具备自主学习的能力。
(3) 具有良好的心理素质、守法和维权意识。
(4) 具备较强的人际沟通和团队协作能力。

六、参考学时与学分

参考学时：108 学时。
参考学分：6 学分。

七、课程结构

课程结构如表 2-23 所示。

表 2-23　临床医学概论课程结构

序号	学习任务（单元、模块）	职业能力	知识、技能、态度要求	教学活动设计	学时
1	诊断学	无	①能叙述临床常见症状；②能叙述常见症状的病因、发生机理，并能解释其临床意义；③能叙述问诊的主要内容和方法；④能正确运用视诊、触诊、叩诊、听诊的基本检查方法，并熟记其注意事项；⑤能测量生命体征，完成淋巴结、甲状腺、气管等各项检查；⑥能解释生命体征、甲状腺、气管、淋巴结、检查异常的临床意义；⑦能较准确地完成胸廓及肺部的望诊、触诊、叩诊、听诊；⑧能叙述肺部异常体征及其临床意义；⑨能解释第一与第二心音产生原理、鉴别要点，并说出其增强、减弱的临床意义；⑩能叙述心脏杂音产生原理，并解释其听诊要点，同时能辨别收缩期及舒张期杂音；⑪能说出掌握常见心律失常诊断要点；⑫能正确完	①分析临床常见症状，解释其病因、发生机理及临床意义；②分析问诊的主要内容和方法；③通过课堂教学、多媒体演示、实训室仿真模型演示让学生正确掌握体格检查的方法及临床意义；④分析常用实验室检查的内容、正常参考值及临床意义；⑤分析 X 线特性、诊断的应用原理、常用检查方法及其临床应用	36

续上表

序号	学习任务（单元、模块）	职业能力	知识、技能、态度要求	教学活动设计	学时
1	诊断学	无	成腹部的检查，说出体表画线分区和腹腔内脏器的对应关系；⑬能叙述腹部常见体征及其临床意义；⑭能叙述脊柱、四肢、关节的检查方法及其病理改变的临床意义；⑮能解释生理反射、病理反射的检查方法及临床意义；⑯能说出一般血液检查内容及正常参考值；⑰能说出尿液检查内容及其临床意义；⑱能说出粪便检查内容及临床意义；⑲能说出肝肾功能检查内容及临床意义；⑳能说出X线特性及其诊断的应用原理、常用的X线检查方法并在临床工作中正确选择应用、临床常见疾病的X线的表现	①分析临床常见症状，解释其病因、发生机理及临床意义；②分析问诊的主要内容和方法；③通过课堂教学、多媒体演示、实训室仿真模型演示让学生正确掌握体格检查的方法及临床意义；④分析常用实验室检查的内容、正常参考值及临床意义；⑤分析X线特性、诊断的应用原理、常用检查方法及其临床应用	36
2	内科学	无	①能初步诊断慢性支气管炎；②能初步诊断肺气肿；③能说出阻塞性肺气肿的发生发展规律及肺气肿的病理变化、分型；④能叙述慢性肺源性心脏病（慢性肺心病）缓解期及急性加重期临床表现的特点、诊断方法；⑤能列出心律失常的分类方法，说出心律失常的常见病因、发病机理；⑥能列出抗心律失常药物的种类，说出常用的代表药物主要作用、副作用；⑦能叙述常见快速性心律失常的识别和处理原则，列出过缓性心律失常的种类，说出其诊断标准，并学会识别常见心电图异常（心律失常）；⑧能叙述高血压病的诊断标准、鉴别诊断和基本治疗方法；⑨能列出高血压病的分型、分期。叙述高血压危象，高血压脑病的诊断和治疗特点；⑩能列出常见的降压药物的种类，叙述各自的降压原	①分析常见呼吸系统疾病病因、发病机理、临床表现、实验室检查、诊断及治疗原则；②分析常见循环系统疾病病因、发病机理、临床表现、实验室检查、诊断及治疗原则；③分析常见消化系统疾病病因、发病机理、临床表现、实验室检查、诊断及治疗原则；④分析常见泌尿系统疾病病因、发病机理、临床表现、实验室检查、诊断及治疗原则；⑤分析常见血液系统疾病病因、发病机理、临床表现、实验室检查、诊断及治疗原则；⑥分析常见内分泌代谢疾病病因、发病机理、临床表现、实验室检查、诊断及治疗原则；⑦分析常见结缔组织与风湿性疾病病因、发病机理、临床表现、实验室检查、诊断及治疗原则；⑧分析常见神经系统疾病病	38

续上表

序号	学习任务 （单元、模块）	职业能力	知识、技能、态度要求	教学活动设计	学时
2	内科学	无	理、作用特点；⑪能说出冠心病的危险因素及临床分型；⑫能叙述心绞痛、心肌梗死的临床表现，心电图以及实验室检查特点，熟记心绞痛和心肌梗死的诊断条件；⑬能叙述心绞痛，心肌梗死的治疗原则和治疗方法；⑭能叙述消化性溃疡的临床表现、治疗原则；⑮能叙述消化性溃疡的病因；⑯能叙述消化性溃疡实验室检查方法；⑰能叙述泌尿系统感染的临床表现、治疗原则；⑱能叙述慢性肾小球肾炎的临床表现、治疗原则；⑲能叙述缺铁性贫血的临床表现、治疗原则；⑳能叙述缺铁性贫血的病因、实验室检查方法；㉑能说出糖尿病的基本概念、分类方法及诊断标准；㉒能叙述糖尿病的临床表现、常见并发症；㉓能叙述糖尿病的诊断方法、治疗原则及治疗方法；㉔能叙述甲状腺功能亢进的临床表现及治疗原则；㉕能叙述类风湿性关节炎的临床表现及治疗原则；㉖能叙述系统性红斑狼疮的临床表现及治疗原则；㉗能叙述TIA，脑梗死（脑栓塞、脑血栓形成），脑出血，蛛网膜下腔出血的定义、发病机制、临床表现、诊断和治疗要点；㉘能叙述脑血管疾病危险因素及如何预防；㉙能叙述有机磷农药中毒的临床表现及治疗原则；㉚能叙述一氧化碳中毒的临床表现及治疗原则；㉛能叙述病毒性肝炎临床表现、诊断和治疗要点；㉜能叙述肺结核临床表现、诊断和治疗要点；㉝能叙述霍乱临床表现、诊断和治疗要点	因、发病机理、临床表现、实验室检查、诊断及治疗原则；⑨分析常见理化因素所致疾病病因、发病机理、临床表现、实验室检查、诊断及治疗原则；⑩分析常见传染性疾病病因、发病机理、临床表现、实验室检查、诊断及治疗原则；⑪根据教学内容采用多媒体，网络资源等手段进行病例分析教学；⑫根据教学要求，进行常见内科疾病的临床见习；⑬让学生在完成具体项目的过程中学会完成相应学习任务，并构建相关理论知识，发展职业能力	38

续上表

序号	学习任务（单元、模块）	职业能力	知识、技能、态度要求	教学活动设计	学时
3	外科学	无	①能说出休克的概念、机制、临床分期及表现、诊断要点和预防；②能叙述休克的综合治疗及各类休克的治疗原则；③能叙述心搏骤停的原因、早期诊断和预防；④能叙述体外心脏按压法及人工呼吸法；⑤能说出心肺脑复苏过程中常用药物和使用；⑥能叙述心肺脑复苏后处理原则；⑦能解释骨折的临床表现及叙述处理原则	①分析休克、心肺脑复苏、骨折的病因、发病机理、临床表现、实验室检查、诊断及治疗原则；②进行心肺脑复苏实训，使学生熟练掌握心肺复苏的操作方法和技能；③培养学生良好医德医风、沟通能力、人文关怀	12
4	妇产科学	无	①能叙述异常妊娠的临床类型、临床表现及处理原则；②能叙述妊娠特有疾病的临床表现及处理原则；③能叙述滴虫性阴道炎、念珠菌性阴道炎、老年性阴道炎及慢性子宫颈炎的临床表现、处理原则；④能叙述子宫肌瘤、子宫颈癌的临床特点，处理原则；⑤能说出子宫肌瘤、子宫颈癌的病因及病理；⑥能叙述子宫内膜癌的临床特点，诊断方法；⑦能叙述卵巢肿瘤的诊断方法、转移途径，能对良性、恶性进行鉴别	①分析异常妊娠、妊娠特有疾病的病因、发病机理、临床表现、实验室检查、诊断及治疗原则；②分析阴道炎、子宫颈炎的病因、发病机理、临床表现、实验室检查、诊断及治疗原则；③分析妇科常见肿瘤的病因、发病机理、临床表现、实验室检查、诊断及治疗原则；④将实际工作中所需的各种职业能力贯穿于学习情境的学习及训练中，重视学生良好的职业素质和行为习惯的培养	12
5	儿科学	无	①能叙述新生儿黄疸临床表现、治疗原则；②能叙述新生儿黄疸原因；③能说出新生儿胆红素代谢特点；④能叙述新生儿败血症临床表现、治疗原则；⑤能叙述新生儿败血症原因；⑥能叙述小儿肺炎临床表现、治疗原则；⑦能说出小儿肺炎病因；⑧能说出小儿肺炎机制；⑨能叙述小儿腹泻护理措施；⑩能说出小儿腹泻病因；⑪能说出小儿腹泻机制	①分析新生儿常见疾病的病因、发病机理、临床表现、实验室检查、诊断及治疗原则；②分析小儿肺炎的病因、发病机理、临床表现、实验室检查、诊断及治疗原则；③分析小儿腹泻的病因、发病机理、临床表现、实验室检查、诊断及治疗原则；④培养学生具有良好的职业道德，具有高度的责任心、爱心和专业技能，具有实事求是的科学态度和严谨认真的工作作风	10
合计					108

八、资源开发与利用

（一）教材编写与使用

本课程教材的编写应以教育部高职高专优秀（或规划）教材为基础，重点突出以职业能力培养为本位、以学生为主体的特点。选用多版本《诊断学》《内科学》《外科学》《妇产科学》《儿科学》《临床医学概论》教材及相关资料作为参考，结合临床实际，编写教学内容。另外，教材的编写应反映本学科的发展和教学改革成果，适当介绍本学科及相关学科的新进展，有利于培养学生的发散思维和实践能力。

（二）数字化资源开发与利用

可充分利用当今教育教学领域应用广泛、技术成熟的多媒体教学、计算机仿真教学等先进的教学手段，积极开展"教、学、做"为一体的情景教学。同时也可充分利用网络教学手段，开发授课录像带、视听光盘、多媒体课件、电子教案、习题集、试题库、测试软件等立体化教学资源包，并将教学资源包通过校园网络，为学生自主学习、自我测验提供条件；并利用学习论坛、即时通信工具、电子邮箱等建立起师生互动交流的网络平台，为学生在线答疑提供方便。积极利用电子书籍、电子期刊、数字图书馆、各大网站等网络资源，使教学内容从单一化向多元化转变，使学生知识和能力的充分拓展。

九、教学建议

（一）教学方法

课堂教学要遵循教育学和心理学的一般规律，充分利用现代教育理论和技术的研究成果，并结合本课程的特点，采用先进的教学方法，从而提高教学效果。如PBL教学法、案例教学法、探究式教学法、目标教学法、小组讨论法等。教师要善于改革和创新，在教学活动中，应根据具体教学内容的特点，采用适宜的教学方法，以优化教学过程，提高教学效果。同时利用标准病人、临床病例，组织讨论等进行教学，实现"教、学、做"一体化，从而进一步增强学生的自学能力、动手能力和创新能力。

（二）教学条件

课程教学根据教学内容不同分别在多媒体教室、一体化实训室、医院进行。辅以多媒体设备（电脑、投影仪）、黑板、实训仪器设备等基本教学设施和医院内科、外科、妇产科、儿科等配套设施。

十、教学评价

本课程的评价实施过程性考核与终结性考核相结合、理论考核与技能考核相结合、学业考核与职业态度考核相结合的三结合评价方式。考核内容以职业岗位能力为导向，注重学生综合能力与水平的考核，引导学生改变学习方式，充分激发学生学习的主动性和创造力。具体实施：过程性考核以考勤、课堂纪律、学习态度为主；终结性考核以技能操作和分析问题、解决问题为重点，评价学生的职业能力。

（撰稿人：惠州卫生职业技术学院　吴慧）

高职学段：免疫学检验技术课程标准

一、课程名称

免疫学检验技术。

二、适用专业

既适用于中高职衔接的高职学段医学检验技术专业，又适用于高职医学检验技术专业。

三、课程性质

本课程为中高职衔接医学检验技术专业高职学段核心课程，衔接中职学段的"免疫检验技术"课程。

四、课程设计

"免疫学检验技术"课程的设计理念是依据岗位需求调研、职业能力及课程分析，应岗位职业能力要求，结合知识体系来设计课程结构。在教学过程中充分体现以学生为主体，做到"教、学、做"一体化，把培养学生的职业能力的理论与实践相结合，将基本知识的掌握与应用渗透到实践性教学环节中，淡化理论与实验课之间的界线，让教学更加贴近实际岗位工作，充分调动学生学习的主动性和积极性，培养学生自我管理能力，以及独立分析问题、解决问题的能力。

依据以上的设计理念和思路，本课程学习任务可包括免疫学检验概述、免疫学基础、免疫学检验技术、临床免疫学、免疫学检验的质量控制 5 个方面（见表 2-24）。

表 2-24 免疫学检验技术课程学习任务

序号	学习任务	任务单元	教学地点
1	免疫学检验概述	①免疫学概念、分类 ②免疫学检验岗位工作概述	多媒体教室
2	免疫学基础	①绪论 ②免疫系统 ③抗原 ④免疫球蛋白 ⑤细胞因子 ⑥主要组织相容性复合体 ⑦免疫应答 ⑧免疫学防治	多媒体教室

续上表

序号	学习任务	任务单元	教学地点
3	免疫学检验技术	①抗原抗体反应	免疫学检验实训室
		②抗原抗体的制备	
		③沉淀反应	
		④凝集反应	
		⑤放射免疫技术	
		⑥补体及循环免疫复合物检测	
		⑦酶免疫技术	
		⑧荧光免疫技术	
		⑨金免疫技术	
		⑩化学发光免疫技术	
4	临床免疫学	①超敏反应及其检验	多媒体教室
		②免疫缺陷病及检验	
		③免疫增殖病及检验	
		④自身免疫病及检验	
		⑤肿瘤免疫病及检验	
		⑥移植及免疫学检验	
5	免疫学检验的质量控制	免疫学检验质量控制	多媒体教室

五、课程教学目标

通过对本课程的学习，学生能阐述免疫学检验的基本理论知识，能够熟练应用各种免疫学检验方法。能及时、准确地对临床标本做出诊断报告，为临床疾病的诊断、治疗和预防提供科学依据。

1. **认知目标**

（1）能阐述免疫学的基本概念。
（2）能解释常用免疫学检验项目的原理、技术要点和临床意义。
（3）能叙述常用免疫学检验项目的操作流程。
（4）能简述与免疫相关疾病的发生机制及防治知识。
（5）具有使用和维护免疫检验常用设备仪器的基本知识。
（6）具有开展临床免疫学检验方法学评价及质量控制的基本知识。

2. **能力目标**

（1）能正确采（收）集、处理免疫学检验标本。

(2) 能独立、规范、熟练地完成免疫学常用检验项目，准确分析、判断检验结果。
(3) 具备解释、审核常用免疫学检验结果的能力。
(4) 能熟练操作、维护保养免疫学检验的常用检验仪器。
(5) 学会免疫学检验质量控制的一般方法。
(6) 能运用方法学评价知识，对常用免疫学检验方法进行评价。

3．情感目标

(1) 具有高度的责任意识、敬业精神及优良的品德，能吃苦耐劳。
(2) 具有科学、严谨的工作态度和辩证的思维方式，能一丝不苟地完成各项工作任务。
(3) 具备良好的人际沟通能力，能较好地开展团队协作。
(4) 具有良好的生物安全防护意识。
(5) 自主学习能力强，善于通过各种方式，更新知识和技能。
(6) 具有创新意识并善于改良创新工作方法，能积极发现问题并主动解决问题。

六、参考学时与学分

参考学时：72 学时。

参考学分：4 学分。

七、课程结构

课程结构如表 2-25 所示。

表 2-25 免疫学检验技术课程结构

序号	学习任务（单元、模块）	职业能力	知识、技能、态度要求	教学活动设计	学时
1	免疫学检验概述	01、02、03、04、29、30、31、34、35、36、37、73	①能解释免疫的概念和功能；②能熟悉免疫学的发展历史及免疫学检验的特点、基本程序和临床应用；③能熟知本课程的学习任务和学习要求；④能培养辩证思维习惯	①分析免疫的概念和功能；②详细介绍免疫学的发展历史及免疫学检验的特点、基本程序和临床应用；③指导观看医院检验科免疫学检验的工作视频，分组讨论免疫学检验的临床应用	2

续上表

序号	学习任务（单元、模块）	职业能力	知识、技能、态度要求	教学活动设计	学时
2	免疫学基础	01–03、29、30、31	①能归纳免疫系统的组成和功能；②能解释抗原抗体的概念、特点及决定抗原免疫原性的因素；③能解释抗原决定簇、共同抗原和交叉反应的概念及共同抗原和交叉反应的应用；④能列举医学上重要的抗原物质并解释组织相容性抗原和HLA的概念；⑤能阐述免疫球蛋白、抗体的关系并归纳免疫球蛋白的理化性质；⑥能解释免疫球蛋白的血清型、抗体的二重性并归纳简述五类免疫球蛋白的特性及其功能；⑦能归纳补体系统的组成及补体的主要理化性质；⑧能解释补体系统的激活途径；⑨能区分非特异性免疫和特异性免疫、阐述特异性免疫应答的基本过程、解释抗体产生的基本规律；⑩能解释抗体的效应作用、免疫调节和免疫耐受的概念及免疫耐受的意义；⑪养成自主学习、团队协作、辩证思维习惯	①引导归纳免疫系统的组成和功能；②分析讲授抗原抗体的概念、特点及决定抗原免疫原性的因素；③分析抗原决定簇、共同抗原和交叉反应的概念及共同抗原和交叉反应的应用；④分析讲授医学上重要的抗原物质并解释组织相容性抗原和HLA的概念；⑤分析免疫球蛋白、抗体的关系并引导归纳免疫球蛋白的理化性质；⑥分析免疫球蛋白的血清型、抗体的二重性并引导归纳简述五类免疫球蛋白的特性及其功能；⑦引导归纳补体系统的组成及补体的主要理化性质；⑧分析补体系统的激活途径；⑨引导区分非特异性免疫和特异性免疫、阐述特异性免疫应答的基本过程、解释抗体产生的基本规律；⑩能解释抗体的效应作用、免疫调节和免疫耐受的概念及免疫耐受的意义	12

续上表

序号	学习任务（单元、模块）	职业能力	知识、技能、态度要求	教学活动设计	学时
3	免疫学检验技术	01–03、29、30、31、34	①能叙述采（收）集、处理免疫学检验标本的要求；②能解释常用抗原、抗体制备的原理并归纳制备的要求及主要流程；③学会制备常见的抗原、抗体；④能按技术规范及生物安全要求，团队协作，熟练完成常用免疫学检验项目的操作，正确分析、判断、审核检验结果；⑤能熟练操作和维护常用免疫学检验的仪器设备；⑥学会免疫学检验的方法学评价；⑦养成责任、质量、安全、创新的意识及严谨的工作作风	①运用案例，讲授采（收）集、处理免疫学检验标本的要求；②分析常用抗原、抗体制备的原理，指导完成抗原及抗体的制备实训；③组织、指导完成凝集反应、沉淀反应、酶免疫技术、荧光免疫技术、金免疫技术、化学发光免疫技术等实训；④设计模拟流程，指导学生小组协作，完成常用免疫学检验项目及分析、判断、审核检验结果；⑤指导操作、维护常用免疫学检验的仪器设备；⑥精选免疫学检验项目，指导学生开展方法学评价；⑦指导学生完成医院检验科常用免疫学检验项目的见习；⑧培养学生的责任、质量、安全、创新的意识及严谨的工作作风	46
4	临床免疫学	34、37	①能解释各型超敏反应及其他常见免疫疾病的概念，并列举其主要检验项目；②能按技术规范及生物安全要求，团队协作，熟练完成各型超敏反应及其他常见免疫疾病的常用免疫学检验项目，正确分析、判断、审核其检验结果；③能熟练操作和维护常用免疫学检验的仪器设备；④学会免疫学检验方法学评价、质量控制的一般方法；⑤养成责任、质量、安全、创新的意识及严谨的工作作风	①分析讲解各型超敏反应及其他常见免疫疾病的概念，引导归纳列举其主要检验项目；②设计模拟流程，组织、指导学生小组协作，完成超敏反应常用检验项目（血清总IgE测定、循环免疫复合物测定、抗O试验等）、自身免疫疾病常用检验项目（抗核抗体检测等）及肿瘤标志物、移植免疫的常用检验项目，分析、判断、审核检验结果；③指导操作、维护常用免疫学检验的仪器设备；④精选免疫疾病的常用检验项目，指导学生开展方法学评价；⑤指导学生完成医院检验科免疫疾病常用检验项目见习；⑥培养学生的责任、质量、安全、创新的意识及严谨的工作作风	8

续上表

序号	学习任务（单元、模块）	职业能力	知识、技能、态度要求	教学活动设计	学时
5	免疫学检验的质量控制	36	①能叙述、归纳免疫学检验质量控制的内容、要求及方法；②学会完成常用免疫学检验项目的日常质量控制；③养成责任、质量、安全、创新的意识及严谨的工作作风	①分析讲授免疫学检验质量控制的内容、要求及方法；②精选常用免疫学检验项目，组织、指导指导学生开展日常质量控制；③培养学生的责任、质量、安全、创新的意识及严谨的工作作风	2
合计					70

注："职业能力"栏目的编码与本书附录1职业能力分析表中的编码对应。

八、资源开发与利用

（一）教材编写与使用

本课程教材的编写应重点突出以职业能力培养为本位、以学生为主体的特点。在教材的编写过程中，要紧扣课程标准，适应职业教育的特点，尽量让教材更贴近实际临床免疫学检验的实际工作，使教材不但成为学生学习临床免疫学检验知识的必备工具，也能成为临床免疫学检验工作的理论指导工具。另外，教材的编写应反映本学科的发展和教学改革成果，适当介绍本学科及相关学科的新进展，有利于培养学生的发散思维和实践能力。

（二）数字化资源开发与利用

为了更好地利用院校资源实现以职业能力培养为本位、以学生为主体的免疫学检验技术课程教学，可充分利用当今教育教学领域应用广泛、技术成熟的多媒体教学、计算机仿真教学等先进的教学手段，积极开展"教、学、做"为一体的情景教学以及开展"模拟临床免疫学检验过程"的综合实训教学。同时也可充分利用网络教学手段，开发授课录像带、视听光盘、多媒体课件、电子教案、习题集、试题库、测试软件等立体化教学资源包，并将教学资源包通过校园网络，为学生自主学习、自我测验提供条件；并利用学习论坛、即时通信工具、电子邮箱等建立起师生互动交流的网络平台，为学生在线答疑提供方便。积极利用电子书籍、电子期刊、数字图书馆、各大网站等网络资源，使教学内容从单一化向多元化转变，使学生知识和能力的充分拓展。

九、教学建议

(一) 教学方法

本课程的教学建议采用"教、学、做"一体化的教学模式,即将免疫学检验理论教学与实训教学在单元教学时间里融为一体,通过将教师的教、学生的学以及模拟临床免疫学检验实际工作的一体化,让学生直接感受实际临床免疫学检验工作的氛围,使学生专业理论知识与实践技能的学习有效地融为一体,实现在实践中学习理论,在运用中学习技术。

(二) 教学条件

课程教学根据教学内容不同分别在多媒体教室、一体化实训室、医院进行。辅以多媒体设备(电脑、投影仪)、黑板、实训仪器设备等基本教学设施和医院检验部(科)等配套设施(见表 2-26)。

表 2-26 免疫学检验技术课程主要仪器设备

名称	规格	数量
离心机	用于分离样本	2 台
光学显微镜	配有 10×、40×、100×物镜	50 台
电热恒温培养箱		2 台
电热恒温干燥箱		1 台
电热恒温水浴箱	恒温用	1 台
酶标测定仪	用于比色	2 台
洗板机	用于 ELISA 洗板	2 台
化学发光免疫分析仪	全自动或半自动	1 台
721(或 722)分光光度计	用于比色	4 台
冰箱	储存标本,保存试剂	1 台
电泳仪		2 台
微量振荡器		6 台
微量加样器	用于准确加样	12 套

十、教学评价

本课程的评价实施过程性考核与终结性考核相结合、理论考核与技能考核相结合、学业考核与职业态度考核相结合的三结合评价方式。考核内容以职业岗位能力为导向，注重学生综合能力与水平的考核，引导学生改变学习方式，充分激发学生学习的主动性和创造力。具体实施：过程性考核以考勤、课堂纪律、学习态度为主；终结性考核以技能操作和分析问题、解决问题为重点，评价学生的职业能力。

（撰稿人：广州卫生职业技术学院　张凯）

高职学段：微生物检验技术课程标准

一、课程名称

微生物检验技术。

二、适用专业

既适用于中高职衔接的高职医学检验技术专业，又适用于高职医学检验技术专业。

三、课程性质

本课程为中高职衔接医学检验技术专业高职学段核心课程，衔接中职学段"微生物检验技术"课程。

四、课程设计

"微生物检验技术"课程的设计理念是依据岗位需求调研、职业能力及课程分析，以岗位职业能力要求，结合知识体系来设计课程结构。在教学过程中充分体现以学生为主体，做到"教、学、做"一体化，把培养学生的职业能力的理论与实践相结合，将基本知识的掌握与应用渗透到实践性教学环节中，淡化理论与实训之间的界线，让教学更加贴近实际岗位工作，充分调动学生学习的主动性和积极性，培养学生自我管理能力，以及独立分析问题、解决问题的能力。

依据以上的设计理念和思路，本课程学习任务可包括微生物检验技术概述、细菌概述、细菌检验基本技术、临床常见致病菌检验、真菌检验、病毒检验、其他病原微生物检验和微生物学检验质量控制 8 个方面（见表 2 - 27）。

表 2 - 27 微生物检验技术课程学习任务

序号	学习任务	任务单元	教学地点
1	微生物检验技术概述	①微生物的概念、分类 ②微生物检验岗位的工作概述	多媒体教室
2	细菌概述	①细菌的形态与结构 ②细菌的生理 ③细菌的分布 ④外界因素对细菌的影响 ⑤细菌的遗传与变异 ⑥细菌的感染与免疫 ⑦细菌的分类与命名	多媒体教室

续上表

序号	学习任务	任务单元	教学地点
3	细菌检验基本技术	①细菌形态学检查法	多媒体教室、微生物检验实训室
		②细菌的培养与分离技术	
		③细菌的生物化学试验	
		④血清学实验	
		⑤动物试验	
		⑥菌种保存与管理	
		⑦细菌检验的自动化、微型化设备和新技术	
		⑧细菌对抗菌药物的敏感试验	
		⑨临床细菌学检验的质控及实验室安全防护	
4	临床常见致病菌检验	①病原性球菌及检验	多媒体教室、微生物检验实训室
		②肠杆菌科及检验	
		③弧菌科及检验	
		④弯曲菌和幽门螺杆菌及检验	
		⑤非发酵菌及检验	
		⑥其他革兰氏阴性杆菌及检验	
		⑦需氧革兰氏阳性杆菌及检验	
		⑧分枝杆菌属及检验	
		⑨厌氧性细菌及检验	
5	真菌检验	①真菌的基本性状	多媒体教室
		②病原性真菌及检验	微生物检验实训室
6	病毒检验	①病毒的基本性状和分类	多媒体教室
		②病毒的感染与免疫	
		③病毒感染的实验诊断	多媒体教室、微生物检验实训室
		④呼吸道病毒及检验	
		⑤肠道病毒及检验	
		⑥肝炎病毒及检验	
		⑦逆转录病毒	多媒体教室
		⑧其他病毒及检验	

续上表

序号	学习任务	任务单元	教学地点
7	其他病原微生物检验	①衣原体及检验 ②立克次体及检验 ③支原体及检验 ④螺旋体及检验 ⑤病原性放线菌及检验	多媒体教室、微生物检验实训室
8	微生物学检验质量控制	微生物检验质量控制	多媒体教室

五、课程教学目标

通过对本课程的学习，学生掌握微生物检验技术的基本理论知识，能够熟练应用各种微生物检验方法，及时、准确地对临床标本做出病原学诊断和抗菌药物敏感性的报告，为临床感染性疾病的诊断、治疗和预防提供科学依据。

1. 认知目标

（1）能掌握微生物的概念、分类、形态、结构、生理、致病性和免疫原性。

（2）能掌握常见临床病原微生物的生物学特性、检验方法、检验操作程序、结果鉴定方法。

（3）熟练掌握培养基的制备方法。

（4）熟练掌握常用的消毒灭菌方法。

（5）熟悉常见病原菌的药物敏感试验操作及结果判断。

（6）能掌握临床微生物检验的质量控制方法。

2. 能力目标

（1）能熟练配制各种常用的培养基、染色液和试剂。

（2）懂得常用的消毒和灭菌方法。

（3）能熟练进行细菌的染色、接种和分离。

（4）会观察分析细菌菌落形态。

（5）能正确对常见致病细菌进行鉴定。

（6）能正确进行临床常见标本的微生物检验。

（7）会废弃物的分类及处理。

（8）能正确使用和维护微生物检验的常用仪器、设备。

3. 情感目标

（1）具有强烈的责任意识和敬业精神，具有优良的品德和吃苦耐劳的精神，能爱岗敬业、兢兢业业地做好本职工作。

（2）具有科学、严谨的工作态度和辩证的思维方式，能一丝不苟地完成各项工作任务。

（3）具备良好的与患者沟通交流的能力，能关心、爱护、尊重患者，能与同事团结合作，高效完成工作任务。

（4）具有良好的生物安全防护意识，树立牢固的无菌观念。

（5）具备较强的自主学习能力，善于通过各种方式更新知识和技能。

（6）具有创新意识，善于改良创新工作方法，能积极发现问题，主动解决问题。

六、参考学时与学分

参考学时：90学时。

参考学分：5学分。

七、课程结构

课程结构如表2-28所示。

表2-28 微生物检验技术课程结构

序号	学习任务（单元、模块）	职业能力	知识、技能、态度要求	教学活动设计	学时
1	微生物检验技术概述	01、02、04、32、33、34、35、36、37、68、69、70、71、72、73	①能叙述微生物概念、分类；②能叙述临床微生物检验的基本程序；③能叙述实验室安全防护守则及临床标本、菌种等操作防护原则，树立生物安全防护的观念；④能培养科学、严谨的工作态度和辩证的思维方式，树立强烈的责任意识和敬业精神	①阐述微生物的概念，列出微生物的种类；②通过观看医院检验科微生物检验室的日常工作程序视频，了解临床微生物检验工作过程；③分析实验室安全防护要求	2

续上表

序号	学习任务（单元、模块）	职业能力	知识、技能、态度要求	教学活动设计	学时
2	细菌概述	33-03	①能熟记细菌的大小、形态及排列方式；②能叙述细菌的基本结构，并能熟记细菌的特殊结构；③能解释细菌L形形成的常见原因，并能说出其重要的医学意义；④能说出细菌的化学组成、物理性状及营养类型；⑤能解释细菌生长繁殖的条件、规律；⑥能解释细菌代谢产物及医学意义；⑦能说出菌在自然界的分布特点；⑧能叙述细菌在正常人体的分布状况；⑨能解释物理因素对细菌的影响；⑩能叙述化学因素对细菌的影响；⑪能说出生物因素对细菌的影响；⑫能叙述细菌常见的变异现象；⑬能解释构成细菌致病性的三大要素；⑭能叙述机体的抗菌免疫方式；⑮能说出医院感染的概念；⑯能熟记细菌的分类与命名原则；⑰能说出血清学实验在病原体鉴定及传染病诊断中的应用；⑱能说出实验动物的分类方法及选择原则；⑲能叙述实验动物的接种途径及方法	①分析微生物的大小、形态、排列方式及结构；②解释细菌L形形成的常见原因，并举例说明其重要的医学意义；③叙述细菌的化学组成、物理性状及营养类型；④分析细菌生长繁殖的条件、规律；⑤分析细菌代谢产物及医学意义；⑥分析细菌在自然界及人体的分布特点；⑦分析物理、化学及生物因素对细菌的影响；⑧分析细菌常见变异现象；⑨分析构成细菌致病性的三大要素；⑩分析机体抗菌免疫方式；⑪阐述医院感染的概念；⑫分析细菌的分类与命名原则；⑬叙述血清学实验在病原体鉴定及传染病诊断中的应用；⑭叙述实验动物的分类方法及选择原则；⑮叙述实验动物的接种途径及方法；⑯利用显微互动系统设备，让学生直观掌握细菌的大小、形态、排列方式、结构及染色性质	8

续上表

序号	学习任务（单元、模块）	职业能力	知识、技能、态度要求	教学活动设计	学时
3	细菌检验基本技术	32、33-01、33-02、37	①能列出常用的细菌形态学检查法；②能熟练使用显微镜并正确保养；③能熟练完成细菌不染色标本及染色标本的制作及观察；④能叙述培养基的主要成分及作用；⑤能解释培养基的分类及细菌的培养方法；⑥能熟练完成培养基的制备，并学会细菌生长现象的观察；⑦能熟练完成细菌接种及分离技术；⑧能说出常用的细菌培养方法；⑨树立无菌操作观念；⑩能解释细菌生物化学的实验原理；⑪能熟练完成细菌的生物化学实验；⑫能叙述血清学的实验原理；⑬学会使用常用的消毒灭菌方法及适用对象；⑭能根据需要选择合适的菌种保存方法；⑮懂得使用细菌检验仪器；⑯能解释K-B法、稀释法药物敏感试验原理；⑰能独立完成药敏纸片制备及K-B法、稀释法药敏试验；⑱建立良好的实验室生物安全防护意识，树立牢固的无菌观念	①讲解常用的细菌形态学检查方法；②通过使用显微镜观察细菌，让学生全面掌握显微镜的使用方法；③分析培养基的主要成分、作用、分类及其制备流程；④讲解细菌的接种、分离方法；⑤叙述常用的细菌培养技术；⑥分析细菌的生长现象；⑦开展细菌的培养与分离实训；⑧开展细菌的生物化学试验、血清学实验实训；⑨叙述常用的消毒灭菌方法及适用对象；⑩分析对比各种菌种保存与管理的方法；⑪开展细菌检验仪器操作实训；⑫开展细菌对抗菌药物的敏感试验实训	16
4	临床常见致病菌检验	01-01、01-02、02、04、32、33、34、35、37	①能熟记病原性球菌、肠杆菌、弧菌、弯曲菌和幽门螺杆菌、非发酵菌、其他革兰氏阴性杆菌、需氧革兰氏阳性杆菌、分枝杆菌属、厌氧性细菌等临床致病菌的性状；②懂得病原性球菌、肠杆菌、弧菌、弯曲菌和幽门螺杆菌、非发酵菌、其他革兰氏阴性杆菌、需氧革兰氏阳性杆菌、分枝杆菌属、厌氧性细菌等临床致病菌的检验方法	①分析病原性球菌、肠杆菌、弧菌、弯曲菌和幽门螺杆菌、非发酵菌、其他革兰氏阴性杆菌、需氧革兰氏阳性杆菌、分枝杆菌属、厌氧性细菌等临床致病菌的性状；②开展病原性球菌、肠杆菌、弧菌、弯曲菌和幽门螺杆菌、非发酵菌、其他革兰氏阴性杆菌、需氧革兰氏阳性杆菌、分枝杆菌属、厌氧性细菌等临床致病菌的检验实训	36

续上表

序号	学习任务（单元、模块）	职业能力	知识、技能、态度要求	教学活动设计	学时
5	真菌检验	01-01、01-02、02、04、32、33、34、35、37	①能熟记真菌的基本性状；②懂得病原性真菌的检验方法	①分析真菌的基本性状；②开展病原性真菌检验实训	4
6	病毒检验	01-01、01-02、02、04、32、33、34、35、37	①能熟记病毒的基本性状和分类；②熟悉病毒的感染与免疫；③懂得病毒感染的实验诊断方法；④掌握呼吸道病毒、肠道病毒、肝炎病毒、逆转录病毒等常见病毒的性状；⑤懂得呼吸道病毒、肠道病毒、肝炎病毒、逆转录病毒等常见病毒的检验方法	①分析病毒的基本性状和分类、病毒的感染与免疫、病毒感染的实验诊断方法；②分析呼吸道病毒、肠道病毒、肝炎病毒、逆转录病毒等常见病毒的性状；③开展呼吸道病毒、肠道病毒、肝炎病毒、逆转录病毒等常见病毒检验实训	16
7	其他病原微生物检验	01-01、01-02、02、04、32、33、34、35、37	①掌握衣原体、立克次体、支原体、螺旋体和病原性放线菌的性状；②懂得衣原体、立克次体、支原体、螺旋体和病原性放线菌的检验方法	①分析衣原体、立克次体、支原体、螺旋体和病原性放线菌的性状；②开展衣原体、立克次体、支原体、螺旋体和病原性放线菌检验实训	6
8	微生物学检验质量控制	36	①能解释室内质量控制及室间质量评价；②能叙述室内质量控制的方法及操作要求；③能说出室间质量控制的常用评价方法	①阐述质量控制的概念以及临床微生物检验质量控制的重要意义；②分析微生物检验质量控制的方法及操作要求；③开展微生物检验质量控制实训	2
			合计		90

注："职业能力"栏目的编码与本书附录1职业能力分析表中的编码对应。

八、资源开发与利用

（一）教材编写与使用

本课程教材的编写应以教育部高职高专优秀（或规划）教材为基础，重点突出以职业能力培养为本位，以学生为主体的特点。在教材的编写过程中，要紧扣课程标准，适应职业教育的特点，尽量让教材贴近临床微生物检验的实际工作，使教材不但成为学生学习临床微生物检验知识的必备工具，也能成为临床微生物检验工作的理论指导工具。另外，教材的编写应反映本学科的发展和教学改革成果，适当介绍本学科及相关学科的新进展，有利于培养学生的发散思维和实践能力。

（二）数字化资源开发与利用

为了更好地利用院校资源实现以职业能力培养为本位、以学生为主体的微生物检验技术课程教学，可充分利用当今教育教学领域应用广泛、技术成熟的多媒体教学、计算机仿真教学等先进的教学手段，积极开展"教、学、做"为一体的教学以及开展"模拟临床微生物检验过程"的综合实训教学。同时也可充分利用网络教学手段，开发授课录像带、视听光盘、多媒体课件、电子教案、习题集、试题库、测试软件等立体化教学资源包，并将教学资源包通过校园网络，为学生自主学习、自我测验提供条件；并利用学习论坛、即时通信工具、电子邮箱等建立起师生互动交流的网络平台，为学生在线答疑提供方便。积极利用电子书籍、电子期刊、数字图书馆、各大网站等网络资源，使教学内容从单一化向多元化转变，使学生知识和能力的充分拓展。

九、教学建议

（一）教学方法

本课程的教学建议采用"教、学、做"一体化的教学模式，即将微生物检验技术理论教学与实训教学在单元教学时间里融为一体，通过将教师的教、学生的学以及模拟临床微生物检验实际工作的一体化，让学生直接感受临床微生物检验实际工作的氛围，使学生专业理论知识与实践技能的学习有效地融为一体，实现在实践中学习理论，在运用中学习技术。

（二）教学条件

课程教学根据教学内容不同分别在多媒体教室、一体化实训室、医院进行。辅以多媒体设备（电脑、投影仪）、黑板、实训仪器设备等基本教学设施和医院检验部（科）等配套设施（见表2-29）。

表2-29 微生物检验技术课程主要仪器设备

名称	规格	数量
光学显微镜	配有10×、40×、100×物镜	40台
电冰箱		2台
普通天平		6台
染色架	染色架能用于革兰染色和抗酸染色	20个
细菌恒温培养箱	可调10~60℃，用于细菌恒温培养	2台
电热恒温干燥器		1台
高压蒸汽灭菌器	用于消毒灭菌（电热，立式）	2台
超净工作台（国产）或生物安全柜	用于无菌接种	1台
细菌接种工具	接种细菌	40套
电炉	普通电炉	15个
电热恒温震荡培养箱	用于细菌培养	1台
厌氧培养罐	用于细菌培养	1套
二氧化碳培养箱	用于细菌培养	1台

十、教学评价

本课程的评价实施过程性考核与终结性考核相结合、理论考核与技能考核相结合、学业考核与职业态度考核相结合的三结合评价方式。考核内容以职业岗位能力为导向，注重学生综合能力与水平的考核，引导学生改变学习方式，充分激发学生学习的主动性和创造力。具体实施：过程性考核以考勤、课堂纪律、学习态度为主；终结性考核以技能操作和分析问题、解决问题为重点，评价学生的职业能力。

（撰稿人：惠州卫生职业技术学院 江海东、靖吉芳、王富英）

高职学段：临床实验室质量管理与生物安全课程标准

一、课程名称

临床实验室质量管理与生物安全。

二、适用专业

既适用于中高职衔接的高职医学检验技术专业，又适用于高职医学检验技术专业。

三、课程性质

本课程为中高职衔接医学检验技术专业高职学段核心课程。

四、课程设计

本门课程设计依据岗位需求调研、职业能力及课程分析，按照岗位职业能力要求，结合知识体系来设计课程结构。本课程从临床实验室的人员管理、技术管理、安全管理、质量管理及信息管理5个模块入手，优化课程内容，突出重点，透析难点。力争将每个知识点的理论和相应的实践技能结合，做到理论与实训一体化，让学生做到"学有所感，学有所思，学有所悟"。力求打破传统的教师一讲到底的"填鸭式"教学，充分发挥学生的主观能动性，让学生在课堂上不再是一个被动的接受者，而是一个积极的参与者，从而实现从教师主导型向学生主体型的过渡。

依据以上的设计理念和思路，本课程学习任务可包括临床实验室管理概述、临床实验室人员管理、临床实验室技术管理、临床实验室安全管理、检验前质量保证、检验中质量保证、检验后质量保证、计量学溯源性和测量不确定度、临床检验方法评价、实验室认可和临床实验室信息系统11个方面（见表2-30）。

表2-30 临床实验室质量管理与生物安全课程学习任务

序号	学习任务	任务单元	教学地点
1	临床实验室管理概述	①临床实验室的定义、分类、功能和工作准则 ②临床实验室管理的内容及特性 ③我国临床实验室质量管理的要求和进展	多媒体教室
2	临床实验室人员管理	①临床实验室人才队伍建设 ②人力资源培训	多媒体教室

续上表

序号	学习任务	任务单元	教学地点
3	临床实验室技术管理	①临床实验室规划与建设 ②临床实验室仪器设备管理 ③实验室物质的管理	多媒体教室 医院检验科
4	临床实验室安全管理	①临床实验室一般安全 ②临床实验室生物安全管理	多媒体教室 医院检验科
5	检验前质量保证	①检验前质量保证的基本内容及重要性 ②生物变异和患者状态对检验结果的影响 ③检验申请 ④标本采集 ⑤建立检验前质量保证措施	多媒体教室
6	检验中质量保证	①室内质量控制 ②室间质量评价	多媒体教室 计算机操作室
7	检验后质量保证	①检验结果的审核和发放 ②检验后标本的储存 ③检验结果的查询 ④咨询服务	多媒体教室
8	计量学溯源性和测量不确定度	①有关概念 ②主要术语 ③临床检验中的计量学溯源性 ④测量不确定度	多媒体教室
9	临床检验方法评价	①临床检验方法的分级 ②分析性能及其评价方法 ③定性实验方法的评价	多媒体教室
10	实验室认可	①实验室认可概述 ②合格评定和实验室认可的发展 ③实验室认可体系 ④实验室认可活动及相关标准	多媒体教室
11	临床实验室信息系统	①临床实验室信息系统基本概念 ②临床实验室信息系统的功能特点	多媒体教室

五、课程教学目标

通过本门课程学习,学生能够懂得临床实验室管理的基本原理和方法。

1. 认知目标

(1) 懂得临床实验室的定义和功能,以及我国临床实验室管理的相关规定。
(2) 能够说出临床实验室的人员管理和技术管理。
(3) 能够说出临床实验室的一般安全管理要求和方法。
(4) 能够解释临床实验室安全管理的要求和方法。
(5) 能够叙述检验前、检验中、检验后质量管理的要求。
(6) 能够解释室内质量控制和室间质量控制的方法及临床意义。
(7) 能够说出临床实验室质量管理有关的检测系统、溯源及不确定度和临床检验方法评价,以及医学实验室认可和实验室信息化管理等知识。

2. 能力目标

(1) 懂得临床实验室的人员、仪器设备和信息管理。
(2) 懂得临床实验室的一般安全管理。
(3) 懂得临床实验室生物安全管理。
(4) 会临床实验室质量管理。
(5) 会临床检验方法评价。
(6) 掌握实验室认可的相关知识。

3. 情感目标

(1) 具有良好的职业道德、爱岗敬业、诚实守信的品质。
(2) 具备较好的团队合作、沟通表达、协同创新的能力。
(3) 具备较强的自主学习能力,善于通过各种方式更新知识和技能。
(4) 具有创新意识,善于改良创新工作方法,能积极发现问题,主动解决问题。

六、参考学时与学分

参考学时:36 学时。
参考学分:2 分。

七、课程结构

课程结构如表 2-31 所示。

表2-31 临床实验室质量管理与生物安全课程结构

序号	学习任务（单元、模块）	职业能力	知识、技能、态度要求	教学活动设计	学时
1	临床实验室管理概述	72、73	①能解释临床实验室的定义和工作准则；②能叙述临床实验室的作用和功能；③能说出临床实验室负责人的工作职责及政府部门对临床实验室的管理要求；④能说出临床实验室生物安全的定义，并举例说明医学检验工作中生物安全的重要性	①阐述临床实验室的定义、分类、作用和功能；②解释临床实验室管理的定义和内容；③分析临床实验室负责人及能力要求；④介绍我国临床实验室质量管理的要求；⑤简述我国临床实验室质量管理未来发展趋势；⑥叙述临床实验室生物安全的定义及其重要意义	2
2	临床实验室人员管理	66-03、68、69、70、72、73-03、73-04、73-05、73-06、73-07、73-08、73-09、73-10	①能解释临床实验室人员管理的基本内容；②能叙述临床实验室人员的素质、组成和结构；③能叙述临床实验室人员的能力保证及核心能力人才的建设；④能说出临床实验室人力资源培训的必要性、原则、类型及途径；⑤能说出人力资源培训的组织实施	①分析临床实验室人员的素质、组成和结构；②介绍实验室人员的能力保证、核心能力人才的建设；③解释临床实验室人力资源培训的必要性、原则、类型及途径；④讲述培训的组织实施	3
3	临床实验室技术管理	05-04-02、11-01-03、13-01-02、24-01-02、27-01-03、29-03-01、30-01-03、37、72-01-02	①能解释临床实验室仪器设备的配备与购置管理、使用管理、技术管理；②能解释大型精密仪器设备管理、仪器设备管理的考核与经济管理；③能解释化学试剂、标准物质的管理；④能叙述仪器鉴定和校准；⑤能说出临床实验室的分类、规划与设计；⑥能说出临床实验室设计的基本要求、特殊实验室的建设要求	①简述临床实验室的分类、规划与设计；②分析临床实验室设计的基本要求、特殊实验室的建设要求；③讲述实验室仪器设备的配备与购置管理、使用管理、技术管理；④讲述大型精密仪器设备管理；⑤讲述仪器设备管理的考核与经济管理；⑥介绍实验室用水的管理；⑦讲述化学试剂的管理；⑧讲述标准物质的管理；⑨介绍质量控制血清的管理；⑩组织学生到医院检验科开展临床实验室技术管理见习	3

续上表

序号	学习任务（单元、模块）	职业能力	知识、技能、态度要求	教学活动设计	学时
4	临床实验室安全管理	27-02、28-02、32-03-03、33-01-04、72、73-08	①能解释临床实验室生物安全要求及操作；②能叙述临床实验室一般安全；③能说出国内外临床实验室生物安全相关指南、标准	①讲述化学试剂、用电安全、常用仪器设备、常用玻璃器皿等的安全使用；②讲述电离辐射的安全防护；③解释实验室生物安全相关概念、生物因子的等级分类标准及危险度评估依据；④介绍生物安全实验室的等级和相应的要求及不同生物安全实验室的操作规程；⑤简述生物安全柜的分类及使用；⑥概述临床实验室生物安全管理；⑦讲述生物安全实验室个人防护要求、个人防护装备使用方法；⑧讲述临床实验室的消毒与灭菌的原理及方法；⑨讲述实验用菌（毒）株、样本及废弃物的管理；⑩讲述临床实验室生物安全应急预案与职业暴露的预防及处理；⑪讲述临床实验室生物安全技术操作规范；⑫介绍国内外实验室生物安全相关指南、标准；⑬组织学生到医院检验科开展临床实验安全管理见习	8
5	检验前质量保证	01、02、03、04、72、73-01、73-03、73-04、73-05、73-06、73-10	①能解释检验前质量保证的基本内容；②能叙述生物变异和患者状态对检验结果的影响；③能叙述标本采集及处理、输送过程；④能说出检验申请及检验前质量保证措施	①讲述检验前质量保证的基本内容及重要性；②解释生物变异和患者状态对检验结果的影响；③讲述检验申请（申请单、检验项目的申请、患者的识别）；④讲述标本采集（患者准备、标本采集、标本处理和运送、标本离心、标本）；⑤简述保证检验前质量的基本措施；⑥讲述检验前质量评价	2

续上表

序号	学习任务（单元、模块）	职业能力	知识、技能、态度要求	教学活动设计	学时
6	检验中质量保证	36、56、66、73-02、73-10-07、73-10-08、73-10-09	①能解释室内质量控制和质量控制方法；②能叙述室内质量控制的实际操作及Levey-Jennings质量控制图失控的表现；③能说出我国室间质量评价计划的程序和运作	①讲述室内质量控制基础；②讲述误差及允许误差；③讲述室内质量控制图和质量控制方法；④讲述质量控制方法的设计和应用；⑤讲述室内质量控制的实际应用；⑥讲述室内质量控制的实际操作；⑦演示应用患者数据的质量控制方法及各专业学科的室内质量控制；⑧讲述室间质量评价计划的类型、目的和作用；⑨讲述我国室间质量评价计划的程序和运作；⑩讲述通过室间质量评价提高临床检验质量；⑪简述实验室间比对；⑫简述基于Interner方式的室间质量评价数据处理应用系统；⑬开展室内质量控制计算机操作实训；⑭开展应用患者数据的质量控制方法及各专业学科的室内质量控制计算机操作实训	8

续上表

序号	学习任务（单元、模块）	职业能力	知识、技能、态度要求	教学活动设计	学时
7	检验后质量保证	05－05、07－01、08－02、09－02、10－02、11－01、11－02、13－02、14－01－03、15－01－02、15－02－02、18－01－03、18－02－03、19－01－04、19－02－02、19－02－04、19－03－02、20－01－04、20－02－03、20－02－04、20－03－02、21－02－01、21－03－02、22－02－02、22－03－02、22－04－02、23－03－02、23－03－04、24－03－02、29－04－02、34、73－01	①能解释检验报告应包括的基本信息和检验结果发放的几项基本制度；②能解释危急值、医学决定水平、窗口期的概念；③能叙述咨询服务中解释检验结果时的注意事项；④能叙述检验后标本保存的目的、种类及条件；⑤能说出检验与临床沟通的途径	①讲述检验结果的审核和发放；②讲述检验后标本的储存（目的、原则、种类与条件、生物安全）；③讲述检验结果的查询（查询常见情况、查询方式、其他）；④介绍咨询服务、咨询服务的重要性、咨询服务涉及的主要方面、对患者的咨询服务；⑤讲述检验应把握的几个问题；⑥介绍检验与临床沟通的几个途径；⑦介绍检验咨询服务人员的要求	2

续上表

序号	学习任务（单元、模块）	职业能力	知识、技能、态度要求	教学活动设计	学时
8	计量学溯源性和测量不确定度	05-02、13-02、30-01、73-02、73-06	①能解释准确度、正确度和精密度、溯源性和不确定度及有关术语，解释溯源性的建立，解释不确定度评定的一般规则与方法；②能叙述参考测量系统及有关术语，叙述临床检验参考系统现状及应用；③能说出临床实验室及室间质量评价与溯源性，说出不确定度评定有关问题及临床检验中的测量不确定度	①阐述准确度、正确度和精密度、溯源性和不确定度等概念；②讲述主要术语（检验标度及有关术语、量和量值及有关术语、准确度、正确度和精密度及有关术语、测量方法和程序及有关术语、标准和参考及有关术语、溯源性和不确定度及有关术语、参考测量系统及有关术语、互换性和基质效应及有关术语）；③讲述临床检验中的计量学溯源性（概述、溯源性的建立、临床检验参考系统现状及应用、临床实验室及室间质量评价机构与溯源性）；④讲述测量不确定度（概述、测量不确定度的评估过程、计算标准不确定度及临床不确定度评估）	2
9	临床检验方法评价	05-04、12-01-03、12-02-02、16-01-02、16-02-02、17-02-02、73-02	①能解释临床检验方法的分级及各级临床检验方法的概念及应用；②能叙述临床检验方法的精密度及其评价方法；③能叙述临床检验方法的准确度及其评价方法；④能说出临床检验方法线性范围及其评价方法；⑤能说出临床检验方法参考范围的验证；⑥能说出临床定性检验方法的评价	①讲述临床检验方法的分级（决定性方法、参考方法、常规方法）；②讲述分析性能及其评价方法（精密度及其评价、准确度及其评价、线性范围及其评价、参考区间及其验证）；③简述定性实验方法的评价（评价前准备、评价方法）	2

续上表

序号	学习任务（单元、模块）	职业能力	知识、技能、态度要求	教学活动设计	学时
10	实验室认可	73-02、73-03、73-04、73-09、73-10	①能解释实验室认可的定义和意义；②能叙述实验室认可体系包括的要素；③能说出实验室认可发展情况、认证与认可的区别	①讲述实验室认可的概述、定义、意义；②讲述合格评定和实验室认可的发展情况；③讲述实验室认可体系（权威的认可机构、规范的认可文件、明确的认可标准、完善的认可程序、合格的评审员）；④介绍国际标准化组织的实验室认可标准；⑤介绍美国的实验室认可；⑥介绍中国合格评定国家认可委员会；⑦介绍CNAS认证机构、实验室、检查机构认可现状	2
11	临床实验室信息系统	35、73-07、73-09、73-10	①能解释临床实验室信息系统的基本概念、要素及功能；②能叙述临床实验室信息系统的结构与组成；③能说出临床实验室信息系统与医院信息管理系统的无缝连接	①阐述临床实验室信息系统的基本概念、数据、信息；②讲述临床实验室信息技术、医学信息学、医院信息系统、临床实验室信息系统；③讲述临床实验室信息系统的功能特点（强调以标本为中心的流程再造、条形码技术的应用、临床实验室信息系统与仪器的双向通信）；④简述临床实验室信息系统与医院信息管理系统的无缝连接；⑤简述临床检验自动化和智能化	2
			合计		36

注："职业能力"栏目的编码与本书附录1职业能力分析表中的编码对应。

八、资源开发与利用

（一）教材编写与使用

本课程教材的编写应以教育部高职高专优秀（或规划）教材为基础，重点突出以职业能力培养为本位、以学生为主体的特点。在教材的编写过程中，要紧扣课程标准，适应职业教育的特点。尽量让教材更贴近临床工作实际，让教材不但成为学生学习临床实验室质量管理与生物安全知识的必备工具，也能成为临床实验室质量管理与生物安全工作的理论指导工具。另外，教材的编写应反映本学科的发展和教学改革成果，适当介绍本学科及相关学科的新进展，有利于培养学生的发散思维和实践能力。

（二）数字化资源开发与利用

利用现代信息技术开发授课录像带、视听光盘、多媒体课件、电子教案、习题集、试题库、测试软件等立体化教学资源包，并将教学资源包通过校园网，为学生自主学习、自我测验提供条件。利用学习论坛、即时通信工具、电子邮箱等建立起师生互动交流的网络平台，为学生在线答疑提供方便。积极利用电子书籍、电子期刊、数字图书馆、各大网站等网络资源，使教学内容从单一化向多元化转变，使学生知识和能力的充分拓展。

九、教学建议

（一）教学方法

本课程既有知识的传授，也有技能的培养，还有态度、观念的转变，是集理论课、实操课为一体的综合课程。在教学中，应当充分发挥师生双方在教学中的主动性和创造性。教师要引导学生认识到学习"临床实验室质量管理与生物安全"课程的重要性。通过教师的讲解和引导，学生要按照课程的进程，积极开展学习方法的研讨，提高教学质量，使学生会学习。实训课采用实际检验项目检测结果的质量管理方式进行，结果的评价以真实检验结果质量控制为标准。注重以学生为主体，以教师为主导，将教学的重心从"教"转移到"学"上，以促进学生综合职业能力发展，提高学生岗位适应能力。

本课程应采用理论与实践相结合、讲授与训练相结合的方式进行。根据教学内容分别采用项目教学法、任务教学法、案例教学法、小组讨论法、实验等方法。在教学的过程中，要充分利用多媒体、示教物品、实物操作提高学习兴趣。

（二）教学条件

课程教学根据教学内容不同分别在多媒体教室、计算机操作室、医院进行。辅以多媒体设备（电脑、投影仪）、黑板、检验报告单等基本教学设施和计算机操作室、医院检验部（科）等配套设施。

十、教学评价

以能力为标准，打破考试方式单一的局面，实施过程性考核与终结性考核相结合、理论考核与技能考核相结合、学业考核与职业态度考核相结合的三结合评价方式。注重学生综合能力与水平的考核，引导学生改变学习方式，充分激发学生学习的主动性和创造力。具体实施:过程性考核以考勤、课堂纪律、学习态度为主;终结性考核以职业能力为导向,以学生完成真实检验结果质量控制为标准,以技能操作和分析问题、解决问题为重点,评价学生的职业能力。

(撰稿人:惠州卫生职业技术学院 廖奔兵,惠州市中医院 叶妙琴)

高职学段：检验仪器基础课程标准

一、课程名称

检验仪器基础。

二、适用专业

既适用于中高职衔接的高职医学检验技术专业，又适用于高职医学检验技术专业。

三、课程性质

本课程为中高职衔接医学检验技术专业高职学段核心课程。

四、课程设计

"检验仪器基础"课程的设计理念是依据岗位需求调研、职业能力及课程分析，以岗位职业能力要求，结合知识体系来设计课程结构。在教学过程中充分体现以学生为主体，做到"教、学、做"一体化，培养学生将专业理论与专业技能相结合的职业能力，让教学更加贴近实际岗位工作，培养学生自我学习能力，以及独立分析问题、解决问题的能力。

依据以上的设计理念和思路，本课程学习任务可包括临床检验仪器概述、临床检验分离技术仪器、临床形态学检测仪器、临床生物化学分析仪器、临床血液流变分析仪器、临床免疫分析仪器、临床微生物检测仪器7个方面（见表2-32）。

表2-32 检验仪器基础课程学习任务

序号	学习任务	任务单元	教学地点
1	临床检验仪器概述	①临床检验仪器的特点、分类	多媒体教室
		②临床检验仪器的选择、评价、管理	
2	临床检验分离技术仪器	①移液器	生物化学检验实训室
		②离心机	
		③电泳仪	
3	临床形态学检测仪器	①显微镜	临床检验实训室
		②血细胞分析仪	
		③尿沉渣分析仪	

续上表

序号	学习任务	任务单元	教学地点
4	临床生物化学分析仪器	①自动生化分析仪	生物化学检验实训室
		②尿液化学分析仪	临床检验实训室
5	临床血液流变分析仪器	①血液凝固分析仪	血液学实训室
		②红细胞沉降率测定仪	临床检验实训室
6	临床免疫分析仪器	①洗板机	免疫检验实训室
		②酶免疫测定仪	
		③发光免疫分析仪	
7	临床微生物检测仪器	1. 生物安全柜	微生物检验实训室
		2. 微生物自动鉴定及药敏分析系统	

五、课程教学目标

通过对本课程的学习，学生掌握临床常见检验仪器设备的原理、结构、仪器性能的评价方法、仪器的正确使用方法、仪器的保养维护以及常见故障的排除方法，了解检验仪器的发展趋势和方向。

1. 认知目标

（1）能阐述常用移液器、离心机的基本类型、工作原理、基本构造及常规操作方法。

（2）能叙述尿液分析仪基本原理、基本结构及其使用、维护与保养。

（3）能叙述自动生化分析仪的基本结构、常用分析方法、性能指标、评价方法、参数设定方法、仪器使用和维护保养。

（4）能阐述洗板机、酶标仪的工作原理、结构及性能评价。

（5）能阐述血细胞分析的工作原理、基本结构、性能指标、维护、评价及常见故障及排除。

（6）能阐述血液凝固分析仪基本结构和性能评价，归纳半自动、全自动血凝分析仪的特点，血凝分析仪使用的检测方法以及各种检测方法的优缺点。

（7）能阐述红细胞沉降率测定仪分析仪的原理、结构、使用方法及注意事项。

（8）能阐述生物安全柜的基本工作原理、正确使用方法及维护。

（9）能阐述微生物自动鉴定与药敏系统的工作原理、性能及评价。

（10）能叙述微生物自动鉴定与药敏系统基本结构与各主要部件的功能、正确使用方法和常见故障。

2. 能力目标

（1）能阐述临床常见检验仪器设备的原理、结构、仪器性能的评价方法。

（2）学会一般仪器的正确使用方法、日常维护保养和简单故障的排除。

（3）能说出构成仪器的基本元件和简单电路的识别。

（4）能说出检验仪器的发展趋势和方向。

3．情感目标

（1）具有强烈的责任意识和敬业精神，具有优良的品德和吃苦耐劳的精神，能爱岗敬业、兢兢业业地做好本职工作。

（2）具有科学、严谨的工作态度和辩证的思维方式，能一丝不苟地完成各项工作任务。

（3）具备良好的与患者沟通交流的能力，能关心、爱护、尊重患者，能与同事团结合作，高效完成工作任务。

（4）具备较强的自主学习能力，善于通过各种方式，更新知识和技能。

（5）具有创新意识，善于改良创新工作方法，能积极发现问题，主动解决问题。

六、参考学时与学分

参考学时：36 学时。

参考学分：2 学分。

七、课程结构

课程结构如表 2-33 所示。

表 2-33 检验仪器基础课程结构

序号	学习任务（单元、模块）	职业能力	知识、技能、态度要求	教学活动设计	学时
1	临床检验仪器概述	03-01-01、03-02-02、05、11、13、24、27、29、30、33、36、37、73	①能懂得临床检验仪器特点、分类及临床检验仪器选择、评价、管理；②培养科学、严谨的工作态度和辩证的思维方式，树立强烈的责任意识和敬业精神	①分析临床检验仪器的特点、分类；②叙述临床检验仪器的选择、评价及管理	2
2	临床检验分离技术仪器	03-01-01、03-02-02	①能懂得离心机的工作原理及其基本构造；②会离心机的正确使用方法；③能懂得常用移液器的基本类型、工作原理、基本构造；④会常用移液器的常规操作	①解释离心机的工作原理及其基本构造；②通过学生练习使用离心机、移液器，让学生全面掌握其使用方法	4

续上表

序号	学习任务（单元、模块）	职业能力	知识、技能、态度要求	教学活动设计	学时
3	临床形态学检测仪器	05	①能懂得全（半）自动血细胞分析仪的工作原理、基本结构、性能指标；②会全（半）自动血细胞分析仪的使用、维护、常见故障的排除	①解释全（半）自动血细胞分析仪的工作原理、基本结构、性能指标；②通过学生练习使用全（半）自动血细胞分析仪，让学生会全（半）自动血细胞分析仪的使用、维护	6
4	临床生物化学分析仪器	27-01	①能懂得全（半）自动尿液化学分析仪的基本原理、基本结构；②会全（半）自动尿液化学分析仪的使用、维护与保养；③能懂得全（半）自动生化分析仪的基本结构、常用分析方法、性能指标、评价方法、参数设定方法；④会全（半）自动生化分析仪的日常操作及维护保养	①解释全（半）自动尿液化学分析仪的基本原理、基本结构；②解释全（半）自动生化分析仪的基本结构、常用分析方法、性能指标、评价方法、参数设定方法；③通过学生练习使用全（半）自动尿液化学分析仪，让学生会其日常操作及维护保养；④通过学生练习全（半）自动生化分析仪，使学生会全（半）自动生化分析仪的日常操作及维护保养	8
5	临床血液流变分析仪器	11-01-01、11-01-02、11-01-03、24-01-01、24-01-02、24-01-03	①能懂得全（半）自动血液凝固分析仪的基本结构和性能评价、检测方法以及各种检测方法的优缺点原理、使用注意事项；②会全（半）自动血液凝固分析仪日常操作及维护；③能懂得红细胞沉降率测定仪分析仪的原理、结构、使用注意事项；④会红细胞沉降率测定仪分析仪的日常操作及维护	①解释全（半）自动血液凝固分析仪的基本结构和性能评价、检测方法以及各种检测方法的优缺点原理、使用注意事项；②通过学生练习使用全（半）自动血液凝固分析仪，学会全（半）自动血液凝固分析仪日常操作及维护；③解释红细胞沉降率测定仪分析仪的原理、结构、使用注意事项；④通过练习使用红细胞沉降率测定仪，让学生会其日常操作及维护	6

续上表

序号	学习任务（单元、模块）	职业能力	知识、技能、态度要求	教学活动设计	学时
6	临床免疫分析仪器	29-02-02、29-03-01、30-01	①能懂得洗板机、酶免疫测定仪的原理、结构、性能评价、使用注意事项；②会洗板机、酶免疫测定仪日常操作及维护；③能懂得发光免疫分析仪的原理、结构、使用注意事项；④会发光免疫分析仪的日常操作及维护	①解释洗板机、酶免疫测定仪的原理、结构、性能评价、使用注意事项；②通过学生练习洗板机、酶免疫测定仪，让学生会洗板机、酶免疫测定仪日常操作及维护；③解释发光免疫分析仪的原理、结构、使用注意事项；④通过学生练习使用发光免疫分析仪，让学生会发光免疫分析仪的日常操作及维护	6
7	临床微生物检测仪器	32-01-03、33-03-04	①能懂得生物安全柜的原理、使用注意事项；②会生物安全柜的日常操作及维护；③能懂得微生物自动鉴定及药敏分析系统的原理、使用注意事项；④会微生物自动鉴定及药敏分析系统日常操作及维护	①解释生物安全柜的原理、使用注意事项；②通过学生练习使用生物安全柜，让学生会生物安全柜的日常操作及维护；③解释微生物自动鉴定及药敏分析系统的原理、使用及注意事项；④通过学生练习使用微生物自动鉴定及药敏分析系统，让学生会微生物自动鉴定及药敏分析系统日常操作及维护	4
			合计		36

注："职业能力"栏目的编码与本书附录1职业能力分析表中的编码对应。

八、资源开发与利用

（一）教材编写与使用

本课程教材的编写应以教育部高职高专优秀（或规划）教材为基础，重点突出以职业能力培养为本位、以学生为主体的特点。在教材的编写过程中，要紧扣课程标准，适应职业教育的特点，使教材更贴近临床工作实际，让教材不但成为学生学习临床检验仪器的必备工具，也能成为临床检验仪器的理论指导工具。另外，教材的编写应反映本学科的发展和教学改革成果,适当介绍本学科及相关学科的新进展,有利于培养学生的发散思维和实践能力。

(二)数字化资源开发与利用

为了更好地利用院校资源实现以职业能力培养为本位,以学生为主体的检验仪器基础课程教学,可充分利用当今教育教学领域应用广泛、技术成熟的多媒体教学、计算机仿真教学等先进的教学手段,积极开展"教、学、做"为一体的教学以及开展"模拟临床检验仪器操作过程"的综合实训教学。同时也可充分利用网络教学手段,开发授课录像带、视听光盘、多媒体课件、电子教案、习题集、试题库、测试软件等立体化教学资源包,并将教学资源包通过校园网络,为学生自主学习、自我测验提供条件;并利用学习论坛、即时通信工具、电子邮箱等建立起师生互动交流的网络平台,为学生在线答疑提供方便。积极利用电子书籍、电子期刊、数字图书馆、各大网站等网络资源,使教学内容从单一化向多元化转变,使学生知识和能力得到充分拓展。

九、教学建议

(一)教学方法

本课程的教学建议采用"教、学、做"一体化的教学模式,即以常用临床检验仪器操作为导向,将临床检验仪器理论教学与实训教学在单元教学时间里融为一体,通过将教师的教、学生的学以及学生对常用临床检验仪器操作的练习,使学生专业理论知识与实践技能的学习有效地融为一体,实现在实践中学习理论,在练习中掌握常用临床检验仪器操作。

(二)教学条件

课程教学根据教学内容不同分别在多媒体教室、一体化实训室、医院进行。辅以多媒体设备(电脑、投影仪)、黑板、实训仪器设备等基本教学设施和医院检验部(科)配套设施(见表2-34)。

表2-34 检验仪器基础课程主要仪器设备

名称	规格	数量
移液器	各种规格	各50支
离心机	低速、高速、低温	各3台
血细胞分析仪	三分类、五分类	1台
自动生化分析仪	全(半)自动	1台
尿液化学分析仪	全(半)自动	1台
血液凝固分析仪	全(半)自动	2台

续上表

名称	规格	数量
红细胞沉降率测定仪	全（半）自动	1台
洗板机	自动	1台
酶标测定仪	自动	1台
发光免疫分析仪	自动	1台
生物安全柜	用于细菌培养	1台
微生物自动鉴定及药敏分析系统	自动	1台

十、教学评价

本课程实施过程性考核与终结性考核相结合、理论考核与技能考核相结合、学业考核与职业态度考核相结合的三种评价方式。考核内容以职业岗位能力为导向，注重学生综合能力与水平的考核，引导学生改变学习方式，充分激发学生学习的主动性和创造力。具体实施：过程性考核以考勤、课堂纪律、学习态度为主；终结性考核以技能操作和分析问题、解决问题为重点，评价学生的职业能力。

（撰稿人：嘉应学院医学院　乔亚峰、叶振东）

高职学段：医学统计学课程标准

一、课程名称

医学统计学。

二、适用专业

既适用于中高职衔接的高职医学检验技术专业，又适用于高职医学检验技术专业。

三、课程性质

本课程为中高职衔接医学检验技术专业高职学段核心课程。

四、课程设计

掌握医学统计学的知识和方法将为进一步学习医学检验技术其他专业核心课程奠定基础，同时也为更好地完成医学检验实际岗位工作奠定基础。因此在设计"医学统计学"课程时，一要结合岗位职业能力要求来设计课程结构，将岗位职业能力、职业素养要求融入课程设计中；二要结合医学检验技术专业课程的内容来设计课程结构，为进一步学习这些医学检验技术核心课程奠定基础；三要在教学理念上坚持以学生为主体，以教师为主导，尽量做到"教、学、做"一体化，把培养学生的职业能力的理论与实践相结合，将基本知识的掌握与应用渗透到实践性教学环节中，充分调动学生学习的主动性和积极性，培养学生自我管理能力，以及独立分析问题、解决问题的能力；四要在教学方法上突出启发式教学模式，尽量使用"问题式""讨论式""案例式"等启发式教学方法，同时结合多媒体教学手段，充分激发学生的学习兴趣，培养学生科学的思维方式。

依据以上的设计理念和思路，本课程学习任务可包括医学统计学入门、数值变量资料的统计描述、数值变量资料的统计推断、分类变量资料的统计描述、分类变量资料的统计推断、直线相关与直线回归、秩和检验7个方面（见表2-35）。

表2-35 医学统计学课程学习任务

序号	学习任务	任务单元	教学地点
1	医学统计学入门	①医学统计的意义与基本概念	多媒体教室
		②统计资料的类型	
		③统计工作的基本步骤	
		④统计表与统计图	
		⑤SPSS数据的输入与保存	计算机实训室

续上表

序号	学习任务	任务单元	教学地点
2	数值变量资料的统计描述	①频数表	多媒体教室
		②集中趋势指标	
		③离散趋势指标	
		④正态分布及其应用	
		⑤数值变量资料统计描述的 SPSS 上机操作	计算机实训室
3	数值变量资料的统计推断	①均数的抽样误差与标准误	多媒体教室
		②t 分布	
		③总体均数的估计	
		④均数的假设检验	
		⑤方差分析	
		⑥数值变量资料统计推断的 SPSS 上机操作	计算机实训室
4	分类变量资料的统计描述	①相对数	多媒体教室
		②率的标准化法	
5	分类变量资料的统计推断	①率的抽样误差与 μ 检验	多媒体教室
		②χ^2 检验	
		③χ^2 检验的 SPSS 上机操作	计算机实训室
6	直线相关与直线回归	①直线相关	多媒体教室
		②直线回归	
		③直线相关与直线回归的区别和联系	
		④应用直线相关与直线回归的注意事项	
		⑤等级相关	
7	秩和检验	①配对资料的符合秩和检验	多媒体教室
		②两个样本比较的秩和检验	
		③多个样本比较的秩和检验	

五、课程教学目标

通过对本课程的学习，学生学会医学检验工作中统计数据的收集、整理和分析的基本理论和基本技能，为学习医学检验技术核心课程奠定基础，同时也为更好地完成医学检验实际岗位工作奠定基础。

1. 认知目标

（1）能解释医学统计学的基本概念，正确区分统计资料的类型，说出统计工作的基本步骤。

（2）能说出统计表和统计图的概念及其作用，记住统计表和统计图的基本格式及绘图要求，记住常用统计图的适用范围和绘制方法。

（3）能叙述常用数值变量资料统计描述指标的含义、应用条件和计算方法。

（4）能解释假设检验的意义和基本原理，记住假设检验的基本步骤。

（5）能叙述数值变量资料的常见统计推断方法。

（6）能解释相对数的概念，记住相对数的指标及其计算公式，说出应用相对数的注意事项，解释标准化率的概念及方法。

（7）能叙述分类变量资料的常见统计推断方法。

（8）能解释直线相关和直线回归的含义；说出直线相关与直线回归的区别和联系；叙述直线相关系数和直线回归系数的计算方法和假设检验方法；列出等级相关适用的资料类型。

（9）能说出非参数统计方法的概念和适用范围；区别参数统计法与非参数统计方法的优缺点；叙述配对资料的符号秩和检验、两样本比较的秩和检验、多样本比较的秩和检验的基本步骤和检验统计量。

（10）掌握 SPSS 统计软件的使用方法。

2. 能力目标

（1）能够绘制统计表和常用统计图。

（2）能够编制频数表，并绘制频数分布图。

（3）能够正确计算正态分布、偏态分布的 95% 参考值范围。

（4）能够正确计算常用的定量资料集中趋势指标和离散程度指标。

（5）能够选择正确的统计方法，完成数值变量资料的统计推断。

（6）能够正确计算常用的相对数。

（7）能够选择正确的统计方法，完成分类变量资料的统计推断。

（8）能够完成资料的直线回归和直线相关分析。

（9）能够完成两个独立样本资料、配对资料的秩和、多组资料的秩和检验。

（10）能够应用 SPSS 系列统计软件进行数据的统计分析。

3. 情感目标

（1）具有强烈的责任意识和敬业精神，具有优良的品德和吃苦耐劳的精神，能爱岗敬业、兢兢业业地做好本职工作。

（2）形成用数据说话、不伪造数据的职业道德观，树立坚持真理、实事求是、一丝不苟、敢说真话的科学态度和价值观。

（3）具备较强的自主学习能力，善于通过各种方式更新知识和技能。

（4）具有创新意识，善于改良创新工作方法，能积极发现问题，主动解决问题。

六、参考学时与学分

参考学时：36 学时。
参考学分：2 学分。

七、课程结构

课程结构如表 2-36 所示。

表 2-36　医学统计学课程结构

序号	学习任务（单元、模块）	职业能力	知识、技能、态度要求	教学活动设计	学时
1	医学统计学入门	无	①能说出总体与样本、同质与变异、参数与统计量、误差、概率的概念；②能正确区分统计资料的类型；③能说出统计工作的基本步骤；④能说出统计表和统计图的概念及其作用，记住统计表和统计图的基本格式及绘图要求，记住常用统计图的适用范围和绘制方法；⑤会根据数据绘制统计表和统计图；⑥能形成用数据说话、不伪造数据的职业道德观，树立坚持真理、实事求是、一丝不苟、敢说真话的科学态度和价值观；⑦能进行 SPSS 数据的输入与保存	①阐述医学统计学基本概念；②指导学生开展统计图统计表绘制实训；③指导学生开展 SPSS 数据输入与保存的计算机上机实操	4
2	数值变量资料的统计描述	无	①能说出频数表的编制方法，并能够熟练运用频数表或频数分布图，判断正态分布与偏态分布；②能掌握常用集中趋势和离散趋势指标的含义、应用条件和计算方法；③能说出正态分布的概念、特征及应用；④能利用 SPSS 软件进行数值变量资料的统计描述	①分析集中趋势指标、离散趋势指标、正态分布；②指导学生开展编制频数表实训；③开展集中趋势、离散趋势指标计算实训；④指导学生应用 SPSS 软件进行数值变量资料统计描述的计算机上机实操	4

续上表

序号	学习任务（单元、模块）	职业能力	知识、技能、态度要求	教学活动设计	学时
3	数值变量资料的统计推断	无	①能说出抽样误差的概念，记住标准误的计算公式并能说出公式的含义；②能描述 t 分布的特征及其应用；③能说出参数估计的含义及方法；④能够阐述假设检验的意义和基本原理，记住假设检验的基本步骤，能进行均数 t 检验和 μ 检验；⑤能够解释无效假设 H_0 和备择假设 H_1、单侧检验与双侧检验、检验水准 α、P 值、检验统计量、Ⅰ型错误与Ⅱ型错误；⑥能够阐述方差分析的基本思想并说出其应用条件；⑦能进行完全随机设计方差分析和随机区组设计方差分析；⑧能在多个样本均数假设检验差别有统计学意义的前提下，进行两两比较的 q 检验；⑨能利用 SPSS 软件进行数值变量资料的统计推断	①分析抽样误差、标准误、t 分布、参数估计、假设检验、t 检验、μ 检验、方差分析；②指导学生开展标准误计算实训；③指导学生开展可信区间估计的计算实训；④指导学生开展均数 t 检验、μ 检验的计算实训；⑤指导学生开展方差分析的计算实训；⑥指导学生开展应用 SPSS 软件进行 t 检验、μ 检验、方差分析的计算机上机实操	10
4	分类变量资料的统计描述	无	①能阐述相对数的概念；②能记住相对数的指标及其计算公式；③描述应用相对数的注意事项；④能解释标准化率的概念及方法	①分析相对数、率的标准化；②指导学生开展相对数计算实训；③指导学生开展率的标准化计算实训	2
5	分类变量资料的统计推断	无	①能阐述率的标准误的概念；②能进行总体率的可信区间估计；③能进行两个率差别的 μ 检验；④能叙述 χ^2 检验的意义和基本原理，记住 χ^2 检验的基本步骤；⑤能进行两个率或多个率（或构成比）差别的 χ^2 检验；⑥能利用 SPSS 软件进行分类变量资料的统计推断	①分析率的标准误、总体率的可信区间估计、χ^2 检验；②指导学生开展率的标准误计算实训；③指导学生开展总体率的可信区间估计的计算实训；④指导学生开展两个率差别 μ 检验的计算实训；⑤指导学生开展四格表 χ^2 检验、配对资料 χ^2 检验、行×列表 χ^2 检验的计算实训；⑥指导学生开展应用 SPSS 软件进行 χ^2 检验的计算机上机实操	6

续上表

序号	学习任务（单元、模块）	职业能力	知识、技能、态度要求	教学活动设计	学时
6	直线相关与直线回归	无	①能够阐述直线相关和直线回归的含义；②能说出直线相关与直线回归的区别和联系；③能记住直线相关系数和直线回归系数的计算方法，并对其进行假设检验；④能记住等级相关适用的资料类型	①分析直线相关与直线回归；②指导学生开展相关系数和回归系数的计算实训；③指导学生开展相关系数和回归系数假设检验的计算实训；④分析等级相关；⑤指导学生开展等级相关系数计算及其假设检验的计算实训	6
7	秩和检验	无	①能说出非参数统计方法的概念和适用范围；②能区别参数统计与非参数统计方法的优缺点；③能进行配对资料的符号秩和检验、两样本比较的秩和检验、多样本比较的秩和检验的计算	①分析秩和检验；②指导学生开展配对资料的符号秩和检验、两样本比较的秩和检验、多样本比较的秩和检验的计算实训	4
	合计				36

八、资源开发与利用

（一）教材编写与使用

本课程教材的编写应以教育部高职高专优秀（或规划）教材为基础，结合医学检验岗位工作需要，以职业能力培养为本位、以学生为主体。在教材的编写过程中，要紧扣课程标准，适应职业教育的特点，尽量结合医学检验岗位工作需要，将医学检验数据统计有关的知识点编入教材中，让教材更贴近医学检验实际工作的数据统计需要，让教材不但成为学生学习医学统计学知识的必备工具，也能成为医学检验数据统计工作的理论指导工具。另外，教材的编写应反映本学科的发展和教学改革成果，适当介绍本学科及相关学科的新进展，有利于培养学生的发散思维和实践能力。

（二）数字化资源开发与利用

为了更好地利用院校资源实现以职业能力培养为本位、以学生为主体的医学统计学课程教学，可充分利用当今教育教学领域应用广泛、技术成熟的多媒体教学、计算机实操教学等先进的教学手段，积极开展"教、学、做"为一体的情景教学，以及开展医学检验数据实际案例统计分析的理论、实训一体化教学。同时也可充分利用网络教学手段，开发授课录像带、视听光盘、多媒体课件、电子教案、习题集、试题库、测试软件等立体化教学资源包,并将教学资源包通过校园网络,为学生自主学习、自我测验提供条件;并利用学习论坛、即时通信工具、电子邮箱等建立起师生互动交流的网络平台,为学生在线答疑提供方便。积极利用电子书籍、电子期刊、数字图书馆、各大网站等网络资源,使教学内容从单一化向多元化转变,使学生知识和能力得到充分拓展。

九、教学建议

(一) 教学方法

本课程的教学建议采用"教、学、做"一体化的教学模式,即结合医学检验数据统计分析需要,将医学统计学理论教学与实训教学在单元教学时间里融为一体,通过将教师的教、学生的学以及模拟医学检验数据实际案例的统计分析一体化,让学生直接感受实际医学检验数据统计工作的氛围,让学生在实践教学中学习知识技能,使学生专业理论知识与实践技能的学习有效地融为一体,实现在实践中学习理论,在运用中学习技术。

(二) 教学条件

课程教学根据教学内容不同分别在多媒体教室、计算机实训室进行,辅以多媒体设备(电脑、投影仪)、黑板、计算机实训仪器设备等基本教学设施(见表2-37)。

表2-37 医学统计学课程主要仪器设备

名称	规格	数量
计算机房	60~80 m²	1 间
计算机	安装 SPSS10.0 以上版本统计软件	50 台
计算机中央服务器		1 台
SPSS 统计软件	SPSS10.0 以上版本	1 套
多媒体		1 套
计算器	能够进行函数计算并具有统计功能的计算器	50 个

十、教学评价

本课程的评价实施过程性考核与终结性考核相结合、理论考核与技能考核相结合、学业考核与职业态度考核相结合的三结合评价方式。考核内容以职业岗位能力为导向,注重学生综合能力与水平的考核,引导学生改变学习方式,充分激发学生学习的主动性和创造力。具体实施:过程性考核以考勤、课堂纪律、学习态度为主;终结性考核以技能操作和分析问题、解决问题为重点,评价学生的职业能力。

(撰稿人:惠州市中医院 姚志强,惠州卫生职业技术学院 江海东)

高职学段：生物化学检验技术课程标准

一、课程名称

生物化学检验技术。

二、适用专业

既适用于中高职衔接的高职医学检验技术专业，又适用于高职医学检验技术专业。

三、课程性质

本课程为中高职衔接医学检验技术专业高职学段临床医学检验专业方向课程，衔接中职学段临床检验专业方向的"生物化学检验技术"课程。

四、课程设计

"生物化学检验技术"课程的设计理念是依据岗位需求调研、职业能力及课程分析，以岗位职业能力要求，结合知识体系来设计课程结构。在教学过程中充分体现以学生为主体，做到"教、学、练"一体化，培养学生将专业理论与专业技能相结合的职业能力，让教学更加贴近实际岗位工作，培养学生自我学习能力，以及独立分析问题、解决问题的能力。

本课程紧扣医院检验科生化室的工作实际来选择课程内容，优化组合生物化学、临床生物化学及生化检验基本技术的教材内容。在突出质量控制的核心地位的同时，设置生物化学实验室基本知识、常用生物化学检验技术、体液蛋白质检测、糖类检测、脂类检测、酶类检测、体液酸碱度平衡电解质检测、心脏标志物检测、肝功能检测、肾功能检测、内分泌功能检测、妊娠检测、肿瘤标志物检测、质量控制、治疗药物浓度检测等模块，将尊重数据、控制质量、确保生物安全的工作态度教育贯穿于生物化学检验教学的全过程，让学生牢固树立质量为检验工作之根本的观念（见图2-1）。

在实际教学中，将与某检验模块相关的基础知识、基本操作和实践技能结合为学习技能单元，模拟工作流程把单元转化成问题，解决问题的过程就是完成学习的过程。

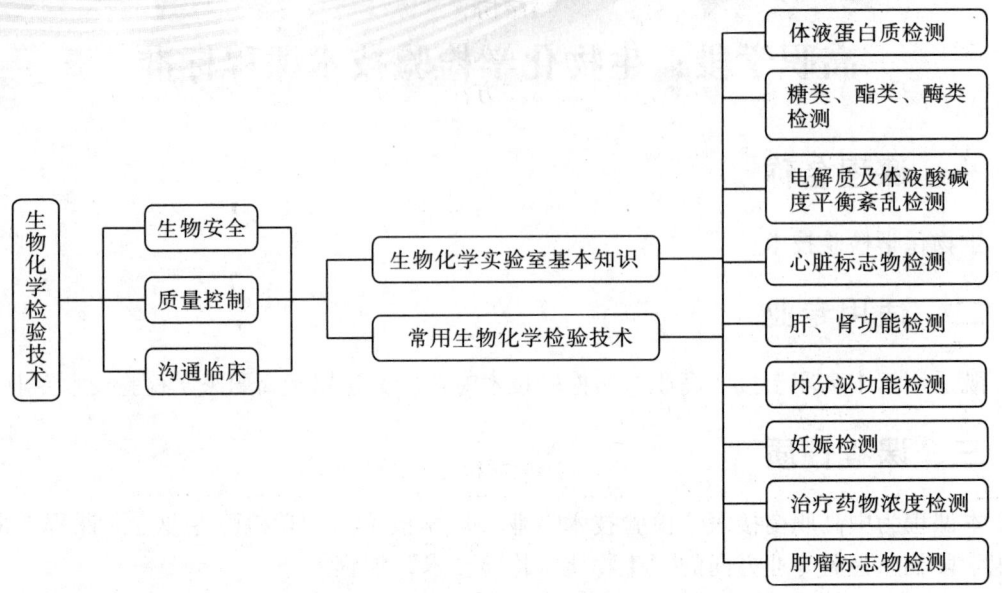

图2-1 生物化学检验技术课程设计思路

五、课程教学目标

1. 认知目标

（1）能阐述生物化学检验的含义、课程定位、所涉及的基本检验技术、操作手段与质量管理方法。

（2）能解释蛋白质、糖类、血脂及脂蛋白、电解质、胆红素、微量元素、肿瘤标志物等的生物化学代谢特征及其与临床疾病的相关性。

（3）能阐述生物化学检验项目的测定原理、操作方法与步骤、注意事项及质量控制。

2. 能力目标

（1）能正确采集、处理和保存各类生物化学检验标本。

（2）能规范操作并维护生物化学检验的常用仪器设备。

（3）能准确、熟练地完成临床生化项目的检测，并对实验结果进行合理分析。

（4）能正确进行日常各种废物的处理和消毒。

（5）学会运用方法学评价，正确选择常用临床生化项目的检验方法。

（6）学会临床检验的常用质量控制及岗位基本业务管理方法。

（7）能牢记并准确应用临床生化检测项目检验结果复查的标准。

（8）会收集患者的相关信息并及时反馈。

3. 情感目标

（1）养成优良的道德品德和吃苦耐劳的精神。

（2）树立爱岗敬业，服务患者的工作态度。

（3）树立实事求是、尊重患者数据的科学态度和工作作风。

（4）具有良好的生物安全防护意识。

(5) 善于进行人际沟通交流，具有团结协作精神。
(6) 自主学习能力强，善于通过各种方式更新知识和技能。
(7) 具有创新意识，善于改良创新工作方法，能积极发现问题、解决问题。

六、参考学时与学分

参考学时：72 学时。
参考学分：4 学分。

七、课程结构

课程结构安排如表 2-38 所示。

表 2-38 生物化学检验技术课程结构

序号	学习任务（单元、模块）	职业能力	知识、技能、态度要求	教学活动设计	学时
1	生物化学概述	01、02、03、04、27、28、34、35、37、73	①能阐述生物化学检验的概念及任务；②能叙述生物化学检验职业岗位的职责、基本工作方法及程序；③培养科学、严谨的工作态度和辩证的思维方式，树立强烈的责任意识和敬业精神	①讲述、剖析生物化学检验的概念及任务；②讲述、剖析生物化学检验职业岗位的职责、基本工作方法及程序；③指导观看医院检验科室的日常工作程序视频，提升岗位认识	2
2	生化检验实验室基本知识	01、02、03、37、73	①能规范、熟练地完成刻度吸管、微量加样器、容量瓶等的实践操作；②能规范、熟练地对各种玻璃器皿进行清洗及干燥；③能说出各种洗液的特点；④培养责任、质量、安全、关爱意识，人际沟通能力及团队协作精神	①展示生物化学检验规范操作视频，引入生化检验基本操作课题；②讲授、剖析刻度吸管、微量加样器、容量瓶的操作要点和清洗干燥方法；③指导完成刻度吸管、微量加样器、容量瓶的实训操作	4
3	常用生物化学检验技术	01、02、03、37、73	①能规范、熟练地使用并维护离心机、电热恒温水浴箱、电热恒温干燥箱、电热搅拌仪等生物化学检验常用电器设备；②能叙述生物化学检验标本采集、处理、运送的要求；③培养责任、质量、安全、关爱意识，人际沟通能力及团队协作精神	①讲授、剖析离心机、电热恒温水浴箱、电热恒温干燥箱、电热搅拌仪等生物化学检验常用仪器使用及维护要点；②剖析生物化学检验标本采集、处理、运送的要求；③示范操作生物化学检验常用仪器；④组织学生到医院检验科，进行生物化学检验检测临床见习	4

续上表

序号	学习任务（单元、模块）	职业能力	知识、技能、态度要求	教学活动设计	学时
4	体液蛋白质检测	01、02、03、04、27、28、34、35、37、73	①能叙述体液蛋白质代谢过程；②能阐述体液蛋白质检测的原理、方法学评价及临床意义；③能叙述体液蛋白质检测的质量控制；④能规范操作仪器并维护仪器；⑤学会解释实验结果；⑥培养责任、质量、安全、关爱意识，人际沟通能力及团队协作精神	①讲授、剖释蛋白质代谢过程、检测原理、临床意义、质量控制；②剖析蛋白质测定的方法及评价；③开展蛋白质测定相关操作实训	8
5	糖类检测	01、02、03、04、27、28、34、35、37、73	①能叙述糖类代谢过程；②能阐述糖类检测的原理、方法学评价及临床意义；③能叙述糖类检测的质量控制；④能规范操作仪器并维护仪器；⑤学会解释实验结果；⑥培养责任、质量、安全、关爱意识，人际沟通能力及团队协作精神	①讲授血糖的生理、病理代谢；②讲授、剖析血糖测定的原理、方法、评价、结果分析剖析及质量控制；③示范血糖测定相关仪器操作；④开展血糖测定操作实训	6
6	脂类检测	01、02、03、04、27、28、34、35、37、73	①能叙述脂类代谢过程；②能阐述脂类检测的原理、方法学评价及临床意义；③能叙述脂类检测的质量控制；④能规范操作仪器并维护仪器；⑤学会解释实验结果；⑥培养责任、质量、安全、关爱意识，人际沟通能力及团队协作精神	①讲授血浆脂蛋白的生理、病理代谢；②讲授、剖析血脂测定的原理、方法、评价、结果分析及质量控制；③示范血脂测定相关仪器操作；④开展血脂测定操作实训	6
7	酶类检测	01、02、03、04、27、28、34、35、37、73	①叙述酶类代谢过程；②阐述酶类检测的原理、方法学评价及临床意义；③叙述酶类检测的质量控制；④能规范操作仪器并维护仪器；⑤学会解释实验结果；⑥培养责任、质量、安全、关爱意识，人际沟通能力及团队协作精神	①讲授酶类代谢；②讲授、剖析血浆酶及同工酶测定的原理、方法、评价、结果分析及质量控制；③示范血浆酶类测定的相关仪器操作；④开展血浆酶类测定操作实训	8

续上表

序号	学习任务（单元、模块）	职业能力	知识、技能、态度要求	教学活动设计	学时
8	体液酸碱度平衡及电解质检测	01、02、03、04、27、28、34、35、37、73	①能叙述电解质及体液酸碱代谢过程；②能阐述电解质检测的原理、方法学评价及临床意义；③能叙述电解质检测的质量控制；④能规范仪器维护操作；⑤学会解释实验结果；⑥培养责任、质量、安全、关爱意识，人际沟通能力及团队协作精神	①讲授、剖析电解质的生理功能、测定的原理、方法、评价、结果分析及质量控制；②讲授、剖析体液酸碱度平衡的判断、检测、结果分析；③示范体液电解质测定、血气分析剖析相关仪器操作；④开展体液电解质测定、血气分析操作实训	8
9	心脏标志物检测	01、02、03、04、27、28、34、35、37、73	①能叙述心脏标志物代谢过程；②能阐述心脏标志物检测的原理、方法学评价及临床意义；③能叙述心脏标志物检测的质量控制；④能规范操作仪器并维护仪器；⑤学会解释实验结果；⑥培养责任、质量、安全、关爱意识，人际沟通能力及团队协作精神	①讲授、剖析心脏标志物在协助诊断心肌梗死中的作用；②讲授、剖析心脏标志物测定的原理、方法、评价、结果分析剖析及质量控制；③示范心脏标志物测定相关仪器操作；④开展心脏标志物测定操作实训	4
10	肝功能检测	01、02、03、04、27、28、34、35、37、73	①能叙述肝脏代谢过程；②能阐述肝功能项目检测原理、方法学评价及临床意义；③能叙述肝功能项目检测质量控制；④规范操作仪器并维护仪器；⑤学会解释实验结果	①讲授肝脏的主要生理功能；②讲授、剖析肝功能项目的测定原理、方法、评价、结果分析及质量控制；③示范肝脏功能测定相关仪器操作；④开展肝脏功能测定操作实训	6
11	肾功能检测	01、02、03、04、27、28、34、35、37、73	①能叙述肾代谢过程；②能阐述肾功能项目检测原理、方法学评价及临床意义；③能叙述肾功能项目检测的质量控制；④能规范操作仪器并维护仪器；⑤学会解释实验结果；⑥培养责任、质量、安全、关爱意识，人际沟通能力及团队协作精神	①讲授肾的主要生理功能；②讲授、剖析肾功能项目的测定原理、方法、评价、结果分析及质量控制；③示范肾功能测定相关仪器操作；④开展肾功能测定操作实训	6

续上表

序号	学习任务（单元、模块）	职业能力	知识、技能、态度要求	教学活动设计	学时
12	内分泌功能检测	01、02、03、04、27、28、34、35、37、73	①能阐述内分泌项目检测原理、方法学评价及临床意义；②能叙述内分泌项目检测的质量控制；③能规范操作仪器并维护仪器；④学会解释实验结果；⑤培养责任、质量、安全、关爱意识，人际沟通能力及团队协作精神	①讲授、分析内分泌项目的测定原理、方法、评价、结果分析及质量控制；②示范内分泌功能测定相关仪器操作	1
13	妊娠检测	01、02、03、04、27、28、34、35、37、73	①能阐述妊娠检测项目的检测原理、方法学评价及临床意义；②能叙述妊娠检测项目的质量控制等；③能规范操作仪器并维护仪器；④学会解释实验结果；⑤培养责任、质量、安全、关爱意识，人际沟通能力及团队协作精神	①讲授、分析妊娠项目的测定原理、方法、评价、结果分析及质量控制；②示范妊娠测定相关仪器操作	1
14	肿瘤标志物检测	01、02、03、04、27、28、34、35、37、73	①能阐述体液肿瘤标志物检测原理、方法学评价及临床意义；②能叙述体液肿瘤标志物检测的质量控制；③能规范操作仪器并维护仪器；④学会解释实验结果；⑤培养责任、质量、安全、关爱意识，人际沟通能力及团队协作精神	①讲授、分析肿瘤标志物测定的原理、方法、评价、结果分析及质量控制；②示范肿瘤标志物测定相关仪器操作	1
15	质量控制	36	①能阐述质量控制的重要性、常用质量控制规则的使用及意义等；②学会室内质量控制和室间室评的操作；③归纳失控后的处理步骤；④培养责任、质量、安全、关爱意识，人际沟通能力及团队协作精神	①讲授质量控制的发展、分类、重要性、操作要点；②讲授、分析质量控制规则；③分析失控后的操作；④开展质量控制操作实训	6

续上表

序号	学习任务（单元、模块）	职业能力	知识、技能、态度要求	教学活动设计	学时
16	治疗药物浓度检测	01、02、03、04、27、28、34、35、37、73	①能阐述体内药物代谢过程、检测原理、方法学评价、临床意义、质量控制等；②能规范操作仪器并维护仪器；③学会解释实验结果；④培养责任、质量、安全、关爱意识，人际沟通能力及团队协作精神	①讲授、分析体内药物代谢过程、药物浓度检测原理、方法、评价、结果分析及质量控制；②示范内分泌功能测定相关仪器操作	1
合计					72

注："职业能力"栏目的编码与本书附录1职业能力分析表中的编码对应。

八、资源开发与利用

（一）教材编写与使用

本课程教材的编写应以教育部高职高专优秀（或规划）教材为基础，重点突出以职业能力培养为本位、以学生为主体的特点。在教材的编写过程中，要紧扣课程标准，适应职业教育的特点，尽量让教材贴近实际临床生物化学检验的工作实际，使教材不但成为学生学习临床生物化学检验知识的必备工具，也能成为临床生物化学检验工作的理论指导工具。另外，教材的编写应反映本学科的发展和教学改革成果，适当介绍本学科及相关学科的新进展，有利于培养学生的发散思维和实践能力。

（二）数字化资源开发与利用

为了更好地利用院校资源实现以职业能力培养为本位、以学生为主体的生物化学检验技术课程教学，可充分利用当今教育教学领域应用广泛、技术成熟的多媒体教学、计算机仿真教学等先进的教学手段，积极开展"教、学、做"为一体的情景教学以及开展"模拟临床生物化学检验过程"的综合实训教学。同时也可充分利用网络教学手段，开发授课录像带、视听光盘、多媒体课件、电子教案、习题集、试题库、测试软件等立体化教学资源包，并将教学资源包通过校园网络，为学生自主学习、自我测验提供条件；并利用学习论坛、即时通信工具、电子邮箱等建立起师生互动交流的网络平台，为学生在线答疑提供方便。积极利用电子书籍、电子期刊、数字图书馆、各大网站等网络资源，使教学内容从单一化向多元化转变，使学生知识和能力得到充分拓展。

九、教学建议

(一) 教学方法

强化理论实践一体化，突出"做中学、做中教"的职业教育教学特色，提倡项目教学、案例教学、任务教学、角色扮演、情境教学等方法，利用校内外实训基地，将学生的自主学习、合作学习和教师引导教学等教学组织形式有机结合。

(二) 教学条件

课程教学根据教学内容不同分别在多媒体教室、一体化实训室、医院进行。辅以多媒体设备（电脑、投影仪）、黑板、实训仪器设备等基本教学设施和医院检验部（科）等配套设施（见表2-39）。

表2-39 生物化学检验技术课程主要仪器设备

名称	规格	数量
分析天平	万分之一	6台
药物天平		6台
分光光度计		6台
可见-紫外分光光度计		1台
离心机	台式低速	2台
电解质分析仪		1台
精密酸度计		1个
电热恒温水浴箱		2台
电泳仪		4台
电泳槽		4个
电热恒温干燥箱		1台
定时钟		6个
加样器		12套
全自动生化分析仪		1台

十、教学评价

本课程的评价实施过程性考核与终结性考核相结合、理论考核与技能考核相结合、学业考核与职业态度考核相结合的三结合评价方式。考核内容以职业岗位能力为导向,注重学生综合能力与水平的考核,引导学生改变学习方式,充分激发学生学习的主动性和创造力。具体实施:过程性考核以考勤、课堂纪律、学习态度为主;终结性考核以技能操作和分析问题、解决问题为重点,评价学生的职业能力。

(撰稿人:惠州市第一人民医院　曾涛,惠州卫生职业技术学院　欧阳惠君)

高职学段：临床检验基础课程标准

一、课程名称

临床检验基础。

二、适用专业

既适用于中高职衔接的高职医学检验技术专业，也适用于高职医学检验技术专业。

三、课程性质

本课程为中高职衔接医学检验技术专业高职学段临床医学检验专业方向课程，衔接中职学段临床医学检验技术专业（技能）方向的"临床检验"课程。

四、课程设计

本课程的设计理念是依据岗位需求调研、职业能力及课程分析，按岗位职业能力要求，结合知识体系来设计课程结构。在教学过程中充分体现以学生为主体，做到"教、学、做"一体化，把培养学生职业能力的理论与实践相结合，将基本知识的掌握与应用渗透到实践性教学环节中去，淡化理论与实训课之间的界限，让教学更加贴近实际岗位工作，充分调动学生学习的主动性和积极性，培养学生自我管理能力，以及独立分析问题、解决问题的能力。

依据以上的设计理念和思路，本课程学习任务可包括临床检验基础概述、血液一般检验、血细胞分析仪检验、血型与输血检验、尿液检验、粪便检验、体液检验、脱落细胞学及细针吸取细胞学检验8个方面（见表2-40）。

表2-40 临床检验基础课程学习任务

序号	学习任务	任务单元	教学地点
1	临床检验基础概述	①临床检验基础概念、任务	多媒体教室
		②临床检验岗位工作概述	
2	血液一般检验	①血液标本采集与处理	临床检验实训室
		②白细胞检验	
		③红细胞检验	
		④血小板检验	
		⑤血栓与止血一般检查	

续上表

序号	学习任务	任务单元	教学地点
3	血细胞分析仪检验	①血细胞分析仪的检测原理	多媒体教室
		②血细胞分析仪的临床应用	临床检验实训室
		③血细胞分析仪的质量保证	多媒体教室
4	血型与输血检验	①红细胞血型系统	多媒体教室
		②红细胞血型及相关检验	临床检验实训室
		③白细胞抗原系统	多媒体教室
		④血小板血型系统	
		⑤输血技术	
5	尿液检验	①尿液标本采集与处理	多媒体教室
		②尿液一般性状检验	临床检验实训室
		③尿液显微镜检验	
		④尿液化学成分检验	
		⑤尿液干化学分析仪及临床应用	
		⑥尿液分析工作站	
6	粪便检验	①粪便标本的采集与处理	临床检验实训室
		②粪便一般性状检查	
		③粪便显微镜检查	
		④粪便隐血试验	
		⑤粪便分析工作站	多媒体教室
7	体液检验	①脑脊液检验	临床检验实训室
		②浆膜腔积液检验	
		③关节腔积液检验	
		④精液检验	
		⑤前列腺液检验	
		⑥阴道分泌物检验	
8	脱落细胞学及细针吸取细胞学检验	①细胞学检验基本理论	多媒体教室
		②细胞学检验基本技术	
		③各系统细胞学检验	
		④细针吸取细胞学检验	

五、课程教学目标

通过对本课程的学习，学生掌握临床检验基础知识和常用的检验操作技能，能够熟练应用显微镜学、理学、化学、微生物学以及自动化仪器等检验方法，对患者的血液、尿液、粪便以及分泌物和排泄物等标本进行理学、化学、病原学、显微镜形态学等检查，为临床疾病的诊断、鉴别诊断、观察疗效、预后判断提供重要依据。

1. 认知目标
（1）能解释临床检验的概念，列举、归纳该职业岗位的主要工作任务及常用方法。
（2）能阐述临床检验常用检验项目及仪器的原理。
（3）能叙述临床检验常用检验项目的主要操作流程、影响因素及结果判断方法。
（4）能说出临床检验常用检验项目的参考区间值及其主要临床意义。
（5）能正确描述临床检验常见标本中的有形成分形态特征。
（6）能简单概括临床检验常用检验项目的方法学评价。
（7）能说出临床检验岗位基本业务管理和质量控制的要求。
（8）了解脱落细胞学及细针吸取细胞学、检验细胞形态学特点。

2. 能力目标
（1）能规范完成临床检验标本的采集和处理。
（2）能准确指认临床检验常见标本中的有形成分。
（3）能按技术规范要求，熟练完成临床检验基础常用检验项目，正确判断、分析其结果。
（4）会根据参考区间值，解释临床检验基础常用检验项目的临床意义。
（5）学会运用方法学评价，正确选择常用临床检验项目的检验方法。
（6）会废弃物的分类及处理。
（7）能正确使用和维护临床检验的常用仪器、设备。
（8）学会临床检验的常用质量控制及岗位基本业务管理方法。

3. 情感目标
（1）具有强烈的责任意识和敬业精神，具有优良的品德和吃苦耐劳的精神。
（2）具有科学、严谨的工作态度和辩证的思维方式。
（3）具有关心、爱护、尊重患者的意识。
（4）善于进行人际沟通交流，具有团结协作精神。
（5）具有良好的生物安全防护意识。
（6）自主学习能力强，善于通过各种方式更新知识和技能。
（7）具有创新意识，善于改良创新工作方法，能积极发现问题，主动解决问题。

六、参考学时与学分

参考学时：90 学时。
参考学分：5 学分。

七、课程结构

课程结构如表 2-41 所示。

表 2-41 临床检验基础课程结构

序号	学习任务（单元、模块）	职业能力	知识、技能、态度要求	教学活动设计	学时
1	临床检验基础概述	04、34、36、37、68、69、70、71、72、73	①能解释临床检验概念并叙述该职业岗位的基本工作方法及程序；②能培养科学、严谨的工作态度和辩证的思维方式，树立强烈的责任意识和敬业精神	①分析临床检验基础的概念及其职业岗位的工作任务；②指导观看医院检验科室的日常工作程序视频，促进了解临床检验技术	2
2	血液一般检验	06、07、08、09、10、11、24、37	①能归纳常用血液标本的采集、抗凝方法及其注意事项；②能熟练、规范完成常用血液标本的采集、抗凝；③能正确描述外周血细胞主要功能及形态特征；④能解释瑞氏染色原理及白细胞计数、白细胞分类计数、红细胞计数、血红蛋白测定、血小板计数等的手工检验原理；⑤能熟练规范制作和染色血涂片并能分析判断其结果；⑥能熟练规范使用普通光学显微镜，准确指认外周血细胞；⑦能按规范流程，熟练完成白细胞计数、白细胞分类计数、红细胞计数、血小板计数、血红蛋白测定等的手工检验；⑧能解释血栓与止血一般检验项目原理；⑨能按规范流程，熟练完成血栓与止血一般检验项目；⑩能正确判断、分析血液一般检验的结果；⑪会根据参考区间值，解释临床检验基础常用检验项目的临床意义；⑫能按血液一般检验项目的方法学评价方式，正确选择检验方法；⑬学会血液一般检验项目的质量控制及业务管理方法；⑭培养责任、质量、安全、关爱意识及人际沟通等能力	①分析讲授常用血液标本的采集、抗凝方法及其注意事项；②指导完成血液标本的采集、抗凝；③分析归纳外周血细胞主要功能及形态特征；④引导分析瑞氏染色原理及白细胞计数、白细胞分类计数、红细胞计数、血红蛋白测定、血小板计数等的手工检验原理；⑤指导制作和染色血涂片并能分析判断其结果；⑥指导指认外周血细胞；⑦指导完成白细胞计数、白细胞分类计数、红细胞计数、血小板计数、血红蛋白测定等的手工检验；⑧引导分析血栓与止血一般检验项目原理；⑨指导完成血栓与止血一般检验项目；⑩应用实训项目案例，引导分析、判断血液一般检验的结果；⑪应用实训项目案例，引导分析临床检验基础常用检验项目的临床意义；⑫应用检验项目案例，引导开展方法学评价；⑬分析血液一般检验项目的质量控制及业务管理方法；⑭将责任、质量、安全、关爱及人际沟通等融合在具体实训项目中	28

续上表

序号	学习任务（单元、模块）	职业能力	知识、技能、态度要求	教学活动设计	学时
3	血细胞分析仪检验	04、05	①能解释常用血细胞分析仪的检测原理；②能简单归纳常用血细胞分析仪的临床应用；③能熟练使用并学会保养、维护全自动血细胞分析仪；④能解释常用血细胞分析仪检测参数的意义；⑤能叙述血细胞分析仪质量保证的要点；⑥养成良好的实验室生物安全防护意识	①分析常用血细胞分析仪的检测原理；②介绍常用血细胞分析仪的临床应用；③指导使用及保养、维护全自动血细胞分析仪；④引导分析血细胞分析仪检测参数的意义；⑤归纳血细胞分析仪质量保证的要点；⑥将实验室生物安全防护知识、技能，融合在使用、维护血细胞分析的实践操作中	8
4	血型与输血检验	04、12	①能正确叙述ABO血型系统和Rh血型系统的抗原抗体组成；②能列举ABO、Rh血型鉴定的常用方法；③能熟练制备ABO、Rh血型鉴定的待检标本及各型标准红细胞悬液；④能按技术规范、生物安全要求，熟练完成ABO、Rh血型鉴定；⑤能准确分析判断ABO、Rh血型鉴定结果；⑥能解释交叉配血的概念；⑦能熟练制备献血员及受血者标本；⑧能正确选择配血方法，完成ABO血型等的交叉配血；⑨能准确分析判断交叉配血结果；⑩能对常用血型鉴定及交叉配血方法进行方法学评价；⑪能归纳血型鉴定、交叉配血的常见影响因素及相应处置方法；⑫熟悉成分血的种类、制备方法和质量保证；⑬能说出输血不良反应的种类及输血性传播性疾病；⑭培养责任、质量、安全、关爱意识及人际沟通等能力	①引导分析ABO血型系统和Rh血型系统的抗原抗体组成；②归纳ABO、Rh血型鉴定的常用方法；③指导制备ABO、Rh血型鉴定的待检标本及各型标准红细胞悬液；④指导完成ABO、Rh血型鉴定及分析判断其结果；⑤引导分析交叉配血；⑥指导制备献血员及受血者标本；⑦应用实训项目案例，指导选择配血方法及完成ABO血型等的交叉配血；⑧指导分析判断交叉配血结果；⑨将方法学评价融入血型鉴定及交叉配血方法实训项目；⑩引导分析血型鉴定、交叉配血的常见影响因素和相应处置方法；⑪介绍成分血的种类、制备方法和质量保证；⑫归纳介绍输血不良反应的种类及输血性传播性疾病；⑬将责任、质量、安全、关爱及人际沟通等，融合在具体实训项目中	10

续上表

序号	学习任务（单元、模块）	职业能力	知识、技能、态度要求	教学活动设计	学时
5	尿液检验	13、14、17	①能列举尿液检验的常用检验项目及临床应用；②能归纳尿液标本的种类、收集和保存的方法；③能叙述尿液理学检查内容、方法及临床意义；④能解释临床蛋白尿概念并区分各型蛋白尿；⑤能列举尿液化学检验的常用手工检测项目并解释相应原理；⑥能按技术规范及生物安全要求，熟练完成尿液化学检验的常用手工检测项目；⑦能准确说出各项常用尿液化学检验项目的参考区间并解释临床意义；⑧能准确叙述尿液有形成分的形态学特征及临床意义；⑨能解释血尿、脓尿的概念并区分镜下血尿和肉眼血尿；⑩能熟练规范使用显微镜，完成尿液有形成分检查；⑪能解释常用尿液干化学分析仪参数的检测原理及意义；⑫能熟练、规范操作及保养常用尿液干化学分析仪；⑬学会常用尿液干化学分析仪的质量控制；⑭学会操作尿液分析工作站；⑮学会对尿液检验的常用检验项目进行方法学评价；⑯熟悉尿液检验的业务管理；⑰了解尿液检验的进展；⑱培养责任、质量、安全、关爱意识及人际沟通等能力	①引导归纳尿液检验的常用检验项目、临床应用及尿液标本的种类、收集和保存的方法；②分析尿液理学检查内容、方法及临床意义；③引导分析临床蛋白尿概念并区分各型蛋白尿；④引导归纳尿液化学检验的常用手工检测项目并分析相应原理；⑤指导完成尿液化学检验的常用手工检测项目；⑥引导归纳各项常用尿液化学检验项目的参考区间并分析临床意义；⑦应用图例，分析尿液有形成分的形态学特征及临床意义；⑧分析血尿、脓尿的概念并区分镜下血尿和肉眼血尿；⑨指导完成尿液有形成分检查；⑩分析常用尿液干化学分析仪参数的检测原理及意义；⑪指导操作及保养常用尿液干化学分析仪；⑫分析常用尿液干化学分析仪的质量控制；⑬指导操作尿液分析工作站；⑭引导分析、归纳尿液常用检验项目的方法学评价；⑮介绍尿液检验的业务管理；⑯介绍尿液检验的进展；⑰将责任、质量、安全、关爱意识及人际沟通、分析解决问题等，融合在尿液检验实训项目中	20

续上表

序号	学习任务 （单元、模块）	职业能力	知识、技能、态度要求	教学活动设计	学时
6	粪便检验	16、22	①能归纳出粪便一般性状检查、显微镜检查、化学和免疫学检查的内容与方法；②能叙述粪便标本采集、运送与处理；③会准确描述粪便的性状变化；④能描述粪便中常见有形成分的形态特点；⑤能规范、熟练制备粪便显微镜检查的标本；⑥能解释隐血及隐血检查的概念；⑦能归纳出粪便隐血检查的常用方法并解释其原理；⑧能按技术规范、生物安全要求，熟练完成粪便的隐血检查；⑨学会评价隐血检查的常用方法；⑩能解释粪便隐血检查的临床意义；⑪了解粪便检验新进展及粪便分析工作站；⑫培养责任、质量、安全、关爱意识及人际沟通、分析解决问题等能力	①引导归纳粪便一般性状检查、显微镜检查、化学和免疫学检查的内容与方法；②结合视频资料，讲授粪便标本采集、运送与处理；③应用图例，引导描述粪便的性状变化；④讲授粪便中常见有形成分的形态特点；⑤指导制备粪便显微镜检查的标本；⑥解释隐血及隐血检查的概念；⑦引导归纳粪便隐血检查的常用方法并分析其原理；⑧指导完成粪便的隐血检查并对其进行评价；⑨分析粪便隐血检查的临床意义；⑩介绍粪便检验新进展及粪便分析工作站；⑪将责任、质量、安全、关爱意识及人际沟通、分析解决问题等，融合在粪便检验实训项目中	6
7	体液检验	18、19、20、21	①能掌握脑脊液检验、浆膜腔积液检验、精液检验、阴道分泌物检验的主要内容；②了解关节腔积液检验、前列腺液检验的项目；③懂得脑脊液检验、浆膜腔积液检验、精液检验、阴道分泌物检验的方法	①脑脊液检验、浆膜腔积液检验、精液检验、阴道分泌物检验的主要内容理论教学；②关节腔积液检验、前列腺液检验的项目理论教学；③脑脊液检验、浆膜腔积液检验、精液检验、阴道分泌物检验的实训	12
8	脱落细胞学及细针吸取细胞学检验	39	①能掌握正常、良恶性疾病脱落细胞的形态特征；②熟悉脱落细胞涂片观察及报告方式；③了解各系统病变脱落细胞的诊断特点；④学会常用细胞学标本制片、染色技术	①正常、良恶性疾病脱落细胞的形态特征理论教学；②脱落细胞涂片观察及报告方式理论教学；③各系统病变脱落细胞的诊断特点理论教学；④常用细胞学标本制片、染色技术实训	4
			合计		90

注："职业能力"栏目的编码与本书附录 1 职业能力分析表中的编码对应。

八、资源开发与利用

（一）教材编写与使用

本课程教材的编写应以教育部高职高专医学检验技术专业优秀（或规划）教材为基础，重点突出以职业能力培养为本位、以学生为主体的特点。在教材的编写过程中，要紧扣课程标准，适应职业教育的特点，尽量让教材贴近临床检验的实际工作，使教材不但成为学生学习临床检验知识的必备工具，也能成为临床检验工作的理论指导工具。另外，教材的编写应反映本学科的发展和教学改革成果，适当介绍本学科及相关学科的新进展，有利于培养学生的发散思维和实践能力。

（二）数字化资源开发与利用

为了更好地利用院校资源实现以职业能力培养为本位、以学生为主体的临床检验基础课程教学，可充分利用当今教育教学领域应用广泛、技术成熟的多媒体教学、计算机仿真教学等先进的教学手段，积极开展"教、学、做"为一体的教学以及开展"模拟临床检验过程"的综合实训教学。同时也可充分利用网络教学手段，开发授课录像带、视听光盘、多媒体课件、电子教案、习题集、试题库、测试软件等立体化教学资源包，并将教学资源包通过校园网络，为学生自主学习、自我测验提供条件；并利用学习论坛、即时通信工具、电子邮箱等建立起师生互动交流的网络平台，为学生在线答疑提供方便。积极利用电子书籍、电子期刊、数字图书馆、各大网站等网络资源，使教学内容从单一化向多元化转变，使学生知识和能力得到充分拓展。

九、教学建议

（一）教学方法

本课程的教学建议采用"教、学、做"一体化的教学模式，即将临床检验理论教学与实训教学在单元教学时间里融为一体，通过将教师的教、学生的学以及模拟临床检验实际工作一体化教学，充分利用多媒体教学、计算机仿真教学等现代化教学手段，讲授分析临床实际病例，让学生感受真实的临床检验工作岗位，激发学生学习兴趣，实现"学中做，做中学"，有效地将临床检验的基础专业理论知识与实践技能融为一体，提高教学效果。

（二）教学条件

课程教学根据教学内容不同分别在多媒体教室、一体化实训室、医院进行。辅以多媒体设备（电脑、投影仪）、黑板、实训仪器设备等基本教学设施和医院检验部（科）等配套设施（见表2-42）。

表 2-42 临床检验基础课程主要仪器设备

名称	规格	数量
光学显微镜	配有 10×、40×、100× 物镜	50 台
血细胞分析仪	三分类或五分类	1 台
尿液分析仪	全自动	1 台
可见分光光度计		2 台
血细胞计数板		50 套
数码显微投影系统		1 套
台式低速离心机		2 台
电热恒温水浴箱		2 台
电热恒温干燥箱		1 台
全自动手提式灭菌器		1 台
血凝仪		1 台
染色架		10 个

十、教学评价

本课程的评价实施过程性考核与终结性考核相结合、理论考核与技能考核相结合、学业考核与职业态度考核相结合的三结合评价方式。考核内容以职业岗位能力为导向，注重学生综合能力与水平的考核，引导学生改变学习方式，充分激发学生学习的主动性和创造力。具体实施：过程性考核以考勤、课堂纪律、学习态度为主；终结性考核以技能操作和分析问题、解决问题为重点，评价学生的职业能力。

（撰稿人：广州卫生职业技术学院　陈少华，潮州卫生学校　曾顺良）

高职学段：寄生虫检验技术课程标准

一、课程名称

寄生虫检验技术。

二、适用专业

既适用于中高职衔接的高职医学检验技术专业，又适用于高职医学检验技术专业。

三、课程性质

本课程为中高职衔接医学检验技术专业高职学段临床医学检验专业方向课程，衔接中职学段的"寄生虫检验技术"课程。

四、课程设计

课程的设计理念是依据岗位需求调研、职业能力及课程分析，以岗位职业能力要求，结合知识体系来设计课程结构。在教学过程中充分体现以学生为主体，做到"教、学、做"一体化，把培养学生职业能力的理论与实践相结合，将基本知识的掌握与应用渗透到实践性教学环节中去，淡化理论与实训医学之间的界限，让教学更加贴近实际岗位工作，充分调动学生学习的主动性和积极性，培养学生自我管理能力，以及独立分析问题、解决问题的能力。

依据以上的设计理念和思路，本课程学习任务包括概述、医学蠕虫学、医学原虫学、医学节肢动物学4个方面（见表2-43）。

表2-43　寄生虫检验技术课程学习任务

序号	学习任务	任务单元	教学地点
1	概述	寄生虫学相关名词	多媒体教室
2	医学蠕虫学	①常见蠕虫：线虫、吸虫、绦虫	多媒体教室
		②常见蠕虫形态特点及鉴别诊断要点	寄生虫检验实训室
3	医学原虫学	①常见原虫：根足虫、鞭毛虫、孢子虫	多媒体教室
		②常见原虫形态特点及鉴别诊断要点	寄生虫检验实训室
4	医学节肢动物学	①常见节肢动物：昆虫纲、蛛形纲	多媒体教室
		②常见节肢动物形态特点及鉴别诊断要点	寄生虫检验实训室

五、课程教学目标

通过对本课程的学习，使学生掌握寄生虫检验基础知识和常用的检验操作技能，能够熟练应用显微镜学，对患者的粪便、血液等标本进行显微镜形态学等检查，为临床疾病的诊断、鉴别诊断、观察疗效、预后判断提供重要依据。

1. 认知目标

（1）能解释寄生虫学相关名词。
（2）能正确描述常见寄生虫形态特点。
（3）能叙述常见寄生虫生活史特点。
（4）能说出常见寄生虫的致病作用。
（5）能概括常用常见寄生虫病的检查方法。

2. 能力目标

（1）能规范完成标本的采集和处理。
（2）能准确指认常见寄生虫成虫、幼虫、虫卵、中间宿主等。
（3）能按技术规范要求，选用检验方法，熟练完成寄生虫学常用的检验方法，正确判断、分析及解释其结果。
（4）能对寄生虫病进行鉴别诊断。
（5）会废弃物的分类及处理。
（6）能正确使用和维护常用仪器、设备。

3. 情感目标

（1）具有强烈的责任意识和敬业精神，具有优良的品德和吃苦耐劳的精神。
（2）具有科学、严谨的工作态度和辩证的思维方式。
（3）具有关心、爱护、尊重患者的意识。
（4）善于开展人际沟通交流，具有团结协作精神。
（5）具有良好的生物安全防护意识。
（6）自主学习能力强，善于通过各种方式更新知识和技能。
（7）具有创新意识，善于改良创新工作方法，能积极发现问题，主动解决问题。

六、参考学时与学分

参考学时：36 学时。
参考学分：2 学分。

七、课程结构

课程结构如表 2-44 所示。

表 2-44　寄生虫检验技术课程结构

序号	学习任务（单元、模块）	职业能力	知识、技能、态度要求	教学活动设计	学时
1	概述	22、73	①能说出共栖、互利互生、寄生的概念；②能分别列出寄生虫、宿主的种类；③能叙述寄生虫与宿主的相互关系；④能说出寄生虫检验的目的和方法；⑤能叙述寄生虫病流行的基本环节、影响因素、流行特点、防治原则，简述我国寄生虫病防治的成就与现状	①解释共栖、互利互生、寄生的概念；②讲述寄生虫、宿主的种类；③讲述寄生虫与宿主的相互关系；④讲述寄生虫检验的目的和方法；⑤讲述寄生虫流行的基本环节、影响因素、流行特点、防治原则，简述我国寄生虫病防治的成就与现状	2
2	医学蠕虫学	01、02、04、22、34、36、37、73	①能正确描述常见线虫、棘头虫、吸虫、绦虫的形态特点；②能简述常见线虫、棘头虫、吸虫、绦虫的生活史特点；③能说出常见线虫、棘头虫、吸虫、绦虫的致病作用；④能规范完成常见线虫、棘头虫、吸虫、绦虫标本的采集和处理；⑤能准确指认常见线虫、棘头虫、吸虫、绦虫的成虫、幼虫、虫卵、中间宿主等；⑥能概括常用常见线虫、棘头虫、吸虫、绦虫的检查方法，并能按技术规范要求，正确选用检验方法，熟练完成常见线虫、棘头虫、吸虫、绦虫检验，正确判断、分析及解释其结果；⑦能对常见线虫、棘头虫、吸虫、绦虫等寄生虫病进行鉴别诊断	①解释常见线虫、棘头虫、吸虫、绦虫的形态特点；②讲述常见线虫、棘头虫、吸虫、绦虫的生活史特点；③讲述常见线虫、棘头虫、吸虫、绦虫的致病作用；④示教常见线虫、棘头虫、吸虫、绦虫标本的采集和处理；⑤通过图片、标本示教常见线虫、棘头虫、吸虫、绦虫的成虫、幼虫、虫卵、中间宿主等；⑥讲述常用常见线虫、棘头虫、吸虫、绦虫等寄生虫病学的检查方法；⑦指导学生进行常见线虫、棘头虫、吸虫、绦虫等寄生虫病学检验，并指导学生判断、分析及解释实验结果；⑧讲述常见线虫、棘头虫、吸虫、绦虫等寄生虫病的鉴别诊断	14

续上表

序号	学习任务（单元、模块）	职业能力	知识、技能、态度要求	教学活动设计	学时
3	医学原虫学	01、02、04、22、34、36、37、73	①能正确描述常见叶足虫、鞭毛虫、孢子虫、纤毛虫的形态特点；②能简述常见叶足虫、鞭毛虫、孢子虫、纤毛虫的生活史特点；③能说出常见叶足虫、鞭毛虫、孢子虫、纤毛虫的致病作用；④能规范完成常见线虫、叶足虫、鞭毛虫、孢子虫、纤毛虫标本的采集和处理；⑤能准确指认常见叶足虫、鞭毛虫、孢子虫、纤毛虫的成虫、幼虫、虫卵、中间宿主等；⑥能概括常用常见叶足虫、鞭毛虫、孢子虫、纤毛虫的检查方法，并能按技术规范要求，正确选用检验方法，熟练完成常见叶足虫、鞭毛虫、孢子虫、纤毛虫检验，正确判断、分析及解释其结果；⑦能对常见叶足虫、鞭毛虫、孢子虫、纤毛虫等寄生虫病进行鉴别诊断	①解释常见叶足虫、鞭毛虫、孢子虫、纤毛虫的形态特点；②讲述常见叶足虫、鞭毛虫、孢子虫、纤毛虫的生活史特点；③讲述常见叶足虫、鞭毛虫、孢子虫、纤毛虫的致病作用；④示教常见叶足虫、鞭毛虫、孢子虫、纤毛虫标本的采集和处理；⑤通过图片、标本示教常见叶足虫、鞭毛虫、孢子虫、纤毛虫的成虫、幼虫、虫卵、中间宿主等；⑥讲述常用常见叶足虫、鞭毛虫、孢子虫、纤毛虫的寄生虫病学检查方法；⑦指导学生进行常见叶足虫、鞭毛虫、孢子虫、纤毛虫等寄生虫病学检验，并指导学生判断、分析及解释实验结果；⑧讲述常见叶足虫、鞭毛虫、孢子虫、纤毛虫等寄生虫病的鉴别诊断	14
4	医学节肢动物学	01、02、04、22、34、36、37、73	①能正确描述常见医学节肢动物的形态特点；②能简述常见医学节肢动物的生活史特点；③能说出常见医学节肢动物的致病作用；④能规范完成常见医学节肢动物标本的采集和处理；⑤能准确指认常见医学节肢动物的成虫、幼虫、虫卵、中间宿主等；⑥能概括常用常见医学节肢动物的检查方法，并能按技术规范要求，正确选用检验方法，熟练完成常见医学节肢动物检验，正确判断、分析及解释其结果；⑦能对常见医学节肢动物寄生虫病进行鉴别诊断	①解释常见医学节肢动物的形态特点；②讲述常见叶足虫、鞭毛虫、孢子虫、纤毛虫的生活史特点；③讲述常见医学节肢动物的致病作用；④示教常见叶足虫、鞭毛虫、孢子虫、纤毛虫标本的采集和处理；⑤通过图片、标本示教常见医学节肢动物的成虫、幼虫、虫卵、中间宿主等；⑥讲述常用常见医学节肢动物的寄生虫病学检查方法；⑦指导学生进行常见医学节肢动物寄生虫病学检验，并指导学生判断、分析及解释实验结果；⑧讲述常见医学节肢动物等寄生虫病的鉴别诊断	6
合计					36

注："职业能力"栏目的编码与本书附录1职业能力分析表中的编码对应。

八、资源开发与利用

（一）教材编写与使用

本课程教材的编写应以教育部高职高专医学检验技术专业优秀（或规划）教材为基础，重点突出以职业能力培养为本位、以学生为主体的特点。在教材的编写过程中，要紧扣课程标准，适应职业教育的特点，尽量让教材贴近临床寄生虫检验的工作实际，使教材不但成为学生学习临床寄生虫检验知识的必备工具，也能成为临床寄生虫检验工作的理论指导工具。另外，教材的编写应反映本学科的发展和教学改革成果，适当介绍本学科及相关学科的新进展，有利于培养学生的发散思维和实践能力。

（二）数字化资源开发与利用

为了更好地利用院校资源实现以职业能力培养为本位、以学生为主体的临床检验基础课程教学，可充分利用当今教育教学领域应用广泛、技术成熟的多媒体教学、计算机仿真教学等先进的教学手段，积极开展"教、学、做"为一体的教学，以及开展"模拟临床寄生虫检验过程"的综合实训教学。同时也可充分利用网络教学手段，开发授课录像带、视听光盘、多媒体课件、电子教案、习题集、试题库、测试软件等立体化教学资源包，并将教学资源包通过校园网络，为学生自主学习、自我测验提供条件；并利用学习论坛、即时通信工具、电子邮箱等建立起师生互动交流的网络平台，为学生在线答疑提供方便。积极利用电子书籍、电子期刊、数字图书馆、各大网站等网络资源，使教学内容从单一化向多元化转变，使学生知识和能力得到充分拓展。

九、教学建议

（一）教学方法

本课程的教学建议采用"教、学、做"一体化的教学模式，即将临床检验理论教学与实训教学在单元教学时间里融为一体，通过将教师的教、学生的学以及模拟临床寄生虫检验实际工作一体化教学，充分利用多媒体教学、计算机仿真教学等现代化教学手段，讲授分析临床实际病例，让学生感受真实的临床寄生虫检验工作，激发学生学习兴趣，实现"学中做，做中学"，有效地将临床寄生虫检验专业理论知识与实践技能融为一体，提高教学效果。

（二）教学条件

课程教学根据教学内容不同分别在多媒体教室、一体化实训室、医院进行。辅以多媒体设备（电脑、投影仪）、黑板、实训仪器设备等基本教学设施和医院检验部（科）等配套设施（见表2-45）。

表 2-45 寄生虫检验技术课程主要仪器设备

名称	规格	数量
光学显微镜	配有 10×、40×、100×物镜	50 台
全自动手提式灭菌器		1 台
染色架		10 个

十、教学评价

本课程的评价实施过程性考核与终结性考核相结合、理论考核与技能考核相结合、学业考核与职业态度考核相结合的三结合评价方式。考核内容以职业岗位能力为导向，注重学生综合能力与水平的考核，引导学生改变学习方式，充分激发学生学习的主动性和创造力。具体实施：过程性考核以考勤、课堂纪律、学习态度为主；终结性考核以技能操作和分析问题、解决问题为重点，评价学生的职业能力。

（撰稿人：惠州卫生职业技术学院　叶薇、江海东）

高职学段：血液学检验课程标准

一、课程名称

血液学检验。

二、适用专业

既适用于中高职衔接的高职医学检验技术专业，又适用于高职医学检验技术专业。

三、课程性质

本课程为中高职衔接医学检验技术专业高职学段临床医学检验专业方向课程。

四、课程设计

本课程的设计理念是依据岗位需求调研、职业能力及课程分析，以岗位职业能力要求，结合知识体系来设计课程结构。在教学过程中充分体现以学生为主体，做到"教、学、做"一体化，培养学生将专业理论与专业技能相结合的职业能力，淡化理论与实践之间的界限，让教学更加贴近实际岗位工作，培养学生自我学习能力，以及独立分析问题、解决问题的能力。

依据以上的设计理念和思路，本课程的学习任务包括临床血液学检验概述、造血细胞及骨髓细胞形态检验、红细胞疾病及其检验、白细胞疾病及其检验、血栓与止血及其检验 5 个方面（见表 2 – 46）。

表 2 – 46　血液学检验课程学习任务

序号	学习任务	任务单元	教学地点
1	临床血液学检验概述	①临床血液学检验概念	多媒体教室
		②临床血液学检验岗位工作概述	
2	造血细胞及骨髓细胞形态检验	①现代造血理论	多媒体教室
		②正常血细胞形态学	
		③骨髓细胞形态检验	形态学实训室
		④血细胞化学染色	血液学检验实训室

续上表

序号	学习任务	任务单元	教学地点
3	红细胞疾病及其检验	①贫血概述	多媒体教室
		②各种贫血病因	多媒体教室
		③各种贫血的骨髓细胞形态检验	形态学实训室
		④溶血性贫血分类	多媒体教室
		⑤各类溶血性贫血的检验	血液学检验实训室
4	白细胞疾病及其检验	①各种白细胞疾病概念及病因	多媒体教室
		②各种白细胞疾病的血细胞形态检验	血液学检验实训室
		③白血病概述	多媒体教室
		④白血病的血细胞形态检验	血液学检验实训室
5	血栓与止血及其检验	①血栓与止血概述	多媒体教室
		②常见止血障碍性疾病检查	多媒体教室
		③止凝血功能检验	血液学检验实训室
		④抗凝与纤溶功能检验	血液学检验实训室

五、课程教学目标

通过本课程的学习，学生能解释血液学检验的基本概念、原理，能够熟练应用血液学检验方法完成常见血液病的常用检验项目，为临床血液疾病的诊断、治疗和预防提供科学依据。

1. **认知目标**

（1）会描述正常骨髓细胞、异常骨髓细胞主要形态特征。

（2）能叙述骨髓检查的注意事项，适应证与禁忌证。

（3）能叙述常见白血病的血象及骨髓象特征。

（4）能叙述凝（止）血项目测定及其主要临床意义。

（5）能叙述纤溶项目测定及其主要临床意义。

（6）能列举常见贫血性疾病的常用检验项目。

2. **能力目标**

（1）会判断标本是否合格、记录异常标本情况、拒收不合格标本，能正确进行各类标本的处理。

（2）能准确指认正常骨髓细胞、异常骨髓细胞。

（3）能熟练完成常见贫血性疾病、白血病的血象，骨髓象观察。

（4）学会骨髓检验及书写骨髓报告。

（5）能熟练完成血细胞化学染色的常用检验项目并准确判断结果。

（6）能熟练完成各种常见血液病的常用血液检验项目并解释其临床意义。

（7）学会操作、维护血液病检验的常用仪器设备。

3．情感目标

（1）具有强烈的责任意识和敬业精神，具有优良的品德和吃苦耐劳的精神。

（2）具有科学、严谨的工作态度和辩证的思维方式，能一丝不苟地完成各项工作任务。

（3）具备良好的人际沟通能力，能较好地进行团队协作。

（4）具备较强的自主学习能力，善于通过各种方式更新知识和技能。

（5）具有创新意识，善于改良创新工作方法，能积极发现问题，主动解决问题。

六、参考学时与学分

参考学时：54 学时。

参考学分：3 学分。

七、课程结构

课程结构如表 2-47 所示。

表 2-47 血液学检验课程结构

序号	学习任务（单元、模块）	职业能力	知识、技能、态度要求	教学活动设计	学时
1	临床血液学检验概述	01、02、03、04、23、24、25、34、35、36、37、68、69、70、71、72、73	①能解释血液检验的概念；②能简述血液学检验的基本方法、步骤和临床应用；③熟悉血液学的发展历史；④熟知本课程的学习任务和学习要求；⑤培养科学、严谨的工作态度和辩证的思维方式，树立强烈的责任意识和敬业精神	①分析讲授血液学检验的概念；②详细介绍血液学的发展历史及血液学检验的特点、基本程序和临床应用；③指导观看医院检验科血液学检验的工作视频，分组讨论血液学检验的临床应用	4

续上表

序号	学习任务（单元、模块）	职业能力	知识、技能、态度要求	教学活动设计	学时
2	造血细胞及骨髓细胞形态检验	23-01、23-02-01、23-02-02、23-02-03、23-03-01、23-03-02	①能列举骨髓检查的注意事项，适应证与禁忌证；②能列举骨髓标本的采集方法及要求；③能简述骨髓检验的基本流程、方法；④能准确描述、指认正常骨髓（造血）细胞形态；⑤能正确观察、分析正常骨髓象，撰写骨髓象检验报告；⑥能列举常用骨髓（造血）细胞化学染色项目，解释其原理并叙述主要步骤；⑦能熟练完成常用骨髓（造血）细胞化学染色项目的操作、结果判断并解释其主要临床意义；⑧养成自主学习、团队协作、辩证思维习惯	①分析讲授骨髓检查的注意事项，适应证与禁忌证；②运用图片、视频等资料，介绍骨髓标本的采集、骨髓检验的基本流程；③利用显微互动系统设备，指导观察、描述正常骨髓（造血）细胞的各种形态特点；④组织、指导学生小组讨论，观察指认骨髓（造血）细胞；⑤分析讲授常用骨髓（造血）细胞化学染色项目的原理、主要临床意义；⑥组织、指导学生小组完成常用化学染色项目、判断染色结果；⑦培养学生的责任、质量、安全、创新的意识及严谨的工作作风	14
3	红细胞疾病及其检验	25	①能熟悉红细胞生理；②能解释贫血的概念，叙述贫血的分级、分类方法；③能列举常见红细胞疾病；④能解释溶血性贫血的概念，列举显示溶血的检验方法；⑤能熟练完成常见溶血性贫血的主要检验项目，判断检验结果并解释其临床意义；⑥能解释缺铁性贫血、巨幼细胞性贫血、再生障碍性贫血的概念，简述其病因及主要临床表现，列举其主要检验项目；⑦学会观察、判断、区别缺铁性贫血、巨幼细胞性贫血、再生障碍性贫血的血象与骨髓象；⑧养成自主学习、团队协作、辩证思维的习惯及责任、质量、安全、创新的意识	①引导学习红细胞生理；②分析贫血的概念及分级、分类方法；③介绍常见红细胞疾病；④分析讲授溶血性贫血的概念及显示溶血的检验方法；⑤指导完成常见溶血性贫血的主要检验项目，判断检验结果并解释其临床意义；⑥分析缺铁性贫血、巨幼细胞性贫血、再生障碍性贫血的概念、病因及其主要临床表现，介绍其主要检验项目；⑦指导观察、判断、区别缺铁性贫血、巨幼细胞性贫血、再生障碍性贫血的血象与骨髓象；⑧培养学生的自主学习、团队协作、辩证思维习惯及责任、质量、安全、创新的意识	14

续上表

序号	学习任务（单元、模块）	职业能力	知识、技能、态度要求	教学活动设计	学时
4	白细胞疾病及其检验	23-02-04、23-03-03、23-03-04	①能解释白血病的概念；②能叙述白血病的分类、分型方法；③能描述急性白血病形态学的一般特征，简述急性白血病的预后；④能描述急性淋巴细胞性白血病血象、骨髓象的主要特征，学会观察、分析其血象、骨髓象；⑤能描述各型急性髓细胞性白血病血象、骨髓象的主要特征，学会观察、分析其血象、骨髓象；⑥能描述慢性粒细胞性白血病血象、骨髓象的主要特征，学会观察、分析其血象、骨髓象；⑦学会撰写常见白血病骨髓象检验报告；⑧能描述多发性骨髓瘤血象、骨髓象的主要特征，叙述其常用实验室检查项目；⑨能解释类白血病反应的概念、分类，叙述其血象的主要特征；⑩了解白细胞的其他疾病；⑪养成自主学习、团队协作、辩证思维的习惯及责任、质量、安全、创新的意识	①分析白血病的概念；②介绍白血病的分类、分型方法；③分析急性白血病形态学的一般特征及预后；④分析急性淋巴细胞性白血病血象、骨髓象的主要特征，结合病例，指导观察、分析其血象、骨髓象；⑤分析各型急性髓细胞性白血病血象、骨髓象的主要特征，结合病例指导观察、分析其血象、骨髓象；⑥分析慢性粒细胞性白血病血象、骨髓象的主要特征，结合病例指导观察、分析其血象、骨髓象；⑦指导撰写常见白血病骨髓象检验报告；⑧分析多发性骨髓瘤血象、骨髓象的主要特征，介绍其常用实验室检查项目；⑨分析讲解类白血病反应的概念、分类，介绍其血象的主要特征；⑩介绍白细胞的其他疾病；⑪培养学生的自主学习、团队协作、辩证思维习惯及责任、质量、安全、创新的意识	16

续上表

序号	学习任务（单元、模块）	职业能力	知识、技能、态度要求	教学活动设计	学时
5	血栓与止血及其检验	24	①能解释凝血因子的概念及凝血机制的要点；②能简述正常人体抗凝、纤溶的组成及机制；③能列举血栓、止血、纤溶的常用检验项目，解释其原理及主要临床意义；④能熟练完成血栓、止血、纤溶的常用检验项目，正确判断检验结果；⑤能解释半（全）自动血凝仪的原理，熟练操作、维护半（全）自动血凝仪；⑥了解血栓、止血、纤溶检验的新进展；⑦能列举常见血栓、纤溶及凝血异常性疾病及其常用检验项目；⑧养成自主学习、团队协作、辩证思维习惯及责任、质量、安全、创新的意识	①分析凝血因子的概念及凝血机制的要点；②分析讲授正常人体抗凝、纤溶的组成及机制；③介绍血栓、止血、纤溶的常用检验项目，分析其原理及主要临床意义；④指导完成血栓、止血、纤溶的常用检验项目，判断检验结果；⑤分析半（全）自动血凝仪的原理，指导操作、维护半（全）自动血凝仪；⑥介绍血栓、止血、纤溶检验的新进展；⑦分析讲授常见血栓、纤溶及凝血异常性疾病及其常用检验项目；⑧培养学生自主学习、团队协作、辩证思维习惯及责任、质量、安全、创新的意识	6
合计					54

注："职业能力"栏目的编码与本书附录1职业能力分析表中的编码对应。

八、资源开发与利用

（一）教材编写与使用

本课程教材的编写应以教育部高职高专优秀（或规划）教材为基础，重点突出以职业能力培养为本位、以学生为主体的特点。在教材的编写过程中，要紧扣课程标准，适应职业教育的特点，尽量让教材贴近临床血液学的实际工作，使教材不但成为学生学习临床血液学检验知识的必备工具，也能成为临床血液病诊断的理论指导工具。另外，教材的编写应反映本学科的发展和教学改革成果，适当介绍本学科及相关学科的新进展，有利于培养学生的发散思维和实践能力。

（二）数字化资源开发与利用

为了更好地利用院校资源实现以职业能力培养为本位、以学生为主体的血液学检验课程教学，可充分利用当今教育教学领域应用广泛、技术成熟的多媒体教学、计算机仿真教学等先进的教学手段，积极开展"教、学、做"为一体的教学，以及开展"模拟临床血液学检验过程"的综合实训教学。同时也可充分利用网络教学手段，开发授课录像带、视听光盘、多媒体课件、电子教案、习题集、试题库、测试软件等立体化教学资源包，并将教学资源包通过校园网络，为学生自主学习、自我测验提供条件；并利用学习论坛、即时通信工具、电子邮箱等建立起师生互动交流的网络平台，为学生在线答疑提供方便。积极利用电子书籍、电子期刊、数字图书馆、各大网站等网络资源，使教学内容从单一化向多元化转变，使学生知识和能力得到充分拓展。

九、教学建议

（一）教学方法

本课程的教学建议采用"教、学、做"一体化的教学模式，即将血液学检验理论教学与实训教学在单元教学时间里融为一体，通过将教师的教、学生的学，以及模拟临床血液学检验实际工作的一体化，让学生直接感受临床血液学检验实际工作的氛围，让学生在实践教学中学习知识技能，使学生专业理论知识与实践技能的学习有效地融为一体，实现在实践中学习理论，在运用中能学习技术。

（二）教学条件

课程教学根据教学内容不同分别在多媒体教室、一体化实训室、医院进行。辅以多媒体设备（电脑、投影仪）、黑板、实训仪器设备等基本教学设施和医院检验部（科）等配套设施（见表2-48）。

表2-48 血液学检验课程主要仪器设备

名称	规格	数量
光学显微镜	配有10×、40×、100×物镜	50台
染色架	染色架能用于瑞-吉染色和各种化学染色	20个
离心机	标本处理	6台
分光光度计	比色	2台
血凝仪	半（全）自动血凝仪	2台

十、教学评价

本课程的评价实施过程性考核与终结性考核相结合、理论考核与技能考核相结合、学业考核与职业态度考核相结合的三结合评价方式。考核内容以职业岗位能力为导向，注重学生综合能力与水平的考核，引导学生改变学习方式，充分激发学生学习的主动性和创造力。具体实施：过程性考核以考勤、课堂纪律、学习态度为主；终结性考核以技能操作和分析问题、解决问题为重点，评价学生的职业能力。

（撰稿人：嘉应学院医学院 乔亚峰、叶振东）

高职学段：输血技术课程标准

一、课程名称

输血技术。

二、适用专业

既适用于中高职衔接的高职医学检验技术专业，又适用于高职医学检验技术专业。

三、课程性质

本课程为中高职衔接医学检验技术专业高职学段输血检验技术方向课程。

四、课程设计

"输血技术"课程的设计理念是依据岗位需求调研、职业能力及课程分析，以岗位职业能力要求，结合知识体系来设计课程结构。在教学过程中充分体现以学生为主体，做到"教、学、做"一体化，把培养学生职业能力的理论与实践相结合，将基本知识的掌握与应用渗透到实践性教学环节中去，淡化理论与实训课之间的界限，让课堂教学更加贴近实际岗位工作，充分调动学生学习的主动性和积极性，培养学生自我管理能力，以及独立分析问题、解决问题的能力。

依据以上的设计理念和思路，本课程学习任务可包括献血，血液的采集，成分血的制备，血液及其成分的保存、运输和领发，免疫血液学基础，血型遗传学，红细胞血型，白细胞血型，血小板血型，血清型与红细胞酶型，输血相关疾病的检测，输血其他检测、塑料输血器材、输血技术质量控制14个方面（见表2-49）。

表2-49 输血技术课程学习任务

序号	学习任务	任务单元	教学地点
1	献血	①献血者的健康检查标准及检验项目	多媒体教室
		②血液的检测及标准	
2	血液的采集	①血站内外采血的环境要求	多媒体教室
		②采血前的准备	
		③采血技术	实训室
		④采血后对献血者的护理	多媒体教室
		⑤献血的不良反应、并发症及其处理	
		⑥采血后献血者的生理恢复	

续上表

序号	学习任务	任务单元	教学地点
3	血液成分的制备	①成分输血概述	多媒体教室
		②红细胞制剂的种类及制备	
		③浓缩血小板的制备	
		④血浆制品及冷沉淀的制备	
		⑤射线辐照的血液成分	
		⑥血液成分分离机种类及工作原理	
		⑦血细胞分离机采集血小板	实训室
		⑧血细胞分离机采集其他血液成分	
		⑨血细胞分离机采集外周血单个核细胞	
4	血液及其成分的保存、运输和领发	①国内外血液保存发展概述	多媒体教室
		②全血保存	
		③红细胞保存	
		④保存血的肉眼观察和临床应用	实训室
		⑤血液的冷冻保存	多媒体教室
		⑥血小板的保存	
		⑦造血干细胞的保存	
		⑧白细胞的保存	
		⑨血浆的保存	
		⑩冷沉淀的保存	
		⑪血液及成分的领发和报废	
		⑫血液储存及运输的基本要求	实训室
5	免疫血液学基础	①血型和血型系统	多媒体教室
		②血型抗原	
		③免疫应答	
		④免疫耐受和自身免疫	
		⑤血型抗体	
		⑥补体	
		⑦抗原、抗体反应及应用	实训室

续上表

序号	学习任务	任务单元	教学地点
6	血型遗传学	①遗传学基础和遗传物质	多媒体教室
		②血型基因	
		③血型的遗传方式	
		④血型群体的遗传学	
7	红细胞血型	①概述	多媒体教室
		②ABO血型系统	
		③Rh血型系统	
		④红细胞其他血型系统	
		⑤输血前准备	实训室
8	白细胞血型	①人类白细胞抗原的基本概念	多媒体教室
		②HLA分型	
		③HLA的遗传与多态性	
		④HLA抗体及检测	实训室
		⑤HLA在医学中的应用	多媒体教室
		⑥粒细胞血型	
9	血小板血型	①血小板血型抗原	多媒体教室
		②血小板血型的临床意义	
		③血小板同种抗体与输血	
		④血小板血型抗原、抗体检测方法	实训室
10	血清型与红细胞酶型	①血清型	多媒体教室
		②红细胞酶型	
11	输血相关疾病的检测	①输血相关疾病的概述	多媒体教室
		②输血相关疾病的检测方法	
		③艾滋病的检测	
		④输血相关病毒性肝炎的检测	实训室
		⑤输血相关梅毒的检测	
		⑥输血相关疟疾的检测	多媒体教室
		⑦输血相关HTLV-Ⅰ/Ⅱ感染的检测	
		⑧输血相关巨细胞病毒的检测	
		⑨弓形体病的检测	
		⑩其他输血相关疾病	

续上表

序号	学习任务	任务单元	教学地点
12	输血其他检测	①血液生物化学检验概述与应用	实训室
		②分子生物学检测概述与应用	多媒体教室
13	塑料输血器材	①塑料血袋	多媒体教室
		②塑料输血器	
		③白细胞滤器	
14	输血技术质量控制	①质量控制的概念及其重要意义	多媒体教室
		②采血及其血液成分制备的质量控制	
		③全血及其血液成分制备的质量控制	
		④血液检测的质量控制	实训室
		⑤原辅材料质量控制	多媒体教室
		⑥仪器设备质量控制	
		⑦工艺卫生质量控制	

五、课程教学目标

通过本课程的学习，学生掌握输血技术的基本理论知识，能够熟练进行血液的采集与成分血的制备和保存、运输和领发，应用常用的检测方法进行血型和血型抗原系统、交叉配血、血红蛋白、丙氨酸氨基转移酶及输血相关疾病的检测。

1. 认知目标

（1）能熟记献血者血液的检测项目、方法原理及标准。

（2）能叙述免疫血液学基础、成分输血概念，懂得成分血的制备、保存、运输和领发的相关知识。

（3）懂得血型和血型抗原系统、交叉配血、丙氨酸氨基转移酶及输血相关疾病的检测及结果判断。

（4）懂得聚合酶链反应技术的结果判断。

（5）懂得输血技术的质量控制。

2. 能力目标

（1）能运用献血知识开展献血宣传。

（2）会进行血液的采集、保存、运输和领发。

（3）能根据保存血的肉眼观察结果进行分析。

（4）能熟练进行成分血的制备、保存、运输和领发。

（5）能熟练进行血型和血型抗原系统、交叉配血、丙氨酸氨基转移酶及输血相关疾病的检测。

（6）会聚合酶链反应检测。

（7）能正确使用和维护常用仪器、设备。

3. 情感目标

（1）具有强烈的责任意识和敬业精神，具有优良的品德和吃苦耐劳的精神，能爱岗敬业、兢兢业业地做好本职工作。

（2）具有科学、严谨的工作态度和辩证的思维方式，能一丝不苟地完成各项工作任务。

（3）具备良好的沟通能力，能与同事团结合作，高效完成工作任务。

（4）具有同理情感，能关心、爱护、尊重献血员与患者。

（5）具有良好的生物安全防护意识，树立牢固的无菌观念。

（6）具备较强的自主学习能力，善于通过各种方式更新知识和技术。

（7）具有创新意识，善于改良创新工作方法，能积极发现问题、主动解决问题。

六、参考学时与学分

参考学时：162 学时。

参考学分：9 学分。

七、课程结构

课程结构如表 2-50 所示。

表 2-50　输血技术课程结构

序号	学习任务（单元、模块）	职业能力	知识、技能、态度要求	教学活动设计	学时
1	献血	73-04	①能熟记献血者的健康检查标准及检验项目；②能熟记血液的检测及标准；③培养科学、严谨的工作态度和辩证的思维方式，树立强烈的责任意识和敬业精神	①组织学习中华人民共和国国家标准——献血者健康检查要求；②列出献血者体格检查项目与标准；③通过观看血站工作流程视频，了解输血技术工作性质	2
2	血液的采集	58、73-01、73-05、73-06、73-08	①会对采血的环境进行分析；②懂得采血前的准备；③会采血，会核查血液标本，会血液标本接收、登记；④会采血后对献血者的护理；⑤懂得献血的不良反应、并发症及其处理的知识；⑥懂得采血后献血者的生理恢复知识；⑦关爱献血者	①分析采血环境；②介绍采血准备；③演示采血、标本接收与登记；④组织符合献血条件的学生进行献血，学会对献血者的护理；⑤解释献血的不良反应现象、并发症及其处理；⑥解释采血后献血者的生理恢复；⑦引导学生关爱献血者	8

续上表

序号	学习任务（单元、模块）	职业能力	知识、技能、态度要求	教学活动设计	学时
3	血液成分的制备	59、73-05、73-06、73-08	①会概述成分输血；②能比较红细胞制剂、浓缩血小板、血浆制品、冷沉淀、射线辐照的血液成分；③能列出成分血种类及其制备的方法与过程；④能列出血液成分分离机种类并叙述其工作原理；⑤树立无菌意识	①概述成分输血；②通过实物演示分析血液组成，列出红细胞制剂、浓缩血小板、血浆制品、冷沉淀、射线辐照的血液成分；③解释红细胞制剂的种类及制备、红细胞制剂、浓缩血小板、血浆制品及冷沉淀的制备方法与过程；④进行常用红细胞制剂、血浆制备；⑤观看血液成分分离机工作过程，解释其工作原理，列出其种类；⑥强调无菌观念	22
4	血液及其成分的保存、运输和领发	26、59、64、65、67、73-05、73-06、73-08	①懂得血液及其成分保存方法；②能熟记血液及其成分贮存、运输基本要求；③会血液及其成分的领发和报废程序；④懂得保存血的肉眼观察和临床应用；⑤有认真负责的态度	①解释血液及其成分保存方法；②解释血液及其成分贮存及运输基本要求；③比较各种抗凝剂与血液保存液，使学生正确掌握各种抗凝剂与血液保存液应用原理；④进行冰箱正确使用与维护、记录保存情况训练；⑤简述血液及其成分的领发和报废程序；⑥开展正常血与异常血的肉眼观察比较训练；⑦开展血液及其成分保存、运输和领发训练	16
5	免疫血液学基础	73-04	①能叙述血型和血型系统、血型抗原和抗体概念；②能列出抗原、抗体反应及应用；③能说出免疫应答、免疫耐受和自身免疫、补体概念	①解释血型和血型系统，血型抗原和抗体概念；②进行抗原、抗体反应试验；③讨论免疫应答、免疫耐受和自身免疫、补体概念	10
6	血型遗传学	73-04	①能说出遗传学基础和遗传物质；②归纳血型基因	①解释遗传学基础和遗传物质；②组织学生开展血型基因讨论	2

续上表

序号	学习任务（单元、模块）	职业能力	知识、技能、态度要求	教学活动设计	学时
7	红细胞血型	12-01、26	①能列出红细胞血型；②能列出 ABO 血型系统；③能列出 Rh 血型系统；④说出红细胞其他血型系统；⑤做好输血前准备	①解释红细胞血型；②叙述 ABO 血型系统；③叙述 Rh 血型系统；④解释红细胞其他血型系统；⑤开展 ABO 血型、Rh 血型检测与交叉配血实训	22
8	白细胞血型	73-04	①能叙述人类白细胞抗原的基本概念；②能列出 HLA 分型；③说出 HLA 的遗传与多态性；④会 HLA 抗体及抗体检测；⑤分析 HLA 在医学中应用；⑥分析粒细胞血型	①解释人类白细胞抗原的基本概念；②组织学生讨论 HLA 在医学上的应用；③进行粒细胞血型检测	6
9	血小板血型	73-04	①能叙述血小板血型抗原；②能列出血小板血型的临床意义；③能简述血小板同种抗体与输血；④会血小板血型抗原、抗体检测	①解释血小板血型抗原；②叙述血小板血型的临床意义；③开展血小板同种抗体与输血讨论；④理解血小板血型临床意义；⑤进行血小板血型抗原、抗体检测	4
10	血清型与红细胞酶型	73-04	①能说出血清型与红细胞酶型概念；②培养自学的能力	①解释血清型与红细胞酶型概念；②引导学生查阅血清型与红细胞酶型相关文献资料，培养学生自学能力	2
11	输血相关疾病的检测	52、53、59、60、61、62、63、64、65、67、73-06、73-08	①能叙述输血相关疾病概念；②能说出输血相关疾病种类；③会输血相关疾病的检测；④建立良好的实验室生物安全防护意识，树立牢固的无菌观念	①解释输血相关疾病概念；②说出输血相关疾病种类；③介绍输血相关疾病的检测方法；④开展输血相关疾病的检测实训	30

续上表

序号	学习任务（单元、模块）	职业能力	知识、技能、态度要求	教学活动设计	学时
12	输血其他检测	51-04-03、59、60、61、62、63、64、65、67、73-08	①熟悉血液生化学检验概念与应用；②会丙氨酸氨基转移酶（ALT）测定与结果分析；③能概述分子生物学检测，会进行聚合酶链试验；④具有科学、严谨的工作态度	①解释血液生化学检验概念与应用；②介绍丙氨酸氨基转移酶（ALT）测定与结果分析；③概述分子生物学检测；④介绍聚合酶链试验方法；⑤进行丙氨酸氨基转移酶（ALT）、聚合酶链试验实训	28
13	塑料输血器材	73-05	①会辨认和使用塑料血袋；②会辨认和使用塑料输血器；③会辨认和使用白细胞滤器	①介绍塑料血袋、塑料输血器、白细胞滤器；②通过到血站参观，认识各塑料输血器材及其应用	4
14	输血技术质量控制	66	①能叙述质量控制的概念及其重要意义；②懂得采血及其血液成分制备的质量控制；③懂得全血及血液成分制备的质量控制；④懂得血液检测的质量控制；⑤懂得原辅材料质量控制；⑥懂得仪器设备质量控制；⑦懂得工艺卫生质量控制	①解释质量控制的概念及其重要意义；②分别介绍采血及其血液成分制备的质量控制、全血及血液成分制备的质量控制、血液检测的质量控制、原辅材料质量控制、仪器设备质量控制、工艺卫生质量控制；③开展血液检测的质量控制实训	6
合计					162

注："职业能力"栏目的编码与本书附录1职业能力分析表中的编码对应。

八、资源开发与利用

（一）教材编写与使用

本课程教材的编写应以教育部高职高专优秀（或规划）教材为基础，重点突出以职业能力培养为本位、以学生为主体的特点。在教材的编写过程中，要紧扣课程标准，适应职业教育的特点，尽量让教材贴近工作实际，使教材不但成为学生学习输血技术知识的必备工具，也成为输血技术工作的理论指导工具。另外，教材的编写应反映本学科的发展和教学改革成果，适当介绍本学科及相关学科的新进展，有利于培养学生的发散思维和实践能力。

（二）数字化资源开发与利用

为了更好地利用院校资源实现以职业能力培养为本位、以学生为主体的输血技术课程教学，可充分利用当今教育教学领域应用广泛、技术成熟的多媒体教学、计算机仿真教学等先进的教学手段，积极开展"教、学、做"为一体的情景教学，以及开展"模拟献血者血液检验"的综合实训教学。同时也可充分利用网络教学手段，开发授课录像带、视听光盘、多媒体课件、电子教案、习题集、试题库、测试软件等立体化教学资源包，并将教学资源包通过校园网络，为学生自主学习、自我测验提供条件；并利用学习论坛、即时通信工具、电子邮箱等建立起师生互动交流的网络平台，为学生在线答疑提供方便。积极利用电子书籍、电子期刊、数字图书馆、各大网站等网络资源，使教学内容从单一化向多元化转变，使学生知识和能力得到充分拓展。

九、教学建议

（一）教学方法

本课程的教学建议采用"教、学、做"一体化的教学模式，即将输血技术理论教学与实训教学在单元教学时间里融为一体，通过将教师的教、学生的学，以及模拟输血技术检验实际工作的一体化，让学生直接感受实际输血技术检验工作的氛围，让学生在实践教学中学习知识技能，使学生专业理论知识与实践技能的学习有效地融为一体，实现在实践中学习理论，在运用中学习技术。

（二）教学条件

课程教学根据教学内容不同分别在多媒体教室、一体化实训室、血站、医院进行。辅以多媒体设备（电脑、投影仪）、黑板、实训仪器设备等基本教学设施和医院输血科（或血库）、血站检验部（科）相关科室等配套设施（见表2-51）。

表2-51 输血技术课程主要仪器设备

名称	规格	数量
血液生化检测仪	全自动（或半自动）	1台
722分光光度计		10台
采血混合仪	用于采血	2台
超净工作台（国产）或生物安全柜	用于分离血液	1台
电热恒温水浴箱	恒温用	2台
低速大容量冷冻离心机	用于离心分离血液成分	1台
普通离心机		10台
PCR扩增仪	用于PCR	1台
血细胞分离机		1台
冰箱	保存血液用	1台

十、教学评价

本课程的评价实施过程性考核与终结性考核相结合、理论考核与技能考核相结合、学业考核与职业态度考核相结合的三结合评价方式。考核内容以职业岗位能力为导向,注重学生综合能力与水平的考核,引导学生改变学习方式,充分激发学生学习的主动性和创造力。具体实施:过程性考核以考勤、课堂纪律、学习态度为主;终结性考核以技能操作和分析问题、解决问题为重点,评价学生的职业能力。

(撰稿人:惠州卫生职业技术学院　陈彩贞)

高职学段：输血管理课程标准

一、课程名称

输血管理。

二、适用专业

既适用于中高职衔接的高职医学检验技术专业，又适用于高职医学检验技术专业。

三、课程性质

本课程为中高职衔接医学检验技术专业高职学段输血检验技术方向课程。

四、课程设计

课程的设计理念是依据岗位需求调研、职业能力及课程分析，以岗位职业能力要求，结合知识体系来设计课程结构。在教学过程中充分体现以学生为主体，做到"教、学、做"一体化，把培养学生职业能力的理论与实践相结合，将基本知识的掌握与应用渗透到实践性教学环节中去，淡化理论课与实训课之间的界限，让教学更加贴近实际岗位工作，充分调动学生学习的主动性和积极性，培养学生自我管理能力，以及独立分析问题、解决问题的能力。

依据以上的设计理念和思路，本课程学习任务可包括输血管理概述、输血服务体系的组织管理、献血服务管理、血液加工过程管理、血液库存管理、临床输血管理、血液检测实验室管理、输血服务体系的人力资源管理、输血服务体系的设备与物料管理、输血服务体系的经济与财务管理、输血信息管理与疫情报告管理、职业安全与卫生管理、医疗废物管理、应急管理、输血管理法规与标准化体系15个方面（见表2-52）。

表2-52 输血管理课程学习任务

序号	学习任务	任务单元	教学地点
1	输血管理概述	①管理学的基本概念与方法 ②输血管理的特点与现状	多媒体教室
2	输血服务体系的组织管理	①输血服务体系的组织结构 ②输血服务体系的运营模式	多媒体教室、血液中心和医院输血科或血库

续上表

序号	学习任务	任务单元	教学地点
3	献血服务管理	①献血者招募 ②献血者选择 ③血液采集 ④献血者保留 ⑤献血记录	多媒体教室、血液中心
4	血液加工过程管理	①血液成分制备的管理 ②血液检测过程的管理 ③血液的隔离与放行管理 ④血液的储存、发放和运输管理	多媒体教室、血液中心或医院输血科（血库）
5	血液库存管理	①血液库存管理 ②各种血液成分的库存管理	多媒体教室
6	临床输血管理	①临床输血的组织和血液管理 ②临床用血管理要求	多媒体教室、实训室
7	血液检测实验室管理	①血液检测实验室管理标准 ②血液检测实验室管理的主要内容 ③血液检测方法的确认	多媒体教室
8	输血服务体系的人力资源管理	①人力资源规划 ②岗位设置与岗位描述 ③绩效管理 ④培训的内容 ⑤培训需求分析与培训计划 ⑥培训实施的管理	多媒体教室
9	输血服务体系的设备与物料管理	①设备管理概论 ②设备的购置 ③设备的确认 ④设备的使用、维护和维修管理 ⑤物料管理的原则与制度建设 ⑥物料采购、储存与消耗管理	多媒体教室

续上表

序号	学习任务	任务单元	教学地点
10	输血服务体系的经济与财务管理	①经济与财务管理的意义 ②经济管理 ③财务管理 ④审计与内控措施 ⑤统计	多媒体教室
11	输血信息管理与疫情报告管理	①输血信息管理概述 ②输血信息管理 ③输血管理信息系统 ④输血信息安全管理 ⑤采供血机构档案管理 ⑥传染病及其防治的基本概念 ⑦采供血机构疫情报告的职责 ⑧传染病防治法实施的监督及罚则	多媒体教室
12	职业安全与卫生管理	①职业安全与卫生概述 ②采供血职业安全与卫生的主要内容 ③采供血人员个人防护 ④采供血职业暴露	多媒体教室
13	医疗废物管理	①医疗废物的概念与处置 ②医疗废物的监督管理和罚则 ③医疗废物处置的相关法律法规	多媒体教室
14	应急管理	①应急管理及输血应急管理的重要性 ②输血应急管理的日常准备工作 ③输血应急管理的流程 ④血液应急善后工作 ⑤血液预警	多媒体教室
15	输血管理法规与标准化体系	①法律法规、标准、标准化的概念 ②我国输血管理法规 ③我国输血管理标准化体系	多媒体教室

五、课程教学目标

通过对本课程的学习，学生掌握输血管理的基本理论知识，能够熟练运用输血管理方法完成各项日常输血管理工作任务。

1. 认知目标

（1）能叙述管理的基本原理与方法，说出输血管理的特点与现状，知道输血服务体系的组织结构和运营模式。

（2）能叙述献血者招募、选择的方法，叙述血液采集的方法，叙述献血者保留献血记录的方法。

（3）能解释血液成分制备管理要求，解释血液检测过程管理要求，解释血液的隔离与放行管理要求，解释血液的储存、发放和运输管理要求。

（4）能叙述血液库存管理特点和影响血液库存及其管理因素，解释血液库存管理原则，解释红细胞、血浆、血小板及其他血液产品血液库存管理要求。

（5）能解释血液入库、核对储存的要求，叙述输血申请及审批程序，解释受血者血样采集和送检要求，叙述输血前相容性检查的方法，解释发血、输血要求，解释合理用血要求，解释临床用血管理相关要求。

（6）能说出血液检测实验室管理标准，叙述血液检测实验室管理主要内容，叙述血液检测方法的确认。

（7）能叙述输血服务体系的人财物管理方法。

（8）能叙述输血信息管理的方法、过程及输血管理系统，叙述输血信息安全管理。

（9）能叙述采供血机构职业安全与卫生的主要内容，叙述职工个人防护、职业暴露管理的原则和措施。

（10）能叙述医疗废物的概念与处置方法，叙述医疗废物的监督管理和罚则，列出有关医疗废物的相关法律法规。

（11）能叙述输血应急管理流程，说出我国血液预警体系。

（12）能叙述我国输血管理法规及标准化体系。

2. 能力目标

（1）懂得输血管理的基本方法。

（2）能熟练进行献血者招募、选择，会安全献血管理。

（3）会各种血液成分制备管理、血液检测过程管理、血液隔离与放行管理及血液的保存、发放与运输管理。

（4）会血液库存管理及各种血液成分库存管理。

（5）会血液的入库、核对和储存，会采集与送检受血者血样，会接收血样，会输血前相容性检查，会发血和进行输血操作，懂得科学合理用血。

（6）懂得血液检测前过程管理、检测过程管理、检测后过程管理、核酸检测管理、实验室信息系统管理、实验室生物安全管理，懂得血液检测方法的确认。

（7）懂得输血服务体系的人财物管理方法。

（8）熟悉输血信息管理。

(9) 会按《中华人民共和国传染病防治法》要求及时上报传染病疫情。
(10) 懂得职业过程的个人防护，懂得职业暴露的管理。
(11) 会采供血机构医疗废物的处置。
(12) 会建立供血应急方案。

3. 素质目标

(1) 具有强烈的责任意识和敬业精神，具有优良的品德和吃苦耐劳的精神，能爱岗敬业、兢兢业业地做好本职工作。

(2) 具有科学、严谨的工作态度和辩证的思维方式，能一丝不苟地完成各项工作任务。

(3) 具备良好的与人沟通交流的能力，能关心、爱护、尊重患者，能与同事团结合作，高效完成工作任务。

(4) 具有良好的生物安全防护意识。

(5) 具备较强的自主学习能力，善于通过各种方式更新知识和技能。

(6) 具有创新意识，善于改良创新工作方法，能积极发现问题、主动解决问题。

六、参考学时与学分

参考学时：90 学时。
参考学分：5 学分。

七、课程结构

课程结构如表 2-53 所示。

表 2-53 输血管理课程结构

序号	学习任务（单元、模块）	职业能力	知识、技能、态度要求	教学活动设计	学时
1	输血管理概述	72-01-02、72-02、72-03、72-04、73-10	①能叙述输血管理的基本原理与方法；②能说出输血管理的特点与现状；③培养科学、严谨的工作态度和辩证的思维方式，树立强烈的责任意识和敬业精神	①解释输血管理的基本原理和方法；②分析输血管理的特点和发展状况；③通过观看输血服务组织（血站和医院输血科或血库）管理工作程序视频，了解日常输血管理工作	4
2	输血服务体系的组织管理	72-01-02、72-02、72-03、72-04、73	①能说出组织的概念及输血服务机构组织的特征；②能说出输血服务体系的组织结构及其分级、分类的特点、职责；③能叙述输血服务体系的运营模式	①阐述组织的概念及输血服务机构组织的特征；②分析输血服务体系的组织结构；③分析输血服务体系的运营模式；④组织学生参观血液中心和医院输血科或血库，了解输血服务体系的组织结构	4

续上表

序号	学习任务（单元、模块）	职业能力	知识、技能、态度要求	教学活动设计	学时
3	献血服务管理	64、65	①能解释血液的生理及献血的意义；②列出献血的类型；③说出安全献血的意义，能做好安全献血的宣传教育；④叙述献血者教育、动员和招募的方法；⑤能熟练完成献血者选择；⑥能熟练完成血液采集；⑦熟悉献血者保留措施；⑧熟悉献血记录的应用和保存	①分析献血者的招募；②分析献血者的选择；③讲述血液采集的方法、要求及过程；④观看视频了解献血服务过程；⑤组织学生到血液中心献血点见习，了解献血服务管理工作	6
4	血液加工过程管理	58、59	①能叙述血液成分制备环境和设施的要求；②能叙述血液成分制备设备管理的程序及要求；③能叙述血液成分制备的方法和过程管理的相关要求；④能叙述血液检测前、检测中、检测后过程管理的要求；⑤能叙述血液储存、发放和运输的环境及设施管理、设备管理、过程管理要求	①分析血液成分制备管理；②分析血液检测过程管理；③分析血液的隔离与放行；④分析血液的储存、发放和运输；⑤血液中心、医院输血科（血库）血液加工过程管理见习	8
5	血液库存管理	59	①能说出库存管理的定义、目的、作用；②能说出血液库存管理的概念、特点，影响血液库存及其管理的因素；③能叙述血液库存管理的原则；④能叙述红细胞、血浆、血小板及其他血液产品的库存管理要求	①讲述库存管理的概念；②分析各种血液成分的库存管理	4

续上表

序号	学习任务（单元、模块）	职业能力	知识、技能、态度要求	教学活动设计	学时
6	临床输血管理	26	①能叙述医院临床输血的组织结构及输血科（血库）的人员设置、房屋设备、信息管理的要求；②能叙述血液入库、核对和储存管理要求；③懂得输血申请及审批的方法和程序；④能熟记受血者血样采集和送检程序；⑤能完成输血前相容性检查；⑥会发血、输血，并熟记其管理要求；⑦懂得科学合理用血；⑧能熟记临床用血管理相关要求	①讲述临床输血的组织和血液管理；②解释临床用血管理的相关要求；③模拟临床输血管理实训	6
7	血液检测实验室管理	60、61、62、63、64、65、66、67	①能叙述国家血液检测实验室管理的各项相关标准；②能叙述血液检测前、检测中、检测后的过程管理内容；③能说出实验室信息系统管理内容；④能叙述实验室生物安全管理要求；⑤能叙述血液检测的方法	①解释血液检测实验室管理标准；②分析血液检测实验室管理；③分析血液检测的方法	6
8	输血服务体系的人力资源管理	66-03、68、69-01-03、70、71-02	①能说出人力资源规划的含义、意义；②能解释人力资源规划的原则、内容及程序步骤；③能叙述岗位设置原则、输血组织机构设置及人员编制的要求；④能叙述岗位描述的内容、岗位基本条件；⑤能叙述输血组织机构绩效管理的原则和内容；⑥能叙述采供血机构人员培训的目的和意义；⑦能叙述采供血机构人员培训的主要内容；⑧能叙述培训需求分析与培训计划；⑨能叙述培训实施管理	①结合输血服务体系的特点，分析其人力资源规划；②根据岗位设置的原则与岗位描述的方法，分析输血组织机构的岗位设置和岗位描述；③叙述输血组织机构人员的绩效管理；④解释采供血机构人员培训的目的和意义；⑤分析采供血机构人员培训的内容；⑥结合案例讲述培训需求分析与培训计划；⑦分析培训实施管理	10

续上表

序号	学习任务（单元、模块）	职业能力	知识、技能、态度要求	教学活动设计	学时
9	输血服务体系的设备与物料管理	61-01、67	①能说出设备相关术语，并列出设备的种类；②会设备的购置申请；③懂得设备确认的程序和方法；④能叙述设备的使用、维护和维修管理；⑤能叙述物料管理的原则及建立、完善物料管理制度应遵循的原则；⑥能叙述物料采购、储存与消耗的管理方法	①概述设备管理；②分析设备的购置；③讲述设备的确认；④分析设备的使用、维护和维修管理；⑤分析物料管理的原则与制度建设；⑥分析物料采购、储存与消耗管理	6
10	输血服务体系的经济与财务管理	69、72	①说出经济与财务管理的意义；②能叙述经济与预算、成本管理、绩效管理、经营决策及风险规避的主要内容；③能叙述资金管理、财产物资管理、会计管理、政府采购制度、国库集中支付制度的主要内容；④能叙述设计的主要内容；⑤能叙述内部控制的措施；⑥说出统计的概念和意义	①简述经济与财务管理的意义；②结合案例分析经济管理；③结合案例分析财务管理；④讲述审计与内控措施；⑤介绍采供血统计工作	6
11	输血信息管理与疫情报告管理	58-02、62、73-02-01、73-07-01、73-07-02、73-07-04	①能叙述输血信息管理的概念、方法；②能叙述输血信息管理的过程；③能叙述输血管理信息系统的功能结构和技术基础；④能叙述输血信息安全管理；⑤能叙述采供血机构档案管理；⑥说出传染病及其防治的基本概念；⑦能叙述采供血机构疫情报告的职责；⑧能叙述采供血机构传染病疫情的发现与报告；⑨能列出传染病防治的监督执法依据	①阐述输血信息管理的概念、方法；②分析输血信息管理的过程及输血管理信息系统的功能结构和技术基础；③阐述输血信息安全管理的概念、组织机构、人员管理、监督检查、信息安全等级保护；④讲述采供血机构档案管理；⑤叙述传染病及其防治的基本概念；⑥分析采供血机构疫情报告的职责；⑦讲述传染病防治法实施的监督及罚则	10

续上表

序号	学习任务 （单元、模块）	职业能力	知识、技能、态度要求	教学活动设计	学时
12	职业安全与卫生管理	73-08	①能叙述职业安全与卫生的定义及其重要性；②能叙述采供血职业安全与卫生管理的原则；③能列出采供血过程生物安全要求；④能叙述采供血过程化学品安全；⑤能叙述采供血人员个人防护的原则、防护措施；⑥能叙述职业暴露的概念、预防原则；⑦能叙述职业暴露后的评估、预防和随访；⑧能叙述职业暴露后的记录、资料管理	①概述职业安全与卫生；②分析采供血职业安全与卫生管理的原则；③分析采供血过程生物安全要求；④分析采供血过程化学品安全；⑤分析采供血人员个人防护的原则、防护措施；⑥阐述职业暴露的概念、预防原则；⑦分析职业暴露后的评估、预防和随访；⑧分析职业暴露后的记录、资料管理	8
13	医疗废物管理	64	①能说出医疗废物的定义和分类；②能列出采供血机构医疗废物的组成及分类；③能叙述采供血机构医疗废物的管理；④能叙述医疗废物的监督管理和罚则；⑤能列出有关医疗废物的相关法律法规	①简述医疗废物的定义和分类；②分析采供血机构医疗废物的组成及分类；③分析采供血机构医疗废物的管理；④分析医疗废物的监督管理和罚则；⑤解释有关医疗废物的相关法律法规	4
14	应急管理	73-06、73-08	①能说出应急管理及输血应急管理的重要性；②能叙述采供血机构输血应急分类与原则；③能叙述输血应急管理组织机构的建立健全、运行机制的构建、应急方案的建立；④能熟记输血应急管理的流程；⑤能叙述血液应急善后工作；⑥能说出我国血液预警体系	①分析应急管理及输血应急管理的重要性；②讲述输血应急管理的日常准备工作；③解释输血应急管理的流程；④讲述血液应急善后工作；⑤介绍我国血液预警体系及欧美血液预警体系建设情况	2
15	输血管理法规与标准化体系	26、61、63、64、65、66	①能说出法律法规、标准、标准化的概念；②能叙述我国输血管理法规及标准化体系；③能说出部分国家血液和血液制品相关标准；	①解释法律法规、标准、标准化的概念；②分析我国输血管理法规；③分析我国输血管理标准化体系；④介绍欧美发达国家输血管理法规及体系建设	6
			合计		90

注："职业能力"栏目的编码与本书附录1职业能力分析表中的编码对应。

八、资源开发与利用

（一）教材编写与使用

本课程教材的编写应以教育部高职高专优秀（或规划）教材为基础，重点突出以职业能力培养为本位、以学生为主体的特点。在教材的编写过程中，要紧扣课程标准，适应职业教育的特点，尽量让教材贴近输血管理的实际工作，使教材不但成为学生学习输血管理知识的必备工具，也成为输血管理工作的理论指导工具。另外，教材的编写应反映本学科的发展和教学改革成果，适当介绍本学科及相关学科的新进展，有利于培养学生的发散思维和实践能力。

（二）数字化资源开发与利用

为了更好地利用院校资源实现以职业能力培养为本位、以学生为主体的输血管理课程教学，可充分利用当今教育教学领域应用广泛、技术成熟的多媒体教学、计算机仿真教学等先进的教学手段，积极开展"教、学、做"为一体的教学以及开展"模拟输血管理过程"的综合实训教学。同时也可充分利用网络教学手段，开发授课录像带、视听光盘、多媒体课件、电子教案、习题集、试题库和测试软件等立体化教学资源包，并将教学资源包通过校园网络，为学生自主学习、自我测验提供条件；并利用学习论坛、即时通信工具、电子邮箱等建立师生互动交流的网络平台，为学生在线答疑提供方便。积极利用电子书籍、电子期刊、数字图书馆、各大网站等网络资源，使教学内容从单一化向多元化转变，使学生知识和能力得到充分拓展。

九、教学建议

（一）教学方法

本课程的教学建议采用"教、学、做"一体化的教学模式，即将输血管理理论教学与实训教学在单元教学时间里融为一体，通过将教师的教、学生的学，以及模拟输血管理实际工作的一体化，让学生直接感受实际输血管理工作的氛围，让学生在实践教学中学习知识技能，使学生专业理论知识与实践技能的学习有效地融为一体，实现在实践中学习理论，在运用中学习技术。

（二）教学条件

课程教学根据教学内容不同分别在多媒体教室、输血实训室、血液中心或医院输血科（血库）进行。辅以多媒体设备（电脑、投影仪）、黑板、输血实训设备及血液中心或医院输血科（血库）配套设施等基本教学设施。

十、教学评价

　　本课程的评价实施过程性考核与终结性考核相结合、理论考核与技能考核相结合、学业考核与职业态度考核相结合的三结合评价方式。考核内容以职业岗位能力为导向，注重学生综合能力与水平的考核，引导学生改变学习方式，充分激发学生学习的主动性和创造力。具体实施：过程性考核以考勤、课堂纪律、学习态度为主；终结性考核以技能操作和分析问题、解决问题为重点，评价学生的职业能力。

（撰稿人：惠州卫生职业技术学院　江海东）

高职学段：病理学课程标准

一、课程名称

病理学。

二、适用专业

既适用于中高职衔接的高职医学检验技术专业，又适用于高职医学检验技术专业。

三、课程性质

本课程为中高职衔接医学检验技术专业高职学段病理检验技术专业方向课程，衔接中职学段"病理学基础"课程。

四、课程设计

病理学是医学检验技术专业病理技术方向课程中的一个重要支柱，掌握病理学的知识和方法，可为进一步学习医学检验技术专业病理方向课程奠定基础，同时也为更好地完成医学检验技术专业病理检验技术方向实际岗位工作奠定基础。

因此在设计高职医学检验技术专业病理学课程时，一要结合岗位职业能力要求来设计课程结构，将岗位职业能力、职业素养要求融入课程设计中；二要结合医学检验技术专业病理检验技术方向课程（如病理技术、免疫组织化学等）的课程内容来设计课程结构，为进一步学习这些课程奠定基础；三要在教学理念上坚持以学生为主体，以教师为主导，尽量做到"教、学、做"一体化，把培养学生的职业能力理论与实践相结合，将基本知识的掌握与应用渗透到实践性教学环节中去，充分调动学生学习的主动性和积极性，培养学生自我管理能力，以及独立分析问题、解决问题的能力；四要在教学方法上突出启发式教学模式，尽量使用"问题式""讨论式""案例式"等启发式教学方法，同时结合多媒体教学手段，充分激发学生的学习兴趣，培养学生科学的思维方式。

依据以上的设计理念和思路，本课程学习任务可包括绪论与疾病概论、细胞组织的适应和损伤与修复、局部血液循环障碍、炎症、肿瘤、水和电解质代谢紊乱、酸碱平衡紊乱、缺氧、发热、休克、弥散性血管内凝血、心血管系统疾病、呼吸系统疾病、消化系统疾病、泌尿系统疾病、女性生殖系统疾病、内分泌系统疾病和传染病18个方面（见表2-54）。

表 2-54 病理学课程学习任务

序号	学习任务	任务单元	教学地点
1	绪论与疾病概论	①病理学及其任务 ②病理学的内容 ③病理学在医学中的地位 ④病理学的研究方法 ⑤病理学的发展简史 ⑥健康与疾病 ⑦病因学 ⑧发病学 ⑨疾病的经过和转归	多媒体教室
2	细胞组织的适应和损伤与修复	①细胞和组织的适应 ②细胞和组织的损伤 ③损伤的修复	多媒体教室 病理实验室
3	局部血液循环障碍	①出血 ②充血 ③血栓形成 ④栓塞 ⑤梗死	多媒体教室 病理实验室
4	炎症	①炎症的概述 ②炎症的基本病变 ③炎症介质 ④炎症的临床表现 ⑤炎症的类型及病理变化 ⑥炎症的结局	多媒体教室 病理实验室
5	肿瘤	①肿瘤的概念及形态 ②肿瘤的分化与异型性 ③肿瘤的生长与扩散 ④肿瘤对机体的影响 ⑤良性、恶性肿瘤的区别 ⑥肿瘤的命名与分类 ⑦癌前病变、非典型增生和原位癌 ⑧常见肿瘤举例 ⑨肿瘤的病因学与发病学	多媒体教室 病理实验室

续上表

序号	学习任务	任务单元	教学地点
6	水和电解质代谢紊乱	①脱水的类型、原因、发病机制、对机体的影响、防治原则	多媒体教室
		②水中毒的原因、对机体的影响、防治原则	
		③水肿的发病机制、特点、对机体的影响、防治原则	
		④高钾血症的原因和机制、对机体的影响、防治原则	
		⑤低钾血症的原因和机制、对机体的影响、防治原则	
7	酸碱平衡紊乱	①酸碱平衡的调节	多媒体教室
		②反映酸碱平衡的常用指标及意义	
		③单纯型酸碱平衡紊乱	
		④混合型酸碱平衡紊乱	
8	缺氧	①临床常用血氧指标	多媒体教室
		②缺氧的类型、原因、发病机制	
		③对机体影响	
		④影响机体对缺氧耐受性的因素	
		⑤缺氧治疗的原则	
9	发热	①发热的病因和发病机制	多媒体教室
		②发热时机体的代谢与功能变化	
		③发热的生物学意义与防治原则	
10	休克	①休克的原因和分类	多媒体教室
		②休克的发生、发展过程及发病机制	
		③休克时机体代谢和器官功能的改变	
		④休克的防治原则	
11	弥散性血管内凝血	①DIC 的病因与发病机制	多媒体教室
		②DIC 发生发展的影响因素	
		③DIC 的分期与分型	
		④DIC 的主要临床表现	
		⑤DIC 防治的原则	

续上表

序号	学习任务	任务单元	教学地点
12	心血管系统疾病	①动脉粥样硬化的概念、病因及发病机制、病变及后果 ②冠状动脉粥样硬化性心脏病的类型、发生机制、病变及后果 ③高血压病的病因及发病机制，缓进型高血压的分期及其病变、后果；急进型高血压的病变特点 ④风湿病的病因及发病机制，基本病变及其发展过程；风湿性心脏病的病变、病理临床联系及结局 ⑤心力衰竭的病因、诱因、分类、发病机制、机体的代偿、机体功能和代谢变化、防治原则	多媒体教室 病理实验室
13	呼吸系统疾病	①慢性支气管炎的病因、发病机制、病变及临床病理联系 ②慢性肺气肿的病因、发病机制、病变及临床病理联系 ③慢性肺源性心脏病的病因、发病机制、病变及临床病理联系 ④细菌性肺炎（大叶性肺炎及小叶性肺炎）的病因、发病机制、病变、临床病理联系、并发症 ⑤支原体性肺炎与病毒性肺炎的病因、发病机制及病变特点 ⑥鼻咽癌、肺癌的病因、常见类型及其形态特点 ⑦呼吸衰竭的病因、发病机制、机体的功能代谢变化、防治原则	多媒体教室 病理实验室

续上表

序号	学习任务	任务单元	教学地点
14	消化系统疾病	①慢性胃炎的病因、发病机制，病变、结局 ②溃疡病的病因、发病机制、病变、结局及并发症 ③病毒性肝炎的病因、发病机制、基本病变、类型及病变、病理临床联系及结局 ④肝硬化的概念、病因、发病机制、主要类型及其病变特点、病理临床联系 ⑤食管癌、胃癌、大肠癌、原发性肝癌的病因、主要类型及病变特点、转移途径 ⑥肝性脑病的病因与分类、发病机制、诱发因素、预治原则	多媒体教室 病理实验室
15	泌尿系统疾病	①肾小球肾炎的病因、发病机制、基本病变、临床病理联系、常见临床病理类型的病变、结局 ②急、慢性肾盂肾炎的病因、发病机制、病变及临床病理联系 ③肾癌、膀胱癌病因、主要类型及病变特点、转移途径 ④肾功能衰竭的病因、发病机制、机体的功能代谢变化、防治原则	多媒体教室 病理实验室
16	女性生殖系统疾病	①慢性子宫颈炎 ②子宫颈上皮内瘤变 ③子宫颈癌 ④子宫内膜增殖症 ⑤乳腺增殖症 ⑥子宫内膜腺癌 ⑦乳腺癌 ⑧葡萄胎 ⑨绒毛膜的上皮癌	多媒体教室 病理实验室

续上表

序号	学习任务	任务单元	教学地点
17	内分泌系统疾病	①甲状腺肿病因及发病机制、类型、病理变化	多媒体教室 病理实验室
		②甲状腺腺瘤及甲状腺癌的主要类型及病理变化	
		③糖尿病的类型、病因及发病机制、病理变化	
18	传染病	①结核病的病因、发病机制、基本病变及其转化规律，原发性肺结核病的病变特点及播散特点；继发性肺结核病的主要类型及病变特点；肺外器官结核病的概念，常见的部位及病变特点	多媒体教室 病理实验室
		②伤寒病的病因、病变及并发症	
		③细菌性痢疾的病因、病变及并发症	
		④流行性脑脊髓膜炎的病因和发病机制、基本病变	
		⑤流行性乙型脑炎的病因和发病机制及基本病变	

五、课程教学目标

通过本课程的学习，学生掌握病理学的基本理论、基本知识和基本技能，掌握常见疾病的患病机体形态结构和机能代谢的改变及其发病机制；能应用病理学知识，解释临床表现，具备分析和解决实际问题的能力，为学习病理检验技术专业方向课程的知识和职业技能打下基础。同时，注意培养学生严谨、细致的工作态度和科学的观察、思维能力，勇于实践创新的科学精神和良好的职业道德。

1. 认知目标

（1）理解病理学的基本概念、基本理论和基本知识。
（2）能够叙述常见疾病的病理变化特征、主要病理过程。
（3）能分析病理学形态结构变化与功能代谢变化的关系。
（4）能运用辩证唯物论的观点，认识疾病过程中的共同规律。
（5）能说出常见病的病因和发病机制。
（6）能说出病理学的基本实验方法和临床应用。

2. 能力目标

（1）能熟练使用和维护显微镜。

（2）学会观察、描绘大体标本和组织切片基本病理变化。

（3）能运用病理学知识分析、解释常见疾病的症状、体征。

3．情感目标

（1）具有强烈的责任意识和敬业精神，具有优良的品德和吃苦耐劳的精神，能爱岗敬业、兢兢业业地做好本职工作。

（2）具有科学、严谨的工作态度和辩证的思维方式，能一丝不苟地完成各项工作任务。

（3）具备良好的与患者沟通交流的能力，能关心、爱护、尊重患者，能与同事团结合作，高效地完成工作任务。

（4）具有良好的生物安全防护意识，树立牢固的无菌观念。

（5）具备较强的自主学习能力，善于通过各种方式更新知识和技能。

（6）具有创新意识，善于改良创新工作方法，能积极发现问题，主动解决问题。

六、参考学时与学分

参考学时：72 学时。

参考学分：4 学分。

七、课程结构

课程结构如表 2-55 所示。

表 2-55 病理学课程结构

序号	学习任务（单元、模块）	职业能力	知识、技能、态度要求	教学活动设计	学时
1	绪论与疾病概论	无	①能解释病理学的概念；②能叙述病理学的任务、研究方法；③能说出病理学的学科性质及其在医学中的地位和作用；④能解释健康、疾病、脑死亡的概念，叙述脑死亡的判断标准；⑤能简述疾病发生的原因和条件，疾病发展过程中的共同规律，疾病的发生经过与转归；⑥培养科学、严谨的工作态度和辩证的思维方式，树立强烈的责任意识和敬业精神	①阐述病理学的概念；②概述病理学的任务、研究方法；③介绍病理学的学科性质及其在医学中的地位和作用；④阐述健康、疾病、脑死亡的概念，叙述脑死亡的判断标准；⑤叙述疾病发生的原因和条件；⑥举例说明疾病发展过程中的共同规律；⑦讲述疾病的发生经过与转归	2

续上表

序号	学习任务（单元、模块）	职业能力	知识、技能、态度要求	教学活动设计	学时
2	细胞组织的适应和损伤与修复	无	①能解释萎缩、肥大、增生、化生、变性、坏死、凋亡、机化、再生、修复、肉芽组织的概念；②能简述萎缩、肥大、增生、化生的原因、类型，并能举例说明，说出化生的意义；③能叙述常见变性的类型及其病变特点、坏死的类型及其病变特点；④能简述坏死的结局；⑤能说出细胞坏死与凋亡的区别、再生的类型及各种组织、细胞的再生能力，各种组织的再生过程及特点；⑥能叙述肉芽组织的形态特点、肉芽组织的结构、功能及结局；⑦能说出骨折愈合的过程，影响创伤愈合的因素；⑧能比较创伤一期和二期愈合的特点；⑨能正确使用医用显微镜观察病理组织切片；⑩能正确指认观察大体标本萎缩、肥大、增生、化生、变性、坏死、肉芽组织等的病理变化；⑪能正确指认观察组织切片标本细胞水肿、肝脂肪变性、肉芽组织等的病理变化	①阐述萎缩、肥大、增生、化生、变性、坏死、凋亡、机化、再生、修复、肉芽组织的概念；②利用多媒体及多媒体互动显微镜等设备，让学生直观观察各种细胞组织的适应、损伤、修复的病理变化特点；③举例说明萎缩、肥大、增生、化生的原因、类型、化生的意义；④分析常见变性的类型及其病变特点、坏死的类型及其病变特点；⑤简述坏死的结局；⑥比较细胞坏死与凋亡的区别；⑦叙述再生的类型及各种组织、细胞的再生能力，各种组织的再生过程及特点；⑧分析肉芽组织的形态特点、肉芽组织的结构、功能及结局；⑨简述骨折愈合的过程，影响创伤愈合的因素；⑩比较创伤一期和二期愈合的特点；⑪组织学生通过使用医用显微镜观察细胞水肿、肝脂肪变性等病理变化，学会医用显微镜的使用方法，观察描述镜下基本病变特点；⑫学生通过病理大体标本，学会肉眼观察萎缩、肥大、增生、变性、坏死、肉芽组织等的病理变化特点，培养学生严谨、细致的工作态度，提高学生的观察、思维能力；⑬组织学生进行病例分析讨论	5

续上表

序号	学习任务（单元、模块）	职业能力	知识、技能、态度要求	教学活动设计	学时
3	局部血液循环障碍	无	①能解释充血、瘀血、出血、血栓形成、栓塞、梗死的概念；②能陈述瘀血的原因、病理变化及其后果，重要脏器瘀血的病理变化，血栓形成的条件；③能简述充血的原因、病理变化及其结局，血栓形成的过程、结局及其对机体的影响，栓子运行途径、栓塞类型及对机体的影响，梗死的原因和对机体的影响；④能简述梗死的类型、病变特点；⑤能说出出血的原因、病理变化及其后果；⑥能应用所学知识，分析瘀血、血栓形成、栓塞、梗死之间的关系；⑦能正确指认观察病理大体标本出血、瘀血、血栓、栓塞、梗死等的病理变化；⑧能正确指认组织切片标本，观察肺或肝瘀血、血栓、脾或肾贫血性梗死、肺或肠出血性梗死等的病理变化	①介绍充血、瘀血、出血、血栓形成、栓塞、梗死的概念；②分析瘀血的原因、病理变化及其后果，重要脏器瘀血的病理变化；③联系临床病例，分析血栓形成的条件；④叙述充血的原因、病理变化及其结局，血栓形成的过程、结局及其对机体的影响，栓子运行途径、栓塞类型及对机体的影响，梗死的原因和对机体的影响；⑤阐述梗死的类型、病变特点；⑥举例说明出血的原因、病理变化及其后果；⑦利用多媒体及多媒体互动显微镜等设备，让学生直观观察瘀血、血栓形成、栓塞、梗死的病理变化特点；⑧学生通过使用医用显微镜观察瘀血、血栓、栓塞、梗死病理变化，描述镜下基本病变特点，加深对理论知识的理解和掌握；⑨学生通过病理大体标本，学会肉眼观察瘀血、血栓形成、栓塞、梗死等的病理变化特点，培养学生严谨、细致的工作态度，提高学生的观察、思维能力；⑩组织病例讨论，用所学知识分析瘀血、血栓形成、栓塞、梗死之间的相互关系	5

续上表

序号	学习任务（单元、模块）	职业能力	知识、技能、态度要求	教学活动设计	学时
4	炎症	无	①能解释炎症的概念、炎症的基本病变，并解释常见炎症类型及其各类型病变特点；②能简述炎症的原因、结局及炎症介质的概念和主要作用；③能说出炎症的局部表现和全身反应；④能正确指认组织切片标本各种炎细胞的形态特点、急性蜂窝织性阑尾炎、炎性息肉、感染性肉芽肿等的病理变化；⑤能正确指认观察大体标本急性蜂窝织性阑尾炎、绒毛心、假膜性炎（白喉或细菌性痢疾）、细菌性脓肿（肺、肝、肾或脑）、炎性息肉等的病理变化	①阐述炎症的概念、炎症的基本病变；②分析说明常见炎症类型及其各类型病变特点；③介绍炎症的原因、炎症介质的概念、炎症的结局；④归纳炎症介质的主要作用；⑤简略介绍炎症的局部表现和全身反应；⑥利用多媒体及多媒体互动显微镜等设备，让学生直观观察炎症的基本病变特点；⑦组织学生通过使用医用显微镜观察各种炎细胞的形态特点以及急性蜂窝织性阑尾炎、炎性息肉、感染性肉芽肿等组织切片的病理变化，通过描述镜下基本病变特点，加深学生对理论知识的理解和掌握；⑧学生通过病理大体标本，学会肉眼观察急性蜂窝织性阑尾炎、绒毛心、假膜性炎（白喉或细菌性痢疾）、脓肿（肺、肝、肾或脑）、炎性息肉等的病理变化，培养学生严谨、细致的工作态度，提高同学们的观察、思维能力；⑨组织学生进行病例分析讨论	5

续上表

序号	学习任务（单元、模块）	职业能力	知识、技能、态度要求	教学活动设计	学时
5	肿瘤	无	①能解释肿瘤、异型性、转移、癌、肉瘤、癌前病变、原位癌等的概念；②能简述肿瘤的形态结构、生长方式与扩散途径，区别良性、恶性肿瘤，区别癌与肉瘤，说出肿瘤的命名原则和分类以及肿瘤的分级、分期；③能说出肿瘤对机体的影响及常见肿瘤的形态特征；④能正确指认常见肿瘤的肉眼病理形态特征，比较良性、恶性；⑤能镜下正确指认鳞癌、腺癌、肉瘤等的病理变化，说出恶性肿瘤细胞的形态特征	①阐述肿瘤、异型性、转移、癌、肉瘤、癌前病变、原位癌等的概念；②解释肿瘤的形态结构、生长方式与扩散途径；③举例说明肿瘤的命名原则和分类以及肿瘤的分级、分期；④介绍肿瘤对机体的影响、常见肿瘤的形态特征；⑤比较良性、恶性肿瘤的区别、癌与肉瘤的区别；⑥利用多媒体及多媒体互动显微镜等设备，让学生直观观察肿瘤的基本病变特点；⑦通过病理大体标本、组织切片显微镜下观察，学生学会描述肿瘤的大体和组织学形态特征，以及常见肿瘤的病理形态特征	5
6	水和电解质代谢紊乱	无	①能解释高渗性脱水、低渗性脱水、等渗性脱水概念，以及水肿、积水、低钾血症、高钾血症概念；②能简述高渗性脱水、低渗性脱水、等渗性脱水、水肿、低钾血症、高钾血症的原因及其发生机制；③能叙述高渗性脱水、低渗性脱水、等渗性脱水、水肿、低钾血症、高钾血症对机体的影响；④能说出水中毒的概念、原因、发生机制及其对机体的影响；⑤能说出脱水、水肿、水中毒、钾代谢紊乱的防治原则	①阐述高渗性脱水、低渗性脱水、等渗性脱水、水肿、积水、低钾血症、高钾血症概念；②分析高渗性脱水、低渗性脱水、等渗性脱水、水肿、低钾血症、高钾血症的原因、发生机制及其对机体的影响；③简述水中毒的概念、原因、发生机制及其对机体的影响；④介绍脱水、水肿、水中毒、钾代谢紊乱的防治原则；⑤组织学生进行病例分析讨论	3

续上表

序号	学习任务（单元、模块）	职业能力	知识、技能、态度要求	教学活动设计	学时
7	酸碱平衡紊乱	无	①能说出酸碱平衡及酸碱平衡紊乱的概念；②能叙述反映酸碱平衡的常用指标及其意义；③能简述各型单纯型酸碱平衡紊乱的特征、代偿机制及其对机体的影响；④能简述各型单纯型酸碱平衡紊乱的常见原因及发生机制；⑤能说出各型单纯型酸碱平衡紊乱的防治原则，混合型酸碱平衡紊乱的概念及类型	①解释酸碱平衡及酸碱平衡紊乱的概念；②叙述反映酸碱平衡的常用指标及其意义；③解释各型单纯型酸碱平衡紊乱的特征、代偿机制及其对机体的影响；④归纳各型单纯型酸碱平衡紊乱的常见原因及发生机制；⑤介绍各型单纯型酸碱平衡紊乱的防治原则、混合型酸碱平衡紊乱的概念及类型；⑥组织学生进行病例分析讨论	2
8	缺氧	无	①能解释缺氧、发绀的概念；②能简述血氧指标及其意义；③能叙述各类型缺氧的原因及血氧变化特点并比较四种缺氧类型；④能简述缺氧对机体的影响；⑤能说出缺氧时组织、细胞的变化及影响机体对缺氧耐受性的因素；⑥说出缺氧的防治原则	①阐述缺氧、发绀的概念；②叙述血氧指标及其意义；③列出各类型缺氧的原因及血氧变化特点并比较四种缺氧类型；④叙述缺氧对机体的影响；⑤举例说明缺氧时组织、细胞的变化，影响机体对缺氧耐受性的因素；⑥介绍缺氧的防治原则；⑦组织学生进行病例分析讨论	2
9	发热	无	①能解释发热、内生致热原的概念；②能比较发热和过热的区别；③能简述发热的原因、发生机制及各期热代谢特点；④能说出发热时机体代谢和功能的改变；⑤能说出发热的防治原则	①阐述发热、内生致热原的概念；②比较发热和过热的异同；③归纳发热的原因、发生机制及各期热代谢特点；④介绍发热时机体代谢和功能的改变、发热的防治原则；⑤组织学生进行病例分析讨论	1

续上表

序号	学习任务（单元、模块）	职业能力	知识、技能、态度要求	教学活动设计	学时
10	休克	无	①能解释休克的概念；②能简述休克的原因与分类，休克的分期和发生机制；③能说出休克时机体代谢和功能的变化、防治原则	①阐述休克的概念；②陈述休克的原因与分类；③分析休克的分期和发生机制；④简述休克时机体的代谢和功能变化；⑤介绍休克的防治原则；⑥组织学生进行病例分析讨论	2
11	弥散性血管内凝血	无	①能解释弥散性血管内凝血的概念、微血管病性溶血性贫血的概念；②能叙述弥散性血管内凝血的发生机制；③简述弥散性血管内凝血的原因、发生发展的影响因素、分期与分型；④能说出弥散性血管内凝血的功能代谢变化、防治原则	①阐述弥散性血管内凝血的概念、微血管病性溶血性贫血的概念；②解释弥散性血管内凝血的发生机制；③归纳弥散性血管内凝血的原因、发生发展的影响因素、分期与分型；④简述弥散性血管内凝血的功能代谢变化、防治原则；⑤组织学生进行病例分析讨论	2
12	心血管系统疾病	无	①能说出动脉粥样硬化的病因及发病机制；②能简述动脉粥样硬化的基本病变，冠状动脉粥样硬化的病变特点，冠状动脉粥样硬化性心脏病的类型、病变特点；③能解释原发性高血压的概念；④能说出原发性高血压病的病因、发病机制及结局；⑤能叙述原发性高血压的类型及病理变化；⑥能说出风湿病的病因及发病机制；	①分析动脉粥样硬化的病因及发病机制；②解释动脉粥样硬化症的基本病变；③列出冠状动脉粥样硬化的病变特点，冠状动脉粥样硬化性心脏病的类型、病变特点；④介绍动脉粥样硬化的防治原则；⑤阐述原发性高血压的概念；⑥分析原发性高血压病的病因、发病机制及结局；	7

续上表

序号	学习任务（单元、模块）	职业能力	知识、技能、态度要求	教学活动设计	学时
12	心血管系统疾病	无	⑦能简述风湿病的基本病变分期及病变特点，简述风湿性心脏病的病变特点、临床病理联系；⑧能说出风湿性关节炎、风湿性动脉炎、皮肤病变、风湿性脑病的病变特点；⑨能解释心力衰竭的概念；⑩能简述心力衰竭的病因、诱因、心力衰竭时机体的代偿调节，心力衰竭时机体的功能代谢变化；⑪能说出心力衰竭的分类、发病机制、防治原则；⑫能正确指认观察病理大体标本风湿性心脏病、高血压心脏病、粥样斑块、心肌梗死等的病理变化；⑬能正确指认观察组织切片标本风湿小体、粥样斑块等的病理变化	⑦解释原发性高血压的类型及病理变化；⑧分析风湿病的病因及发病机制；⑨解释风湿病的基本病变分期及病变特点；⑩归纳风湿性心脏病的病变特点、临床病理联系；⑪列出风湿性关节炎、风湿性动脉炎、皮肤病变、风湿性脑病的病变特点；⑫阐述心力衰竭的概念；⑬解释心力衰竭的病因、诱因、心力衰竭时机体的代偿调节；⑭列出心力衰竭的分类；⑮分析心力衰竭的发病机制、心力衰竭时机体的功能代谢变化；⑯归纳心力衰竭的防治原则；⑰利用多媒体及多媒体互动显微镜等设备，让学生直观观察常见心血管系统疾病的各种病理变化特点，密切联系临床，启发学生用学过的病理知识来解释临床出现的症状、体征；⑱组织学生通过病理大体标本，学会观察风湿性心脏病、高血压心脏病、粥样斑块、心肌梗死等的病理变化，培养学生严谨、细致的工作态度，提高学生的观察、思维能力；⑲组织学生通过使用医用显微镜观察风湿小体、粥样斑块等组织切片的病理变化，描述镜下基本病变特点，以加深对理论知识的理解和掌握	7

续上表

序号	学习任务（单元、模块）	职业能力	知识、技能、态度要求	教学活动设计	学时
13	呼吸系统疾病	无	①能叙述慢性阻塞性肺疾病、慢性支气管炎、慢性阻塞性肺气肿、慢性肺源性心脏病的概念；②能说出慢性支气管炎、慢性阻塞性肺气肿、慢性肺源性心脏病的病因、发病机制；③能简述慢性支气管炎、慢性阻塞性肺气肿、慢性肺源性心脏病的病变及临床病理联系；④能简述肺炎的病因和并发症；⑤能说出肺炎的发病机制；⑥能叙述肺炎的病变及临床病理联系；⑦能说出鼻咽癌、肺癌的病因、常见类型及其形态特点；⑧能解释呼吸衰竭的概念；⑨能简述呼吸衰竭的原因、发病机制，简述呼吸衰竭时机体的功能代谢变化；⑩能说出呼吸衰竭的防治原则；⑪能正确指认观察病理大体标本慢性阻塞性肺气肿、慢性肺源性心脏病、大叶性肺炎、小叶性肺炎、肺癌等的病理变化；⑫能正确指认观察组织切片标本大叶性肺炎、小叶性肺炎、肺癌等的病理变化	①叙述慢性阻塞性肺疾病的概念；②分析慢性支气管炎、慢性阻塞性肺气肿、慢性肺源性心脏病的病因、发病机制；③解释慢性支气管炎、慢性阻塞性肺气肿、慢性肺源性心脏病的病变及临床病理联系；④列出肺炎的病因和并发症；⑤分析肺炎的发病机制；⑥解释肺炎的病变及临床病理联系，比较大叶性肺炎与小叶性肺炎的区别；⑦分析鼻咽癌、肺癌的病因、常见类型及其形态特点；⑧阐述呼吸衰竭的概念；⑨分析呼吸衰竭的原因、发病机制，分析呼吸衰竭时机体的功能代谢变化；⑩解释呼吸衰竭的防治原则；⑪利用多媒体及多媒体互动显微镜等设备，让学生直观观察呼吸系统常见疾病的病理变化特点，密切联系临床，启发学生用学过的病理知识来解释临床出现的症状、体征；⑫组织学生通过使用医用显微镜观察大叶性肺炎、小叶性肺炎、肺癌等组织切片的病理变化，描述镜下基本病变特点，以加深对理论知识的理解和掌握；⑬组织学生通过病理大体标本，学会肉眼观察慢性阻塞性肺气肿、慢性肺源性心脏病、大叶性肺炎、小叶性肺炎、肺癌等的病理变化，培养学生严谨、细致的工作态度，以提高学生的观察、思维能力	7

续上表

序号	学习任务（单元、模块）	职业能力	知识、技能、态度要求	教学活动设计	学时
14	消化系统疾病	无	①能说出慢性胃炎、溃疡病的病因、发病机制；②能简述慢性胃炎的类型及病变特点、溃疡病的临床病理联系；③能解释溃疡病、肝硬化、假小叶的概念；④能简述溃疡病的病理变化及并发症，病毒性肝炎的基本病变；⑤能叙述病毒性肝炎的临床病理类型及临床病理联系；⑥能说出病毒性肝炎的病因、发病机制、传播途径；⑦能说出肝硬化的病因、发病机制；⑧能简述门脉性肝硬化的病理变化及临床病理联系，坏死后性肝硬化、胆汁性肝硬化的病变特点；⑨能说出食管癌、胃癌、大肠癌、原发性肝癌的病因，主要类型及病变特点、转移途径；⑩能解释肝性脑病的概念；⑪能简述肝性脑病的病因、诱发机理及发病机制；⑫能说出肝性脑病的分类、防治原则；⑬能正确指认观察病理大体标本溃疡病、病毒性肝炎、肝硬化、食管癌、胃癌、大肠癌、原发性肝癌等的病理变化；⑭能正确指认观察组织切片标本溃疡病、病毒性肝炎、肝硬化、食管癌、胃癌、大肠癌、原发性肝癌等的病理变化	①分析慢性胃炎、溃疡病的病因、发病机制；②介绍慢性胃炎的类型及病变特点；③阐述溃疡病、肝硬化、假小叶、肝性脑病的概念；④叙述溃疡病的病理变化及并发症，病毒性肝炎的基本病变；⑤解释溃疡病的临床病理联系，病毒性肝炎的临床病理类型及临床病理联系；⑥分析病毒性肝炎的病因、发病机制、传播途径；⑦分析肝硬化的病因、发病机制；⑧叙述门脉性肝硬化的病理变化及临床病理联系；⑨比较坏死后性肝硬化、胆汁性肝硬化的病变特点；⑩分析食管癌、胃癌、大肠癌、原发性肝癌的病因；⑪列出食管癌、胃癌、大肠癌、原发性肝癌主要类型及病变特点、转移途径；⑫分析肝性脑病的病因、诱发机理及发病机制；⑬列出肝性脑病的分类、防治原则；⑭利用多媒体及多媒体互动显微镜等设备，让学生直观观察消化系统常见疾病的病变特点，密切联系临床，启发学生用学过的病理知识来解释临床出现的症状、体征；⑮组织学生通过使用医用显微镜观察溃疡病、病毒性肝炎、食管癌、胃癌、大肠癌、原发性肝癌等组织切片的病理变化，描述镜下基本病变特点，加深对理论知识的理解和掌握；⑯组织学生通过病理大体标本，学会肉眼观察溃疡病、病毒性肝炎、肝硬化、食管癌、胃癌、大肠癌、原发性肝癌的等的病理变化，培养学生严谨、细致的工作态度，以提高学生的观察、思维能力	6

续上表

序号	学习任务（单元、模块）	职业能力	知识、技能、态度要求	教学活动设计	学时
15	泌尿系统疾病	无	①能简述肾小球肾炎的概念、基本病变、临床表现；②能说出肾小球肾炎、肾盂肾炎的病因、发病机制；③能简述肾小球肾炎的主要病理类型的病理变化、临床病理联系及转归；④能简述急、慢性肾盂肾炎的病变特点及临床病理联系；⑤能说出膀胱癌、肾癌的病变特点、转移途径；⑥能叙述肾功能衰竭、尿毒症的概念；⑦能简述急、慢性肾功能衰竭的病因，急、慢性肾功能衰竭时机体功能代谢变化；⑧能说出急、慢性肾功能衰竭的发病机制，尿毒症时机体功能代谢变化，肾功能衰竭的防治原则；⑨能正确指认观察病理大体标本肾小球肾炎、肾盂肾炎、肾癌、膀胱癌等的病理变化；⑩能正确指认观察组织切片标本肾小球肾炎、肾癌、膀胱癌等的病理变化	①叙述肾小球肾炎的概念、基本病变、临床表现；②分析肾小球肾炎、肾盂肾炎的病因、发病机制；③解释肾小球肾炎的主要病理类型的病理变化、临床病理联系及转归；④叙述急、慢性肾盂肾炎的病变特点及临床病理联系；⑤列出膀胱癌、肾癌的病变特点、转移途径；⑥解释肾功能衰竭、尿毒症的概念；⑦分析急、慢性肾功能衰竭的病因、发病机制，急、慢性肾功能衰竭及尿毒症时机体功能代谢变化；⑧列出肾功能衰竭的防治原则；⑨利用多媒体及多媒体互动显微镜等设备，让学生直观观察泌尿系统常见疾病的病变特点，密切联系临床，启发学生用学过的病理知识来解释临床出现的症状、体征；⑩组织学生通过使用医用显微镜观察肾小球肾炎、肾盂肾炎、肾癌、膀胱癌等组织切片的病理变化，描述镜下基本病变特点，加深对理论知识的理解和掌握；⑪学生通过病理大体标本，学会肉眼观察肾小球肾炎、肾盂肾炎、肾癌、膀胱癌等的病理变化，培养学生严谨、细致的工作态度，以提高学生的观察、思维能力	6

续上表

序号	学习任务（单元、模块）	职业能力	知识、技能、态度要求	教学活动设计	学时
16	女性生殖系统疾病	无	①能简述慢性子宫颈炎的病因、分类及病变特点；②能解释子宫颈上皮内瘤变的概念、病变特点；③能简述子宫颈癌的病因、病变特点；④能说出子宫内膜增生症、子宫内膜腺癌、葡萄胎、侵蚀性葡萄胎、绒癌的病变特点；⑤能简述乳腺癌的病因、病变特点；⑥能说出慢性子宫颈炎、子宫颈癌、子宫内膜增生症、子宫内膜腺癌、葡萄胎、侵蚀性葡萄胎、绒癌、乳腺癌的临床病理联系；⑦能正确指认观察病理大体标本子宫内膜增生症、子宫颈癌、葡萄胎、恶性葡萄胎、绒癌、子宫内膜腺癌、乳腺癌等的病理变化；⑧能正确指认观察组织切片标本葡萄胎、绒癌、乳腺癌等的病理变化	①叙述慢性子宫颈炎的病因及分类、病变特点；②阐述子宫颈上皮内瘤变的概念、病变特点；③分析子宫颈癌的病因、病变特点；④比较子宫内膜增生症、子宫内膜腺癌的病变特点；⑤比较葡萄胎、侵蚀性葡萄胎、绒癌的病变特点；⑥分析乳腺癌的病因、病变特点；⑦解释慢性子宫颈炎、子宫颈癌、子宫内膜增生症、子宫内膜腺癌、葡萄胎、侵蚀性葡萄胎、绒癌、乳腺癌的临床病理联系；⑧利用多媒体及多媒体互动显微镜等设备，让学生直观观察女性生殖系统常见疾病的病变特点，密切联系临床，启发学生用学过的病理知识来解释临床出现的症状、体征；⑨组织学生通过使用医用显微镜观察子宫内膜增生症、子宫颈癌、葡萄胎、绒癌、乳腺癌等组织切片的病理变化，描述镜下基本病变特点，加深对理论知识的理解和掌握；⑩组织学生通过女性生殖系统常见疾病病理大体标本实训，学会肉眼观察子宫内膜增生症、子宫颈癌、葡萄胎、绒癌、乳腺癌等常见的病理变化，培养学生严谨、细致的工作态度，以提高学生的观察、思维能力	4

续上表

序号	学习任务（单元、模块）	职业能力	知识、技能、态度要求	教学活动设计	学时
17	内分泌系统疾病	无	①能说出甲状腺肿、糖尿病的病因、发病机制及临床病理联系；②能简述甲状腺肿的类型及病变特点，甲状腺腺瘤、甲状腺癌的主要类型及病变特点，糖尿病的类型及病变特点；③能正确指认观察病理大体标本非毒性甲状腺肿、弥漫性毒性甲状腺肿、甲状腺腺瘤及甲状腺癌等的病理变化；④能正确指认观察组织切片标本弥漫性毒性甲状腺肿、甲状腺腺瘤及甲状腺癌等的病理变化	①列出甲状腺肿、糖尿病的病因、发病机制；②陈述甲状腺肿的类型及病变特点，甲状腺腺瘤、甲状腺癌的主要类型及病变特点；③解释糖尿病的类型及病变特点；④说出甲状腺肿、糖尿病的临床病理联系；⑤利用多媒体及多媒体互动显微镜等设备，让学生直观观察内分泌系统常见疾病的病变特点，密切联系临床，启发学生用学过的病理知识来解释临床出现的症状、体征；⑥组织学生通过使用医用显微镜观察弥漫性非毒性甲状腺肿、弥漫性毒性甲状腺肿、甲状腺腺瘤及甲状腺癌等组织切片的病理变化，描述镜下基本病变特点，加深对理论知识的理解和掌握；⑦组织学生通过内分泌系统常见疾病病理大体标本实训，学会肉眼观察弥漫性非毒性甲状腺肿、弥漫性毒性甲状腺肿、甲状腺腺瘤及甲状腺癌等常见的病理变化，培养学生严谨、细致的工作态度，以提高学生的观察、思维能力	2

续上表

序号	学习任务（单元、模块）	职业能力	知识、技能、态度要求	教学活动设计	学时
18	传染病	无	①说出结核病的病因、发病机制、基本病理变化和转归、肺外器官结核病的病变特点；②简述原发性肺结核病基本病变特点和继发性肺结核病的类型及主要病变特点，比较原发性、继发性肺结核病的不同特征；③说出肺结核病临床病理联系及结局；④简述伤寒、细菌性痢疾、流行性脑脊髓膜炎、流行性乙型脑炎的病变特点及临床病理联系；⑤说出伤寒、细菌性痢疾、流行性脑脊髓膜炎、流行性乙型脑炎的病因及发病机制；⑥能正确指认观察病理大体标本肺结核原发综合征、肺粟粒性结核病、慢性纤维空洞型肺结核等各型肺结核、伤寒、细菌性痢疾等的病理变化；⑦能正确指认观察组织切片标本结核病结核结节、流行性脑脊髓膜炎等的病理变化	①分析结核病的病因、发病机制；②简述结核病的基本病理变化和转归、肺外器官结核病的病变特点；③叙述原发性肺结核病基本病变特点和继发性肺结核病的类型及主要病变特点，比较原发性、继发性肺结核病的不同特征；④简述肺结核病临床病理联系及结局；⑤比较伤寒与细菌性痢疾、流行性脑脊髓膜炎与流行性乙型脑炎的病变特点；⑥简述伤寒、细菌性痢疾、流行性脑脊髓膜炎、流行性乙型脑炎的临床病理联系；⑦分析伤寒、细菌性痢疾、流行性脑脊髓膜炎、流行性乙型脑炎的病因及发病机制；⑧利用多媒体及多媒体互动显微镜等设备，让学生直观观察常见传染病的病变特点，密切联系临床，启发学生用学过的病理知识来解释临床出现的症状、体征；⑨组织学生通过使用医用显微镜观察结核结节、伤寒、细菌性痢疾、流行性脑脊髓膜炎等组织切片的病理变化，描述镜下基本病变特点，加深对理论知识的理解和掌握；⑩组织学生通过常见传染病病理大体标本实训，学会肉眼观察肺结核原发综合征、肺粟粒性结核病、慢性纤维空洞型肺结核等各型肺结核、伤寒、细菌性痢疾、流行性脑脊髓膜炎等常见的病理变化。培养学生严谨、细致的工作态度，提高学生的观察、思维能力	6
合计					72

八、资源开发与利用

（一）教材编写与使用

本课程教材的编写应以教育部高职高专优秀（或规划）教材为基础，体现以职业能力培养为本位、以学生为主体的教学理念（特点）。在教材的编写过程中，尽量让教材贴近病理检验的临床工作实际，使教材不但成为学生学习病理学知识的必备工具，也成为临床病理检验工作的理论指导工具。另外，教材的编写应反映本学科的发展和教学改革成果，适当介绍本学科及相关学科的新进展，有利于培养学生的发散思维和实践能力。

（二）数字化资源开发与利用

为了更好地利用院校资源实现以职业能力培养为本位、以学生为主体的病理学课程教学，可充分利用当今教育教学领域应用广泛、技术成熟的多媒体教学、网络教学、计算机仿真教学等先进的教学手段，积极开展"教、学、做"为一体的教学以及开展"模拟病理过程"的综合教学。同时也可充分利用网络教学手段，开发授课录像带、视听光盘、多媒体课件、电子教案、习题集、试题库、测试软件等立体化教学资源包，并将教学资源包通过校园网络，为学生自主学习、自我测验提供条件；利用学习论坛、即时通信工具、电子邮箱等建立起师生互动交流的网络平台，为学生在线答疑提供方便。积极利用电子书籍、电子期刊、数字图书馆、各大网站等网络资源，使教学内容从单一化向多元化转变，使学生知识和能力得到充分拓展。

九、教学建议

（一）教学方法

本课程的教学建议采用"教、学、做"一体化的教学模式，即将病理检验技术理论教学与实训教学在单元教学时间里融为一体，通过将教师的教、学生的学，以及模拟临床病理检验实际工作的一体化，让学生直接感受实际临床病理检验工作的氛围，让学生在实践教学中学习知识技能，使学生专业理论知识与实践技能有效地融为一体，实现在实践中学习理论，在运用中学习技术。

（二）教学条件

课程教学根据教学内容不同分别在多媒体教室、一体化实训室、医院进行。辅以多媒体设备（电脑、投影仪）、黑板、实训仪器设备等基本教学设施和医院病理科配套设施（见表2-56）。

表 2-56 病理学课程主要仪器设备

名称	规格	数量
光学显微镜	配有 10×、40×物镜	40 台
病理大体标本	各系统常见疾病病变标本	200 个
病理组织切片标本	各系统常见疾病病变组织切片标本	40 套
多媒体投影仪		1 部
电脑		1 台
显微电视显示仪		1 部
多媒体互动显微镜（数码互动设备）	配有显微镜、电脑、多媒体	40 台

十、教学评价

本课程的评价实施过程性考核与终结性考核相结合、理论考核与技能考核相结合、学业考核与职业态度考核相结合的三结合评价方式。考核内容以职业岗位能力为导向，注重学生综合能力与水平的考核，引导学生改变学习方式，充分激发学生学习的主动性和创造力。具体实施：过程性考核以考勤、课堂纪律、学习态度为主；终结性考核以技能操作和分析问题、解决问题为重点，评价学生的职业能力。

（撰稿人：惠州卫生职业技术学院　戴建民）

高职学段：病理技术课程标准

一、课程名称

病理技术。

二、适用专业

既适用于中高职衔接的高职医学检验技术专业，又适用于高职医学检验技术专业。

三、课程性质

本课程为中高职衔接医学检验技术专业高职学段病理检验技术专业方向课程，衔接中职学段病理检验技术方向"病理技术"课程。

四、课程设计

课程的设计理念是依据岗位需求调研、职业能力及课程分析，以岗位职业能力要求，结合知识体系来设计课程结构。课程设计主要按学生就业岗位的特点采用递进、并列与流程式相结合的结构组合教学内容，并通过操作、采集、配置、使用等教学活动组织教学。从而引出相关专业理论知识，使学生在实训过程中加深对专业知识、技能的理解和应用，做到"教、学、做"一体化，培养学生的综合职业能力，满足学生职业生涯发展的需要。

依据以上的设计理念和思路，本课程学习任务可包括病理技术概述、显微镜与显微摄影技术、病理尸体解剖检查、病理大体标本制作、组织病理学制片技术、组织病理学常规染色、组织病理学特殊染色、免疫组织化学技术、细胞病理学技术、电子显微镜技术、分子病理技术、病理技术进展和病理档案管理13个方面（见表2-57）。

表2-57 病理技术课程学习任务

序号	学习任务	任务单元	教学地点
1	病理技术概述	①病理科常规工作流程 ②病理技术常规工作 ③病理实验室设置及主要仪器设备配制 ④病理技术人员业务素质要求	多媒体教室、参观医院病理科
2	显微镜与显微摄影技术	①显微镜的基本知识 ②显微摄影技术 ③数码显微摄影系统 ④显微镜操作注意事项	多媒体教室、多媒体互动显微镜室、显微镜室

续上表

序号	学习任务	任务单元	教学地点
3	病理尸体解剖检查	①尸体剖检的概念及意义 ②尸体剖检室的布局和基本设施 ③尸体剖检过程中的配合 ④尸体剖检的注意事项 ⑤尸体剖检的方法和记录	多媒体教室、解剖室、人体标本馆
4	病理大体标本制作	①病理大体标本的制作 ②有机玻璃标本缸的制作及标本装存与陈列	多媒体教室、解剖室
5	组织病理学制片技术	①组织蜡块制备 ②切片技术	多媒体教室、实训室
6	组织病理学常规染色	①染料与染色 ②苏木精-伊红（HE）染色 ③HE制片质量控制	多媒体教室、实训室
7	组织病理学特殊染色	①结缔组织染色 ②肌肉组织染色 ③脂质染色 ④糖原和黏液物质染色 ⑤病原微生物染色 ⑥神经组织染色 ⑦组织内铁、钙的显示 ⑧核酸染色 ⑨酶类染色	多媒体教室、实训室
8	免疫组织化学技术	①免疫组织化学概论 ②免疫荧光组织化学技术 ③免疫酶组织化学技术 ④亲和免疫组织化学技术 ⑤免疫组化染色中常见问题及其处理	多媒体教室、实训室
9	细胞病理学技术	①细胞学检查技术概论 ②脱落细胞涂片制作技术 ③细针吸取细胞学涂片制作技术 ④液基细胞学技术 ⑤细胞病理学技术的质量控制	多媒体教室、实训室、参观医院病理科液基细胞室

续上表

序号	学习任务	任务单元	教学地点
10	电子显微镜技术	①电子显微镜技术概述 ②透射电镜与超薄切片技术 ③扫描电镜技术 ④电镜低温制样技术 ⑤电镜细胞化学技术 ⑥免疫电镜技术 ⑦电子显微镜的实验室安全	多媒体教室、实训室
11	分子病理技术	①原位杂交技术 ②原位 PCR 技术	多媒体教室、实训室
12	病理技术进展	①计算机图像分析技术 ②流式细胞分析技术 ③激光扫描共聚焦显微镜技术 ④扫描探针显微镜技术 ⑤分子病理学技术	多媒体教室、实训室
13	病理档案管理	①病理档案分类 ②病理档案管理的设施 ③病理资料整理及收藏 ④病理档案的计算机管理 ⑤病理档案管理的注意事项	多媒体教室、实训室

五、课程教学目标

通过本课程的学习，学生掌握病理技术的基本理论知识，能够熟练应用各种病理技术，完成对病理标本的处理和制作，为临床病理诊断和治疗提供科学依据。引导学生认识临床病理技术的重要性，以认真、求实的态度进行学习，做到用病理实验技术的技能，解决临床实际问题。同时，培养学生养成良好的职业素质和细心严谨的工作作风。

1. 认知目标

（1）能阐述病理技术的基本概念、任务及对临床诊断的意义。

（2）能叙述、归纳常见病理检验标本的处理方法。

（3）能解释病理技术常用检测项目的原理、测定方法、结果及其临床应用。

（4）能叙述常用仪器的工作原理、操作步骤及保养要求。

（5）了解质量控制、方法学评价、生物安全的基本知识。

2. 能力目标

(1) 能规范完成标本的验收、核对、编号、记录。
(2) 会正确配制各种常用的染色液和试剂。
(3) 能规范完成组织病理制片技术、脱落细胞制片技术、快速冰冻制片技术。
(4) 能规范完成常规染色技术、特殊染色技术和免疫组化技术。
(5) 能规范完成分子病理技术,如 PCR、FISH 等技术。
(6) 能规范完成病理标本及档案的管理。
(7) 会正确使用病理科室常规仪器并完成简单维护。

3. 情感目标

(1) 具有强烈的责任意识和敬业精神,具有优良的品德和吃苦耐劳的精神,能爱岗敬业、兢兢业业地做好本职工作。
(2) 具有科学、严谨的工作态度和辩证的思维方式,能一丝不苟地完成各项工作任务。
(3) 具备良好的与患者沟通交流的能力,能关心、爱护、尊重患者,能与同事团结合作,高效地完成工作任务。
(4) 具有较强的自主学习能力和创新意识,不断提高专业能力,善于在工作中发现问题,并主动解决问题。

六、参考学时与学分

参考学时:126 学时。
参考学分:7 学分。

七、课程结构

课程结构如表 2-58 所示。

表 2-58 病理技术课程结构

序号	学习任务 (单元、模块)	职业能力	知识、技能、态度要求	教学活动设计	学时
1	病理技术概述	38、39、40、41	①能说出病理科技术部门的组成结构、布局和主要仪器设备;②能阐述病理技术的基本概念、任务及对临床诊断的意义;③能叙述实验室安全防护守则,树立生物安全防护的观念;④培养科学、严谨的工作态度和辩证的思维方式,树立强烈的责任意识和敬业精神	①通过观看医院病理科的日常工作程序视频,了解病理技术检验工作过程、组成部门、基本布局和主要仪器设备;②分析实验室安全防护要求;③通过常规病理技术实例,如 HE、IHC 等,初步示例展示病理技术基本流程,加深学生对病理技术的工作内容和业务素质要求的理解	2

续上表

序号	学习任务（单元、模块）	职业能力	知识、技能、态度要求	教学活动设计	学时
2	显微镜与显微摄影技术	38－03、39－04－07、40－01－05、41－02－07	①能阐述光学显微镜组成、成像原理；②能正确、规范使用光学显微镜进行标本观察；③能说出其他特殊光学显微镜的功能、特点及应用范围；④能说出显微摄影的装置，并规范操作使用；⑤能说出数码显微摄影系统的构成和数码照相机的特点	①介绍普通光学显微镜的结构和功能，讲解保护显微镜的要点；②介绍其他特殊光学显微镜的功能、特点及应用；③介绍显微摄影的装置和技术；④介绍数码显微摄影系统的构成和数码照相机的特点；⑤指导学生使其学会使用和保护普通光学显微镜；⑥开展光学显微镜观察病理切片实训，让学生正确使用光学显微镜；⑦开展显微镜实验室参观实训，通过实物了解不同类型显微镜的原理和用途	8
3	病理尸体解剖检查	39	①能阐述病理尸解的概念、医学意义和尸体解剖的申请程序；②能简述病理尸解的基本条件、尸解流程、方法和要求；③能规范完成配合病理医师尸体解剖时的协作具体内容	①介绍尸体剖检的概念、医学意义和尸体解剖的申请程序；②介绍尸体解剖的操作程序、方法与要求；③讲解病理技术员配合病理医师尸体解剖时的协作具体内容；④参观医疗单位尸体解剖室，介绍布局和设施；⑤观看尸体解剖录像，能加深对尸体解剖的理解；⑥引导学生树立"尊敬"尸体的职业道德和消除恐惧的心理；⑦开展人体解剖实训课，让学生深入理解病理尸解的基本条件、尸解流程、方法和要求	8

续上表

序号	学习任务 （单元、模块）	职业能力	知识、技能、态度要求	教学活动设计	学时
4	病理大体标本制作	39-01	①能阐述大体标本制作的意义；②能规范完成大体标本的制作、储存与陈列；③能正确制作有机玻璃标本缸	①通过观察陈列大体标本（病理标本），引导学生通过观察总结大体标本对医学的意义；②介绍特殊病理标本的裱装、恢复颜色和保色技术；③介绍有机玻璃标本缸的制作方法；④开展实训，指导学生在实训室工作现场完成有机玻璃标本缸和制作大体标本	6
5	组织病理学制片技术	39-01、39-02、39-03	①能归纳常用活体组织制片的方法及临床应用；②能规范完成组织块石蜡包埋流程，并解释流程的目的及原理；③能规范完成石蜡切片的切片制作并辨析其要点，能解释其注意事项；④能阐述快速石蜡包埋切片制作技术与石蜡切片制作技术的异同；⑤能阐述病理组织冰冻切片技术原理和规范完成其操作方法；⑥能阐述火棉胶切片制作技术的原理、流程以及操作要点；⑦能规范完成脱钙技术的操作；⑧能说出组织病理学制片仪器的发展	①介绍常用活体组织制片的方法及临床应用；②介绍组织石蜡包埋和石蜡切片制作的操作方法，讲解其操作要点和注意事项；③介绍快速石蜡包埋切片制作技术；④介绍病理组织冰冻切片技术；⑤介绍火棉胶切片制作技术的原理和操作方法；⑥介绍脱钙技术的操作方法；⑦开展组织块石蜡包埋实训，指导学生学会石蜡包埋法；⑧开展组织石蜡切片制作实训，指导学生学会石蜡切片的切片操作要点，学生能解释其注意事项；⑨开展组织冰冻技术实训，指导学生熟练完成冰冻切片技术	16
6	组织病理学常规染色	39-04	①能简述病理技术中标本染色的概念、目的以及分类；②能规范完成染色前后组织切片的处理；③能规范完成配制苏木素-伊红染色液；④阐述苏木素-伊红（HE）染色的基本原理；⑤能规范完成苏木素-伊红染色实践操作；⑥能解释苏木素-伊红染色的结果及注意事项	①介绍病理技术中标本染色的概念、目的以及分类；②介绍苏木素-伊红染色法和基本原理、操作流程及注意事项；③开展实训，指导学生正确配制苏木素-伊红染色液；④开展实训，指导学生规范完成苏木素-伊红染色流程，并指出染色的结果及解释其注意事项	12

续上表

序号	学习任务（单元、模块）	职业能力	知识、技能、态度要求	教学活动设计	学时
7	组织病理学特殊染色	40-01	①能阐述各种特殊染色及其原理和应用，如固有结缔组织和肌组织染色、病原微生物染色、脂类物质染色、糖类物质染色、神经组织染色等；②能正确指认常用特殊染色结果；③能叙述特殊染色中的注意事项；④能规范完成特殊染色的操作流程；⑤能正确完成特殊染色常用染色液的配制	①介绍各种特殊染色原理和解释其染色结果、应用；②介绍特殊染色中需要注意的事项；③介绍特殊染色的实验方法与步骤；④介绍特殊染色常用染色液的配制方法；⑤开展实训，指导学生规范完成特殊染色基本操作流程、结果判断；⑥利用显微互动系统设备，进行多种特殊染色切片观察，加深对固有结缔组织染色、脂类物质染色、肌组织染色、糖类物质染色、病原微生物染色、神经组织染色等特殊染色的了解	12
8	免疫组织化学技术	40-02	①能阐述免疫组织化学技术的优点和分类；②能规范完成免疫组织化学技术标准化染色，并合理解释步骤原理及注意事项；③能辨析免疫组织化学染色中常见的问题及对策	①介绍免疫组织化学技术的原理、分类及优点；②讲述免疫组织化学技术标准化染色的程序；③介绍免疫组织化学技术常用免疫技术的染色方法和注意事项；④通过开展免疫组织化学染色实训，加深学生对免疫组织化学原理和规范操作的认识；⑤介绍免疫荧光细胞化学染色技术	20

续上表

序号	学习任务（单元、模块）	职业能力	知识、技能、态度要求	教学活动设计	学时
9	细胞病理学技术	38	①能简述细胞病理学技术的应用范围及注意事项；②能规范完成细胞学标本的采集、固定及制片程序；③能辨识正常脱落细胞和异常脱落细胞；④能阐述液基细胞学的原理、临床应用，能规范完成制片流程；⑤能规范完成细胞学检验中染液的配制及简述其染色过程；⑥能指认细胞病理制片质量，完成质量控制	①讲述细胞学检验的概念、应用范围及注意事项；②讲解细胞学标本的采集固定、制片原理及方法；③介绍细胞学检验中染液的配制及染色过程；④开展细胞涂片制作实训，让学生能规范进行脱落细胞的采集、涂片的制作，并在显微镜下学会指认正常脱落细胞和异常脱落细胞；⑤开展细胞蜡块制作实训，让学生正确完成细胞的蜡块制作；⑥参观医院病理科液基细胞学操作流程，加深学生对液基细胞学原理的理解和操作的认识	16
10	电子显微镜技术	38-01、38-03、41-01-04、41-02-04	①能规范完成电镜样品包埋块制作、切片过程；②能说出透射电镜超薄切片技术；③能说出常用的电镜染色技术；④能简述透射电镜和扫描电镜生物样品制备技术、电镜低温制样技术、电镜细胞化学的基本方法以及免疫电镜胶体金标记技术；⑤能说出电子显微镜的实验室安全注意事项	①讲授电镜类型、基本结构、成像原理以及样品制作和切片制作的过程与方法；②开展电镜样品包埋块制作实训，指导学生正确完成电镜样品的制作；③介绍透射电镜和扫描电镜生物样品制备技术、电镜低温制样技术、电镜细胞化学的基本方法以及免疫电镜胶体金标记技术；④参观电镜实验室，加深学生对电镜基本知识的理解以及对样本处理流程的认识，同时强调电子显微镜的实验室安全	6

续上表

序号	学习任务（单元、模块）	职业能力	知识、技能、态度要求	教学活动设计	学时
11	分子病理技术	41	①能阐述原位杂交技术的基本原理和操作程序；②能解释PCR技术的原理和操作程序；③能规范完成原位杂交技术和PCR实践操作；④能辨识操作过程中存在的污染风险以及具有质量控制意识	①介绍常用的分子病理学技术及其临床应用；②开展实训，使学生规范完成原位杂交和PCR技术操作	10
12	病理技术进展	38-02-07、38-03、41-1-04、41-02-02	①能简述远程病理诊断系统的基本设备组成、基本程序和临床意义；②能说出计算机图像讲解技术、流逝细胞讲解技术、激光扫描共聚焦显微镜、扫描探针显微镜的基本原理、操作流程及应用	①介绍远程病理诊断系统的基本设备组成、基本程序；②结合病理诊断实例，介绍远程病理诊断的意义；③讲述计算机图像讲解技术、流逝细胞讲解技术、激光扫描共聚焦显微镜、扫描探针显微镜的基本原理、操作流程及应用；④通过病理实验新技术参观，加深对病理实验技术进展的认识	6
13	病理档案管理	39-01、39-02-08、40-01-09	①能叙述病理档案材料的类别；②能阐述病理档案的特殊要求；③能规范完成病理资料整理与收藏；④能正确使用病理档案计算机系统管理	①讲述介绍病理档案材料的分类方法；②讲授病理资料整理及收藏方法；③开展病理档案整理实训，让学生学会病理资料的管理实践操作	4
			合计		126

注："职业能力"栏目的编码与本书附录1职业能力分析表中的编码对应。

八、资源开发与利用

（一）教材编写与使用

本课程教材的编写应以教育部高职高专优秀（或规划）教材为基础，重点突出以职业能力培养为本位、以学生为主体的特点。在教材的编写过程中，尽量让教材贴近临床病理技术的实际工作,使教材不但成为学生学习临床病理技术知识的必备工具,也成为临床病理技术工作的理论指导工具。

(二)数字化资源开发与利用

注重幻灯片、视听光盘、教学仪器、多媒体仿真软件等常用课程资源和现代化教学资源的开发和利用,创设生动形象的工作情景,激发学生的学习兴趣,促进学生对知识的理解和掌握。同时,建议加强课程资源的开发,建立多媒体课程资源的数据库,努力实现跨学校多媒体资源的共享,以提高课程资源的利用效率。

积极开发和利用网络课程资源,充分利用诸如电子书籍、电子期刊、数据库、数字图书馆、教育网站和电子论坛等网上信息资源,使教学从单一媒体向多种媒体转变;教学活动从信息的单向传递向双向交换转变;学生单独学习向合作学习转变。同时应积极创造条件搭建远程教学平台,扩大课程资源的交互空间。

九、教学建议

(一)教学方法

本课程的教学建议采用"教、学、做"一体化的教学模式,即将病理技术理论教学与实训教学在单元教学时间里融为一体,通过将教师的教、学生的学,以及模拟临床病理检验实际工作的一体化,让学生直接感受实际临床病理检验工作的氛围,让学生在实践教学中学习知识技能,使学生专业理论知识与实践技能有效地融为一体,实现在实践中学习理论,在运用中学习技术。

(二)教学条件

课程教学根据教学内容不同分别在多媒体教室、一体化实训室、医院进行。辅以多媒体设备(电脑、投影仪)、黑板、实训仪器设备等基本教学设施和医院病理科配套设施(见表2-59)。

表2-59 病理技术课程主要仪器设备

名称	规格	数量
普通光学显微镜	配有10×、40×、100×物镜	50台
多媒体互动显微镜	配有显微镜、电脑、多媒体	50台
脱水机		4台
包埋机		4台
石蜡切片机		4台
摊片烤片机		4台
染色机		1台

续上表

名称	规格	数量
冰冻切片机		2 台
全自动免疫组化染色系统	IHC	1 套
玻片架		10 架
玻片板		20 块
标本蜡块储藏箱		1 套
玻片标本储藏箱		1 套
PCR 仪		1 台
杂交箱		1 台
恒温箱		1 台
纯水仪		1 台
冰箱		3 台
多媒体		1 套
精密天平		2 台

十、教学评价

本课程的评价实施过程性考核与终结性考核相结合、理论考核与技能考核相结合、学业考核与职业态度考核相结合的三结合评价方式。考核内容以职业岗位能力为导向，注重学生综合能力与水平的考核，引导学生改变学习方式，充分激发学生学习的主动性和创造力。具体实施：过程性考核以考勤、课堂纪律、学习态度为主；终结性考核以技能操作和分析问题、解决问题为重点，评价学生的职业能力。

（撰稿人：惠州卫生职业技术学院　江海东、李玮玮，东莞市人民医院　朱莹）

高职学段：免疫组织化学课程标准

一、课程名称

免疫组织化学。

二、适用专业

既适用于中高职衔接的高职医学检验技术专业，又适用于高职医学检验技术专业。

三、课程性质

本课程为中高职衔接医学检验技术专业高职学段病理检验技术专业方向课程，衔接中职学段病理检验技术专业方向的"免疫组织化学"课程。

四、课程设计

病理检验技术岗位的免疫组织化学，主要应用于协助临床进行疾病的诊断、治疗及预后判断。依据岗位需求调研、职业能力、课程分析及中高职课程衔接的要求，将该课程内容设计成 4 个学习任务（单元、模块）。序号 1 学习任务为绪论。序号 2 学习任务（抗原与抗体分析），是序号 4 学习任务（常用免疫组织化学技术）的基础。序号 3 学习任务（免疫组织化学标本的制备）是完成序号 4 对应的岗位工作中所需的专项技能，应用频度非常高且是完整的工作内容，为强化学生专项技能训练及避免在序号 4 学习任务中不同免疫标记技术的重复设计，仍将其按学习任务对工作任务的模式单独进行设计。将常用免疫组织化学岗位工作任务转换为学习任务的主体内容，从课程目标、教学内容衔接该专业中职学段免疫组织化学课程，是该课程设计的落脚点。从知识、技能、态度三个维度，列出了该课程每个学习任务的具体要求。

五、课程教学目标

1. 认知目标
（1）能叙述免疫组织化学技术岗位工作任务及其应用。
（2）能阐述免疫组织化学的基本概念。
（3）能叙述常见病理组织标本处理的要求。
（4）能解释石蜡切片机、冰冻切片机等常用切片机的原理，并叙述其操作流程。
（5）解释常用免疫组织化学染色的方法、原理及主要意义。
2. 能力目标
（1）能规范、独立完成常见病理组织标本的处理。
（2）能熟练操作并会维护和保养石蜡切片机、冰冻切片机。

(3) 能针对病理检验要求正确选择相应免疫组织化学染色方法。

(4) 能运用抗原抗体知识,规范、独立完成常用免疫组织化学染色操作并分析判断染色结果。

(5) 具备管理病理检验岗位基本业务和完成常规质量控制的能力。

(6) 具备自主学习、更新知识并运用新方法、新技术的能力。

(7) 能熟练运用媒体资源,查找所需信息。

3. 情感目标

(1) 能以"服务、质量和责任"为核心的职业道德观念为引导,规范操作、严谨求实、一丝不苟地完成病理检验的实践活动。

(2) 能较好地进行医患及同事等人际沟通交流和开展团队合作。

(3) 能运用专业知识、技能,规避职业风险。

(4) 能自觉维护、保养仪器设备。

六、参考学时与学分

参考学时:54 学时。

参考学分:3 学分。

七、课程结构

课程结构如表 2-60 所示。

表 2-60 免疫组织化学课程结构表

序号	学习任务 (单元、模块)	职业能力	知识、技能、态度要求	教学活动设计	学时
1	绪论	40-02、73	①能解释组织化学及免疫组织化学的概念;②能解释免疫组织化学与组织化学、免疫化学与生物化学的关系及叙述免疫组织化学技术的发展;③能解释免疫组织化学的基本原理及要求;④能叙述免疫组织化学的方法及临床应用	①引导分析组织化学及免疫组织化学的概念;②引导归纳免疫组织化学与组织化学、免疫化学与生物化学的关系及免疫组织化学技术的发展;③分析解释免疫组织化学的基本原理及要求;④引导归纳免疫组织化学的方法及临床应用	2

续上表

序号	学习任务（单元、模块）	职业能力	知识、技能、态度要求	教学活动设计	学时
2	抗原与抗体分析	40-02-03、40-02-04	①能阐述抗原的概念；②能正确区分完全抗原与半抗原；③能解释抗原的特异性、决定簇及异物性；④能归纳列出免疫组织化学抗原制备、修复的方法；⑤能阐述抗体的概念；⑥能列出抗体分子结构的主要特点；⑦能解释抗体的免疫活性；⑧能归纳免疫组织化学常用抗体的制备方法；⑨能归纳抗体的选用、分装、稀释及保存要求	①引导分析抗原的概念；②举例区分完全抗原与半抗原；③引导分析抗原的特异性、决定簇及异物性；④引导归纳免疫组织化学抗原制备及修复方法；⑤分析抗体概念及分子结构的主要特点；⑥分析抗体的免疫活性；⑦归纳免疫组织化学常用抗体的制备方法；⑧分析选用、分装、稀释及保存抗体的要求	8
3	免疫组织化学标本的制备	39	①能叙述组织标本取材的要求；②能解释组织标本固定的目的及固定原理、学会常用固定剂及固定液的成分；③能合理选用固定剂并对其进行评价；④能叙述固定组织标本的流程；⑤能规范、独立完成组织标本的固定；⑥能解释石蜡切片机、冰冻切片机工作原理及叙述操作方法；⑦能按生物安全及技术规范要求，操作石蜡切片机、冰冻切片机，制备免疫组织化学标本切片；⑧养成责任、质量意识及人际沟通能力和团队合作精神；⑨能做好切片机的维护和保养	①引导分析组织标本固定的目的，解释常用固定剂及固定液的成分及固定原理；②引导评价常用固定剂及固定液；③分析解释固定组织标本的流程；④指导选用固定剂并固定组织标本；⑤引导分析石蜡切片机、冰冻切片机的工作原理及操作方法；⑥指导操作石蜡切片机、恒冷箱切片机，制备免疫组织化学标本切片；⑦指导做好切片机的维护和保养	12

续上表

序号	学习任务（单元、模块）	职业能力	知识、技能、态度要求	教学活动设计	学时
4	常用免疫组织化学技术	38-03、40-02	①能详细列出常用免疫组织化学方法；②能完成待染抗原的修复及抗体的选用、分装、稀释及保存；③能解释抗原直接与间接定位法、抗体直接与间接定位法、免疫荧光双标记等免疫荧光技术的原理；④能叙述抗原直接与间接定位法、抗体直接与间接定位法、免疫荧光双标记等方法的主要操作流程；⑤能按生物安全及技术规范要求，独立完成抗原直接与间接定位法、抗体直接与间接定位法、免疫荧光双标记等方法的操作并判断结果；⑥能解释抗原间接定位法、酶桥法、PAP法、免疫酶双标记等免疫酶技术的原理；⑦能叙述抗原间接定位法、酶桥法、PAP法、免疫酶双标记等的主要流程；⑧能按生物安全及技术规范要求，独立完成抗原间接定位法、酶桥法、PAP法、免疫酶双标记等方法的操作并判断结果；⑨能解释LAB、BAB、ABC、SABC等亲和素-生物素法的原理；⑩能叙述LAB、BAB、ABC、SABC等方法的主要流程；⑪能按生物安全及技术规范要求，独立完成LAB、BAB、ABC、SABC等方法的操作并判断结果；⑫能解释免疫胶体金、蛋白A胶体金、胶体金双标法等免疫胶体金技术的原理；⑬能叙述免疫胶体金、蛋白A胶体金、胶体金双标法等方法的主要流程；⑭能按生物安全及技术规范要求，完成免疫胶体金、蛋白A胶体金、胶体金双标法等方法的操作并判断结果；⑮能评价荧光免疫技术、免疫酶技术、亲和素-生物素法、免疫胶体金技术等常用免疫组织化学技术的优缺点；⑯能处理免疫组化染色的常见问题；⑰养成责任、质量意识及人际沟通能力和团队合作精神	①介绍常用免疫组织化学方法；②指导修复抗原及选用、分装、稀释及保存抗体；③分析抗原直接与间接定位法、抗体直接与间接定位法、免疫荧光双标记等免疫荧光技术的原理；④分析抗原直接与间接定位法、抗体直接与间接定位法、免疫荧光双标记等方法的主要操作流程；⑤指导完成抗原直接与间接定位法、抗体直接与间接定位法、免疫荧光双标记等方法的操作并判断结果；⑥分析抗原间接定位法、酶桥法、PAP法、免疫酶双标记等免疫酶技术的原理；⑦分析抗原间接定位法、酶桥法、PAP法、免疫酶双标记等的主要流程；⑧指导完成抗原间接定位法、酶桥法、PAP法、免疫酶双标记等方法的操作并判断结果；⑨分析LAB、BAB、ABC、SABC等亲和素-生物素法的原理；⑩分析LAB、BAB、ABC、SABC等方法的主要流程；⑪指导完成LAB、BAB、ABC、SABC等方法的操作并判断结果；⑫分析免疫胶体金、蛋白A胶体金、胶体金双标法等免疫胶体金技术的原理；⑬分析免疫胶体金、蛋白A胶体金、胶体金双标法等方法的主要流程；⑭指导完成免疫胶体金、蛋白A胶体金、胶体金双标法等方法的操作并判断结果；⑮分析评价荧光免疫技术、免疫酶技术、亲和素-生物素法、免疫胶体金技术等常用免疫组织化学技术的优缺点；⑯指导处理免疫组化染色的常见问题	32
合计					54

注："职业能力"栏目的编码与本书附录1职业能力分析表中的编码对应。

八、资源开发与利用

(一) 教材编写与使用

本课程教材的编写应以教育部高职高专优秀(或规划)教材为基础,重点突出以职业能力培养为本位、以学生为主体的特点。在教材的编写过程中,要紧扣课程标准,适应职业教育的特点,尽量让教材贴近免疫组织化学的实际工作,使教材不但成为学生学习免疫组织化学知识的必备工具,也成为免疫组织化学工作的理论指导工具。另外,教材的编写应反映本学科的发展和教学改革成果,适当介绍本学科及相关学科的新进展,有利于培养学生的发散思维和实践能力。

(二) 数字化资源开发与利用

为了更好地利用院校资源实现以职业能力培养为本位、以学生为主体的免疫组织化学课程教学,可充分利用当今教育教学领域应用广泛、技术成熟的多媒体教学、计算机仿真教学等先进的教学手段,积极开展"教、学、做"为一体的情景教学以及开展"模拟免疫组织化学工作过程"的综合实训教学。同时也可充分利用网络教学手段,开发授课录像带、视听光盘、多媒体课件、电子教案、习题集、试题库、测试软件等立体化教学资源包,并将教学资源包通过校园网络,为学生自主学习、自我测验提供条件;并利用学习论坛、即时通信工具、电子邮箱等建立起师生互动交流的网络平台,为学生在线答疑提供方便。积极利用电子书籍、电子期刊、数字图书馆、各大网站等网络资源,使教学内容从单一化向多元化转变,使学生知识和能力得到充分拓展。

九、教学建议

(一) 教学方法

免疫组织化学技术岗位工作任务分析显示,荧光免疫技术、免疫酶技术、亲和素-生物素法、免疫胶体金技术等常用免疫组织化学技术的工作流程均包括病理组织标本的制备、编号处理、准备试剂/器材/仪器、染色标记及结果判断等工作步骤。因此,以常用免疫组织化学技术为主体内容的免疫组织化学,建议按照"项目驱动、流程导向、方法集成"的思路,利用校内外实训基地,以真实的免疫组织化学方法为载体,按工作流程,序化整合教学内容,打破理论、实践分段教学模式,将职业岗位应具备的常用免疫组织化学技术所需知识、技能及素养,融入"项目化、一体化"的教学实践中,开展理实一体化、项目化教学,突出"做中学、做中教"的职业教育教学特色。

(二) 教学条件

本课程应有工位充足、配备多媒体教学系统的校内专用实验实训室,仪器设备配置能对接病理技术岗位开展常用免疫组织化学技术的需求,有规范的实验实训管理制度;

师资应达到中职医学检验技术专业教学标准的要求；构建包括教学课件、视听教程、实训指导、习题库等在内的教学资源库及加强精品课程、网络课程等校内网络资源建设。

校外实训基地应设置在与该专业长期合作的县区级以上综合医院，仪器设备先进、管理规范，可支持本课程设定内容见习。

十、教学评价

本课程的评价实施过程性考核与终结性考核相结合、理论考核与技能考核相结合、学业考核与职业态度考核相结合的三结合评价方式。考核内容以职业岗位能力为导向，注重学生综合能力与水平的考核，引导学生改变学习方式，充分激发学生学习的主动性和创造力。具体实施：过程性考核以考勤、课堂纪律、学习态度为主；终结性考核以技能操作和分析问题、解决问题为重点，评价学生的职业能力。

（撰稿人：广东省潮州卫生学校　洪湘辉，广东省潮州市中心医院　苏少雪）

附　　录

1. 医学检验技术专业职业能力分析表

工作项目/ 职业素养	工作任务/ 职业素养分类		职业能力 （知识、技能、方法、工具、要求）		学习水平	
					中职 L_i	高职 L_j
01 医院医学检验标本采集、运输和储存	01-01	标本采集	01-01-01	熟知各种标本的采样原理	L1	
			01-01-02	掌握各种标本采样的基本步骤	L1	
			01-01-03	清楚各种采样过程的注意事项	L1	
			01-01-04	正确使用各种采样工具	L1	
			01-01-05	会对各种采样工具进行消毒	L1	
	01-02	标本运输和储存	01-02-01	熟知各种标本运输的方法	L1	
			01-02-02	掌握各种标本储存的条件	L1	
			01-02-03	会正确使用各种储存工具	L1	
	01-03	指导医护人员正确采集样本	01-03-01	编写《检验标本采集手册》	L1	
			01-03-02	指导医护人员正确采集样本	L1	
			01-03-03	指导医护人员正确使用各种采样工具	L1	
02 医院医学检验标本核对、编号、信息录入	02-01	标本核对	02-01-01	熟知《标本接收拒收标准》	L1	
			02-01-02	判断标本是否合格	L1	
			02-01-03	比对标本实际种类与标签描述是否一致，防止差错	L1	
			02-01-04	记录异常标本情况，拒收不合格标本	L1	
	02-02	标本编号	02-02-01	完成标本编号	L1	
			02-02-02	熟知检验项目	L1	
	02-03	标本信息录入	02-03-01	扫描条码，录入标本信息	L1	
			02-03-02	熟知检验项目	L1	

续上表

工作项目/ 职业素养	工作任务/ 职业素养分类		职业能力 （知识、技能、方法、工具、要求）		学习水平	
					中职 L_i	高职 L_j
03 离心处理标本	03-01	标本离心	03-01-01	掌握离心机的工作原理	L1	
			03-01-02	会正确使用离心机	L1	
			03-01-03	熟知离心机使用的安全防护知识	L1	
			03-01-04	会保养、维护仪器	L1	
			03-01-05	正确处理废弃标本	L1	
			03-01-06	处理突发事件	L2	
	03-02	标本混匀	03-02-01	会手工混匀	L1	
			03-02-02	熟悉全自动标本混匀机的使用方法	L1	
04 准备试剂	04-01	试剂储存	04-01-01	熟知试剂的储存温度	L1	
			04-01-02	熟悉试剂的分装与冻融	L1	
	04-02	试剂使用	04-02-01	熟记试剂使用注意事项	L1	
			04-02-02	试剂的使用登记	L1	
			04-02-03	更换试剂	L1	
			04-02-04	按规定进行废液处理	L1	
	04-03	试剂配制	04-03-01	配制常用试剂	L1	
			04-03-02	熟练使用工具配制试剂	L1	
05 血细胞分析（仪器法）	05-01	检测原理	05-01-01	熟知电阻抗法血液分析仪的原理	L2	L2
			05-01-02	熟知光散射法血液分析仪的原理	L2	L2
	05-02	检测参数	05-02-01	熟知检测参数方法	L2	L2
			05-02-02	会解释检测结果及其含义	L2	L2
	05-03	血细胞直方图	05-03-01	能解释白细胞直方图、散点图含义	L2	L2
			05-03-02	能解释红细胞直方图含义	L2	L2
			05-03-03	熟知血小板直方图含义	L2	L2
	05-04	方法学评价	05-04-01	了解仪器性能的评价	L2	L2
			05-04-02	熟知干扰血液分析仪检测的常见因素	L2	L2

续上表

工作项目/ 职业素养	工作任务/ 职业素养分类		职业能力 （知识、技能、方法、工具、要求）		学习水平	
					中职 Li	高职 Lj
05 血细胞分析（仪器法）	05-05	临床应用	05-05-01	熟知常见检测参数的主要临床意义	L2	L2
			05-05-02	红细胞直方图在临床贫血分类中的应用	L2	L2
	05-06	标本检测	05-06-01	能正确核对标本信息	L2	L2
			05-06-02	正确操作血细胞分析仪进行样本检测	L2	L2
			05-06-03	涂片、染色、镜检符合"复检规则"的标本	L2	L2
06 血涂片制备与染色	06-01	血涂片制备	06-01-01	会清洁载玻片	L2	L2
			06-01-02	制备良好血涂片	L2	L2
	06-02	血涂片染色	06-02-01	熟知瑞氏染色法的原理	L2	L2
			06-02-02	正确操作瑞氏染色法	L2	L2
07 白细胞分类镜检	07-01	白细胞分类	07-01-01	掌握各类白细胞的染色特点，能正确分类	L2	L2
			07-01-02	熟悉各类白细胞的参考值与主要临床意义	L2	L2
	07-02	镜检	07-02-01	掌握显微镜的原理、使用和注意事项	L2	L2
			07-02-02	熟悉镜检的步骤	L2	L2
08 嗜酸性粒细胞计数（显微镜法）	08-01	嗜酸性粒细胞计数液的配制	08-01-01	能解释计数稀释液中各成分的作用		L2
			08-01-02	会配置试剂		L2
	08-02	嗜酸性粒细胞手工计数	08-02-01	会正确使用常用普通光学显微镜		L2
			08-02-02	知道计数板的正确使用与注意事项		L2
			08-02-03	熟练完成显微镜法嗜酸性粒细胞计数		L2
			08-02-04	熟悉嗜酸性粒细胞计数的主要临床意义		L2

续上表

工作项目/ 职业素养	工作任务/ 职业素养分类	职业能力 （知识、技能、方法、工具、要求）		学习水平	
				中职 L_i	高职 L_j
09 红斑狼疮细胞检查	09-01 标本处理与涂片染色	09-01-01	熟悉涂片制备标本处理步骤与注意事项		L2
		09-01-02	熟练进行涂片的瑞氏染色		L2
	09-02 涂片镜检	09-02-01	能正确识别红斑狼疮细胞		L2
		09-02-02	使用显微镜完成红斑狼疮细胞检查		L2
		09-02-03	了解红斑狼疮细胞检查的主要临床意义		L2
10 血小板计数（显微镜法）	10-01 PLT计数液的配制	10-01-01	熟悉计数液中各成分的作用	L2	L2
		10-01-02	会配置试剂	L2	L2
	10-02 PLT手工计数	10-02-01	会使用计数板	L2	L2
		10-02-02	使用显微镜完成血小板计数	L2	L2
		10-02-03	熟悉PLT计数的主要临床意义	L2	L2
11 血沉测定	11-01 血沉检测仪测定	11-01-01	熟悉血沉检测仪的工作原理	L2	L2
		11-01-02	正确使用血沉检测仪	L2	L2
		11-01-03	了解血沉检测仪测定的注意事项	L2	L2
		11-01-04	熟悉血沉测定的主要临床意义	L2	L2
	11-02 手工法测定	11-02-01	熟悉手工法测定血沉的原理	L2	L2
		11-02-02	正确使用魏氏血沉管	L2	L2
		11-02-03	了解血沉试验的影响因素	L2	L2
		11-02-04	熟悉血沉测定的主要临床意义	L2	L2
12 血型鉴定	12-01 红细胞ABO血型系统检查	12-01-01	能正确进行ABO血型系统抗原和抗体检测（正定+反定）	L2	L2
		12-01-02	能正确进行ABO血型系统亚型检测	L2	L2
		12-01-03	熟知ABO血型鉴定的方法学评价、注意事项	L2	L2
	12-02 红细胞Rh血型系统检查	12-02-01	能正确进行Rh血型系统检测	L2	L2
		12-02-02	熟悉血型鉴定的方法学评价	L2	L2
		12-02-03	了解检测注意事项	L2	L2

续上表

工作项目/ 职业素养		工作任务/ 职业素养分类		职业能力 （知识、技能、方法、工具、要求）		学习水平	
						中职 L_i	高职 L_j
13	尿液分析（干化学）	13-01	检测原理	13-01-01	掌握尿液分析仪工作原理	L2	L2
				13-01-02	了解尿液分析仪使用注意事项	L2	L2
		13-02	检测参数	13-02-01	掌握各分析项目的主要临床意义	L2	L2
				13-02-02	了解各分析项目的影响因素	L2	L2
		13-03	标本检测	13-03-01	能正确核对标本信息	L2	L2
				13-03-02	正确操作尿液分析仪	L2	L2
				13-03-03	熟知离心镜检的"复检规则"	L2	L2
14	尿液有形成分镜检	14-01	血细胞、管型、结晶镜检	14-01-01	正确使用显微镜	L2	L2
				14-01-02	正确识别尿液各类有形成分	L2	L2
				14-01-03	掌握各类有形成分的主要临床意义	L2	L2
		14-02	尿红细胞位相	14-02-01	正确使用血细胞计数板	L2	L2
				14-02-02	了解血细胞计数板计数尿沉渣的注意事项	L2	L2
				14-02-03	正确区分正形红细胞与异形红细胞	L2	L2
15	粪便常规	15-01	理学检验	15-01-01	了解正常粪便外观形态	L2	L2
				15-01-02	熟知分辨特征性外观形态变化及主要临床意义	L2	L2
		15-02	显微镜检	15-02-01	掌握粪便中细胞、食物渣等的识别	L2	L2
				15-02-02	掌握粪便中细胞、食物渣等的主要临床意义	L2	L2
				15-02-03	能正确识别和区分各种寄生虫卵	L2	L2
16	粪便潜血试验	16-01	化学法潜血试验	16-01-01	掌握化学法潜血试验的原理	L2	L2
				16-01-02	熟知化学法潜血试验的方法学评价	L2	L2
				16-01-03	会化学法潜血试验的具体操作	L2	L2
		16-02	免疫法潜血试验	16-02-01	掌握免疫法潜血试验的原理	L2	L2
				16-02-02	掌握免疫法潜血试验的方法学评价	L2	L2
				16-02-03	会免疫法潜血试验的具体操作	L2	L2

续上表

工作项目/ 职业素养	工作任务/ 职业素养分类		职业能力 （知识、技能、方法、工具、要求）		学习水平	
					中职 Li	高职 Lj
17 妊娠试验	17-01	检测前准备	17-01-01	检查 HCG 试条	L2	L2
			17-01-02	掌握妊娠试验的检测原理	L2	L2
	17-02	检测	17-02-01	掌握妊娠试验的操作步骤	L2	L2
			17-02-02	掌握妊娠试验的方法学评价	L2	L2
			17-02-03	熟悉妊娠试验的主要临床意义	L2	L2
18 精液常规	18-01	理化检验	18-01-01	检测精液外观、量、液化时间、黏稠度、酸碱度等理化指标		L2
			18-01-02	了解检测注意事项		L2
			18-01-03	熟悉精液常规的主要临床意义		L2
	18-02	显微镜检与精子计数	18-02-01	正确进行精子计数		L2
			18-02-02	正确进行精子形态学检查		L2
			18-02-03	能识别精液中的其他细胞，并了解其主要临床意义		L2
19 浆膜腔积液检验	19-01	理学检验	19-01-01	检查浆膜腔积液外观		L3~L4
			19-01-02	检查浆膜腔积液的量		L3~L4
			19-01-03	检查浆膜腔积液有无凝块		L3~L4
			19-01-04	熟悉浆膜腔积液检查的主要临床意义		L3~L4
	19-02	化学检验	19-02-01	熟悉浆膜腔积液各类生化指标的检查方法		L3~L4
			19-02-02	熟悉浆膜腔积液各类生化指标的主要临床意义		L3~L4
			19-02-03	熟知李凡他试验的原理，会李凡他试验		L3~L4
			19-02-04	熟悉李凡他试验的主要临床意义		L3~L4
	19-03	微生物检验	19-03-01	了解浆膜腔积液微生物检查的方法		L3~L4
			19-03-02	了解浆膜腔积液微生物检查的意义		L3~L4

续上表

工作项目/ 职业素养	工作任务/ 职业素养分类		职业能力 （知识、技能、方法、工具、要求）		学习水平	
					中职 Li	高职 Lj
20 脑脊液检验	20-01	理学检验	20-01-01	检查脑脊液外观		L3~L4
			20-01-02	检查脑脊液的量		L3~L4
			20-01-03	检查脑脊液有无凝块		L3~L4
			20-01-04	熟悉脑脊液检查的主要临床意义		L3~L4
	20-02	化学检验	20-02-01	会脑脊液各类生化指标的检查方法		L3~L4
			20-02-02	熟悉脑脊液各类生化指标检查的主要临床意义		L3~L4
			20-02-03	熟悉潘氏试验的原理、注意事项		L3~L4
			20-02-04	熟悉潘氏试验的主要临床意义		L3~L4
	20-03	微生物检验	20-03-01	了解脑脊液微生物检查的方法		L3~L4
			20-03-02	了解脑脊液微生物检查的意义		L3~L4
21 阴道分泌物检验	21-01	一般性状检查	21-01-01	检查阴道分泌物的外观	L2	L2
			21-01-02	检查阴道分泌物的pH	L2	L2
	21-02	清洁度检查	21-02-01	熟悉阴道分泌物显微镜检的判定标准和主要临床意义	L2	L2
			21-02-02	检查阴道分泌物的清洁度	L2	L2
	21-03	病原学检查	21-03-01	掌握阴道分泌物中滴虫、真菌、加德纳菌、淋球菌、支原体、衣原体检验的原理和注意事项	L2	L2
			21-03-02	掌握阴道分泌物中滴虫、真菌、加德纳菌、淋球菌、支原体、衣原体检验的主要临床意义	L2	L2
			21-03-03	会阴道分泌物滴虫、真菌、加德纳菌、淋球菌、支原体、衣原体的检验方法	L2	L2
22 各类标本的寄生虫检查	22-01	集卵试验	22-01-01	掌握各类集卵试验的操作	L2	L2
			22-01-02	熟悉各类集卵试验操作的注意事项	L2	L2
	22-02	虫卵显微镜检	22-02-01	正确识别各类虫卵	L2	L2
			22-02-02	掌握各类虫卵的主要临床意义	L2	L2
			22-02-03	掌握显微镜的使用原理、方法	L2	L2

续上表

工作项目/ 职业素养	工作任务/ 职业素养分类		职业能力 （知识、技能、方法、工具、要求）		学习水平	
					中职 Li	高职 Lj
22 各类标本的寄生虫检查	22-03	寄生虫成虫鉴别	22-03-01	正确识别各类常见的寄生虫成虫、中间宿主	L2	L2
			22-03-02	熟悉各类常见的寄生虫检查的临床意义		L2
	22-04	溶组织阿米巴包囊检测	22-04-01	能正确进行溶组织阿米巴包囊检测	L2	L2
			22-04-02	熟悉溶组织阿米巴包囊检测的临床意义		L2
23 骨髓（血）细胞分类、报告	23-01	分类方法与内容	23-01-01	熟悉骨髓检查的注意事项、适应证与禁忌证		L4~L5
			23-01-02	熟悉标本的采集方法		L4~L5
			23-01-03	正确分析骨髓象		L4~L5
			23-01-04	撰写骨髓象分析报告		L4~L5
	23-02	骨髓（血）细胞形态学分类	23-02-01	掌握正常血细胞形态		L4~L5
			23-02-02	掌握正常骨髓细胞形态		L4~L5
			23-02-03	掌握正常骨髓象		L4~L5
			23-02-04	掌握异常骨髓细胞形态学		L4~L5
	23-03	常用血细胞染色原理和意义	23-03-01	掌握正常骨髓（血）细胞的染色特点		L4~L5
			23-03-02	熟悉正常骨髓（血）细胞的主要临床意义		L4~L5
			23-03-03	掌握异常骨髓（血）细胞的染色特点		L4~L5
			23-03-04	熟悉异常骨髓（血）细胞的主要临床意义		L4~L5
24 凝（止）血项目测定	24-01	凝血四项检验	24-01-01	掌握全自动凝血仪的原理	L2	L2
			24-01-02	熟悉全自动凝血仪的使用注意事项	L2	L2
			24-01-03	正确操作全血凝血仪检验凝血四项	Li	Lj
			24-01-04	了解凝血四项的主要临床意义	L2	L2
	24-02	D-二聚体检验	24-02-01	熟悉D-二聚体检验的注意事项		L3
			24-02-02	熟悉D-二聚体检验的主要临床意义		L3
	24-03	FDP检验	24-03-01	熟悉FDP检验的注意事项		L3
			24-03-02	熟悉FDP检验的主要临床意义		L3

续上表

工作项目/职业素养		工作任务/职业素养分类	职业能力（知识、技能、方法、工具、要求）		学习水平	
					中职 L_i	高职 L_j
25	溶血性疾病检测	25-01 各种溶血性贫血的检验	25-01-01	熟悉显示溶血的检验方法及实验室鉴别	L2	L2
			25-01-02	熟悉红细胞膜缺陷症的检验方法及主要临床意义		L4~L5
			25-01-03	熟悉红细胞酶缺陷症的检验方法及主要临床意义		L4~L5
			25-01-04	熟悉红细胞珠蛋白异常的检验方法及主要临床意义		L4~L5
			25-01-05	熟悉免疫性溶血的检验方法及主要临床意义		L4~L5
26	临床输血管理	26-01 临床输血操作	26-01-01	会输血申请	L1	
			26-01-02	会采集与送检受血者血样	L1	L2
			26-01-03	接收血样	L1	
			26-01-04	能进行交叉配血	L2	L2
			26-01-05	能进行血液入库、核对、储存	L1	L2
			26-01-06	发血	L1	L2
			26-01-07	记录	L1	
27	检测标本生化项目（半自动生化仪或全自动生化仪）	27-01 检测标本	27-01-01	熟悉检测原理，防止差错	L2	L2
			27-01-02	正确使用常用生化仪器检测各类标本	L2	L2
			27-01-03	保养、维护仪器	L2	L2
		27-02 废弃物处理	27-02-01	处理突发事件	L2	L2
			27-02-02	防止感染	L2	L2
			27-02-03	能做好废弃物的分类及处理	L2	L2
28	检测标本生化项目（手工法）	28-01 检测	28-01-01	熟悉手工操作原理、操作步骤	L2	L2
			28-01-02	正确完成常见生化检测项目的手工操作	L2	L2
		28-02 废弃物处理	28-02-01	防止感染	L2	L2
			28-02-02	处理废弃标本和试剂	L2	L2

续上表

工作项目/ 职业素养	工作任务/ 职业素养分类		职业能力 （知识、技能、方法、工具、要求）		学习水平	
					中职 Li	高职 Lj
29 检测标本免疫项目（酶免法）	29-01	加样、孵育	29-01-01	掌握加样枪的使用原理	L2	L2
			29-01-02	熟记加样枪的使用方法和注意事项	L2	L2
			29-01-03	正确使用加样枪进行加样	L2	L2
			29-01-04	掌握水浴箱的工作原理和使用方法	L2	L2
			29-01-05	熟记水浴箱使用的注意事项	L2	L2
	29-02	洗板	29-02-01	掌握清洗液的配制及注意事项	L2	L2
			29-02-02	掌握洗板机的原理、使用方法和注意事项	L2	L2
	29-03	检测	29-03-01	掌握酶标仪的原理、使用方法和注意事项	L2	L2
			29-03-02	记录原始记录表	L2	L2
	29-04	结果分析	29-04-01	计算临界值	L2	L2
			29-04-02	熟悉检验项目的主要临床意义	L3	L3
30 检测标本免疫项目（发光免疫法）	30-01	检测原理	30-01-01	掌握化学发光法的原理、性能特点和临床应用	L2	L2
			30-01-02	掌握电化学发光法的原理、性能特点和临床应用	L2	L2
			30-01-03	掌握仪器的校准、质控和保养计划	L2	L3
	30-02	标本检测	30-02-01	核对标本信息	L2	L2
			30-02-02	复查需复查的结果	L2	L2
31 检测标本免疫项目（凝集法）	31-01	检测原理	31-01-01	掌握抗原抗体反应的原理	L2	L2
			31-01-02	熟悉凝集反应的特点	L2	L2
	31-02	直接凝集试验	31-02-01	掌握玻片凝集法的原理	L2	L2
			31-02-02	掌握试管凝集法的临床应用	L2	L3
	31-03	间接凝集法	31-03-01	掌握胶乳凝集试验的原理	L2	L2
			31-03-02	掌握明胶凝集试验的临床应用	L2	L3

续上表

工作项目/ 职业素养	工作任务/ 职业素养分类		职业能力 （知识、技能、方法、工具、要求）		学习水平	
					中职 Li	高职 Lj
32	32-01	调配	32-01-01	掌握各种培养基的配制方法、成分	L1	
			32-01-02	掌握各种天平的使用	L1	
			32-01-03	掌握洁净工作台的使用	L1	
	32-02	pH的校正	32-02-01	掌握pH计的使用	L1	
			32-02-02	酸碱中和矫正	L1	
培养基制备	32-03	高压与分装	32-03-01	掌握培养基的包装技术	L1	
			32-03-02	熟悉无菌高压锅的使用	L1	
			32-03-03	熟悉无菌高压锅的安全防护	L1	
	32-04	储存与质控	32-04-01	掌握培养基的储存条件	L1	
			32-04-02	掌握培养基的储存时间	L1	
			32-04-03	做好培养基的质控（无菌试验和生长试验）	L1	
33	33-01	标本的接种	33-01-01	再次核对标本是否合格	L1	
			33-01-02	标本的预处理	L1	
			33-01-03	正确选择培养基	L1	
			33-01-04	掌握生物安全柜的使用	L1	
			33-01-05	正确使用接种环、接种针	L1	
			33-01-06	熟练掌握分区画线、增菌及转种	L1	
细菌接种、培养、鉴定	33-02	培养	33-02-01	完成各种标本的培养		L2
			33-02-02	掌握各种标本的培养条件		L2
			33-02-03	正确使用各种培养仪器		L2
			33-02-04	会转种各类标本		L2
	33-03	细菌的鉴定	33-03-01	掌握各种标本的鉴定程序		L2
			33-03-02	熟练区分各种致病菌、条件致病菌、污染菌		L2
			33-03-03	正确掌握各种微生物的生物学性状		L2
			33-03-04	掌握微生物鉴定药敏分析仪的使用		L2
			33-03-05	熟练掌握K-B法药敏试验的操作步骤及结果判断		L2

续上表

工作项目/ 职业素养	工作任务/ 职业素养分类		职业能力 （知识、技能、方法、工具、要求）		学习水平	
					中职 Li	高职 Lj
34 医院检验结果审核	34-01	结果审核与报告	34-01-01	结合临床资料分析检验结果	L3	L3
			34-01-02	同一标本不同项目相关性分析	L3	L3
			34-01-03	同一患者历史结果相关性分析	L3	L3
			34-01-04	在检验周期限定时限内尽快发报告，满足临床需求	L3	L3
	34-02	危急值报告	34-02-01	确认检验结果，必要时复查	L3	L3
			34-02-02	立即电话通知临床，报告危急值，并记录	L3	L3
35 录入医院检验结果、派发报告单	35-01	录入检验结果	35-01-01	熟悉 LIS 系统的使用	L1	
			35-01-02	严谨防止差错	L1	
	35-02	门诊自助打印报告	35-02-01	熟悉 LIS 系统的使用	L1	
			35-02-02	熟悉自助打印机的使用	L1	
	35-03	住院报告签发	35-03-01	检查报告单	L1	
			35-03-02	由专人按时派发	L1	
36 医院检验质量控制	36-01	室内质控	36-01-01	辅助室内质控规则的制定和检验过程的质量控制程序	L3	L3~L4
			36-01-02	掌握校准品和质控品的使用要求	L3	L3~L4
			36-01-03	分析和处理失控原因，评价失控处理后的仪器性能	L3	L3~L4
	36-02	室间比对	36-02-01	及时检测比对标本，上报检验数据	L3	L3~L4
			36-02-02	分析回报结果及处理	L3	L3~L4
37 医院检验仪器设备维护保养	37-01	仪器维护保养计划	37-01-01	熟悉各类仪器的工作原理	L3	L3
			37-01-02	制订日常维护和保养计划	L3	L3
	37-02	仪器故障处理	37-02-01	能处理简单常见的故障	L3	L3
			37-02-02	能对故障处理后仪器的性能进行评价		L4
38 医院病理科细胞学检查	38-01	标本接收及编号	38-01-01	核对送检标本	L1	
			38-01-02	接收送检标本	L1	
			38-01-03	对送检标本进行编号	L1	
			38-01-04	正确保存送检标本	L1	

续上表

工作项目/ 职业素养	工作任务/ 职业素养分类		职业能力 （知识、技能、方法、工具、要求）	学习水平	
				中职 Li	高职 Lj
38 医院病理科细胞学检查	38-02	制片操作	38-02-01 熟记细胞学操作规程	L2	L2
			38-02-02 按细胞学操作规程将送检标本制作成细胞涂片	L2	L2
			38-02-03 掌握细胞涂片方法	L2	L2
			38-02-04 掌握细胞涂片的固定方法	L2	L2
			38-02-05 掌握常见的细胞涂片染色方法	L2	L2
			38-02-06 关闭仪器电源，清理工作台	L2	L2
			38-02-07 掌握液基细胞学制片技术	L2	L2
	38-03	标本处理及仪器维护	38-03-01 熟记病理科废物分类及处理规定	L1	
			38-03-02 按病理科废物处理规定处理标本	L1	
			38-03-03 熟悉仪器工作原理	L2	L2~L3
			38-03-04 定期进行仪器清洗维护	L2	L2
39 医院病理科组织学病理检查	39-01	标本接收及前处理	39-01-01 核对送检标本	L1	
			39-01-02 接收并妥善保管送检标本	L1	
			39-01-03 对送检标本进行编号	L1	
			39-01-04 将送检单的相关资料输入病理信息系统	L1	
			39-01-05 取材	L3	L3
			39-01-06 操作脱水机完成标本脱水透明浸蜡	L2	L2
	39-02	组织包埋	39-02-01 进行脱水机的排蜡操作并取出组织	L2	L2
			39-02-02 熟记组织包埋操作规程及包埋机使用方法	L2	L2
			39-02-03 按组织包埋操作规程进行组织包埋，并记录签名	L2	L2
			39-02-04 修整包埋盒外余蜡	L2	L2
			39-02-05 补充包埋机液蜡和清理废蜡	L2	L2
			39-02-06 清检包埋机组织缸	L2	L2
			39-02-07 保持包埋机外部清洁	L2	L2
			39-02-08 将检测蜡块移交档案室或收发室	L2	L2
			39-02-09 整理工作台，做好清洁工作	L2	L2
			39-02-10 进行脱水机的排蜡操作并取出组织	L2	L2

续上表

工作项目/ 职业素养	工作任务/ 职业素养分类		职业能力 （知识、技能、方法、工具、要求）		学习水平	
					中职 Li	高职 Lj
39 医院病理科组织学病理检查	39-03	切片（裱片）	39-03-01	冷台开机	L1	L2
			39-03-02	给摊片机加水及开机加热	L2	L2
			39-03-03	熟记石蜡切片机操作规程	L2	L2
			39-03-04	按石蜡切片机操作规程进行切片操作	L2	L2
			39-03-05	核对蜡块与玻片的病理号码	L2	L2
			39-03-06	将切好的切片按顺序放进烤箱烤片	L2	L2
			39-03-07	清洁切片机、冷台和摊片机	L1	L2
			39-03-08	整理工作台，做好清洁工作	L1	L2
			39-03-09	将切片送至HE染色室	L1	L2
	39-04	染色	39-04-01	熟记HE染色操作规程	L2	L2
			39-04-02	掌握HE自动染色机程序设置及上机操作	L2	L2
			39-04-03	掌握HE染色试剂更换原则及方法	L2	L2
			39-04-04	HE染色常用试剂配置方法	L2	L2
			39-04-05	进行HE染色操作	L2	L2
			39-04-06	掌握手工HE染色方法		L2
			39-04-07	观察质控片染色效果	L2	L2
40 组织化学染色	40-01	特殊染色	40-01-01	登记特殊染色试剂的订购	L2	L2
			40-01-02	配制特殊染色试剂		L2
			40-01-03	收集阳性对照蜡块及切片	L2	L2
			40-01-04	进行染色操作	L2	L2
			40-01-05	镜下观察阳性对照片及染色片的染色效果	Li	Lj
			40-01-06	登记特殊染色质量控制表	L2	L2
			40-01-07	对检测片进行阅片	L2	L2
			40-01-08	将阳性对照片归档	L2	L2
			40-01-09	将检测蜡块移交档案室或收发室	L2	L2
			40-01-10	整理工作台，做好清洁工作	L2	L2

续上表

工作项目/ 职业素养	工作任务/ 职业素养分类		职业能力 （知识、技能、方法、工具、要求）		学习水平	
					中职 Li	高职 Lj
40	40-02	免疫组化	40-02-01	掌握免疫组化染色原理及步骤	L2	L2~L3
组织化学染色			40-02-02	阳性对照组织的选择	L2	L2
			40-02-03	抗原修复方法		L2
			40-02-04	孵育抗体		L2
			40-02-05	染色		L2
			40-02-06	观察检测片阳性对照组织染色效果		L2
41	41-01	FISH	41-01-01	标本编号		L2
分子病理技术			41-01-02	组织切片的准备		L2
			41-01-03	熟悉操作流程		L2~L3
			41-01-04	重要仪器的使用方法及维护（荧光显微镜和杂交仪）		L2~L3
			41-01-05	结果的判读		L3~L4
	41-02	ISH原位杂交	41-02-01	标本编号		L2
			41-02-02	组织切片的准备		L2
			41-02-03	熟悉操作流程		L2~L3
			41-02-04	重要仪器的使用方法及维护（荧光显微镜和杂交仪）		L2~L3
			41-02-05	结果的判读		L3~L4
	41-03	PCR	41-03-01	标本编号		L2
			41-03-02	样品准备和核酸提取		L3~L4
			41-03-03	试剂的准备和反应体系的配制		L3~L4
			41-03-04	仪器操作		L3~L4
			41-03-05	结果导出与判读		L3~L4
42	42-01	制订采样方案	42-01-01	了解检测目的、检测项目、检测项目样品需求量	L1	
收集卫生检验标本			42-01-02	明确采样布点、采样方式	L1	
	42-02	确定和准备采样器材	42-02-01	熟悉操作各种采样器材	L1	
			42-02-02	熟悉各类检测项目所需的采样设备	L1	

续上表

工作项目/ 职业素养	工作任务/ 职业素养分类		职业能力 （知识、技能、方法、工具、要求）		学习水平	
					中职 L_i	高职 L_j
42 收集卫生检验标本	42-03	现场采样	42-03-01	理解、掌握采样技术规范，使所采集的样品有代表性	L1	
			42-03-02	熟悉采样操作流程	L1	
			42-03-03	按规范进行采样	L1	
	42-04	样品保存与运输	42-04-01	熟悉各检测项目的保存条件	L1	
			42-04-02	掌握样品运输方式及注意事项	L1	
43 卫生检验标本核对、分类、编号	43-01	核对标本状态、数量	43-01-01	检查标本是否存在变质、污染等情况	L1	
			43-01-02	核查标本包装、保存情况	L1	
			43-01-03	核查标本量是否满足检验要求	L1	
	43-02	标本分类、编号	43-02-01	根据标本类型进行分类	L1	
			43-02-02	按照标本类型进行编号	L1	
			43-02-03	确保每个样品编号的唯一性	L1	
44 待检卫生检验标本信息录入	44-01	确认采样单信息	44-01-01	核对采样单信息的完整性	L1	
			44-01-02	核对采样单信息和样品的一致性	L1	
	44-02	录入标本信息	44-02-01	依据采样单录入样品信息	L1	
			44-02-02	确定检测项目	L1	
	44-03	核对录入的标本信息	44-03-01	检查录入信息是否有错项、漏项	L1	
			44-03-02	最终确定录入信息	L1	
45 处理待检卫生检验标本、准备试剂	45-01	标本预处理	45-01-01	掌握预处理各类仪器设备的原理、操作使用方法	L1	
			45-01-02	制备均匀、有代表性的标本	L1	
			45-01-03	分装标本，用于检测、复查、保存	L1	
			45-01-04	检测标本的消化、浓缩、净化、稀释等	L1	
	45-02	试剂配制	45-02-01	称量试剂	L1	
			45-02-02	溶解试剂	L1	
			45-02-03	稀释、定容试剂	L1	

续上表

工作项目/ 职业素养	工作任务/ 职业素养分类		职业能力 （知识、技能、方法、工具、要求）		学习水平	
					中职 Li	高职 Lj
45	处理待检卫生检验标本、准备试剂	45-03 标准物质配制	45-03-01	标准物质的分类识别	L1	
			45-03-02	根据检测项目选择标准物质	L1	
			45-03-03	根据标本待测物浓度，选择标准系列浓度	L1	
			45-03-04	稀释、定容标准物质，配制标准物质曲线浓度	L1	
		45-04 质控样品制备	45-04-01	制备标准样品	L1	
			45-04-02	制备平行样、空白样、加标回收样	L1	
46	空气有毒有害物质检测	46-01 粉尘检测	46-01-01	称量粉尘	L2	L2
			46-01-02	显微镜下测粉尘分散度	L2	L3
			46-01-03	显微镜下测游离二氧化硅的含量	L2	L3
		46-02 物理因素检测	46-02-01	掌握气温、气湿、气压的测定方法及仪器的使用	L2	L2
			46-02-02	掌握噪声、噪度的测定方法及仪器的使用	L2	L2
			46-02-03	掌握紫外线、电离辐射、非电离辐射的测定及仪器的使用	L2	L2
			46-02-04	掌握工频电场的测定及仪器的使用	L2	L2
		46-03 金属及其化合物检测	46-03-01	样品消化方式的选择、操作	L2	L2
			46-03-02	检验方法的选择、操作	L2	L2
			46-03-03	掌握原子吸收、分光光度计、等离子体发射光谱仪的工作原理	L2	L2
			46-03-04	掌握原子吸收、分光光度计、等离子体发射光谱仪的操作方法	L2	L2
		46-04 无机非金属类化合物检测	46-04-01	做好样品处理（洗脱、稀释）	L2	L2
			46-04-02	做好标准曲线的测量	L2	L2
			46-04-03	掌握分光光度计的正确操作	L2	L2
		46-05 有机化合物检测	46-05-01	做好样品处理（解吸）	L2	L2
			46-05-02	选择气相色谱仪的检测条件	L2	L2
			46-05-03	掌握气相色谱仪的正确操作	L2	L2
		46-06 农药类化合物检测	46-06-01	解吸样品	L2	L2
			46-06-02	正确操作气相色谱仪	L2	L2
			46-06-03	正确操作液相色谱仪	L2	L2

续上表

工作项目/职业素养	工作任务/职业素养分类		职业能力（知识、技能、方法、工具、要求）		学习水平	
					中职 L_i	高职 L_j
47　食品营养成分检测	47-01	蛋白质的检测	47-01-01	处理样品（定氮蒸馏）	L2	L2
			47-01-02	滴定样品处理液	L2	L2
			47-01-03	掌握凯氏定氮仪的工作原理和操作方法	L2	L2
			47-01-04	熟悉滴定操作	L2	L2
	47-02	脂肪的检测	47-02-01	进行脂肪的提取	L2	L2
			47-02-02	进行脂肪的检测操作	L2	L2
	47-03	矿物质的检测	47-03-01	样品的前处理	L2	L2
			47-03-02	掌握不同消化方式	L2	L2
			47-03-03	熟悉不同检测仪器（原子吸收光谱仪、原子荧光光谱仪）的操作	L2	L2
	47-04	维生素类的检测	47-04-01	样品的处理（皂化、提取、洗涤、浓缩等）	L2	L2
			47-04-02	熟悉不同维生素的检测方法（高效液相色谱法、比色法、层析法）	L2	L2
			47-04-03	熟悉高效液相色谱仪、分光光度计等仪器	L2	L2
48　食品有毒有害物质检测	48-01	重金属检测	48-01-01	熟悉样品消化方式的选择、操作	L2	L2
			48-01-02	正确进行检验方法的选择、操作	L2	L2
			48-01-03	熟练进行原子吸收、分光光度计、原子荧光光度计、等离子体发射光谱仪的操作	L2	L2
	48-02	农药残留的检测	48-02-01	样品处理（提取、净化、浓缩）	L2	L2
			48-02-02	操作检测仪器（气相色谱仪、液相色谱仪等）	L2	L2
	48-03	药物残留的检测	48-03-01	样品处理（提取、净化、浓缩）	L2	L2
			48-03-02	操作检测仪器（气相色谱仪、高效液相色谱仪等）	L2	L2
	48-04	食品添加剂的检测	48-04-01	样品的前处理（提取、净化、浓缩等）	L2	L2
			48-04-02	操作检测仪器（气相色谱仪、高效液相色谱仪等）	L2	L2

续上表

工作项目/ 职业素养	工作任务/ 职业素养分类		职业能力 （知识、技能、方法、工具、要求）	学习水平	
				中职 Li	高职 Lj
49 水质检测	49-01	感官性状和物理指标的检测	49-01-01 熟悉感官检测描述术语	L2	L2
			49-01-02 熟悉味觉、嗅觉、视觉的应用	L2	L2
			49-01-03 正确操作物理指标测定仪器（pH计、浊度仪、电导率仪、分光光度计等）	L2	L2
	49-02	无机非金属指标的检测	49-02-01 熟悉掌握滴定操作	L2	L2
			49-02-02 操作检测仪器（分光光度计、离子色谱仪、离子选择电极等）	L2	L2
	49-03	金属指标的检测	49-03-01 掌握样品前处理方法（消化、萃取、共沉淀等）	L2	L2
			49-03-02 熟练操作检测仪器（分光光度计、原子吸收光谱仪、原子荧光光度计等）	L2	L2
	49-04	有机物指标及农药指标的测定	49-04-01 进行样品处理（萃取、净化、浓缩等）	L2	L2
			49-04-02 进行检测仪器（气相色谱仪、液相色谱仪等）的条件选择	L2	L2
			49-04-03 进行检测仪器（气相色谱仪、液相色谱仪等）的操作	L2	L2
50 其他物品有毒有害物质检测	50-01	采集样品	50-01-01 根据不同的要求对样品进行采样	L1	
			50-01-02 避免人为污染	L1	
	50-02	样品前处理	50-02-01 掌握有机质分解法、溶剂提取法、挥发分离法等	L1	
			50-02-02 掌握通风橱、电炉、马弗炉、旋转蒸发仪、微波消解仪等的使用	L1	
	50-03	根据相关检测标准进行监测	50-03-01 掌握各类光谱检测方法	L2	L2
			50-03-02 掌握各类色谱检测方法	L2	L2
51 卫生微生物的鉴定	51-01	参照国标或行标	51-01-01 熟悉国家标准和行业标准	L2	L2
			51-01-02 及时了解国家标准和行业标准的变更	L2	L2

续上表

工作项目/职业素养	工作任务/职业素养分类		职业能力（知识、技能、方法、工具、要求）	学习水平	
				中职 L_i	高职 L_j
51 卫生微生物的鉴定	51-02	分离	51-02-01 具有无菌意识	L2	L2
			51-02-02 具有生物安全意识	L2	L2
			51-02-03 正确使用生物安全柜	L2	L2
			51-02-04 正确使用接种环、接种针	L2	L2
			51-02-05 熟悉细菌分离操作	L2	L2
	51-03	培养	51-03-01 正确选择培养基	L2	L2
			51-03-02 针对不同细菌选择培养条件	L2	L2
	51-04	鉴定	51-04-01 进行生化鉴定	L3	L3
			51-04-02 进行血清学鉴定	L3	L3
			51-04-03 进行PCR鉴定	L3	L3
			51-04-04 镜检：革兰氏染色、抗酸染色、动力检测	L3	L3
52 血清抗体检测（ELISA）	52-01	标本的检测	52-01-01 熟练掌握使用酶联免疫检测抗原或抗体	L2	L2
			52-01-02 熟练掌握使用商品化试剂盒	L2	L2
			52-01-03 熟练掌握使用洗板机和酶标仪	L2	L2
	52-02	结果判断	52-02-01 熟悉判断标准	L3	L3
			52-02-02 进行结果判断	L3	L3
	52-03	出具结果	52-03-01 填写完整的原始记录	L1	
			52-03-02 签发检验报告	L1	
53 HIV确证试验（WB）	53-01	检测	53-01-01 具有生物安全意识	L2	L2
			53-01-02 工作人员持证上岗	L2	L2
			53-01-03 配制专职检测人员	L2	L2
			53-01-04 熟练使用全自动蛋白印迹仪	L2	L2
			53-01-05 有专用的实验室	L2	L2
	53-02	结果判断	53-02-01 熟悉判断标准		L3
			53-02-02 进行结果判断		L3
	53-03	出具结果	53-03-01 填写完整的原始记录	L1	
			53-03-02 签发检验报告	L1	

续上表

工作项目/ 职业素养	工作任务/ 职业素养分类		职业能力 （知识、技能、方法、工具、要求）		学习水平	
					中职 L_i	高职 L_j
54	54-01	细菌检测	54-01-01	接收标本和验收、核对、录入唯一编号	L1	
			54-01-02	PCR快速检测（初筛）	L2	L2
			54-01-03	接种、培养	L2	L2
			54-01-04	分离鉴定	L2	L2
			54-01-05	出具检验报告	L2	L2
			54-01-06	按照相关文件标准要求上送菌毒株	L2	L2
			54-01-07	保存菌株	L2	L2
			54-01-08	报送上级部门	L2	L2
	54-02	病毒检测	54-02-01	接收标本和验收、核对、录入唯一编号	L1	
			54-02-02	检测核酸	L2	L2
			54-02-03	检测血清抗体	L2	L2
			54-02-04	出具检验报告	L2	L2
			54-02-05	细胞培养或鸡胚培养	L2	L2
			54-02-06	鉴定型别	L2	L2
			54-02-07	按照相关文件标准要求上送菌毒株	L2	L2
			54-02-08	保存毒株	L2	L2
			54-02-09	报送上级部门	L2	L2
55	55-01	审核检测过程	55-01-01	审核检测操作是否符合标准规范	L3	L3
			55-01-02	审核质控样品检测是否满足标准要求	L3	L3
			55-01-03	审核样品处理是否适合检测要求	L3	L3
	55-02	审核数据计算	55-02-01	审查数据修约规范	L3	L3
			55-02-02	掌握精密度、准确度各指标的计算方法	L3	L3
	55-03	审核报告结果	55-03-01	审查数据修约规范	L3	L3
			55-03-02	掌握精密度、准确度各指标的计算方法	L3	L3

工作项目54为：突发公共卫生事件（食物中毒、传染病疫情）的病原学检测

工作项目55为：卫生检验结果审核

续上表

工作项目/ 职业素养	工作任务/ 职业素养分类		职业能力 （知识、技能、方法、工具、要求）		学习水平	
					中职 Li	高职 Lj
56 卫生检验质量控制	56-01	室内质控	56-01-01	进行人员比对	L3	L3~L4
			56-01-02	进行仪器比对	L3	L3~L4
			56-01-03	进行试剂验证	L3	L3~L4
			56-01-04	进行试剂、标准菌株的保存	L3	L3~L4
			56-01-05	进行结果分析、总结，提出改进措施	L3	L3~L4
	56-02	室间质控	56-02-01	参加国家、省级质控考核	L3	L3~L4
			56-02-02	结果分析、总结，提出改进措施	L3	L3~L4
	56-03	内审	56-03-01	标准的制定、更新	L3	L3~L4
			56-03-02	标准执行检查	L3	L3~L4
			56-03-03	结果分析、总结，提出改进措施	L3	L3~L4
57 卫生检验仪器设备维护与保养	57-01	管理仪器	57-01-01	建立仪器设备档案	L3	L3
			57-01-02	管理仪器使用状态	L3	L3
	57-02	熟悉仪器	57-02-01	了解仪器原理	L3	L3
			57-02-02	熟悉仪器构造	L3	L3
	57-03	维护仪器	57-03-01	日常使用保养	L3	L3
			57-03-02	长期闲置保管	L3	L3
			57-03-03	故障时检修	L3	L3
58 血站血液标本接收、核对、登记	58-01	标本核查	58-01-01	核查标本外观：是否破损、有无贴签	L1	
			58-01-02	核查标本质量：量是否足够，是否溶血	L1	
			58-01-03	核查标本数量：各批次总量、各血型数量	L1	
	58-02	标本接收、登记	58-02-01	标本交接签名	L1	
			58-02-02	电脑录入和打印标本信息	L1	
	58-03	不合格标本的处理	58-03-01	熟悉不合格标本的处理流程	L1	
			58-03-02	按操作规程规定重新留样	L1	

续上表

工作项目/ 职业素养	工作任务/ 职业素养分类		职业能力 （知识、技能、方法、工具、要求）		学习水平	
					中职 L_i	高职 L_j
59 处理血站待检血液标本	59-01	标本分类	59-01-01	了解血库各血型的库存	L1	
			59-01-02	根据各批次的标本情况安排实验	L1	
	59-02	标本离心	59-02-01	掌握离心机的使用	L1	
			59-02-02	掌握标本离心的要求	L1	
	59-03	标本开盖	59-03-01	掌握开盖机的使用	L1	
			59-03-02	熟悉生物安全防护措施、防止交叉感染	L1	
60 准备血站检验试剂	60-01	试剂核查、室温平衡	60-01-01	熟悉试剂名称和批号的核查	L1	
			60-01-02	试剂室温平衡半小时	L1	
			60-01-03	熟悉试剂有效期的核对	L1	
	60-02	酶标板排板、贴条码	60-02-01	按实验标本数排列酶标板孔数	L1	
			60-02-02	粘贴唯一条形码	L1	
	60-03	配洗液	60-03-01	熟悉各试剂盒对洗液配制的说明	L1	
			60-03-02	洗液配置后核查：是否与洗液桶一一对应，是否有絮状物	L1	
	60-04	装载试剂	60-04-01	熟悉各试剂盒对试剂配置的说明	L1	
			60-04-02	各试剂倒入试剂槽时核查，看是否一一对应	L1	
			60-04-03	装载试剂槽	L1	
61 血液检测	61-01	设备开机维护	61-01-01	掌握各检测设备的工作原理	L3	L3
			61-01-02	熟悉各检测设备的开机维护程序	L3	L3
	61-02	标本加样	61-02-01	熟悉加样设备的使用	L2	L2
			61-02-02	熟悉标本加样工作表	L2	L2
			61-02-03	熟悉标本加样结果的核查：是否足量、有无气泡等	L2	L2
	61-03	全自动设备进板检测	61-03-01	熟悉全自动酶免设备的使用	L2	L2
			61-03-02	熟悉全自动酶免设备故障时的临时处置	L2	L2
			61-03-03	掌握酶免实验的手工操作	L2	L2

续上表

工作项目/ 职业素养	工作任务/ 职业素养分类		职业能力 （知识、技能、方法、工具、要求）		学习水平	
					中职 Li	高职 Lj
61 血液检测	61-04	阳性标本的复查	61-04-01	熟悉手工加样（血袋取样）	L2	L2
			61-04-02	掌握质控方法	L2	L2
62 血站检测结果的登记与录入	62-01	检测结果的传输	62-01-01	熟悉实验室管理系统的使用	L1	
			62-01-02	熟悉实验室管理系统故障时的应急预案	L1	
	62-02	阳性结果的登记	62-02-01	登记阳性结果	L1	
			62-02-02	取血袋血样复检	L1	
	62-03	检测报告的核查与签名	62-03-01	熟悉检测报告核查和签名的规定	L1	
			62-03-02	熟悉检测报告回退时的相关处置流程	L1	
	62-04	特殊标本的送检	62-04-01	熟悉艾滋病初筛阳性的送检流程	L1	
			62-04-02	熟悉梅毒抗体初筛阳性的送检流程	L1	
			62-04-03	熟悉其他如疑难血型鉴定标本的送检流程	L1	
63 血站检测结果审核	63-01	判定规则的符合性	63-01-01	熟悉各试剂盒的实验有效性要求	L3	L3
			63-01-02	熟悉是否有效性的处置	L3	L3~L4
	63-02	质控规则的符合性	63-02-01	熟悉本实验室质控规则的相关要求	L3	L3~L4
			63-02-02	具备分析失控原因的能力	L3	L3~L4
	63-03	初检、复检结果的比较	63-03-01	比较和分析相同检测项目不同厂家试剂初检、复检结果	L3	L3~L4
			63-03-02	熟悉相同试剂初检、复检结果不符的原因分析及处置原则	L3	L3~L4
64 血液标本保存与销毁	64-01	样管的保存与销毁	64-01-01	熟悉样管的保存规定	L2	L2
			64-01-02	熟悉样管的销毁规定	L2	L2
	64-02	留样标本的保存与销毁	64-02-01	熟悉留样标本的保存原则	L2	L2
			64-02-02	熟悉留样标本销毁的相关规定	L2	L2
			64-02-03	进行不合格标本销毁前的高压处理	L2	L2
65 不合格标本的隔离与标识	65-01	不合格标本的隔离	65-01-01	熟悉密封隔离的原则	L2	L2
			65-01-02	熟悉密封隔离的步骤	L2	L2

续上表

工作项目/ 职业素养	工作任务/ 职业素养分类		职业能力 （知识、技能、方法、工具、要求）		学习水平	
					中职 Li	高职 Lj
65 不合格标本的隔离与标识	65-02	不合格标本的标识	65-02-01	分区存放	L2	L2
			65-02-02	对不合格标本标出明显标志	L2	L2
66 血站检验质量控制	66-01	质量体系	66-01-01	熟悉单位的质量手册和程序文件	L3	L3~L4
			66-01-02	熟悉单位的规章制度	L3	L3~L4
	66-02	操作规程	66-02-01	熟悉科室的操作规程	L3	L3~L4
			66-02-02	熟悉科室的管理文件		L3~L4
	66-03	业务培训	66-03-01	定期参加内部业务培训	L3	L3~L4
			66-03-02	定期外出参加业务培训	L3	L3~L4
	66-04	关键环节控制	66-04-01	熟悉每个流程质量控制的关键	L3	L4
			66-04-02	定期开展试剂盒和设备参数核查	L3	L4
67 血站检验仪器维护与保养	67-01	日常维护	67-01-01	熟悉仪器设备的工作原理	L3	L3~L4
			67-01-02	懂得设备日常维护知识	L3	L3~L4
	67-02	定期维护、保养	67-02-01	熟悉仪器设备的工作原理	L3	L3~L4
			67-02-02	懂得设备定期维护保养知识	L3	L3~L4
	67-03	仪器校验和结果比对	67-03-01	联系厂家对设备进行定期校验	L3	L3~L4
			67-03-02	熟悉设备结果比对程序	L3	L3~L4
	67-04	关键设备大型维修后的确认	67-04-01	熟悉SOP文件要求	L3	L3~L4
			67-04-02	熟悉设备的性能及使用	L3	L3~L4
	67-05	常见小故障处理	67-05-01	熟悉设备的构造和性能	L3	L3~L4
			67-05-02	熟悉设备小故障的处理措施	L3	L3~L4
68 业务培训	68-01	人员培训	68-01-01	培训指导下级单位相关人员		L4
			68-01-02	培训考核下级单位相关人员		L4
			68-01-03	医护规培		L4
	68-02	科内培训	68-02-01	培训新入职人员		L4
			68-02-02	培训员工		L4

续上表

工作项目/职业素养	工作任务/职业素养分类		职业能力（知识、技能、方法、工具、要求）		学习水平	
					中职 L_i	高职 L_j
69 科研工作	69-01	课题申报	69-01-01	熟悉科研申报程序		L4
			69-01-02	写好申报书		L4
			69-01-03	指导课题申报		L4
	69-02	课题实施	69-02-01	开题		L4
			69-02-02	试验		L4
			69-02-03	整理结果数据		L4
			69-02-04	得出结论		L4
	69-03	课题结题	69-03-01	结题		L4
			69-03-02	撰写、发表论文		L4
	69-04	科研成果申报	69-04-01	申请奖项		L4
			69-04-02	申请专利		L4
70 实习、进修带教	70-01	入科教育	70-01-01	强化实习生、进修生的生物安全意识		L3
			70-01-02	加强实习生、进修生科室规章制度的学习		L3
			70-01-03	指导实习生、进修生相关专业法律法规的学习		L3
	70-02	岗前理论培训	70-02-01	对实习生、进修生进行各检测项目操作规程的理论培训		L3
			70-02-02	强化实习生、进修生的职业道德和生物安全意识		L3
	70-03	实验带教	70-03-01	培训各检测项目的实践操作		L3
			70-03-02	指导实习生、进修生进行各检测项目的实践操作		L3
	70-04	毕业论文指导	70-04-01	指导选题		L3
			70-04-02	指导开题		L3
			70-04-03	指导课题实施		L3
			70-04-04	指导撰写论文		L3
			70-04-05	指导答辩		L3

续上表

工作项目/职业素养	工作任务/职业素养分类		职业能力（知识、技能、方法、工具、要求）		学习水平	
					中职 L_i	高职 L_j
71	业务指导	71-01	制订业务计划	71-01-01 熟悉科室各项工作业务		L3
				71-01-02 掌握基本管理技巧		L3
				71-01-03 熟悉应用文写作		L4~L5
		71-02	定期开展业务培训	71-02-01 熟悉科室各项工作业务		L4~L5
				71-02-02 具备较强的组织协调能力		L4~L5
				71-02-03 具备较强的语言表达能力		L4~L5
		71-03	解决技术难题	71-03-01 熟悉科室各项工作业务		L4~L5
				71-03-02 了解行业技术发展现况		L4~L5
				71-03-03 指导解决实际工作中的技术难题		L4~L5
72	监督日常科室检验质量	72-01	制订监督计划	72-01-01 熟悉科室各项工作业务		L5
				72-01-02 掌握基本管理技巧		L5
				72-01-03 熟悉应用文写作		L5
		72-02	监督计划执行	72-02-01 具备较强的组织协调能力		L5
				72-02-02 具备较强的沟通协调能力		L5
		72-03	评价监督效果	72-03-01 熟悉科室各项工作业务		L5
				72-03-02 掌握基本管理技巧		L5
		72-04	根据反馈进行整改	72-04-01 熟悉科室各项工作业务		L5
				72-04-02 掌握基本管理技巧		L5
73	职业素养（通用能力、核心技能、关键能力）	73-01	沟通交流	73-01-01 具备较强的语言表达能力	L2~L3	L2~L5
				73-01-02 具备较强的观察能力	L2~L3	L2~L5
				73-01-03 能主动与上级领导沟通交流，明白领导意图，获得领导信任	L2~L3	L2~L5
				73-01-04 善于与科室内部人员沟通，协同完成工作	L2~L3	L2~L5
				73-01-05 能与相关合作单位沟通，获取帮助	L2~L3	L2~L5
				73-01-06 能与病患良好沟通，处理好医患关系	L2~L3	L2~L5

续上表

工作项目/职业素养		工作任务/职业素养分类	职业能力（知识、技能、方法、工具、要求）		学习水平	
					中职 L_i	高职 L_j
73	职业素养（通用能力、核心技能、关键能力）	73-02 数字应用	73-02-01	能熟练掌握基本医学统计方法，运用SPSS统计软件统计分析数据		L3~L5
			73-02-02	能根据医学参考值范围，做出结果判定及相关处理		L3~L5
		73-03 革新创新	73-03-01	具有创新意识，善于改良创新工作方法		L3~L5
			73-03-02	能积极发现问题，主动解决问题		L3~L5
			73-03-03	具备一定科研能力		L3~L5
		73-04 自主学习	73-04-01	有较好的学习规划，具有较强的自主学习意识	L2	L2~L3
			73-04-02	具备较强的自主学习能力，善于通过各种方式，更新知识和技能	L2	L2~L3
			73-04-03	养成良好的自主学习习惯	L2	L2~L3
		73-05 团队合作	73-05-01	具有团队荣誉感	L2~L3	L2~L3
			73-05-02	相信同事，团队内部相互信任，能协同完成工作任务	L2~L3	L2~L3
			73-05-03	服从管理	L2~L3	L2~L3
			73-05-04	具有奉献精神和团队精神，能做到个人利益服从团队利益	L2~L3	L2~L3
		73-06 解决问题	73-06-01	具备较强的应变能力		L4~L5
			73-06-02	能解决处理日常工作出现的各种疑难问题		L4~L5
		73-07 信息处理	73-07-01	严格履行信息保密职责	L2	L2~L3
			73-07-02	能运用计算机进行信息处理	L2	L2~L3
			73-07-03	参与LIS系统维护	L2	L2~L3
			73-07-04	能运用网络获取、传送信息	L2	L2~L3
		73-08 责任（安全）意识	73-08-01	具有生物安全防护知识	L1~L3	L2~L5
			73-08-02	具有生产质量安全意识	L1~L3	L2~L5
		73-09 外语应用	73-09-01	具备一定的专业外文资料阅读能力	L3	L3~L5
			73-09-02	具备一定的英文沟通交流能力	L3	L3~L5
			73-09-03	具备较强的外文文献查找能力	L3	L3~L5

续上表

工作项目/ 职业素养	工作任务/ 职业素养分类		职业能力 （知识、技能、方法、工具、要求）	学习水平	
				中职 Li	高职 Lj
73	职业素养（通用能力、核心技能、关键能力）	73-10 其他	73-10-01 具有优良的品德、吃苦耐劳精神	L1~L3	L2~L5
			73-10-02 具有强烈的责任意识和敬业精神	L1~L3	L2~L5
			73-10-03 具有细心、耐心的品质	L1~L3	L2~L5
			73-10-04 具有高度的组织纪律性	L1~L3	L2~L5
			73-10-05 具有良好的心理素质，心理健康、心胸开阔	L1~L3	L2~L5
			73-10-06 与人为善，具备良好的人际协调能力	L1~L3	L2~L5
			73-10-07 具有熟练的专业操作技能	L2~L3	L2~L3
			73-10-08 具备较强的实际动手能力	L2~L3	L2~L3
			73-10-09 具备较强的独立工作能力	L3	L2~L3

注："学习水平"中的中职 Li 的 i 对应职业生涯发展路径表中中职的发展层级，若是第Ⅱ层级，则用 L2 表示；若是第Ⅲ层级，则用 L3 表示。同理，高职 Lj 的 j 对应职业生涯发展路径表中高职的发展层级，若是第Ⅲ层级，则用 L3 表示；若是第Ⅳ层级，则用 L4 表示。此外，本科 Lb 的 b 对应职业生涯发展路径表中本科的发展层级，若是第Ⅳ层级，则用 L4 表示；若是第Ⅴ层级，则用 L5 表示。

2. 项目结题证书